大数据金融丛书

U0958076

Quantitative Matlab

量化投资

MATLAB数据挖掘技术与实践

（第2版）

卓金武　马俊美　单荀　编著

電子工業出版社
Publishing House of Electronics Industry
北京 • BEIJING

内 容 简 介

全书内容分为三篇。第 1 篇为基础篇，主要介绍量化投资与数据挖掘的关系，以及数据挖掘的概念、实现过程、主要内容、主要工具和 MATLAB 的快速入门操作技巧等。第 2 篇为技术篇，系统介绍了数据挖掘的相关技术及这些技术在量化投资中的应用，主要包括数据的准备、数据的探索、关联规则方法、数据回归方法、分类方法、聚类方法、预测方法、诊断方法、时间序列方法、智能优化方法等内容。第 3 篇为实践篇，主要介绍数据挖掘技术在量化投资中的综合应用实例，包括统计套利策略的挖掘与优化、配对交易策略的挖掘与实现、基于 Wind 数据的程序化交易、基于 Quantrader 平台的量化投资、趋势跟踪策略及实现过程，以及基于数据挖掘技术的量化交易系统的构建。

本书的读者对象为从事投资、数据挖掘、数据分析、数据管理工作的专业人士；金融、经济、管理、统计等专业的教师和学生；希望学习 MATLAB 的广大科研人员、学者和工程技术人员。

未经许可，不得以任何方式复制或抄袭本书之部分或全部内容。
版权所有，侵权必究。

图书在版编目（CIP）数据

量化投资：MATLAB 数据挖掘技术与实践 / 卓金武，马俊美，单荀编著. —2 版. —北京：电子工业出版社，2021.1

（大数据金融丛书）

ISBN 978-7-121-39847-6

Ⅰ. ①量… Ⅱ. ①卓… ②马… ③单… Ⅲ. ①Matlab 软件－应用－投资学 Ⅳ. ①F830.59-39

中国版本图书馆 CIP 数据核字（2020）第 208137 号

责任编辑：李　冰　　　　特约编辑：田学清
印　　刷：三河市鑫金马印装有限公司
装　　订：三河市鑫金马印装有限公司
出版发行：电子工业出版社
　　　　　北京市海淀区万寿路 173 信箱　　　邮编：100036
开　　本：787×1092　1/16　印张：23.5　字数：587 千字
版　　次：2017 年 1 月第 1 版
　　　　　2021 年 1 月第 2 版
印　　次：2021 年 1 月第 1 次印刷
定　　价：108.00 元

凡所购买电子工业出版社图书有缺损问题，请向购买书店调换。若书店售缺，请与本社发行部联系，联系及邮购电话：（010）88254888，88258888。

质量投诉请发邮件至 zlts@phei.com.cn，盗版侵权举报请发邮件至 dbqq@phei.com.cn。

本书咨询联系方式：libing@phei.com.cn。

除了你的才华，其他一切都不重要！

近年来，互联网和人工智能技术的飞速发展，推动传统金融大踏步前进，尤其是量化投资、互联网金融、移动计算等领域，用一日千里来形容也不为过。2015 年年初，李克强总理在政府工作报告中提出制定“互联网+”行动计划，推动移动互联网、云计算、大数据等与各行业的融合发展。2015 年 9 月，国务院又印发了《促进大数据发展行动纲要》。可见，大数据金融将会成为未来十年闪亮的领域之一。2012 年年初，中国量化投资学会联合中国工信出版集团电子工业出版社，共同策划出版了“量化投资与对冲基金丛书”，深受业内好评。在此基础上，我们再次重磅出击，整合业内顶尖人才，推出“大数据金融丛书”，引领时代前沿，助力行业发展。

本书特点

和卓金武认识是在一次行业会议上，我听他演讲有关数据挖掘的课题，内容很翔实精彩，会后与他交流，发现他在量化投资领域做了很多年的研究，于是就建议他写一本基于数据挖掘的量化投资的教材，他欣然同意。一年后该书出版，受到业内很多好评。这次的改版是对原内容的一个大的升级和优化。

数据挖掘是人工智能领域的一个重要分支，在学术界发展了大概 30 年，最近在业内改头换面，以“大数据”这个名词大放异彩。过去十年，数据挖掘技术在各行各业都得到了广泛的应用，如语音识别、人脸识别等。在金融投资领域，数据挖掘主要用于各种交易模式的识别、策略优化等，最近几年也得到了越来越多的研究人员的支持。本书以翔实的内容、深入的研讨，将数据挖掘技术用于量化投资的方方面面，可以对读者起到非常重要的借鉴作用。

本书的基础篇阐述了与数据挖掘有关的基础理论，包括数据挖掘原理、数据挖掘过程及数据挖掘的主要工具，特别是通过几个案例帮助读者快速地入门 MATLAB，让读者了解 MATLAB 中与数据挖掘有关的一些函数和工具箱的作用。

技术篇阐述了有关数据挖掘的各种技术，包括数据的准备、数据的探索、关联规则方法、数据回归方法、分类方法、聚类方法、预测方法、诊断方法、时间序列方法和智能优化方法等。其中，关联规则方法、分类方法、聚类方法是数据挖掘的主要内容。关联规则方法可解决不同因素之间的因果关系问题，可从大量的数据中找到看似不相关的因素之间背后有可能隐藏的逻辑关系。分类方法对历史知识进行分类处理，试图找到对未来的预测。例如，可以将股票分为“涨”和“跌”两大类别，学习分类模型后，可将其用于对股票走势的预测。聚类是一种无监督的学习，也就是说，在没有历史样本的情况下，找到背后的大致规律。这特别适用于波动不规律的品种的投资策略。马尔可夫链是一种预测方法，可以用于大盘走势的预测。我们日常看到的 K 线都属于时间序列。时间序列的研究方法可以用于 K 线走势的预测，包括 ARMA 模型、ARIMA 模型、ARCH 模型、GARCH 模型等。

实践篇则介绍了多个基于数据挖掘的策略，包括统计套利策略、配对交易策略，以及有关数据挖掘系统的一些阐述等。统计套利策略用到的模式和分类技术，以及配对交易策略用到的协整关系和配对交易函数，可以用基于数据挖掘的技术来实现。本书第 17 章和第 19 章分别阐述了基于 Quantrader 平台的量化投资和基于数据挖掘技术的量化交易系统，为投资者提供实际交易的辅助。

本书在理论方面进行了很深入的探讨，在实践方面又有多个案例，是一本不可多得的优秀教材，特此推荐。

美好前景

中国经济经过几十年的高速发展，各行各业基本上已经定型，能够让年轻人成长的空间越来越小。未来十年，大数据金融领域是少有的几个有着百倍甚至千倍成长空间的行业，在传统的以人为主的分析逐步被数据和模型替代的过程中，从事数据处理、模型分析、交易实现、资产配置工作的核心人才（我们称之为宽客），将有广阔的舞台可以充分展示自己的才华。在这个领域中，将不再关心你的背景和资历，无论学历高低，无论有无经验，只要你勤奋、努力，脚踏实地地研究数据、研究模型、研究市场，实现财务自由并非遥不可及的梦想。对于宽客来说，除了你的才华，其他一切都不重要！

丁鹏　博士
中国量化投资学会　理事长
《量化投资——策略与技术》作者
“大数据金融丛书”主编

前　言

中国金融业飞速发展，尤其是2010年股指期货的推出，使得量化投资和对冲基金逐步进入国内投资者的视野。2012年丁鹏博士所著的《量化投资——策略与技术》出版后，更是推动了量化投资技术在国内的普及。目前，量化投资、对冲基金已经成为中国资本市场热门的话题之一，各投资机构纷纷开始着手打造各自的量化投资精英团队。

量化投资将投资理念及策略通过具体指标、参数的设计融入具体的模型中，用模型对市场进行不带任何情绪的跟踪，简单而言，就是用数量化的方法对股票、期货等投资对象进行估值，选取合适的对象进行投资。目前，量化投资的书籍主要集中在模型、策略及工具的使用上，但关于如何产生这些量化模型、量化策略的书籍的确非常少。金融市场瞬息万变，为了更好地进行量化投资，我们要不断去验证既有模型的有效性，同时要想在金融行业保持自己的竞争力，又必须不断开发新的模型，而验证模型、开发模型这些量化投资的主要内容都需要数据的支撑。另外，金融领域是数据资源保存较好且较为丰富的行业，在金融领域已经积累了大量的数据，同时每天还在产生大量的交易数据、价格数据等信息。这些数据资源正好为量化投资提供了很好的数据基础，那么问题的关键就是如何利用金融行业丰富的数据资源更好地进行量化投资。

数据挖掘技术是从数据中挖掘有用知识的一门系统性的技术，刚好解决了数据利用的问题，所以，数据挖掘与量化投资便很自然地结合在一起。但数据挖掘在国内是一个新的领域，所以还没有关于量化投资与数据挖掘相结合的书籍。另外，目前关于数据挖掘的几本书大多数是译著，由于语言和文化的差异，国内读者读起来相对吃力。在这样的背景下，能有一本书介绍如何利用数据挖掘技术进行量化投资还是很好的。

笔者在MathWorks平时的工作职责之一是支持金融客户，相当比例的工作是关于量化投资的，另外的职责是支持其他商业客户的数据挖掘，所以对这两个领域都有一定的了解。在一次研讨会上，丁鹏博士与笔者讨论了数据挖掘在量化投资中的应用，他认为这是个非常好的课题，并建议笔者写一本这样的书。笔者对这个课题也非常感兴趣，于是就开始了本书的创作。

本书第1版于2017年出版，已经印刷了6次，不少热心的读者发来电子邮件与作者讨论书中的内容，并反馈一些建议和不足。为了回馈读者，也为了让本书质量更好，在原来的基础上修改了一些问题，并加入一些新的内容。

本书内容

全书内容分为三篇。

第1篇为基础篇，主要介绍一些基本概念和知识，包括量化投资与数据挖掘的关系，以及数据挖掘的概念、实现过程、主要内容、主要工具等，并在第3章中介绍了MATLAB

快速入门及实用技巧。

第 2 篇为技术篇，是本书的主体，系统介绍了数据挖掘的相关技术及这些技术在量化投资中的应用实例。这部分又分为如下三个层次：

（1）数据挖掘前期的一些技术，包括数据的准备（收集数据、数据质量分析、数据预处理等）和数据的探索（衍生变量、数据可视化、样本选择、数据降维等）。

（2）数据挖掘的六大类核心方法，包括关联规则、回归、分类、聚类、预测和诊断。对于每类方法，详细介绍了其包含的典型算法，包括基本思想、应用场景、算法步骤、MATLAB 实现程序。同时，对每类方法还介绍了一个在量化投资中的应用案例，以强化这些方法在量化投资中的实用性。

（3）数据挖掘中特殊的实用技术，包含两章内容，一是关于时序数据挖掘的时间序列方法，二是关于优化的智能优化方法。这个层次也是数据技术体系中不可或缺的技术。时序数据是数据挖掘中的一类特殊数据，并且金融数据往往具有时序性，所以针对该类特殊的数据，介绍了时间序列方法。另外，数据挖掘离不开优化，量化投资也离不开优化，所以又以一章介绍了两种比较常用的智能优化方法——遗传算法和模拟退火算法。

第 3 篇为实践篇，主要介绍数据挖掘技术在量化投资中的综合应用实例，包括统计套利策略的挖掘与优化、配对交易策略的挖掘与实现、基于 Wind 数据的程序化交易、基于 Quantrader 平台的量化投资、趋势跟踪策略及实现过程。最后一章——基于数据挖掘技术的量化交易系统，给出了集成主流数据挖掘技术的量化投资系统的框架。读者可以利用该框架，依据书中介绍的数据挖掘技术，结合自己的情况，开发出属于自己的量化交易系统，从而轻松实现从理论到实践的跨越，更好地利用数据挖掘技术在量化投资领域乘风破浪，不断创造佳绩。

本书特色

纵观全书，可发现本书的特点鲜明，主要表现在如下几方面。

（1）方法务实，学以致用。本书介绍的方法都是数据挖掘中的主流方法，都经过实践的检验，具有较强的实践性。对于每种方法，本书都给出了完整、详细的源代码，这对读者来说，具有非常大的参考价值，很多程序可供读者直接套用并加以学习，读者可以将其直接转化为自己的量化投资实战工具。

（2）知识系统，易于理解。本书的知识体系应该是当前数据挖掘书籍中较全、较完善的，不仅包含详细的数据挖掘流程、数据准备方法、数据探索方法，还包含六大类数据挖掘核心方法、时序数据挖掘方法、智能优化方法。正因为有完整的知识体系，读者读起来才有很好的完整感，更利于读者理解数据挖掘的知识体系，这对于读者学习本书内容非常有帮助。

（3）结构合理，易于学习。在讲解方法时，由浅入深，循序渐进，让初学者知道入门的切入点，让专业人员又有值得借鉴的“干货”。基础篇、技术篇和实践篇的结构部署也让本书独树一帜，让读者在学习数据挖掘和量化投资的过程中有一个循序渐进的过程，使读者在短时间内成为一位数据挖掘高手，同时成为一位量化投资高手。

（4）案例实用，易于借鉴。绝大多数案例是量化投资领域的实例。本书内容都在有意引导读者思考如何让数据挖掘在量化投资中产生更实际的价值。

（5）主线明晰，脉络分明。本书涉及的知识面宽广，以数据挖掘和量化投资为中心，辐射银行、债券、营销、零售等领域和学科。为了与书中主线保持一致，对于这些领域的介绍虽然只是略微带过，但是从侧面折射出了数据挖掘技术真的正在广泛服务于社会各个领域。在现代社会，某学科单打独斗的时代已经过去了，本书在无形之中已经树立了一个意识：各学科的知识之间是相通的，运用知识的最高境界是各学科知识的大融合。

（6）理论与实践相得益彰。对于本书的每种方法，除理论的讲解外，都配有一个典型的应用案例，读者可以通过案例加深对理论的理解，同时理论也让案例的应用更有信服力。本书对技术的介绍都以实现为目的，同时提供大量技术实现的源程序，方便读者学习，注重实践和应用，秉承笔者务实、贴近读者的写作风格。

（7）内容独特，趣味横生。本书的很多方法和内容是同类书籍所没有的，这无疑增强了本书的新颖性和趣味性。

（8）文字简洁、明了，易于阅读。本书在保证描述精准的前提下，摒弃那些刻板、索然无味的文字，让文字充满活力，更易于阅读。

读者对象

- 从事投资工作的专业人士，包括证券、基金、私募、信托、银行、保险等领域的从业者。
- 从事数据挖掘、数据分析、数据管理工作的专业人士。
- 金融、经济、管理、统计等专业的教师和学生。
- 从事量化投资或数据挖掘方向研究的科研工作者。
- 希望学习 MATLAB 的工程师或科研工作者。因为本书的代码都是用 MATLAB 编写的，所以对于希望学习 MATLAB 的读者来说，本书也是一本很好的参考书。

致专业人士

对于从事量化投资工作的专业人士来说，书中的数据挖掘技术是值得借鉴的技术，至少会有助于挖掘量化策略。书中的实例都具有一定的实战背景，含有一些数据挖掘层面的策略，大家可以尝试将这些技术和策略融入自己的思想和策略中，让自己的策略更强大。另外，对于书中介绍的各种方法的理论，如果你有很好的数学或计算机背景，且有时间或感兴趣，可以认真阅读，否则理论部分可以直接跳过。但是，对于每种方法的思想和应用场景，读者一定要领悟，这样当遇到合适的场景后，读者可以马上想到用哪种方法，然后直接借鉴书中的源代码即可轻松地将这些方法应用到自己的量化投资实践中。

对于从事数据挖掘工作的专业人士来说，大家可以关注整个数据挖掘知识体系和数据挖掘的流程，因为本书的数据挖掘知识体系在当前数据挖掘书籍中是比较全面和完善的。

致教师

本书系统地介绍了数据挖掘技术的理论、方法和案例，可以作为金融、经济、管理、统计等学科的本科生专业教材或研究生教材。相比一般的数据挖掘教材，本书更容易激发学生的学习兴趣。兴趣是最好的老师，这对开展教学是非常有利的。

书中的内容虽然系统，但也相对独立，教师可以根据课程的学时安排和专业方向的侧重，选择合适的内容进行课堂教学，其他内容则可以作为参考章节。授课部分，一般包含第 1 篇的 3 章和第 2 篇的前 8 章，总共 11 章内容，如果课时较多，则可以增加其他章节，包括后面案例的学习内容。

在进行课程备课的过程中，如果您需要书中的一些电子资料作为课件或授课支撑材料，可以直接给笔者发电子邮件（70263215@qq.com）说明您需要的材料和用途，笔者会根据具体情况，为您提供力所能及的帮助。

致学生

作为 21 世纪的大学生，无论是什么专业背景，都有必要学习数据挖掘和量化投资，原因如下：

第一，21 世纪的信息非常丰富，很多都以数据形式存在，学习并掌握数据挖掘技术，有助于我们从更深层次了解这个社会，也有助于我们解决工作中遇到的问题。

第二，现代人无论从事什么工作，都应具有一定的投资意识和投资能力。21 世纪是和平而充满竞争的时代，失业对每个人来说都有可能发生，当我们失业的时候怎么办？如果懂得投资，那么至少让自己生活得很好是没有问题的。特别喜欢一句话，“喜欢做一名宽客，是因为可以自己掌握命运”，这里的宽客就是指从事量化投资的人士。

所以，读者无论现在学习什么专业，都应好好读一下这本书或同类的书籍。相信读者一定会因为曾学习过数据挖掘和量化投资而备感欣慰！

资源下载方式

（一）配套程序和数据

为了方便读者的学习，我们将提供书中使用的程序和数据，下载地址为：http://www.ilovematlab.cn/thread-486972-1-1.html。

如果遇到下载问题，也可以直接发电子邮件与笔者联系。

（二）配套教学课件

为了方便教师授课，我们也开发了本书配套的教学课件，如有需要可以与笔者联系 70263215@qq.com。

致谢

本书的编写出版得到了中国量化投资学会、电子工业出版社等单位的帮助，在此对这些单位表示感谢。特别感谢丁鹏博士在百忙之中指导本书的编写并为本书写序。在编写本书的过程中，中国科学院金属研究所的王恺博士，MathWorks 的敖国强博士、陈小挺博士，上海交通大学的李牧芳等好友和同事对本书进行了校对并给出修改建议，电子工业出版社的李冰老师全程指导本书的编写，在此向他们表示感谢。

由于时间仓促，加之作者水平有限，所以书中疏漏之处在所难免。在此，诚恳地期待得到广大读者的批评指正。

卓金武

2020 年 5 月 苏州

目 录

第 2 篇　技术篇

第 1 篇　基础篇

本篇主要介绍一些基本概念和知识，包括量化投资与数据挖掘的关系，数据挖掘的概念、实现过程、主要内容、主要工具等。由于本书中的案例都是由 MATLAB 实现的，所以本章还介绍了 MATLAB 的快速入门操作技巧。

本篇包括 3 章，各章要点和特色如下。

章　节	要　点	特　色
第 1 章 绪论	（1）理解数据挖掘是量化投资的核心技术 （2）数据挖掘的概念和原理	数据挖掘在量化投资中的应用场景
第 2 章 数据挖掘的内容、过程及工具	（1）数据挖掘的六大类内容 （2）数据挖掘过程的六个环节 （3）常用的数据挖掘工具及各自的特点与适用场景	（1）归纳出六大类数据挖掘的内容，使知识体系更完善 （2）详细介绍了数据挖掘的实施过程，并明确各环节的要点
第 3 章 MATLAB 快速入门及实用技巧	（1）MATLAB 的功能 （2）MATLAB 快速入门案例 （3）MATLAB 常用技巧	（1）通过一个简单的选股实例，既介绍了如何快速使用 MATLAB，也说明了量化投资的基本思想 （2）介绍了 MATLAB 的三种开发模式

第 1 章　绪论

近年来，量化投资在国内的发展如火如荼，伴随大数据概念的兴起，数据挖掘技术在产业界也得到了广泛的关注。那么，量化投资和数据挖掘之间又有怎样的联系呢？本章将揭示量化投资和数据挖掘的关系，介绍数据挖掘的概念和原理，以及数据挖掘技术在量化投资中的应用场景。

1.1　量化投资与数据挖掘的关系

1.1.1　什么是量化投资

量化投资，简单地说就是利用数学、统计学、信息学等领域的技术，对投资对象进行量化分析和优化，从而进行精确投资的行为。量化投资的关键是对宏观数据、市场行为、企业财务数据、交易数据等进行分析，利用数据挖掘技术、统计技术和优化技术等科学计算方法对数据进行处理，以得到最优的投资组合和投资机会。

目前，量化投资已经在全球范围得到投资者的广泛认可。在美国零售市场发行的主动型股票基金中，量化投资基金占据了 16% 的市场份额。在机构投资市场，量化投资获得了更多的关注，以巴克莱全球投资管理公司、道富环球投资管理公司和高盛国际资产管理公司为首的一大批以量化投资为核心竞争力的公司已经成为机构资产管理公司中的“巨无霸”。

量化投资以先进的数学模型替代人为的主观判断，可以避免在市场极度狂热或悲观的情况下做出非理性的投资决策。另外，量化投资借助的是计算机系统强大的信息处理能力，因此也具有更大的投资稳定性。

如何将量化投资与其他投资方式进行区分呢？其实区分起来也很容易，按照投资决策的方式，可以将投资方式分成判断型和量化型两类。判断型投资方式的投资者根据各种信息及个人经验来确定买卖什么、买卖多少、什么价位执行交易、如何退场（止损、止盈）等，这里面最有代表性的人物正是西蒙斯在纽约的邻居索罗斯。股神巴菲特也应该算是判断型的投资者。判断型投资者的决策中心枢纽是大脑，各种信息进入大脑，大脑输出的是买卖交易指令。同样的信息进入不同人的大脑，大脑输出的很可能是不同的指令，因为每个人的经历、个性和性格不同，判断的方法也不同。科学发展到今天，人类能够登天入地、克隆猪羊，但对自己大脑的了解还是非常有限的，人的大脑可以说是一个典型的“黑箱”。量化投资的一个显著特征是量化投资并不直接依靠大脑，而是依靠数学公式来投资。公式的好处是它的一致性：同样的信息输入同样的公式，得出的结果是一样的，跟输入的人是谁没有关系。西蒙斯正是量化型投资者的代表，但他不是唯一使用量化型方式投资的人。索罗斯、巴菲特和西蒙斯这三个人或许可以算是投资行业的福、禄、寿三星，他们使用完全不同的两类投资方式，说明到目前为止还不能确定这两类方式中哪一类更好。但有一点是明确的：量化型的投资方式还很年轻，它的发展壮大也不过是最近 30 年的事情，而且从大奖章基金的表现来看，量化投资的优势非常明显。

据统计，2007 年全球 70%的钱都是凭借基本面型的投资方式来操作的，30 年之前，这个比率应该超过 90%。技术型、量化型的投资方式虽说可以溯源到 20 世纪初，但其发展和壮大是近 30 年的事情，尤其是使用数学工具和计算机的量化投资。在过去的 20 年间，全世界很多著名大学的毕业生纷纷选择金融机构的量化分析师这样的工作，他们学的专业常常是统计、数学、天体物理、量子物理、流体力学和计算机。目前，使用量化方式进行投资的各类基金和其他机构所管理的资金数额估计占全球投资总量的 20%，在全球很多大型的股票交易所中，可以说接近 50%的交易量来自各类量化型的投资方式。在金融危机的影响之下，很多投资行业受到影响，但量化投资（包括指数投资）仍然是基金管理中增长最快的部分。近年来，量化投资在中国渐渐引起重视，光大保德信基金、上投摩根基金、嘉实基金、中海基金、长盛基金、华商基金和富国基金等公司，先后推出了自己的量化基金产品。不少基金公司在国内外广揽量化投资人才，一股“量化基金”的热潮悄然掀起。

1.1.2 量化投资的特点

量化投资（定量投资）和传统的定性投资本质上是相同的，二者都基于市场是非有效或弱有效的理论基础，投资经理可以通过对个股估值、成长等基本面的分析研究，建立战胜市场、产生超额收益的组合。不同的是，定性投资管理较依赖于对上市公司的调研，以及投资经理个人的经验和主观判断，而量化投资管理则是“定性思想的理性应用”，量化投资强调投资的科学性，它意味着“投资已由一种艺术发展为科学”。具体来说，量化投资有如下几个特点。

第一，纪律性，所有决策都是依据模型做出的。纪律性首先表现在依靠模型和相信模型，每天在做决策之前，要先运行模型，根据模型的运行结果进行决策，而不是凭感觉。有人问，模型出错怎么办？不可否认，模型可能出错，就像 CT 机可能误诊病人一样。但是，在大概率下，CT 机是不会出错的，所以医生没有抛弃 CT 机。量化投资使用的模型在大概率下是不会出错的，所以，从概率角度来讲，相信这些模型比相信人的主观判断会更可靠。纪律性的好处很多，可以克服人性的弱点，如贪婪、恐惧、侥幸心理，也可以克服认知偏差。纪律化的另一个好处是可跟踪。量化投资的每个决策都是有理有据的，特别是有数据支持的。如果有人质问笔者，某年某月某一天，你为什么购买某只股票，那么笔者会打开系统，系统会显示出当时被选择的这只股票与其他股票相比在成长面、估值、动量、技术指标上的得分情况，这个评价非常全面，只有这只股票的汇总得分比其他股票高才有说服力。

第二，系统性。系统性具体表现为“三多”：首先是多层次，量化投资在大类资产配置、行业选择、精选个股三个层次上都有模型；其次是多角度，量化投资的核心投资思想包括宏观周期、市场结构、估值、成长、盈利质量、分析师盈利预测、市场情绪等多个角度；最后是多数据，量化投资能处理海量数据。人脑处理信息的能力是有限的，当一个资本市场只有 100 只股票时，定性投资基金经理是有优势的，他可以深刻分析这 100 家公司。但在一个很大的资本市场，当有成千上万只股票的时候，量化投资凭借强大的信息处理能力，能捕捉更多的投资机会。

第三，妥善运用套利的思想。量化投资正是在找估值洼地，通过全面、系统性的扫描捕捉错误定价、错误估值带来的机会。定性投资经理大部分时间在琢磨哪家企业是伟大的企业，哪只股票是可以翻倍的股票；与定性投资经理不同，量化投资经理大部分精力花在分析哪里是估值洼地，哪个品种被低估了，从而买入低估的股票、卖出高估的股票。

第四，靠概率取胜。这表现在两方面：一方面是量化投资不断地从历史中挖掘有望在未来重复的历史规律并且加以利用；另一方面是依靠一组股票取胜，而不是依靠一只或几只股票取胜。

受益于计算机技术和市场数据供应的完善，进入 21 世纪后，量化投资方式开始飞跃成长。2000—2007 年，美国量化投资总规模翻了 4 倍多。而同期的美国共同基金总规模（定量+定性）只翻了 1.5 倍左右。量化投资在全部投资中的占比从 1970 年为零发展到 2019 年的 30%以上。

1.1.3 量化投资的核心——量化模型

西蒙斯在很长时期内，都是依靠判断来投资的，有时候大手进出。在这个过程中，他慢慢觉得很多价格的变化应该有规律可循。这个观察也不奇怪，西蒙斯毕竟是数学家出身。他说："有一些价格走势不完全是随机的，这就是说有可能可以通过一定的方式来预测。"于是，慢慢地，西蒙斯开始逐渐转变成以量化投资为主的投资者。西蒙斯说："20 世纪 80 年代末，我完全停止了基本面分析，变成了一个彻底的、依靠模型的量化投资人。"

西蒙斯代表的是一类被看作推论公式、信任模型的投资家。他们通过收集分析大量数据，利用计算机来筛选投资机会，并判断买卖时机，将投资思想通过具体指标、参数的设计体现在模型中，并据此对市场进行不带任何主观情绪的跟踪分析，借助于计算机强大的运算能力根据模型进行投资，以保证在控制风险的前提下实现收益最大化。

所以说，对于量化投资而言，量化模型就是量化投资的精华。有了它，用户根本不需要关注消息面、新闻面及传闻，唯一做的事情就是面对模型，按照模型操作。当然，如果模型有新闻、传闻等影响因子，那么就要对其进行关注。用户平时应多做一些不同类型的模型，方便自己的交易。当然，有效的交易模型很难找，但手上有一个有效的模型，就不愁财富了。当你的量化投资模型越来越多时，财富便会自然而然地向你奔涌而来。

下面介绍量化投资最典型的两个模型。

1）多因子模型

多因子模型是应用最广泛的一种选股模型，基本原理是采用一系列因子作为选股标准，满足这些因子的股票则被买入，不满足这些因子的股票则被卖出。

举一个简单的例子：如果有一批人参加马拉松，想要知道哪些人会跑到平均成绩之上，那么只需要在跑前做一个身体测试即可。那些健康指标靠前的运动员，获得超越平均成绩的可能性较大。多因子模型的原理与此类似，只要找到那些与企业的收益率最相关的因子即可。

各种多因子模型的区别主要有两方面：一方面是因子的选取；另一方面是如何用多因子综合得到一个最终的判断。

一般而言，多因子模型有两种判断方法：打分法和回归法。打分法就是根据各个因子的大小对股票进行打分，然后按照一定的权重加权得到一个总分，根据总分再对股票进行筛选。回归法就是用过去的股票的收益率对多因子进行回归，得到一个回归方程，然后把最新的因子值代入回归方程得到一个对未来股票收益的预判，再以此为依据进行选股。回归法就是常用的数据挖掘技术之一。

多因子模型的建立过程主要分为候选因子的选取、选股因子有效性的检验、有效但冗余因子的剔除、综合评分模型的建立、模型的评价及持续改进 5 个步骤。候选因子的选取主要依赖于经济逻辑和市场经验，但选择更多和更有效的因子无疑是增强模型信息捕获能力、提高收益的关键因素之一。

2）择时模型——SVM 模型

在量化投资领域中，一个好的选股策略是比较容易实现的，但择时就不是那么简单了。而支持向量机（SVM）模型就可以基于数据挖掘出比较合适的交易时机。

SVM 是一种基于统计学习理论的模式识别方法，现在已经在生物信息学、文本和手写识别等应用领域取得了成功。SVM 能非常成功地处理分类、判别分析等问题，并可推广到预测与综合评价领域。它的核心思想可以概括为：寻找一个最优分类超平面，使得训练样本中的两类样本点尽量被无错误地分开，并且要使两类样本点的分类间隔最大。

SVM 模型的作用是判断大盘的涨跌，并根据判断结果进行交易操作。SVM 模型中的输入变量一般有股市本身运行的参数，也可以考虑经济数据。一般其输入变量主要有四大类，分别是市场前期走势、货币环境、经济指标和外围环境，当然各投资机构所用的划分依据、变量会略有不同，主要与投资者的观点和策略有关。

从实证结果来看，SVM 模型确实是一种不错的择时模型。图 1-1 和图 1-2 分别为通过 SVM 模型预测涨跌的时间序列和通过 SVM 模型判别对上证指数的累计市值趋势。从模拟结果来看，效果还是不错的。SVM 模型的缺点在于对震荡市场和下跌市场的预测能力较差，并且交易信号较为频繁。而随着经济数据量、指数系列的丰富及二次择时模型的开发，SVM 模型还有很大的改进空间。

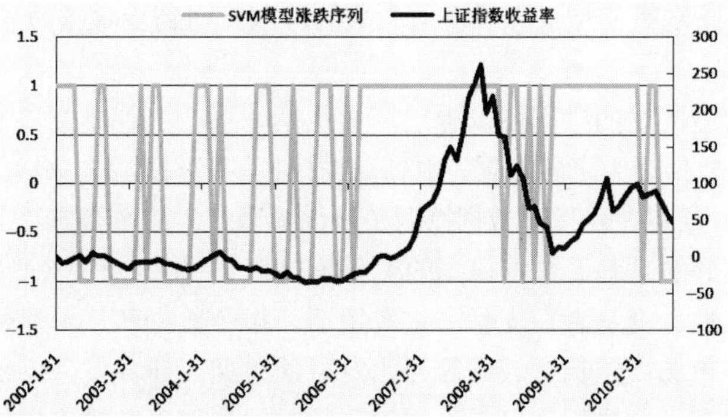

图 1-1　通过 SVM 模型预测涨跌的时间序列（1 和−1 分别代表看涨和看跌）

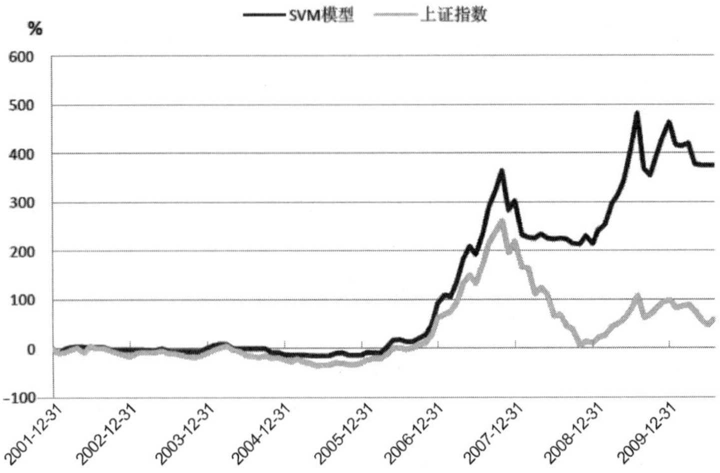

图 1-2　通过 SVM 模型判别对上证指数的累计市值趋势

1.1.4　量化模型的主要产生方法——数据挖掘

量化模型的建立，首先要建立股市信息统计分析的基础，然后要对量化模型进行历史数据的模拟验证，只有验证效果好且稳定的模型才会投入实盘操作中。通常量化模型的建立需要通过如下几步：

（1）建立股市信息统计分析的基础，从大量的数据中通过数据挖掘找出赚钱股票的内部联系、进入点和退出点的基本特征。有些数据，通过比较简单的统计分析就可以发现规律；有些复杂的模型，需要用到数理统计的聚类分析等算法，以及最大信息熵、人工智能等多种理论。

（2）利用量化模型进行历史数据的模拟验证。两个星期做到 5%的收益，至少要保证所有历史数据（包含历史上的所有时期，不仅包含牛市数据，还包含熊市数据）的有效率超过 80%，当然，也可以做出一个每个星期赚 10%的模型。对模型而言，交易稳健也很重要。

（3）如果量化模型在实验过程中盈利的成功率超过 80%，那么就可以进行实战模拟验证。经过 3 个月的实战模拟验证，再对模型在操作中出现的问题进行校正。如果模型能使 10 笔交易的胜率超过 8 笔以上，那么就可以加仓。

（4）在实战中监控量化模型。如果某一个阶段，连续发生 3 次模型交易失败的事情，就要停止操作，重新观察模型，分析模型失败的原因，回到步骤（1）修正模型，再重新进行步骤（2）～（4）。

从上述量化模型产生的过程可以看出，量化模型从产生到模拟验证再到实盘验证的整个过程中，一直需要处理大量的数据，用到数据挖掘的各种技术，如关联规则、决策树、神经网络和 SVM 等。所以，可以说数据挖掘是量化模型产生的主要方法。

大奖章基金偏好的是基于数据挖掘的交易策略。20 世纪 90 年代中期，许多交易所开始提供高频金融数据。交易者在支付一定费用后，指令数据和订单流数据都能够得到。事实上，这也是金融市场微结构领域研究开始发展的时期。研究发现，价格并不实时反映信息，信息融入价格有一个过程，但是人们对高频时间框架下金融市场的运行规律并不十分了解。事实上这个领域成了西蒙斯的蓝海。人们推测，通过麾下精通数据挖掘技术的团队，以及对指令数据和订单流数据的大规模数据挖掘，西蒙斯在这个领域中找到了很多成功的交易策略。

有了备选交易策略集合，投资者需要筛选出有效的交易策略。利用有效的交易策略能够在某种程度上对市场的未来行为进行准确预测。数据挖掘领域的常见做法是交叉验证，也就是将数据划分为建模样本和验证样本。有效的交易策略应该能够在建模样本和验证样本上体现出较好的预测效力。对于高频数据，由于数据量很大，做交叉验证很容易。对于低频数据，往往需要在一套数据上进行模型的开发与验证。

西蒙斯是著名的数学家，在西蒙斯的投资活动中，复杂的统计技术（如数据挖掘）占据着重要的地位。西蒙斯招募了大量 IBM 实验室机器翻译研究小组的人员。众所周知，数据挖掘在自然语言处理（包括机器翻译）领域有着大量成功的应用。这个领域中的专家的专长表现在两方面：熟悉多种数据挖掘算法；熟悉海量数据的处理。这两项技能的结合，不也正是投资领域的要求吗？

具体的数据挖掘技术将是本书接下来的重点内容，此处不再赘述。

1.2 数据挖掘的概念和原理

1.2.1 什么是数据挖掘

数据挖掘（Data Mining）也称为数据开采、数据采掘等，就是从大量的、不完全的、有噪声的、模糊的、随机的实际应用数据中，提取隐含在其中的、人们事先不知道的，但又潜在有用的信息和知识的过程。

企业中的数据量非常大，而其中真正有价值的信息却很少。因此，经过深层分析从大量数据中获得有利于商业运作、提高竞争力的信息，就像从矿石中淘金一样，数据挖掘也因此而得名。这种新式的商业信息处理技术，可以按商业既定业务目标对大量的商业数据进行探索和分析，揭示隐藏的、未知的或验证已知的规律性，并进一步将其模型化。在较浅的层次上，它利用现有数据库管理系统的查询、检索及报表功能，与多维分析、统计分析等方法相结合，进行联机分析处理（OLAP），从而得出可供决策参考的统计分析数据。在深层次上，它从数据库中发现前所未有的、隐含的知识。OLAP 的出现早于数据挖掘，它们都是从数据库中抽取有用信息的方法，就决策支持的需要而言两者是相辅相成的。OLAP 可以看作一种广义的数据挖掘方法，旨在简化和支持联机分析；而数据挖掘的目的是使这一过程尽可能自动化。

数据挖掘基于的数据库类型主要有关系型数据库、面向对象数据库、事务数据库、演绎数据库、时态数据库、多媒体数据库、主动数据库、空间数据库、文本型数据库、Internet 信息库，以及新兴的数据仓库（Data Warehouse）等。而挖掘后获得的知识包括关联规则、特征规则、区分规则、分类规则、总结规则、偏差规则、聚类规则、模式分析及趋势分析等。数据挖掘是一门交叉学科，它把人们对数据的应用从低层次的简单查询，提升到从数据中挖掘知识，提供决策支持。数据挖掘在数据由数据库转化为知识的过程中所处的位置如图 1-3 所示。

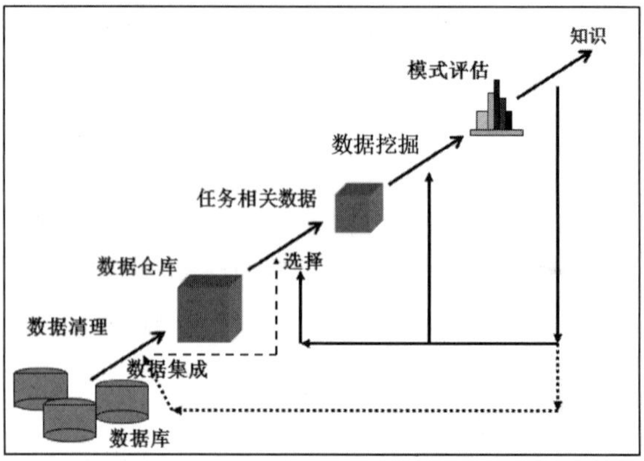

图 1-3 数据挖掘在数据由数据库转化为知识的过程中所处的位置

数据挖掘与传统的数据分析（如查询、报表、联机应用分析）的本质区别是数据挖掘是在没有明确假设的前提下去挖掘信息、发现知识（也包括大量的不公开的数据）。数据挖掘使数据库技术进入了一个更高级的阶段。数据挖掘要发现那些不能靠直觉发现的信息或知识，甚至是违背直觉的信息或知识。挖掘出的信息越是出乎意料，就可能越有价值。能够比市场提前知道这种信息，提前做出决策就会获得超额利润。

所以，数据挖掘与传统的数据分析还是有所不同的。概括说来，数据挖掘技术具有如下几个特点：

（1）处理的数据规模十分庞大，达到 GB、TB 数量级，甚至更大。

（2）查询一般是决策制定者（用户）提出的即时随机查询，往往不能形成精确的查询要求，需要靠系统本身寻找其可能感兴趣的内容。

（3）在一些应用（如商业投资等）中，由于数据变化迅速，因此要求数据挖掘能快速做出反应以随时提供决策支持。

（4）在数据挖掘中，规则的发现基于统计规律。因此，所发现的规则不必适用于所有数据，而是当达到某一临界值时，即认为有效。因此，利用数据挖掘技术可能会发现大量的规则。

（5）数据挖掘所发现的规则是动态的，它只反映了当前状态的数据库具有的规则，随着不断地向数据库中加入新数据，需要随时对其进行更新。

1.2.2 数据挖掘的原理

数据本来只是数据，直观上并没有表现出任何有价值的知识。当采用数据挖掘方法从数据中挖掘出知识后，这种知识是否值得信赖呢？为了说明这种知识是可信的，下面简要介绍数据挖掘的原理。

数据挖掘的实质是综合应用各种技术，对与业务相关的数据进行一系列科学的处理，在这个过程中需要用到数据库技术和统计学、应用数学、机器学习、可视化、信息科学、程序开发及其他学科（见图 1-4）。其核心是利用算法对处理好的输入、输出数据进行训练，并得到模型，再对模型进行验证，使得模型能够在一定程度上刻画出数据由输入到输出的关系，然后利用该模型对新输入的数据进行计算，从而得到我们希望得到的新的输出。虽然这种模型不容易解释或很难看到，但它是基于大量数据训练并经过验证的，因此能够反映输入数据和输出数据之间的大致关系，这种关系（模型）就是所需要的知识。这就是数据挖掘的原理。从数据挖掘的原理可以看出，数据挖掘是有一定科学依据的，数据挖掘的结果也是值得信赖的。

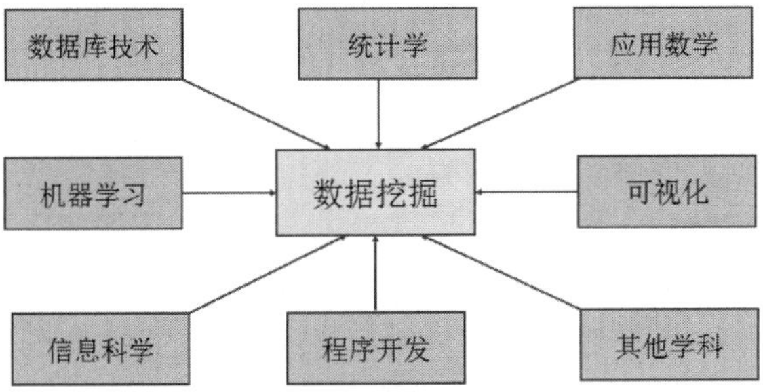

图 1-4　数据挖掘与其他学科的关系

1.3　数据挖掘在量化投资中的应用

目前在量化投资领域，数据挖掘技术主要应用在宏观经济分析、估价、量化选股、量化择时、算法交易等方面。

1.3.1　宏观经济分析

股市的影响因素很多，但中国股市对宏观政策尤其敏感，从根本上说，股市的运行与宏观经济运行应当是一致的，经济的周期决定着股市的周期，股市周期的变化反映了经济周期的变动。经济周期包括衰退、危机、复苏和繁荣四个阶段。按照常理来说，在经济衰退时期，股价指数会逐渐下跌；在经济危机时期，股价指数跌至最低点；当经济开始复苏时，股价指数又会逐步上升；到经济繁荣时，股价指数则上涨至最高点。由此看来，宏观经济走势影响着股市的波动，但宏观经济走势与股市趋势的变动周期也不是完全同步的。所以，无论从量化投资角度还是传统投资方式角度，对宏观经济进行深入的分析是必要的。

在量化投资领域，数据挖掘技术可以做如下几个方面的工作。

（1）分析 GDP 对股市及个股的影响。GDP 是指在一个既定的时期内一个国家或地区在其经济领土范围内生产的所有最终物品和提供劳务的市场价值。GDP 指标在宏观经济分析中占有重要地位。一般来说，GDP 对股市的影响表现为，当 GDP 持续、稳定地增长，股票的内在含金量及投资者对股票的需求增加，促使股票价格上涨，证券市场会呈现上升趋势。从以往的统计数据来看，1990—2009 年，不限起始年份，共有 16 个 5 年期，中国 GDP 和上证指数的 5 年期累计涨幅平均值分别为 87%和 92%，5 年期年复合增长率平均值分别为 12.9%和 11.4%；尽管 5 年期股市累计涨幅大，年复合增长率平均值却更小，可见股市波动率比 GDP 大得多。但是，以 5 年期计算，平均而言，无论是累计涨幅，还是年复合增长率，中国股市涨幅和 GDP 涨幅相当接近。从长期看，股价的变动趋势与 GDP 的变化趋势是吻合的。

（2）分析货币供应量对股票价格及个股的影响。该影响的主要表现有三种：一是货币供应量增加，可以促进生产，稳定物价水平，阻止商品利润下降，使得对股票的需求增加，促进股票市场的繁荣；二是货币供应量增加引起社会商品价格的上涨，股份公司的销售收入及利润相应增加，使得以货币形式表现的股利会有一定幅度的上升，使股票需求增加，股票价格也相应上涨；三是货币供应量的持续增加引起通货膨胀，通货膨胀带来的往往是虚假的市场繁荣，造成企业利润普遍上升的假象，保值意识使人们倾向于将货币投向贵重金属、不动产和短期债券，股票需求量也会增加，从而使股票价格相应增加。由此可见，货币供应量的变动是影响股市变化的重要因素之一。当投资者在进行投资分析时，一定要综合考虑当下市场货币供应量的具体情况。

（3）分析利率对股市及个股的影响。利率是指在接待期内所形成的利息额与本金的比率，反映出信用关系中债务人支付给债权人的资金使用代价，是资本成本的重要组成部分。利率是宏观经济影响股市行情的重要因素之一，无论是加息或降息都会在短期内影响股市行情的发展。一般来说，当利率下降时，股票的价格上涨；当利率上升时，股票的价格下跌。但是，在现实经济中，利率的变化与股市的变动并不能总结为简单的负相关的关系。事实上，利率与股市行情的关系和投资者的直觉相反，当利率上升时股价也在上升，而当利率下跌时股价也在下跌。出现这种反常的情况的原因为，利率上升大都发生在经济繁荣时期，企业公司的经营状况很好，同时预期的现金流会增加，公司的股票价格当然也会随之上升。相反，如果中国人民银行下调利率，居民得到这个政策信息的第一反应是经济仍然处于萧条时期，缺乏投资机会，股市也不景气。

（4）分析汇率对股市及个股的影响。汇率是外汇市场上一国货币与他国货币兑换的比率。汇率变动对股市的影响可以从如下两个方面分析：一方面，从实体经济层面分析，如果本国货币升值，则国内商品的生产成本和价格都会上涨，这对于出口，尤其是经济附加值较低的劳动密集型产业十分不利，企业的销售受到阻碍，利润空间缩小，造成股价面临下行的压力，相反，股价上涨；另一方面，从资金面分析，如果本国货币升值，则本国货币在国际市场上变得有吸引力，这会吸引国外大量的资金流入本国进行投资，股市资金充足，股价上涨，进一步吸引更多国外资金的流入，推动股市上行。从这两个方面来看，汇率的变动对股市的影响是模糊的，具体的股市行情要具体分析。

在宏观经济分析方面，经常用到回归、关联分析、分类、预测等方法。比如利用回归、预测等技术确定经济周期，并研究不同股票与各经济周期的关联性，这样就可以在不同的经济周期制定不同的投资策略，从而在不同的经济周期实现持续盈利，还可以规避风险。比如有的投资机构在 2008 年之前就利用数据挖掘技术确认当时的经济周期，提前减仓，改变投资策略，不仅避免了风险，而且实现了高额收益。其实，将 2008 年前后的宏观经济数据可视化之后（见图 1-5），就会发现这个时期的经济环境。

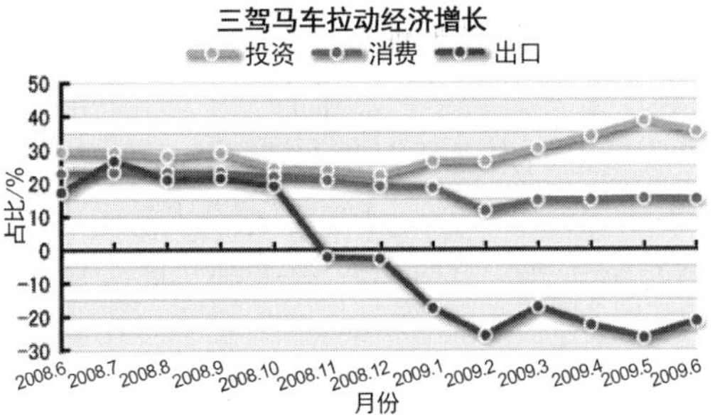

图 1-5　2008 年前后的宏观经济趋势图

1.3.2　估价

国内外大量实证研究结果表明：上市公司定期公布的财务报告具有很大的信息量，而当期会计盈余数据的信息在披露前后会在股票市价中迅速得以体现。因此，对于中长期投资者来说，重要的是预见未来。质地优良且未来具有较高盈利增长能力的公司是中长期投资者（包括普通投资者、证券投资基金和券商）普遍关注的对象，因为只有这类公司才能给投资者较高的回报。

通过对上市公司的价值的评估来进行股票的选择，是现在占据主流地位的基本面分析的基本方法。通过各种不同的方法对上市公司的价值进行评估，然后结合股票市场中的表现来决定股票市场中的价格是否被低估或者高估。如果低估则买入，如果高估则卖出。中国市场现在还没有卖空的途径，刚刚获批的融资融券业务也只是在限定标的的情况下进行部分卖空，所以中国市场还是主要以买入为主。于是，投资者应选择那些价格被低估的股票，分析未来股票发行和上市价格的合理定位。

数据挖掘技术在估价方面的应用就是去挖掘价值被低估的股票，比如可以用最近邻方法确定基本面相似的股票的市场估价，然后根据实际价格就可以很容易地确定哪些股票被低估或者高估。该方法对于新股的认购也同样非常有帮助，因为用该方法可以评估新股的合理价格区间。

1.3.3　量化选股

量化选股是数据挖掘在量化投资领域研究和应用最多的课题，毕竟选股是量化投资最重要的内容。上文介绍的多因子模型就是主要靠数据挖掘中的回归方法得到的。当然量化选股的内容不仅限于此，数据挖掘技术在选股上有多重应用，有时是为策略提供决策基础，有时是根据策略进行挖掘。比如，可以用聚类方法对股票进行聚类，从而对股票进行分池，在选股的时候从上涨概率比较大的池子中选择股票。又如，可以用神经网络方法预测股票的涨跌概率，这些内容都将会在本书中进行介绍。

1.3.4　量化择时

在量化投资领域中，一个好的选股策略是比较容易实现的。这是因为在长时间跨度里能够跑赢市场的一些投资组合一般会满足某种特性，如低估值、高成长、小市值、隐形资产低估等。但相对而言，择时就不会那么简单。这里有一个简单的问题：大盘明天是涨还是跌？

这个看似简单的问题从量化的角度其实并不好回答，而从传统的策略研究——技术面+基本面+政策面会更好回答一些。为什么？因为量化择时无法处理来自政策面的消息。另外，量化择时经常会有很强的时域特性，太短的时域预测，如一天，太长的时域预测，如一年，量化择时是很难处理的。

正因为择时比较难处理，所以采用数据挖掘技术，用大量的数据去寻找最佳的卖点相对显得更理性。比如，用上述 SVM 方法进行择时，或采用神经网络预测近期的涨跌趋势，又或采用分类方法判断近期的最佳交易周期。

1.3.5 算法交易

算法交易（Algorithmic Trading），是指把一个指定交易量的买入或者卖出指令放入模型，该模型包含交易员确定的某些目标。根据这些特殊的算法目标，该模型会产生执行指令的时机和交易额。而这些目标往往基于某个基准、价格或时间。这种交易有时候被称为“黑箱交易”。算法交易通过程序系统交易，将一个大额的交易拆分成数十个小额交易，以此来尽量减少对市场价格造成的冲击，降低交易成本，还能帮助机构投资者快速增加交易量。

算法交易系统的核心是通过一套计算机程序，在一秒内产生数千个交易指令，其中许多指令瞬间就可以被取消或被新的指令取代，从而把大额委托化整为零，减少对市场的冲击，并且可以寻求最佳的成交执行路径，以减少交易成本。但程序的核心是交易算法，而这种敢于在市场上进行实操的算法往往是从大量的历史交易数据中挖掘到的，然后经过严格的测试，确定算法可靠且有效后方可投入实际的算法交易。在算法交易方面，可用到的数据挖掘技术比较广，往往涉及多种方法的综合。在算法交易方面，目前用得比较多的数据挖掘方法是集成决策树，其核心是当不同的指标（信号）出现不同的情况时，给出具体的交易操作（买入或卖出）。采用这种方法不仅稳定、灵活，还可以采用优化算法对其进行优化，从而提高收益。图 1-6 为采用遗传算法优化交易指标的迭代效果图。

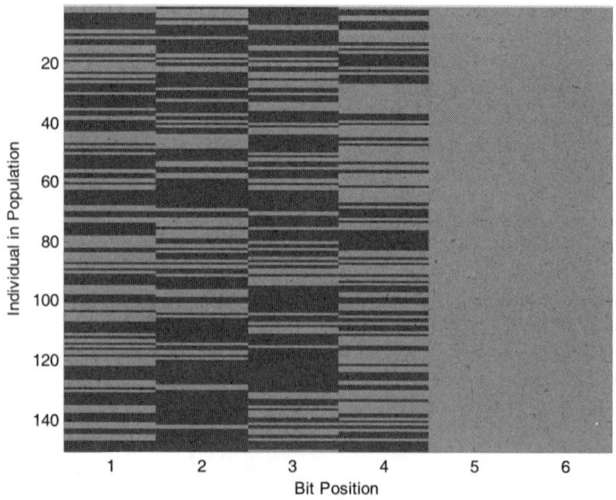

图 1-6　采用遗传算法优化交易指标的迭代效果图

1.4　本章小结

量化投资具有很多优点，是大奖章基金持续获得高收益的法宝。量化投资的核心是量化模型，而产生量化模型的主要技术是数据挖掘。可以说，数据挖掘技术是实现量化投资的关键和必备技术。本章给出的数据挖掘在量化投资中的应用实例也充分显示了数据挖掘技术贯穿了整个量化投资过程。在本书随后的章节中，将陆续介绍数据挖掘技术及其在量化投资领域的应用。

参考文献

[1] 丁鹏. 量化投资：策略与技术[M]. 北京：电子工业出版社，2012.

[2] 忻海. 解读量化投资：西蒙斯用公式打败市场的故事[M]. 北京：机械工业出版社，2012.

[3] Pang-Ning Tan，等. 数据挖掘导论[M]. 范明，等译. 北京：人民邮电出版社，2014.

[4] Jiawei Han，等. 数据挖掘概念与技术[M]. 范明，等译. 北京：机械工业出版社，2012.

[5] 余志高. 数量化投资技术的研究及其在行业配置的应用[D]. 北京：首都经济贸易大学，2011.

第 2 章　数据挖掘的内容、过程及工具

本章将进一步介绍数据挖掘相关的基本知识，包括数据挖掘的内容、数据挖掘的过程及常用的数据挖掘工具。

2.1　数据挖掘的内容

数据挖掘包括的内容较多，从广义上来讲，只要是从数据中挖掘出来的有用的知识都可以算作数据挖掘的内容。对学术研究和产业应用的数据挖掘内容进行归纳，会发现数据挖掘的内容总是集中在关联、回归、分类、聚类、预测、诊断六个方面。它们不仅在挖掘的目标和内容上不同，所使用的技术也差别较大，所以，通常将数据挖掘技术按照这六个方面来分类。下面将逐一介绍这六个方面的数据挖掘内容及相应的技术。

2.1.1　关联

“尿布与啤酒”的故事大家都听过，这里不再赘述。按常规思维，尿布与啤酒风马牛不相及，若不是借助数据挖掘技术对大量交易数据进行挖掘分析，沃尔玛是不可能发现这一有价值的规律的（见图 2-1）。

图 2-1　啤酒和尿布的关联关系

啤酒和尿布的关系是典型的关联关系，是通过对交易信息进行关联挖掘而得到的。数据关联是数据库中存在的一类重要的可被发现的知识。若两个或多个变量的取值之间存在某种规律性，就称为关联。关联可分为简单关联、时序关联和因果关联。关联分析的目的是找出数据之间隐藏的关联网。有时并不知道数据库中数据的关联关系，即使知道也是不

确定的。关联分析生成的规则带有可信度，可通过可信度来描述这种关系的确定程度。

关联规则挖掘就是要发现数据中项集之间存在的关联关系或相关联系。按照不同情况，关联规则挖掘可以分为如下几种情况：

（1）基于规则中处理的变量的类别，关联规则可以分为布尔型关联规则和数值型关联规则。

（2）基于规则中数据的抽象层次，可以分为单层关联规则和多层关联规则。

（3）基于规则中涉及的数据的维数，关联规则可以分为单维关联规则和多维关联规则。

在量化投资领域，需要研究的关联规则包含以上三种情况，但在实际应用中到底属于哪种情况的关联往往分得并不非常清楚，而是考虑与投资行为相关的各种关联，以上三种情况给出了考虑关联的途径。这样在实际的应用中，就可以按照这些思路去探讨投资领域的关联关系。

具体事物之间的关联关系，需要用到具体的关联技术，也就是通常所说的算法。常用的关联算法如图 2-2 所示，这些算法将在后面的相应章节具体介绍。

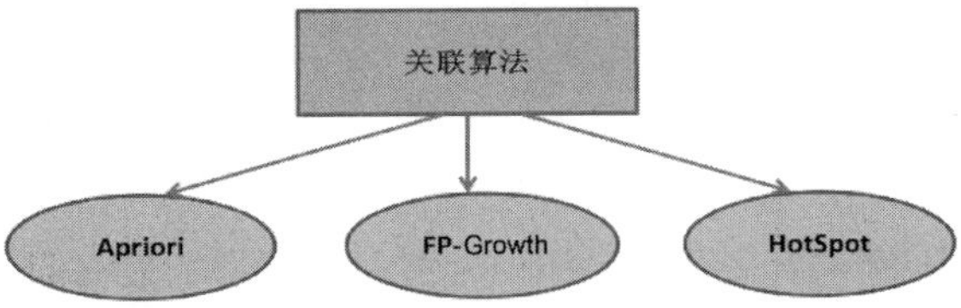

图 2-2　常用的关联算法

2.1.2　回归

回归（Regression）是确定两种或两种以上变量间相互定量关系的一种统计分析方法。回归是数据挖掘中最为基础的方法，也是应用领域和应用场景最多的方法，只要是量化型问题，一般会先尝试用回归方法来研究或分析。比如，研究某地区钢材消费量与国民收入的关系，就可以先直接用这两个变量的数据进行回归，然后看看它们之间的关系是否符合某种形式的回归关系，如图 2-3 所示。

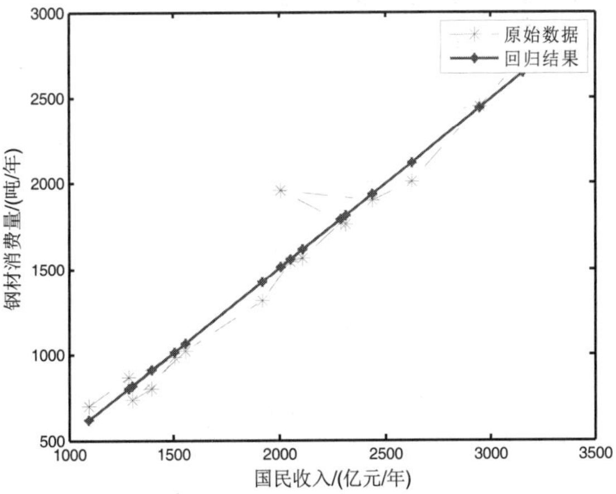

图 2-3　用回归方法得到的钢材消费量与国民收入的回归关系图

在量化投资领域，也经常用到回归方法，比如用回归方法研究经济走势、大盘走势，以及个股走势等。量化投资机构常用的多因子模型就可以用多元回归方法得到。

根据回归方法中因变量的个数和回归函数的类型（线性或非线性）可将回归方法分为如下几种：一元线性回归、一元非线性回归、多元线性回归和多元非线性回归。另外，还有两种特殊的回归方法：一种是在回归过程中可以调整变量数的回归方法，称为逐步回归；另一种是以指数结构函数作为回归模型的回归方法，称为逻辑斯蒂（Logistic）回归。回归方法结构如图 2-4 所示。

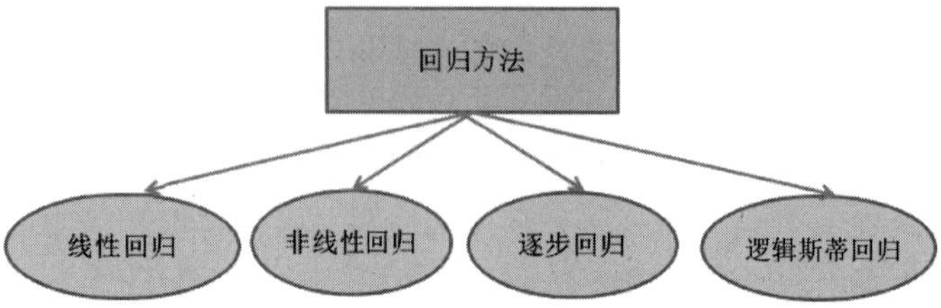

图 2-4　回归方法结构

2.1.3　分类

分类是一个常见的问题，人们在日常生活中就会经常遇到分类的问题，如垃圾分类（见图 2-5）。在数据挖掘中，分类也是常见的问题，其典型的应用就是根据事物在数据层面表现的特征，对事物进行科学的分类。

图 2-5　垃圾分类示意图

（图片来源：http://www.iflashbuy.com/i/news/ a/2013/1105/876.html）

对于分类问题，人们已经研究并总结出很多有效的方法。到目前为止，已经研究出的经典分类方法主要包括决策树（经典的决策树算法主要包括 ID 3 算法、C 4.5 算法和 CART 算法等）、神经网络、贝叶斯分类、K-近邻分类、判别分析、SVM、逻辑斯蒂（Logistic）分类，如图 2-6 所示。不同的分类方法有不同的特点。这些分类方法在很多领域都得到了成功的应用，比如决策树方法已经成功地应用到医学诊断、贷款风险评估等领域；神经网络则因为对噪声数据有很好的承受能力而在实际问题中得到了非常成功的应用，比如识别手写字符、语音识别和人脸识别等。但是，由于每种方法都有缺陷，再加上实际问题的复杂性和数据的多样性，无论哪种方法都只能解决某一类问题。近年来，随着人工智能、机器学习、模式识别和数据挖掘等领域中传统方法的不断发展，以及各种新方法和新技术的不断涌现，分类方法得到了长足的发展。

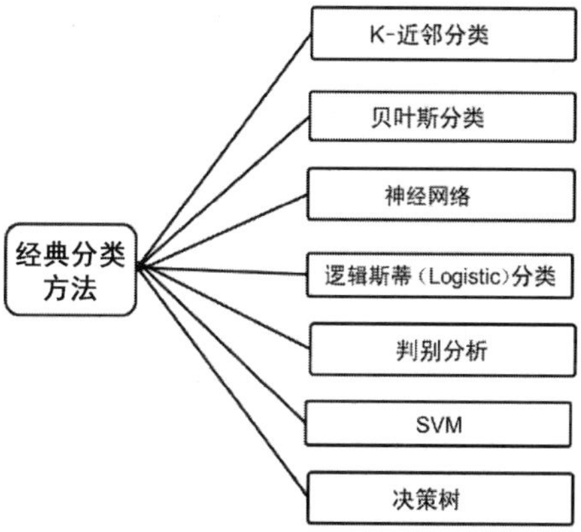

图 2-6 经典分类方法

2.1.4 聚类

聚类分析（Cluster Analysis）又称为群分析，是根据“物以类聚”的道理，对样品进行分类的一种多元统计分析方法。聚类分析的对象是大量的样品，要求能够按各自的特性来进行合理的分类，没有任何模式可供参考，即在没有先验知识的情况下进行的分析。聚类是将数据划分到不同的类或者簇的过程，同一个簇中的对象有很大的相似性，而不同簇间的对象有很大的相异性。聚类分析起源于分类学，在古老的分类学中，人们主要依靠经验和专业知识来实现分类，很少利用数学工具进行定量的分类。随着人类科学技术的发展，人们对分类的要求越来越高，以致有时仅凭经验和专业知识难以确切地进行分类，于是人们逐渐地把数学工具引入分类学中，形成了数值分类学，之后又将多元分析技术引入数值分类学形成了聚类分析。更直接地说，聚类是先将样品大致分成几类，然后对样品进行分类，也就是说，聚类是为了更合理地分类。比如，在图 2-7 中，通过聚类发现这些点大致分成 3 类，那么，对于新的数据，就可以按照这 3 类的标准进行归类。

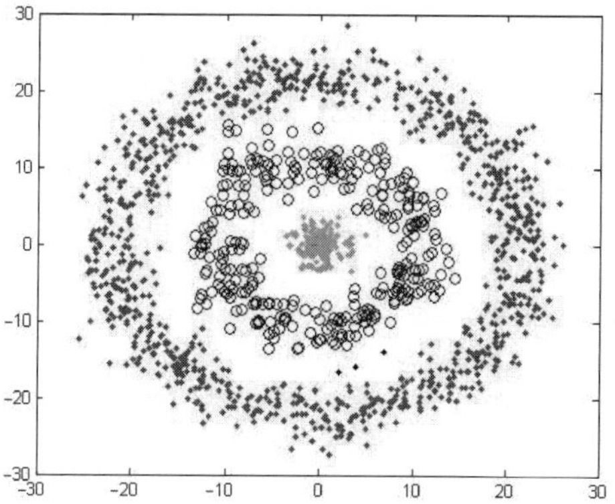

图 2-7 聚类示意图

（图片来源：http://www.itongji.cn/article/0R52D42013.html）

在不同的应用领域，很多聚类技术都得到了发展，这些技术被用来描述数据，衡量不同数据源间的相似性，以及把数据源分类到不同的簇中。在商业上，聚类分析被用来发现不同的客户群，并且通过购买模式刻画不同的客户群的特征；在生物上，聚类分析被用于对动植物和基因进行分类，从而获取对种群固有结构的认识；在地理上，聚类分析能够帮助识别相似的地理区域；在保险行业，聚类分析通过一个高的平均消费来对汽车保险单持有者进行分组，同时根据住宅类型、价值、地理位置来对一个城市的房产进行分组；在因特网应用上，聚类分析被用于在网上进行文档归类来修复信息。

聚类问题的研究已有很长的历史。迄今为止，为了解决各领域的聚类应用，已经提出的聚类算法有近百种。根据聚类原理，可将聚类算法分为如下几种：划分聚类、层次聚类、基于密度的聚类、基于网格的聚类和基于模型的聚类。虽然聚类的方法有很多，在实践中用得比较多的还是 K-means 聚类、层次聚类、神经网络聚类、高斯混合聚类和模糊 C 均值聚类等方法，如图 2-8 所示。

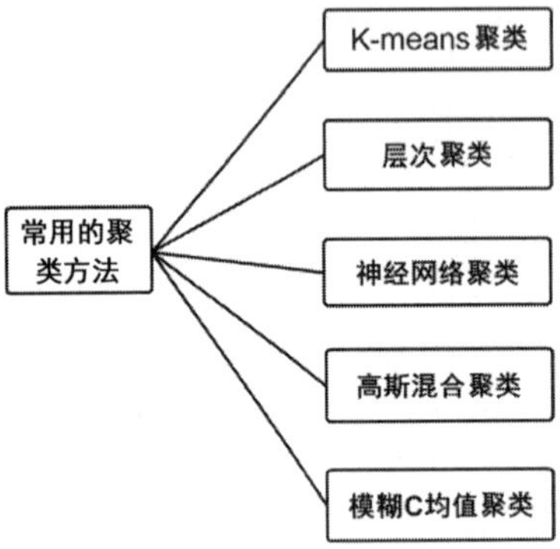

图 2-8 常用的聚类方法

2.1.5 预测

预测（Forecasting）是预计未来事件的一门科学。预测是指采集历史数据，并基于这些数据建立某种数学模型，用这种数学模型推算将来。它可以是对未来的主观或直觉的预期，还可以是上述的综合。在数据挖掘中，预测是基于既有的数据进行的，即以现有的数据为基础，对未来的数据进行预测，如图 2-9 所示。

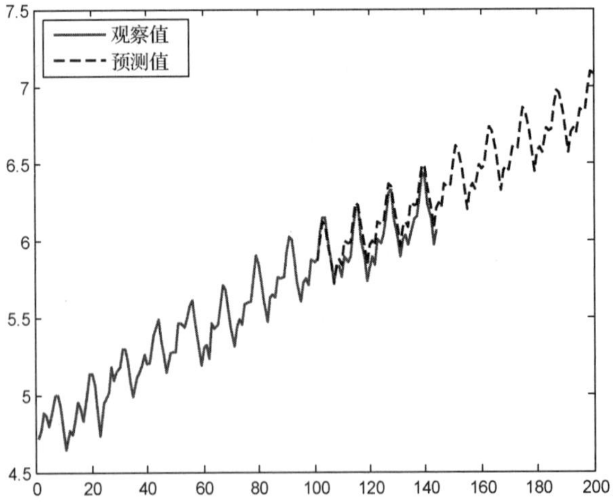

图 2-9 时间序列预测示意图

预测的重要意义就在于它能够在自觉地认识客观规律的基础上，借助大量的信息资料和现代化的计算手段，比较准确地揭示客观事物运行中的本质联系及发展趋势，预见可能出现的种种情况，勾画出未来事物发展的基本轮廓，提出各种可以互相替代的发展方案，这使人们具有了战略眼光，使决策有了充分的科学依据。

预测方法有许多，可以分为定性预测方法和定量预测方法，如图 2-10 所示。从数据挖掘角度，我们用的方法显然属于定量预测方法。定量预测方法又分为时间序列分析方法和因果关系分析方法，关于时间序列分析方法将在第 12 章中介绍，在第 10 章将重点介绍因果关系分析方法中的灰色预测法和马尔可夫预测法两种方法。

- 预测方法
  - 定性预测方法
    - 专家会议法/Delphi 法
    - 主观概率法
    - 领先指标法
  - 定量预测方法
    - 时间序列分析方法
      - 移动平均法
      - 指数平滑法
      - Box-Jenkins 法
    - 因果关系分析方法
      - 回归方法
      - 计量经济模型法
      - 神经网络预测法
      - 灰色预测法
      - 马尔可夫预测法

图 2-10 预测方法分类图

2.1.6 诊断

在数据挖掘中，诊断的对象是离群点或称为孤立点。离群点是不符合一般数据模型的点，它们与数据的其他部分不同或不一致，如图 2-11 中的 Cluster 3，它只有一个点，可以认为是这群数据的离群点。离群点可能是度量或执行错误导致的。例如，一个人的年龄为-999 可能是对未记录的年龄的默认设置产生的。离群点也可能是固有的数据可变性的结果。例如，一个公司的首席执行官的工资远远高于公司其他雇员的工资，成为一个离群点。

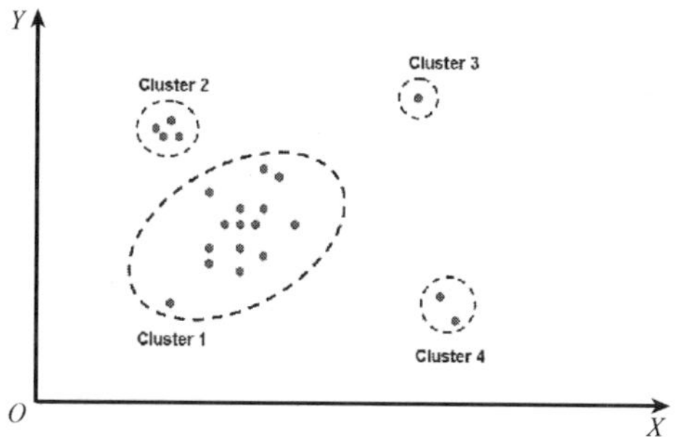

图 2-11 离群点示意图

许多数据挖掘算法试图使离群点的影响最小化，或者排除它们，但是由于一个人的“噪声”可能是另一个人的信号，这样做可能导致重要的隐藏信息丢失。换句话说，离群点本身可能是非常重要的。例如，在欺诈探测中，离群点可能预示着欺诈行为。因此，离群点探测和分析是一个有趣的数据挖掘任务，称为离群点挖掘或离群点诊断，简称诊断。

诊断有着广泛的应用。像上述所提到的，它能用于欺诈探测，如探测不寻常的信用卡消费或电信服务。此外，它在市场分析中可用于确定极低或极高收入的客户的消费行为，或者在医疗分析中可用于发现对多种治疗方式的不寻常的反应。

目前，人们已经提出了大量关于离群点诊断的算法。这些算法大致可以分为如下几类：基于统计学或模型的方法、基于距离或邻近度的方法、基于偏差的方法、基于密度的方法和基于聚类的方法。这些方法一般称为经典的离群点诊断方法（这些方法将在第 11 章介绍）。近年来，有不少学者从关联规则、模糊集和人工智能等方面出发提出了一些新的离群点诊断算法，比较典型的有基于关联的方法、基于模糊集的方法、基于人工神经网络的方法、基于遗传算法或克隆选择的方法等。

2.2 数据挖掘的过程

2.2.1 数据挖掘过程的概述

数据挖掘能够从一堆杂乱的数据中挖掘出有价值的知识，这需要一个过程。很多数据挖掘工具厂商都对这个过程进行了抽象和定义，使之更加清晰。比如，SAS 将数据挖掘过程划分为 5 个阶段：抽样（Sample）、探索（Explore）、处理（Manipulate）、建模（Model）和评估（Assess），即所谓的 SEMMA 过程模型；SPSS 则提出了 5A 模型，即评估（Assess）、访问（Access）、分析（Analyze）、行动（Act）和自动化（Automate）。但对于商业项目，业界普遍采用 CRISP-DM（Cross-Industry Standard Process for Data Mining）过程，即所谓的“跨行业数据挖掘过程标准”，或者在其基础上改进的过程。CRISP-DM 模型为一个 KDD 工程提供了完整的过程描述。一个数据挖掘项目的生命周期包含 6 个阶段：业务理解（Business Understanding）、数据理解（Data Understanding）、数据准备（Data Preparation）、建模（Modeling）、评估（Evaluation）和部署（Deployment）。

纵观这几个过程模型，就会发现其实质是一致的，所以不必在意到底用哪个数据挖掘过程，适合自己的就好。但从便于理解和操作的角度来讲，本书所介绍的数据挖掘过程为目标的定义、数据的准备、数据的探索、模型的建立、模型的评估、模型的部署，可以简称为 DPEMED（Definition、Preparation、Explore、Modeling、Evaluation、Deployment）模型，它们之间的关系如图 2-12 所示。

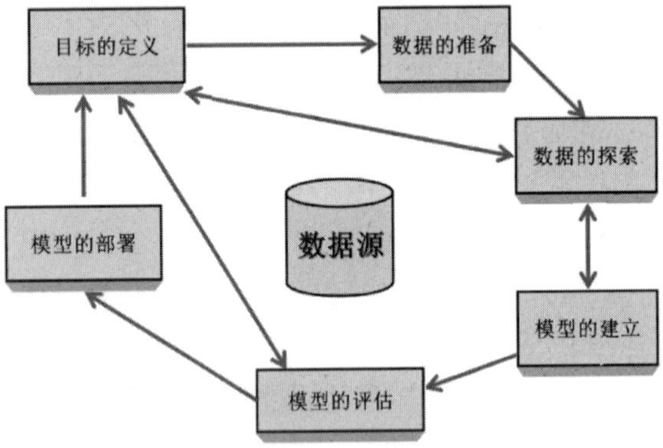

图 2-12　数据挖掘过程示意图

2.2.2 目标的定义

当企业或组织机构想要实施数据挖掘时，大多是因为觉得积累的业务数据中有些数据是有价值的，也就是说在潜意识里面已经有了大致的目标。这种目标在无形之中会在随后的数据挖掘过程中更为明确，即所谓的有的放矢，这样，数据挖掘就可以有意义地进行下去。因此，实施数据挖掘的第一步是要确定数据挖掘的目标。

要确定目标，就必须了解数据和相关的业务。比如，要分析电信领域的客户呼叫行为，就需要了解电信的业务构成、业务运营及其他诸多的行业知识。有关业务问题，是指在业务过程中需要解决的问题，想要知道问题的答案并且认为这些问题的答案蕴藏在大量的数据中，但并不知道它们在哪里。其中可能涉及的业务问题很多，从数据挖掘的角度来讲，需要了解的业务问题至少包含如下 3 方面：

（1）有关需要解决问题的明确定义。

（2）对有关数据的了解。

（3）数据挖掘结果对业务作用效力的预测。

如果无法确定哪些问题是数据挖掘可以解决的，那么可以参考各行业的成功案例。许多业务和研究的领域都被证实是数据挖掘能够成功应用的领域，包括金融服务、银行、保险、电信、零售、制造业、生物、化工等。

当对业务和数据有一定的了解之后，就可以很容易地定义数据挖掘的目标，一般可以从如下两个方面定义数据挖掘的目标：

（1）数据挖掘需要解决的问题。

（2）数据挖掘完成后达到的效果，最好给出关键的评估参数及数值，比如数据挖掘的结果在 3 个月内使得整体收益提高 5 个百分点。

2.2.3 数据的准备

数据的准备是数据挖掘中耗时最多的环节，因为数据挖掘的基础就是数据，所以足够、丰富、高质量的数据对数据挖掘的结果至关重要。数据的准备包括数据的选择、数据的质量分析和数据的预处理三个环节。

1）数据的选择

选择数据就是从数据源中搜索所有与业务对象有关的内部和外部数据信息，并从中选择适用于数据挖掘的数据。内部数据通常指现有数据，如交易数据、调查数据、Web 日志等。外部数据通常指需要购买的一些数据，如股票实时交易数据。

从选择的数据类型来看，在大多数商业应用中都会包括交易数据、关系数据和人口统计数据三种类型的数据。交易数据是业务对象发生业务时产生的操作数据，它们一般有明显的时间和顺序特征，与业务发生有关联，如投资者的证券交易、客户的购物、用户的通话等。关系数据是相对较少变化的数据，表达了客户、机构、业务之间的关系，如投资者与交易所、用户与电信公司等。人口统计数据表达了与业务主题相关的描述信息，这些数据可能来自外部的数据源。这三种类型的数据反映了三种数据信息，在数据挖掘的过程中，对知识的发现非常重要，所以在选择数据的时候尽量要包括与业务相关的这三种类型的数据。

2）数据的质量分析

没有完美的数据。事实上，大多数数据存在代码错误、缺失值或其他类型的不一致现象。所以在建模前通常要对可用数据进行全面的质量分析。数据质量分析的目的是评估数据质量，同时为随后的数据预处理提供参考。数据的质量分析通常包括如下几个方面的内容。

- 缺失数据：包括空值或编码为无应答的值（如$null$、? 或 999）。
- 数据错误：通常是在输入数据时造成的排字错误。
- 度量标准错误：包括正确输入但因不正确的度量方案而导致错误的数据。
- 编码不一致：通常包含非标准度量单位或不一致的值。例如，同时使用 M 和 male 表示性别。
- 无效的元数据：字段的表面意思和字段名称或定义中陈述的意思不匹配。

3）数据的预处理

经过数据的质量分析往往会发现，数据总是存在这样或那样的问题，为了得到准确性、完整性和一致性较好的数据，必须对数据进行预处理。根据数据质量的不同，数据的预处理所用的技术也会有所不同，但通常包括数据清洗、数据集成、数据归约和数据变换四个步骤，如图 2-13 所示。

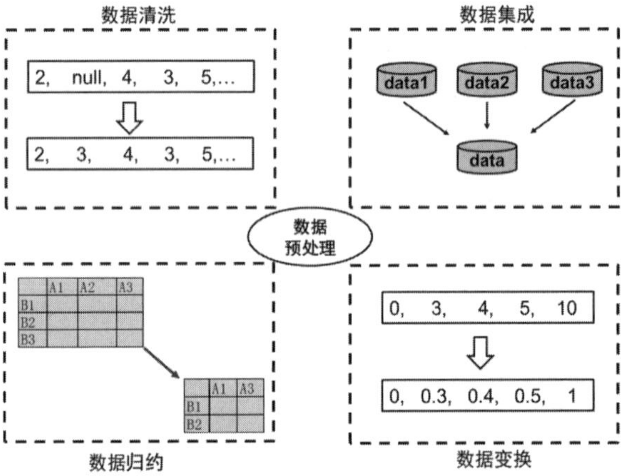

图 2-13　数据的预处理步骤

2.2.4　数据的探索

探索数据是指对数据进行初步研究，以便投资者更好地了解数据的特征，为选择建模的变量和算法提供依据。在数据挖掘的过程中，数据的准备和数据的探索是一个双向的过程，也就是说，数据探索的结果也可以指导数据的准备，尤其是数据的预处理。更具体地说，在数据挖掘的过程中，先进行数据的准备，包括选择、质量分析和预处理；然后进行数据的探索。如果在探索阶段发现数据量太少或数据质量不好或者区分度不好，那么就会返回到数据的准备，重新进行数据的选择、质量分析和预处理，通常是直接返回到数据的预处理环节，如对数据进行归一化处理等预处理操作；然后继续对数据进行探索，直到通过探索得到的数据比较满意为止，这样就可以转入到下一个阶段。

从广义上说，很少或没有得到理论支撑的数据分析均可以视为数据探索的范畴。数据探索更多的是对数据进行初步分析，有助于针对不同类型的数据或条件进行统计分析。数据探索或探索性数据分析具有启发式、开放式等特点。

（1）启发式在于，我们可能对数据的类型或特点知之甚少，需要通过统计技术来探索数据内部的东西，就是通常所说的“让数据说话”。这时由于某种原因，我们可能对数据背后的理论信息掌握得很少，或缺少这方面的资料等。

（2）开放式在于，数据探索以数据清理为先导。数据清理工作往往要参考学科背景知识。例如，对缺失值的处理，若该学科数据对异常值的反应很灵敏，使用均值去填补，则可能会丢失大量的信息（假如缺失值很多）。所以，如果仅是数据探索，很少需要考虑上述情况，可以完全根据数据特点来选择相应的处理方法，开放性也体现于此。

下面从几个大的方向来了解数据探索的方法。

1）描述统计

描述统计包括均值、频率、众数、百分位数、中位数、极差、方差等。一般来说，描述统计均可用来探索数据结构，以及数据的不同属性。

2）数据的可视化

数据的可视化也是数据探索阶段常用的一种技术，这种技术概括起来就是将数据的总体特点以图形的方式呈现，从而发现其中的模式，并可以根据一定的规则（标准差、百分位数等信息）进行拆分、合并等进一步处理。

毫无疑问，图形简明易懂，对很多难以表达的情况，使用图表呈现将使问题变得简单，这也就是所谓的“一图胜千言”。图形在数据探索中起到很重要的作用，如常用的频次图（见图 2-14）、散点图、箱体图等。

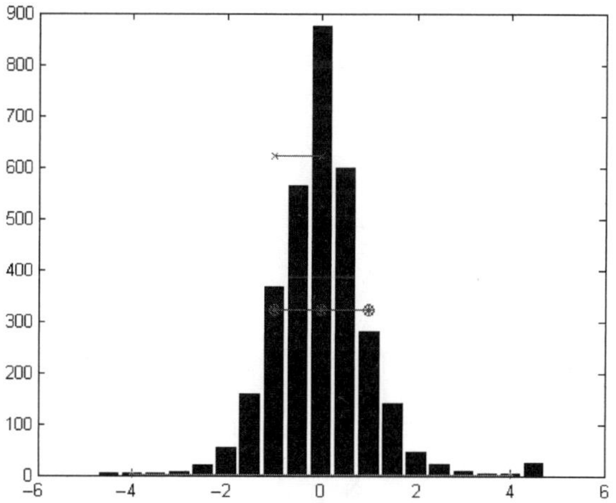

图 2-14 数据可视化示意图（频次图）

3）数据探索的建模活动

一切可以用于建模的统计方法或计量模型均可以用于数据探索。不过模型之所以是模型，是因为其背后的理论或学科性质的支撑。所以，从这个层面上说，数据探索更多的是为分析人员提供感性的认识，所有的结果都有待于理论的验证，只有在认识的边缘，理论才渐渐被淡化。

2.2.5 模型的建立

模型的建立是数据挖掘的核心，在这一步要确定具体的数据挖掘模型（算法），并用这个模型原型训练出模型的参数，得到具体的模型形式。模型建立的操作流程如图 2-15 所示。这在一过程中，数据挖掘模型的选择往往很直观。例如，对股票进行分类，则要选择分类模型。问题是分类模型又有多种模型（算法），这时就需要根据数据特征、挖掘经验、算法适应性等方面确定较为合适的算法，如果很难或不便选择哪种具体的算法，不妨对可能的算法都进行尝试，然后从中选择最佳的算法。

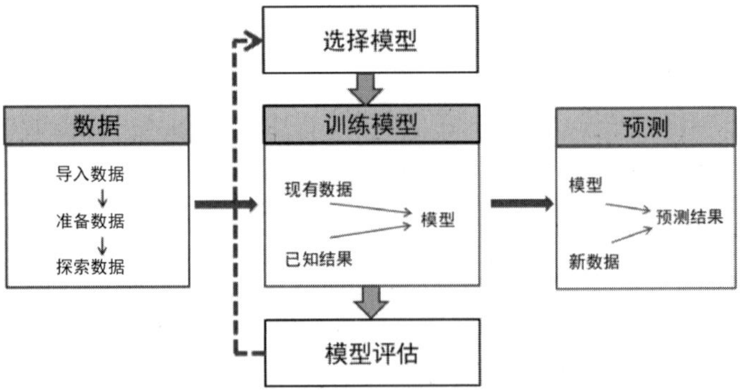

图 2-15　模型建立的操作流程

数据挖掘的主要内容就是研究模型建立过程中可能用到的各种模型和算法，这些模型和算法就是前面介绍的关联、回归、分类、聚类、预测和诊断。如果从实现的角度，根据各种模型在实现过程中的人工监督（干预）程序，这些模型又可以分为有监督模型和无监督模型。在数据挖掘过程中，常用的模型结构如图 2-16 所示。根据这一结构，可以很清晰地知道模型建立过程中可供选择的模型，关于这些模型的具体适用条件和用法，将在后面的章节具体介绍。

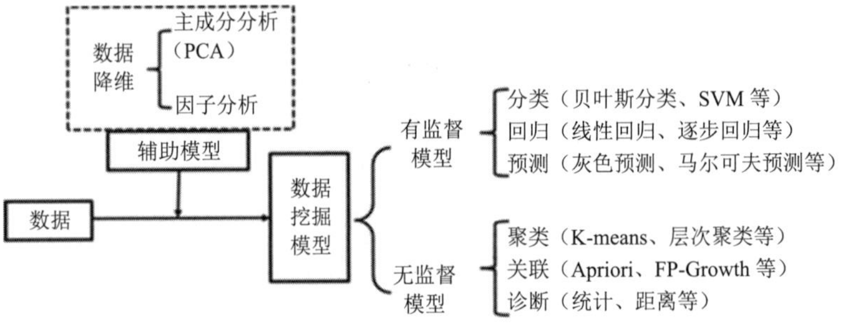

图 2-16　数据挖掘常用的模型（算法）结构

此处提到模型，也提到算法，这两个概念容易混淆。一谈到算法人们就会想到通过历史数据建立模型，其实数据挖掘算法是创建数据挖掘模型的机制，对产生的最终挖掘输出结果有很大的决定性。随着数据挖掘新技术的层出不穷和商业数据挖掘产品的成熟与完善，对同一商业问题而言，通常在产品中有多种算法可供选择，而为特定的任务选择正确的算法很有挑战性。读者可以使用不同的算法来执行同样的任务，每种算法会生成不同的结果。

而且算法可以复合使用，在一个数据挖掘解决方案中可以使用一些算法来探析数据，而使用其他算法基于该数据预测特定的结果。例如，可以使用聚类分析算法来识别模式，将数据细分成相似的组，然后使用分组结果来创建更好的决策树模型。也可以在一个数据挖掘解决方案中使用多种算法来执行不同的任务。例如，使用回归树算法来获取财务预测信息，使用基于规则的算法来执行市场篮子分析。由此看出，在数据挖掘项目中，在明确挖掘目标和了解各种算法的特点后，如何正确选择和使用算法，得到期望的结果才是关键环节。

在模型建立这一环节，还有一项重要的工作是设置数据的训练集和测试集，训练集的数据用于训练模型，而测试集的数据则用于验证模型。因为这个环节的模型的验证是在模型的训练过程中进行的验证，所以这部分模型的验证工作一般也被认为隶属于模型的建立过程。为了保证得到的模型具有较好的准确度和健壮性，需要先用一部分数据建立模型，然后用剩下的数据来测试这个模型。因为测试集可能受模型特性的影响，还需要一个独立的数据集来验证模型的准确性，这个数据集称为验证集。

训练和测试数据挖掘模型至少要把数据分成两个部分：一部分用于模型训练，另一部分用于模型测试。如果使用相同的训练集和测试集，那么模型的准确度就很难使人信服。用训练集把模型建立出来之后，可以先在测试集数据上做实验，此模型在测试集上的预测准确度就是一个很好的指示数据，它表示将来与数据集和测试集类似的数据用此模型预测时正确的百分比。但这并不能保证模型的正确性，它只能说明在相似的数据集合的情况下用此模型会得出相似的结果。

常用的验证方法包括简单验证、交叉验证和 N 维交叉验证。

1）简单验证

简单验证是最基本的测试方法。它从原始数据集合中拿出一定百分比的数据作为测试数据，这个百分比为 5%～33%。注意：在把数据集合分成几部分时，一定要保证选择的随机性，这样才能使分开的各部分数据的性质一致。先用数据集合的主体把模型建立起来，然后用此模型来预测测试集中的数据。出现错误的预测数与预测总数之间的比称为错误率。对于分类问题，可以简单地下结论："对"与"错"，此时错误率很容易计算。对于回归问题，不能使用简单的"对"或"错"来衡量，但可以用方差来描述准确的程度。比如，用 3 年内预计的客户增长数量同 3 年内实际的数据进行比较。

在一次模型的建立过程中，这种简单验证通常要执行几十次。例如，在训练神经网络时，几乎每个训练周期都要在测试集上运行一次，不断地训练测试，直到在测试集上的准确率不再提高为止。

2）交叉验证

交叉验证是用来验证模型的性能的一种统计分析方法，其基本思想是在某种意义下将原始数据进行分组，一部分作为训练集，另一部分作为验证集，如图 2-17 所示。首先用训练集对分类器进行训练，再利用验证集来测试训练得到的模型，以此来评价模型的性能指标。交叉验证在实际应用中非常普遍。根据不同的交叉方式，交叉验证又可分为如下三种情况。

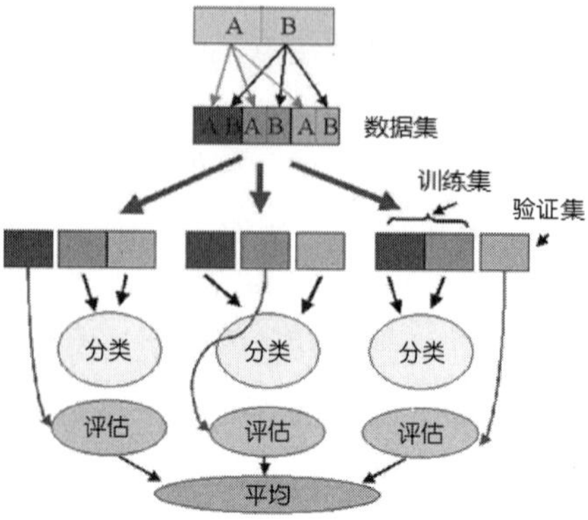

图 2-17 交叉验证示意图

（1）二分验证。

将原始数据随机分为两组，一组作为训练集，一组作为验证集，利用训练集训练分类器，然后利用验证集验证模型，记录最后的分类准确率，将其作为分类器的性能指标。此种方法的优点是处理简单，只需要随机把原始数据分为两组即可。其实从严格意义上来说，二分验证并不能算是交叉验证，因为这种方法没有实现交叉的思想。由于二分验证随机地将原始数据分组，所以最后验证集的分类准确率的高低与原始数据的分组有很大的关系。因此这种方法得到的结果其实并不具有说服力。

（2）*K* 次交叉验证（*K*-CV）。

将原始数据分成 *K* 组（一般是均分），将每个子集数据分别做一次验证集，将其余 $K-1$ 组子集数据作为训练集，这样会得到 *K* 个模型，用这 *K* 个模型最终的验证集的分类准确率的平均数作为此 *K*-CV 下分类器的性能指标。*K* 一般大于或等于 2，在实际操作时一般从 3 开始取，只有在原始数据集合数据量小的时候才会尝试取 2。*K*-CV 可以有效地避免过学习及欠学习状态的发生，最后得到的结果也比较具有说服力。

（3）留一交叉验证（LOO-CV）。

如果设原始数据有 *N* 个样本，那么 LOO-CV 就是 *N*-CV，即每个样本单独作为验证集，其余 $N-1$ 个样本作为训练集，所以 LOO-CV 会得到 *N* 个模型，用这 *N* 个模型最终的验证集的分类准确率的平均数作为此 LOO-CV 下分类器的性能指标。相比于前面的 *K*-CV，LOO-CV 有两个明显的优点：一个是每一回合中几乎所有的样本皆用于训练模型，因此最接近原始样本的分布，这样评估所得的结果比较可靠；另一个是实验过程中没有随机因素影响实验数据，确保了实验过程是可以被复制的。但 LOO-CV 的缺点是计算成本高，因为需要建立的模型数量与原始数据的样本数量相同，当原始数据的样本数量相当多时，LOO-CV 操作起来就会非常困难，除非每次训练分类器得到模型的速度很快，或可以用并行计算减少计算所需的时间。

当然也可以认为，LOO-CV 是一种特殊的交叉验证方式。

3）*N* 维交叉验证

N 维交叉验证是更通用的算法。它先把数据随机分成不相交的 *N* 份，比如把数据分成 10 份，把第一份拿出来放在一边用于模型测试，把其他 9 份合在一起来建立模型，然后把

这个用 90%的数据建立起来的模型用第一份数据做测试。这个过程对每份数据都重复进行一次，得到 10 个不同的错误率。最后，把所有数据放在一起建立一个模型，模型的错误率为上述 10 个错误率的平均值。

可以依据得到的模型和对模型的预期结果修改参数，再用同样的算法建立新的模型，甚至可以采用其他算法建立模型。在数据挖掘中，对于不同的商业问题采用哪种模型效果更好的问题，在没有行业经验的情况下，可用不同的方法（参数或算法）建立几个模型，从中选择最好的。通过上述的处理，就会得到一系列的分析结果和模式，它们是对目标问题多侧面的描述，这时需要对其进行验证和评价，以得到合理的、完备的决策信息。对产生的模型结果，需要进行对比验证、准确度验证、支持度验证等检验以确定模型的价值。在这个阶段需要引入更多层面和背景的用户进行测试和验证，通过对几种模型的综合比较，产生最后的优化模型。

2.2.6 模型的评估

模型评估阶段需要对数据挖掘过程进行一次全面的回顾，从而确定是否存在重要的因素或任务由于某些原因而被忽视。此阶段的关键目的是判断是否还存在一些重要的商业问题未得到充分的考虑。验证模型是处理过程中的关键步骤，可以确定是否成功地进行了前面的步骤。模型的验证需要利用未参与建模的数据进行，这样才能得到比较准确的结果。可以采用的方法有：直接使用原来建立模型的样本数据进行检验、另找一批数据对其进行检验、在实际运行中取出新的数据进行检验。检验的方法是对已知客户状态的数据利用模型进行挖掘，并将挖掘结果与实际情况进行比较。在此步骤中若发现模型不够优化，还需要回到前面的步骤进行调整。

模型的预测正确率是检验模型好坏的重要指标，但不是唯一指标。一个良好的数据挖掘模型，在投入实际应用前，需要经过多方面的评估，从而确定它已完全达到商业目标。评估数据挖掘模型优劣的指标有许多，如正确率（见图 2-18）、Lift 图、ROC 曲线、Gain 图等。

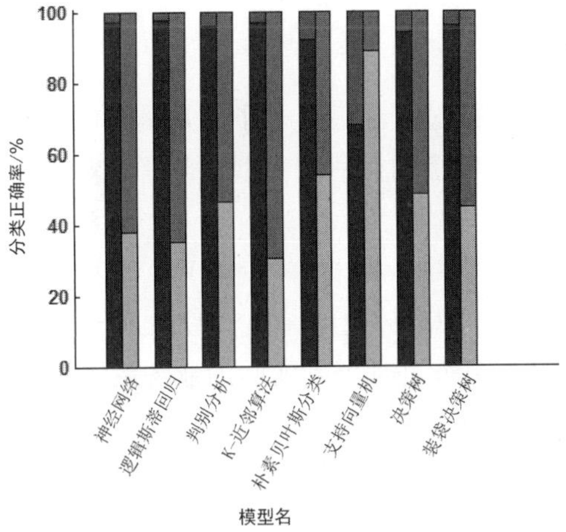

图 2-18 模型分类正确率柱状图

但是要让用户接受一个模型的结果，仅靠这些评估指标是不够的，还需要从模型结果的可用性上进一步阐述，即数据挖掘模型到底能带来什么业务上的价值。这实际上也就是数据挖掘模型的可解释性。在实际数据挖掘项目中，模型的可解释性往往比评估指标更为重要。

在对模型进行评估时，既要参照评估标准，也要考虑商业目标和商业成功的标准。片面追求预测正确率就会忽视数据挖掘的初衷。我们不是为了建立一个完美的数学模型而进行挖掘，而是为了解决实际的商业问题。所以挖掘结果的可解释性与实用性，才是最根本的标准。例如，在解决客户流失问题中，预测模型捕捉到的流失客户多，并不意味着能够协助挽留较多的客户。关键在于预测结果对挽留营销活动方案的制订有多大的帮助。

在量化投资领域，模型的评估尤为重要，往往先用历史数据对模型进行回测（见图 2-19），然后对模型试用一段时间，只有既能保证稳定收益，又能保证最大回撤比较小的模型，才可投入运营，而且在以后的实际运营中，还要不断对模型进行修正、验证、评估。

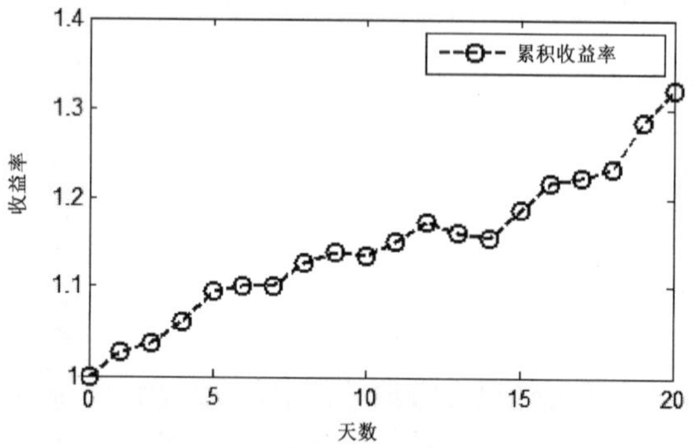

图 2-19　投资策略回测收益曲线

2.2.7　模型的部署

模型的部署一般是数据挖掘过程的最后一步，是集中体现数据挖掘成果的一步。顾名思义，模型的部署就是将通过验证和评估的模型，部署到实际的业务系统中，这样就可以在数据中挖掘到知识。

一般而言，完成模型的创建并不意味着项目结束。模型建立并经验证后，有两种主要的使用方法。一种是提供给分析人员做参考，分析人员通过查看和分析这个模型提出行动方案建议；另一种是将此模型开发并部署到实际的业务系统中，如图 2-20 所示，如果是以 MATLAB 为工具开发的模型，可以将这些模型部署到 C++、Java、.NET 等语言开发的系统中，也可以直接在 MATLAB 的应用程序中使用。在部署模型后，还要不断监控它的效果，并不断改进。

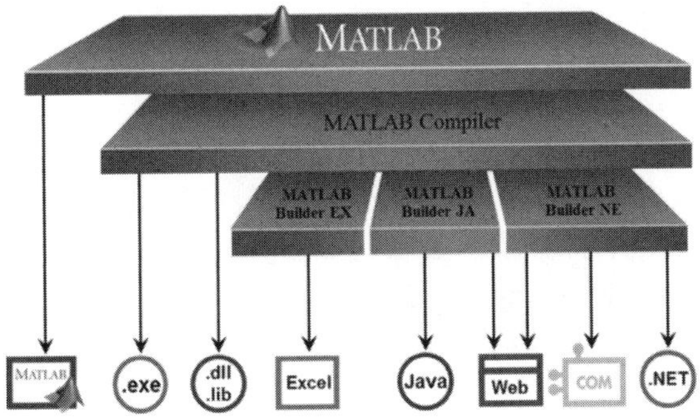

图 2-20　MATLAB 开发的模型可以部署的系统结构示意图

2.3　数据挖掘工具

2.3.1　MATLAB

MATLAB 是美国 MathWorks 公司出品的商业数学软件，用于算法开发、数据可视化、数据分析及数值计算。MATLAB 的操作界面如图 2-21 所示。

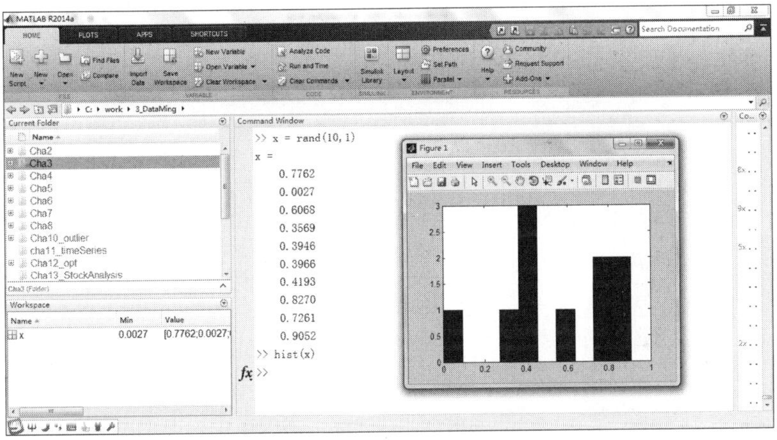

图 2-21　MATLAB 的操作界面

MATLAB 是矩阵实验室（Matrix Laboratory）的简称，和 Mathematica、Maple 并称为三大数学软件。在数学类科技应用软件中，它在数值计算方面首屈一指。MATLAB 可以进行矩阵运算、绘制函数和数据曲线、实现算法、创建用户界面，以及连接其他编程语言的程序等，主要应用于工程计算、控制设计、信号处理与通信、图像处理、信号检测、金融建模设计与分析等领域。

MATLAB 的基本数据单位是矩阵，它的指令表达式与数学、工程中常用的形式十分相似，故用 MATLAB 来解算问题要比用 C、FORTRAN 等语言简洁得多。MATLAB 吸收了 Maple 等软件的优点，成为一个强大的数学软件。在新的版本中 MATLAB 也新增了对 C、FORTRAN、C++、Java 的支持功能，用户可以直接调用，也可以将自己编写的程序导入

MATLAB 函数库中方便以后调用。此外，许多 MATLAB 爱好者编写了一些经典的程序，用户直接下载即可使用。

MATLAB 在数据挖掘中常用到的工具是它的统计工具箱（Statistics Toolbox）。该工具箱不仅包含了常用的数据分析功能，如数据常规统计、数据探索、假设检验、因子分析、回归等，还包含了机器学习的功能。数据挖掘中经常用到的方法都在机器学习这部分。MATLAB 在数据挖掘方面最大的特色是它的灵活性，分析师可以按照自己的想法灵活调用相应的函数。另外，MATLAB 有非常强大的优化、数值计算、可视化函数及各类工程应用函数，这些函数对于拓展 MATLAB 的数据挖掘功能非常有帮助。所以，MATLAB 在数据挖掘中占有重要的地位。

2.3.2 SAS

SAS（Statistics Analysis System）是世界上著名的统计分析系统之一，具有完备的数据访问、管理、分析和呈现功能，被誉为国际标准统计分析系统。1966 年它最初由美国北卡罗来纳州立大学的两位生物统计学研究生开发。1976 年 SAS 软件研究所正式成立，并开始 SAS 的开发、维护、销售和培训工作，真正实现了这一软件的商业化。SAS 的操作界面如图 2-22 所示。

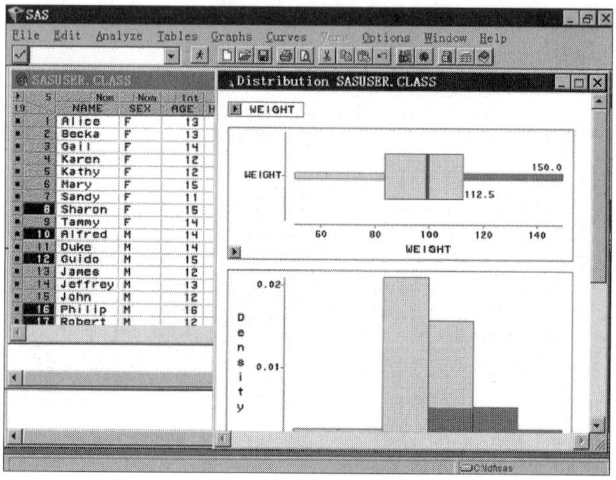

图 2-22　SAS 的操作界面

最早的 SAS 是在大型机上使用的，1985 年推出了能运行在小型机和 PC 上的版本。2011 年最新的 9.3 版本可在多种操作平台上运行。

一般统计软件把各种统计分析过程整合为一个“包”（Package），用户可根据资料特点和分析目的利用软件中提供的各种固定的分析过程完成统计分析任务。而 SAS 除具有这些功能以外，还提供自己的母体编程语言，用户可以灵活调用、组合 SAS 语句自定义宏函数，完成特定的统计分析任务，甚至开发新的算法。这种自由的母体编程语言所调用的单元称为模块（Module）。这些单独的模块的功能有所侧重，又可以相互整合，大大提高了 SAS 的灵活性、多样性，丰富并拓展了 SAS 的功能。当然，这也增加了掌握它的难度。正因为如此，相对 SPSS（Statistical Product and Service Solution）等软件来说，一般认为 SAS 更适合专业人员使用。

2.3.3 SPSS

SPSS 是世界上最早的统计分析软件，由美国斯坦福大学的三位研究生 Norman H. Nie、C. Hadlai (Tex) Hull 和 Dale H. Bent 于 1968 年开发成功，同时成立了 SPSS 公司，并于 1975 年成立法人组织，在芝加哥组建了 SPSS 总部。1984 年 SPSS 总部首先推出了世界上第一个微机版本统计分析软件 SPSS/PC+，开拓了 SPSS 微机系列产品的开发方向，极大地扩大了它的应用范围，并使其能很快地应用于自然科学、技术科学、社会科学的各个领域。世界上许多有影响的报刊纷纷就 SPSS 的自动统计绘图、数据的深入分析、使用方便、功能齐全等方面给予了高度的评价。SPSS 的操作界面如图 2-23 所示。

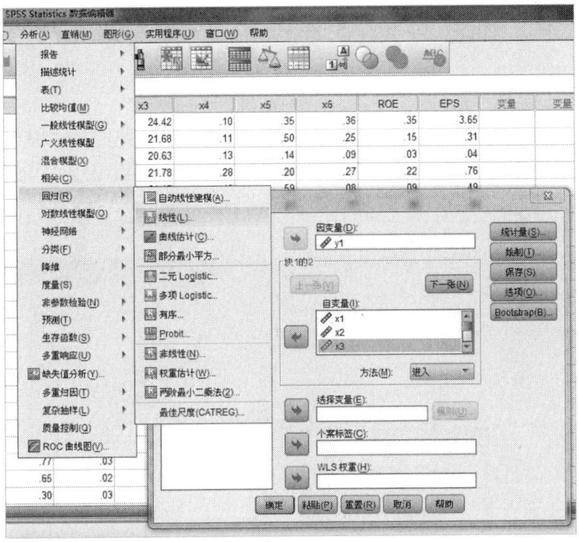

图 2-23 SPSS 的操作界面

2009 年 7 月 28 日，IBM 宣布将用 12 亿美元收购统计分析软件提供商 SPSS 公司。具体的收购方式为，IBM 将以每股 50 美元的价格进行收购，该交易将全部以现金形式支付，预计于 2009 年年底前完成。SPSS 称将在 2009 年 10 月 2 日召开特别股东大会，投票表决有关将该公司出售给 IBM 的交易。如今 SPSS 的 21.0 版本更名为 IBM SPSS。

SPSS 采用类似 Excel 表格的方式输入与管理数据，数据接口较为通用，能方便地从其他数据库中读入数据。其统计过程包括常用的、较为成熟的统计过程，完全可以满足非统计专业人士的工作需要。SPSS 的输出结果十分美观，存储为专用的 SPO 格式，也可以转存为 HTML 格式和文本格式。针对熟悉老版本编程运行方式的用户，SPSS 还特别设计了语法生成窗口，用户只需要在菜单中选好各个选项，然后单击“粘贴”按钮就可以自动生成标准的 SPSS 程序，极大地方便了中、高级用户。

SPSS for Windows 是一个组合式软件包，它集数据录入、整理、分析功能于一身。用户可以根据实际需要和计算机的功能选择模块，以降低对系统硬盘容量的要求，这有利于该软件的推广应用。SPSS 的基本功能包括数据管理、统计分析、图表分析、输出管理等。SPSS 的统计分析过程包括描述性统计、均值比较、一般线性模型、相关分析、回归分析、对数线性模型、聚类分析、数据简化、生存分析、时间序列分析、多重响应等几大类，每类中又分为好几个统计过程。比如，回归分析又分为线性回归分析、曲线估计、逻辑斯蒂回归、Probit 回归、加权估计、两阶段最小二乘法、非线性回归等多个统计过程，而且每个过程中又允许用户选择不同的方法及参数。SPSS 也有专门的绘图系统，可以根据数据绘制各种图形。

SPSS 的分析结果清晰、直观、易学易用，而且可以直接读取 Excel 及 DBF 数据文件，现已推广到各种操作系统的计算机上。在国际学术界有一条不成文的规定，即在国际学术交流中，凡是用 SPSS 软件完成的计算和统计分析，可以不必说明算法，由此可见其影响之大和信誉之高。SPSS 21.0 版本采用分布式分析系统（Distributed Analysis Architecture，DAA），全面适应互联网，支持动态收集、分析数据和 HTML 格式报告。

SPSS 由于操作简单，已经在我国的社会科学、自然科学的各个领域发挥了巨大作用。

2.3.4 WEKA

WEKA 的中文全称是怀卡托智能分析环境（Waikato Environment for Knowledge Analysis）。WEKA 的主要开发者来自新西兰。WEKA 的操作界面如图 2-24 所示。

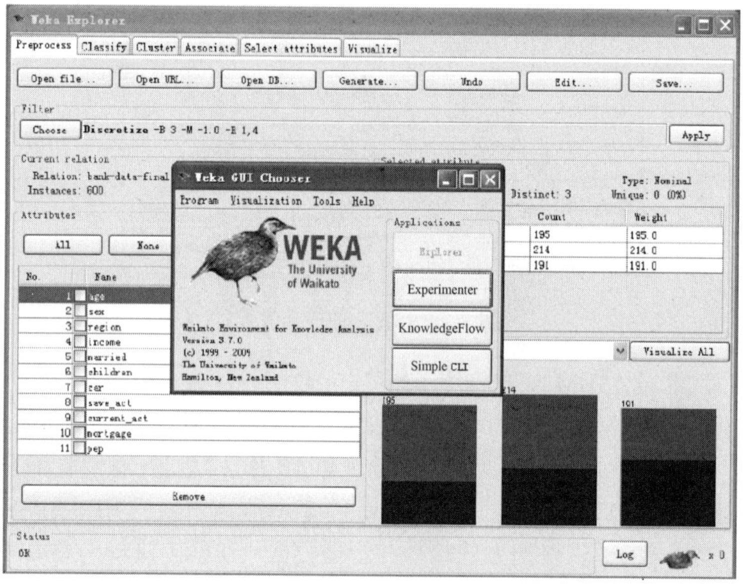

图 2-24　WEKA 的操作界面

WEKA 作为一个公开的数据挖掘工作平台，集合了大量能承担数据挖掘任务的机器学习算法，包括对数据进行预处理、分类、回归、聚类、关联规则，以及在新的交互式界面上的可视化。

用户如果想自己实现数据挖掘算法，可以参考 WEKA 的接口文档。在 WEKA 中集成自己的算法，或者借鉴它的方法，自己实现可视化工具并不是一件很困难的事情。

2005 年 8 月，在第 11 届 ACM SIGKDD 国际会议上，怀卡托大学的 WEKA 小组荣获了数据挖掘和知识探索领域的最高服务奖。WEKA 系统得到了广泛认可，被誉为数据挖掘和机器学习历史上的里程碑，是现今较完备的数据挖掘工具。WEKA 的每月下载次数已超过万次。

WEKA 是一个基于 Java、用于数据挖掘和知识分析的平台。来自世界各地的 Java 爱好者都可以把自己的算法放在这个平台上，然后从海量数据中发掘其背后隐藏的种种关系；这些发现也许蕴藏着无限的商机。

打开 WEKA，首先出现一个命令行窗口，但并非要在这个命令行下写 Java 语句。稍后，就会出现 Weka GUI Chooser 的窗体，这是一个很简单的窗体，提供 4 个按钮：Simple CLI、Explorer、Experimenter、KnowledgeFlow。Simple CLI 是一个使用命令行的界面，有点像 SAS 的编辑器；Explorer 则是视窗模式下的数据挖掘工具；Experimenter 和 KnowledgeFlow 的使用有待进一步摸索。

2.3.5 R

R 是用于统计分析、绘图的语言和操作环境。R 是属于 GNU 系统的一个自由、免费、源代码开放的软件，它是一个用于统计计算和统计制图的优秀工具。R 的操作界面如图 2-25 所示。

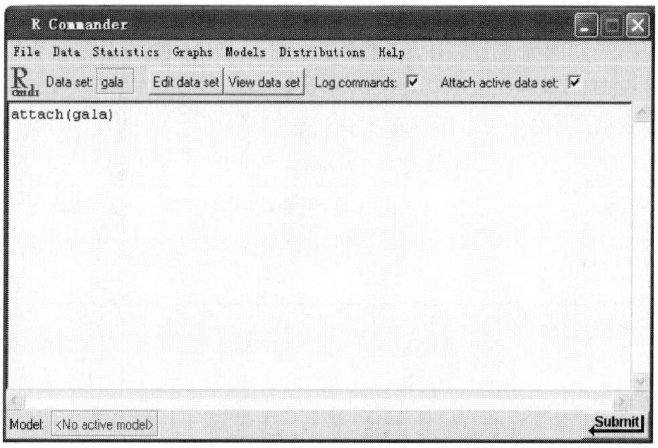

图 2-25 R 的操作界面

R 最初是由来自新西兰奥克兰大学的 Ross Ihaka 和 Robert Gentleman 开发（也因此称为 R）的，现在由“R 开发核心团队”负责开发。R 是基于 S 语言的一个 GNU 项目，所以也可以当作 S 语言的一种实现，通常用 S 语言编写的代码都可以不做修改地在 R 环境下运行。R 的语法来自 Scheme。

R 是一套完整的数据处理、计算和制图软件系统。其功能包括：数据存储和处理系统、数组运算工具（其向量、矩阵运算方面功能尤其强大）、完整连贯的统计分析工具、优秀的统计制图功能、简便而强大的编程语言，可操纵数据的输入和输出，可实现分支、循环。用户也可自定义 R 的功能。

与其说 R 是一种统计软件，不如说 R 是一种数学计算的环境，因为 R 并不仅提供若干统计程序，而且使用者只需要指定数据库和若干参数便可进行统计分析。R 的思想是：它可以提供一些集成的统计工具，但更多的是它提供各种数学计算、统计计算的函数，从而使使用者能够灵活机动地进行数据分析，甚至创造出符合需要的新的统计计算方法。

R 语言的语法表面上类似 C，但在语义上是函数设计语言（Functional Programming Language）的变种，和 Lisp 及 APL 有很强的兼容性。特别是，它允许“在语言上计算”（Computing on the Language）。这使得它可以把表达式作为函数的输入参数，而这种做法对统计模拟和绘图非常有用。

R 有 UNIX 版本、Linux 版本、MacOS 版本和 Windows 版本，都是可以免费下载和使用的。从网上可以下载 R 的安装程序、各种外挂程序和文档。

2.3.6 工具的比较与选择

表 2-1 给出了上述 5 种数据挖掘工具在功能、特点、适用情况方面的比较，从中可以看出，5 种工具具有各自的特点，都有一定的适用条件。

表 2-1 常用数据挖掘工具的比较

名 称	功 能	特 点	适用情况
MATLAB	不仅具有较强的数据统计、科学计算功能，还具有众多的行业应用工具箱，包括金融、经济等工具箱	（1）擅长矩阵计算和仿真模拟 （2）具有丰富的数学函数，适合算法开发或自主的程序开发 （3）具有强大的绘图功能	适合学习算法、算法研究、产品研发和灵活产品的开发
SAS	功能极强大的统计分析软件	（1）较强的大数据处理能力 （2）支持二次开发	有一些行业标准，适合工业使用
SPSS	侧重于统计分析	SPSS 使用方便，但不适合自己开发代码，即扩展上受限，如果要求不高，则已足够	界面友好，使用简单，功能很强大，也可以编程，能解决绝大部分统计学问题，适合初学者
WEKA	具有丰富的数据挖掘函数，包括分类、聚类、关联分析等主流算法	基于 Java 开发的开源数据分析、机器学习工具	适合具有一定程序开发经验的工程师，尤其适合用 Java 进行二次开发
R	类似 MATLAB，具有丰富的数学和统计分析函数	R 是开源的，支持二次开发	适合算法学习、产品研发和小项目的开发

纵观这 5 种工具的特点，本书将选择 MATLAB 作为主要的数据挖掘实现工具。原因主要有 3 个方面：一是数据挖掘的主要内容是各种各样的模型和算法，而 MATLAB 特别适合高效自主的算法开发，因为 MATLAB 具有丰富的数学函数库，可以使用这些函数库根据算法的步骤快速实现算法，从而便于用户对算法的学习和理解；二是 MATLAB 具有丰富的科学计算功能，包括微积分、优化计算、符号计算等，以及丰富的金融、经济工具箱，这些功能将非常有利于量化投资的实现；三是 MATLAB 本身就是程序开发工具，具有 GUI 界面开发功能，所以使用 MALTAB 可以很快地将学习的算法和模型，以及开发程序和工具部署到实际的量化投资环境中。

工具的应用都是相通的，读者只要掌握或了解了这些数据挖掘技术，然后去应用这些工具，就会很快上手。仅从学习的角度来讲，MATLAB 会更合适。

2.4 本章小结

本章主要介绍了数据挖掘的内容、过程和常用的工具。数据挖掘的内容包括 6 个方面，即关联、回归、分类、聚类、预测和诊断。了解数据挖掘的内容，有助于读者加深对数据挖掘概念的理解，同时可让读者从内容角度构建数据挖掘的基本框架，这对于了解和学习以后的数据挖掘相关技术很有帮助。数据挖掘的过程也可划分为 6 个阶段，即目标的定义、数据的准备、数据的探索、模型的建立、模型的评估和模型的部署。了解了数据挖掘的过程，我们就能知道数据挖掘项目是如何一步一步运行的，这个过程就是数据挖掘项目实施的基本方法论。有了方法论的指导，就可以让数据挖掘项目科学化、规范化，从而少走一些弯路。另外，本章对数据挖掘常用的 5 种工具（MATLAB、SAS、SPSS、WEKA、R）进行了介绍，主要介绍每种工具的特色及适用场景，这样读者就可以知道在什么情况下选择哪种数据挖掘工具更合适。

参考文献

[1] Pang-Ning Tan，等. 数据挖掘导论[M]. 范明，等译. 北京：人民邮电出版社，2014.

[2] Jiawei Han，等. 数据挖掘概念与技术[M]. 范明，等译. 北京：机械工业出版社，2012.

第 3 章 MATLAB 快速入门及实用技巧

由于 MATLAB 尤其适合对数据挖掘各种算法和过程的学习，所以本章将通过一个实例介绍如何像使用 Word 一样使用 MATLAB，真正将 MATLAB 当工具来使用。本章的目标是，即使读者从来没有用过 MATLAB，只要看完本章，也可以轻松使用 MATLAB。

3.1 MATLAB 快速入门

3.1.1 MATLAB 概要

MATLAB 是矩阵实验室（Matrix Laboratory）之意。除具备卓越的数值计算能力外，它还提供了专业水平的符号计算、文字处理、可视化建模仿真和实时控制等功能。MATLAB 的基本数据单位是矩阵，它的指令表达式与数学、工程中常用的形式十分相似，故用 MATLAB 来解算问题要比用 C、FORTRAN 等语言简洁得多。学习 MATLAB，先要从 MATLAB 的历史开始，因为 MATLB 的发展史就是人类社会在科学计算领域快速发展的历史，同时我们可以了解 MATLAB 的两位缔造者 Cleve Moler 和 John Little 在科学史上做的贡献。

20 世纪 70 年代后期，身为美国新墨西哥大学计算机系主任的 Cleve Moler 在给学生讲授线性代数课程时，想教学生使用 EISPACK 和 LINPACK 程序库，但他发现学生用 FORTRAN 编写接口程序很费时间，于是他开始自己动手，利用业余时间为学生编写 EISPACK 和 LINPACK 的接口程序。Cleve Moler 给这个接口程序取名为 MATLAB，该名为矩阵（Matrix）和实验室（Laboratory）两个英文单词的前三个字母的组合。在以后的数年里，MATLAB 在多所大学里作为教学辅助软件使用，并作为面向大众的免费软件广为流传。1983 年春天，Cleve Moler 到斯坦福大学讲学，MATLAB 深深地吸引了工程师 John Little。John Little 敏锐地觉察到 MATLAB 在工程领域的广阔前景。同年，他和 Cleve Moler、Steve Bangert 一起，用 C 语言开发了第二代专业版。这一代的 MATLAB 同时具备了数值计算和数据图示化的功能。1984 年，Cleve Moler 和 John Little 成立了 MathWorks 公司，正式把 MATLAB 推向市场，并继续进行 MATLAB 的研究和开发。

MathWorks 公司顺应多功能需求的潮流，在其卓越的数值计算和图示功能的基础上，又率先开拓了专业水平符号计算、文字处理、可视化建模和实时控制功能，开发了适合多学科、多领域的新一代科技应用软件 MATLAB。经过多年的国际竞争，MATLAB 已经占据了数值软件市场的主导地位。MATLAB 的出现，为各国科学家开发学科软件提供了新的基础。在 MATLAB 问世不久后的 20 世纪 80 年代中期，原先控制领域里的一些软件包纷纷被淘汰或在 MATLAB 上重建。

时至今日，经过 MathWorks 公司的不断完善，MATLAB 已经发展成为适合多学科、多种工作平台的功能强大的大型软件。在国外，MATLAB 已经经受了多年的考验。在欧美等高校，MATLAB 已经成为线性代数、自动控制理论、数理统计、数字信号处理、时间序列分析、动态系统仿真等高级课程的基本教学工具；成为攻读学位的大学生、硕士生、博士生必须掌握的基本技能。在设计研究单位和工业部门，MATLAB 被广泛用于科学研究和解决各种具体问题。可以说，无论你从事工程方面的哪个学科，都能在 MATLAB 里找到合适的功能。

当前流行的 MATLAB 5.3/Simulink 3.0 包括拥有数百个内部函数的主包和三十几种工具包（Toolbox）。工具包又可以分为功能性工具包和学科工具包。功能性工具包用来扩充 MATLAB 的符号计算、可视化建模仿真、文字处理及实时控制等功能。学科工具包是专业性比较强的工具包，控制工具包、信号处理工具包、通信工具包等都属于此类。

MATLAB 的开放性使其广受用户欢迎。除内部函数外，所有 MATLAB 主包文件和各种工具包文件都是可读、可修改的文件，用户可以通过对源程序的修改或加入自己编写的程序构造新的专用工具包。

3.1.2 MATLAB 的功能

MATLAB 软件是一种用于数值计算、可视化及编程的高级语言和交互式环境。使用 MATLAB，可以分析数据、开发算法、创建模型和应用程序。借助其语言、工具和内置的数学函数，可以探求多种方法，能够比电子表格或传统编程语言（如 C/C++或 Java）更快地求取结果。

经过多年的发展，MATLAB 已增加了众多的专业工具箱（见图 3-1），所以其应用领域非常广泛，包括信号处理和通信、图像和视频处理、控制系统、测试和测量、计算金融学及计算生物学等。在各行业和学术机构中，工程师和科学家都使用 MATLAB 这一软件提高他们的工作效率。

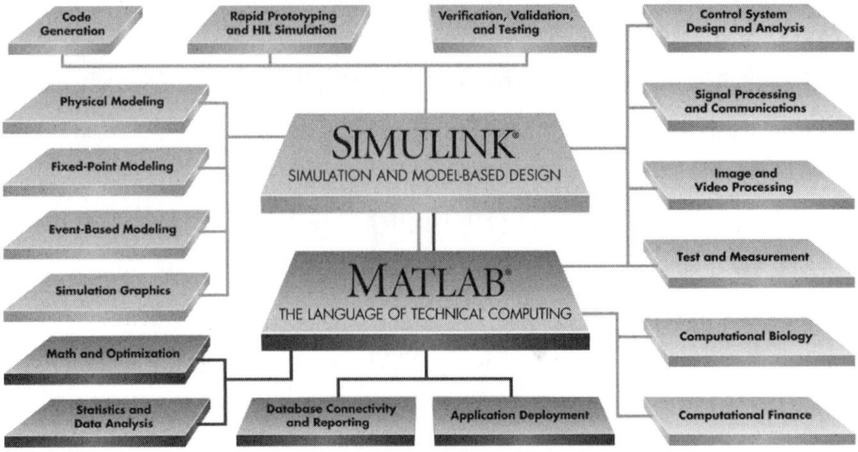

图 3-1　MATLAB 的家族产品（专业工具箱）

3.1.3　快速入门案例

MATLAB 是一款程序开发工具，它可以像其他工具（如 Word）一样易用。而传统的学习 MATLAB 的方式一般是从学习 MATLAB 知识开始的，如 MATLAB 矩阵操作、绘图、数据类型、程序结构、数值计算等内容。学习这些知识的目的是能够将 MATLAB 用起来，可是很多人即便学完了，还是不能独立、自如地使用 MATLAB。这是因为其在学习这些知识的时候，目标是虚无的，不是具体的，具体的目标应该是解决某一问题。

多年来，笔者一直使用 MATLAB，但记住的 MATLAB 命令不超过 20 个，每次都靠几个常用的命令来实现各种项目。所以说，想使用 MATLAB 并不需要积累那么多知识，只要掌握 MATLAB 的几个小技巧即可。还需要说明的一点是，最好的学习方式就是基于项目学习，因为这是一种问题驱动式的学习方式，能够让学习的目标更具体，更容易让学习的知识转化成实实在在的成果，最重要的是让学习者快速建立自信，感受到学习的快乐和成就感。

MATLAB 的使用其实很简单，哪怕用户从来没有用过 MATLAB，也可以很快入门。

下面将通过一个小项目，带着大家一步一步用 MATLAB 解决一个实际问题，假设我们都是 MATLAB 的门外汉（还达不到菜鸟的水平）。

现已知股票的交易数据：日期、开盘价、最高价、最低价、收盘价、成交量和换手率，试用某种方法来评价这只股票的价值和风险。

这是一个开放的问题，但比较好的方法是用定量的方式来评价股票的价值和风险，所以这是一个很典型的科学计算问题。通过前面对 MATLAB 功能的介绍，我们确信 MATLAB 可以帮助我们（选择合适的工具）。

现在抛开 MATLAB，来看一个科学计算问题的典型的处理流程是怎样的。一个典型的科学计算的流程如图 3-2 所示，即获取数据、数据探索和建模，最后是项目的发布。

现在根据上述流程，用 MALTAB 实现这个项目。

第一阶段，利用 MATLAB 从外部（Excel）读取数据。

作为一个门外汉，我们并不知道如何用命令来操作，但计算机操作经验告诉我们当不知道如何操作的时候，不妨尝试一下右键。

Step1.1：选中数据文件，单击鼠标右键，将弹出快捷菜单，可发现“导入数据”选项，如图 3-3 所示。

Step1.2：选择“导入数据”选项，进入导入数据界面，如图 3-4 所示。

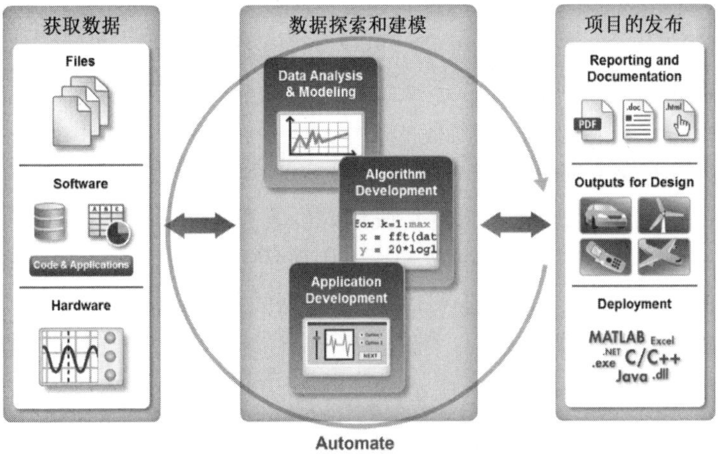

图 3-2　一个典型的科学计算的流程

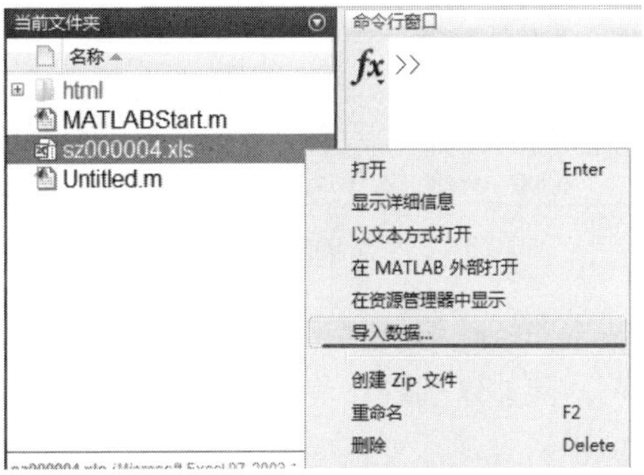

图 3-3　“导入数据”选项

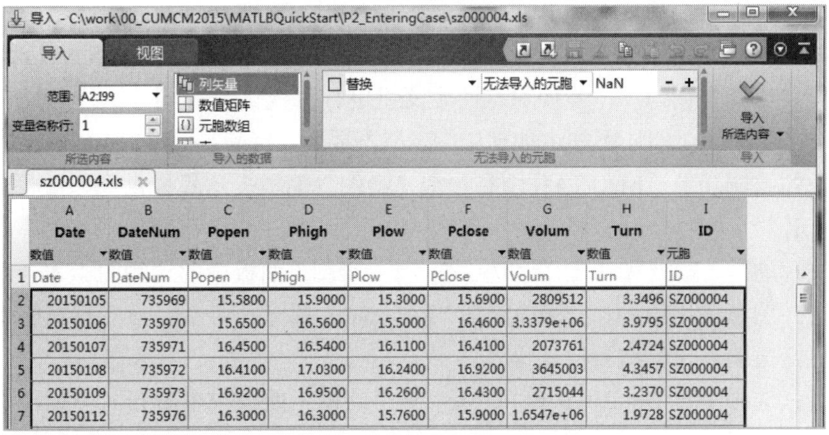

图 3-4　导入数据界面

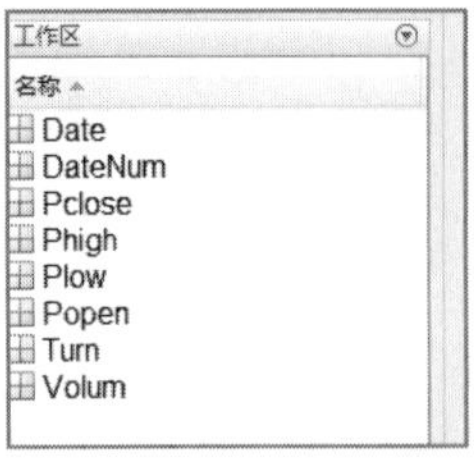

图 3-5　导入的数据在工作区中的显示方式

Step1.3：在如图 3-4 所示界面中，单击右上角的“导入所选内容”按钮，在 MATLAB 的工作区（当前内存中的变量）就会显示这些导入的数据，并以列矢量的方式表示（因为默认的数据类型就是“列矢量”），如图 3-5 所示。也可以选择其他数据类型，大家不妨尝试一下选择不同的数据类型后结果会有什么不同。

至此，第一阶段获取数据的工作完成了。下面转入第二阶段的工作。

第二阶段，数据探索和建模。

对于该问题，我们的目标是能够评估股票的价值和风险，但现在我们不知道该如何去评估。MATLAB 是工具，它不能代替我们决定用何种方法来评估，但是可以辅助我们找到合适的方法。下面尝试如何在 MATLAB 中进行数据的探索和建模。

Step2.1：查看数据的统计信息，了解数据。具体操作方式是双击工具区，此时会看到所有变量的详细统计信息，如图 3-6 所示。

工作区

名称	大小	类	最小值	最大值	均值	方差
Volum	98x1	double	624781	11231861	3.2248...	2.5743...
Turn	98x1	double	0.7449	13.3911	3.8447	3.6592
Popen	98x1	double	15.5800	37	22.3703	31.1909
Plow	98x1	double	15.3000	35.1600	21.8470	27.3291
Phigh	98x1	double	15.9000	38.8000	23.0387	35.9744
Pclose	98x1	double	15.6900	37.3800	22.5668	31.9923
DateNum	98x1	double	735969	736113	7.3604...	1.8899...
Date	98x1	double	201501...	20150529	201503...	2.0278...

图 3-6　变量的统计信息界面

查看工具区中变量的基本的统计信息，有助于快速认识我们正在研究的数据。当然，只要大体浏览这些信息即可，除非这些统计信息对某个问题有更重要的意义。数据的统计信息是认识数据的基础，但不够直观，更直观也更容易发现数据规律的方式就是数据可视化，也就是以图的形式呈现数据的信息。下面尝试用 MATLAB 对这些数据进行可视化。

由于变量比较多，所以有必要对这些变量进行初步梳理。对于这个问题，我们一般关心收盘价随时间的变化趋势，因此可以初步选定日期（DateNum）和收盘价（Pclose）为重点研究对象。也就是说，下一步要对这两个变量进行可视化。

作为一个新手，我们还不知道如何绘图，但不要紧，MATLAB（2012a 以后版本）提供了非常方便的绘图功能。MALTAB 中有一个“绘图”面板，这里提供了非常丰富的图例，如图 3-7 所示。

需要注意的是，需要先在工作区选中变量，“绘图”面板中的这些图标才会激活。接下来就可以选择图标进行绘图，一般先选第一个（plot）看一下效果，然后浏览整个面板，看看有没有更合适的。下面进行绘图操作。

Step2.2：选中变量 DataNum 和 Pclose，在“绘图”面板中单击 plot 图标，得到这两个变量的可视化结果，如图 3-8 所示。同时，在命令行窗口区会显示绘制此图的命令：

```
>> plot(DateNum,Pclose)
```

下次再绘制这样的图时直接用 plot 命令即可。一般情况下，用这种方式绘制的图往往不能满足要求，比如我们希望更改如下内容：

（1）曲线的颜色、线宽、形状；

（2）坐标轴的线宽、坐标，增加坐标轴描述；

（3）在相同的坐标轴中绘制多条曲线。

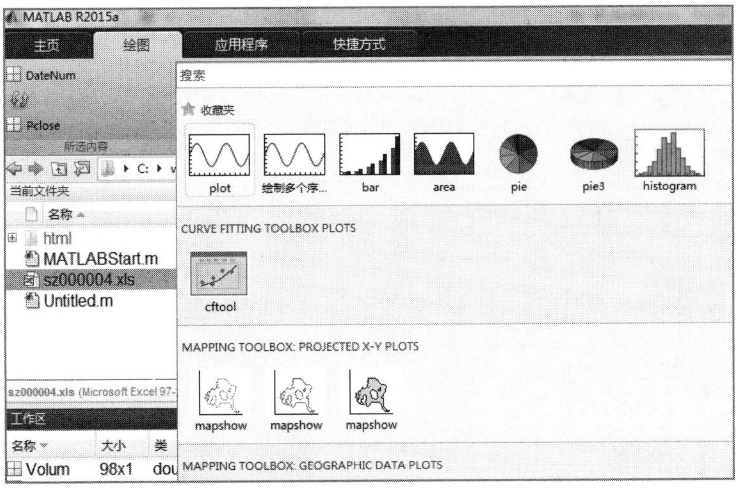

图 3-7　MATLAB“绘图”面板中的图例

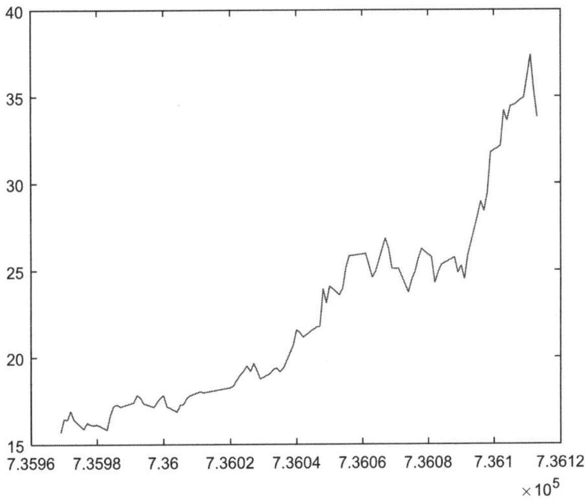

图 3-8　通过 plot 图标绘制的原图

我们需要了解更多关于 plot 命令的用法，此时就会用到 MATLAB 强大的帮助系统。获取帮助的两个命令是 doc 和 help。对于新手来说，推荐使用 doc，因为 doc 直接打开的是帮助系统中的某个命令的用法说明，不仅全面，还有应用实例（见图 3-9）。这样用户就可以参考实例“照猫画虎”，将实例快速转化成自己需要的代码。

当然，也可以在“绘图”面板上选择其他图标，这样就可以与 plot 绘制的图进行对照，看哪种绘图形式更适合数据的可视化。一般地，我们在对数据进行初步的认识之后，就能够在脑海中勾绘出比较理想的数据呈现形式，这时快速浏览一下“绘图”面板中的可用图标，即可很快选定自己中意的绘图形式。对于案例中的问题，中规中矩的曲线图更容易描绘出收盘价随时间的变化趋势，所以这里选择 plot 图标对数据进行可视化。

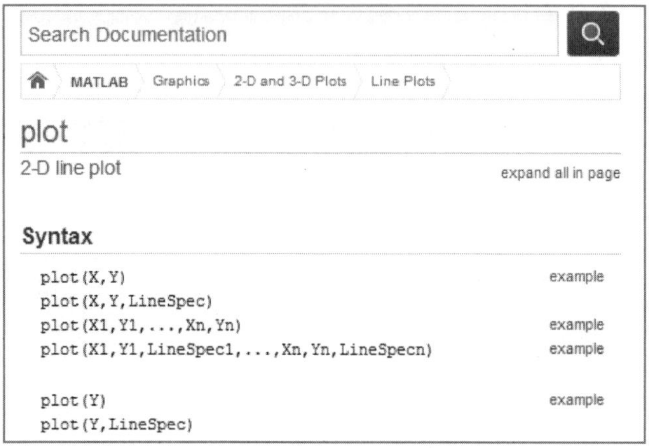

图 3-9　通过 doc 启动的 plot 帮助信息界面

接下来我们就要考虑如何评估股票的价值和风险了。

对于一只好的股票，如图 3-8 所示的走势，我们希望股票的增幅越大越好，体现在数学上，就是曲线的斜率越大越好。而对于风险，同样对于如图 3-8 所示的走势，则用最大回撤来描述更合适。

经过这样的分析，我们就可以确定，接下来要计算曲线的斜率和该股票的最大回撤。计算曲线的斜率这个问题比较简单，由于从数据的可视化结果来看，数据近似成线性，所以不妨用多项式拟合的方法来拟合该组数据的方程，这样就可以得到斜率。

如何拟合呢？作为一个新手，并不清楚用什么命令。此时就可以用 MATLAB 自带的强大的帮助系统。在 MATLAB 主面板中单击“帮助”按钮（靠近右侧），就可以打开帮助系统，在搜索框中搜索多项式拟合的关键词“polyfit”，马上就会显示与该关键词相关的帮助信息，同时很快就会发现，正好有一个 polyfit 命令，选择该命令，进入该命令的用法页面，了解该命令的用法，即可直接使用。也可以直接找到合适的案例，然后将案例中的代码复制过去，再修改数据和参数。

Step2.3：通过帮助系统搜索多项式拟合的命令，并计算股票的价值，具体代码如下。

```
>> p = polyfit(DateNum,Pclose,1); % 多项式拟合
>> value = p(1)                   % 将斜率赋值给 value，作为股票的价值
value = 0.1212
```

Step2.4：用通常的方法，即通过 help 查询的方法，可以很快得到计算最大回撤值的代码，具体代码如下。

```
>> MaxDD = maxdrawdown(Pclose);   % 计算最大回撤值
>> risk = MaxDD                   % 将最大回撤值赋值给 risk，作为股票的风险
risk = 0.1155
```

至此，我们已经找到了评估股票价值和风险的方法，并能用 MALTAB 来实现。但是，

我们都是在命令行中实现的，并不能很方便地修改代码。MATLAB 最经典的一种用法就是脚本，因为脚本不仅能够完整地呈现整个问题的解决方法，同时便于维护、完善和执行，优点很多。所以，当我们的探索和开发工作比较成熟后，通常会将这些有用的程序归纳整理起来，形成脚本。现在来分析如何快速开发解决该问题的脚本。

Step2.5：像 Step1.1 一样，重新选中数据文件，单击鼠标右键，选择“导入数据”选项，待启动导入数据界面后，选择“生成脚本”选项，然后就会得到导入数据的脚本，并保存该脚本。

Step2.6：从命令历史中选择一些有用的命令，并将其复制到 Step2.5 得到的脚本中，这样就可以很容易地得到解决该问题的完整脚本，如下所示。

```
%% MATLAB 入门案例
%% 导入数据
clc, clear, close all
% 导入数据
[~, ~, raw] = xlsread('sz000004.xls','Sheet1','A2:H99');

% 创建输出变量
data = reshape([raw{:}],size(raw));

% 将导入的数组分配给列变量
Date = data(:,1);
DateNum = data(:,2);
Popen = data(:,3);
Phigh = data(:,4);
Plow = data(:,5);
Pclose = data(:,6);
Volum = data(:,7);
Turn = data(:,8);
% 清除临时变量
 clearvars data raw;

 %% 数据探索
figure                          % 创建一个新的图像窗口
plot(DateNum,Pclose,'k')        % 更改图的颜色为黑色（打印后不失真）
datetick('x','mm');             % 更改日期显示类型
xlabel('日期');                 % x 轴说明
ylabel('收盘价');               % y 轴说明
figure
bar(Pclose)                     % 作为对照图形

%% 股票价值的评估
p = polyfit(DateNum,Pclose,1);              % 多项式拟合
% 分号的作用为不在命令行窗口显示执行结果
P1 = polyval(p,DateNum);                    % 得到多项式模型的结果
figure
plot(DateNum,P1,DateNum,Pclose,'*g');       % 模型与原始数据的对照
value = p(1)                                % 将斜率赋值给 value，作为股票的价值
```

```
%% 股票风险的评估
MaxDD = maxdrawdown(Pclose);        % 计算最大回撤值
risk = MaxDD                        % 将最大回撤值赋值给 risk，作为股票的风险
```

至此，第二阶段的数据探索和建模工作全部完成。

第三阶段，项目的发布。

当项目的主要工作完成之后，就进入了项目的发布阶段，换句话说，就是将项目的成果展示出去。通常来讲，发布项目的形式有如下几种：

（1）能够独立运行的程序，比如在第二阶段得到的脚本；

（2）报告或论文；

（3）软件和应用。

第一种发布形式，在第二阶段已完成。第三种形式更适合大中型项目，当然用 MATLAB 开发应用也比较高效。这里重点关注第二种发布形式，因为这是一种比较常用也比较实用的项目发布形式。下面将继续利用上述案例介绍如何通过 MATLAB 的发布功能来快速发布报告。

Step3.1：在脚本编辑器的“发布”面板中，从“发布”按钮（最右侧）的下拉菜单中，选择“编辑发布”选项，打开“编辑配置”窗口，如图 3-10 所示。

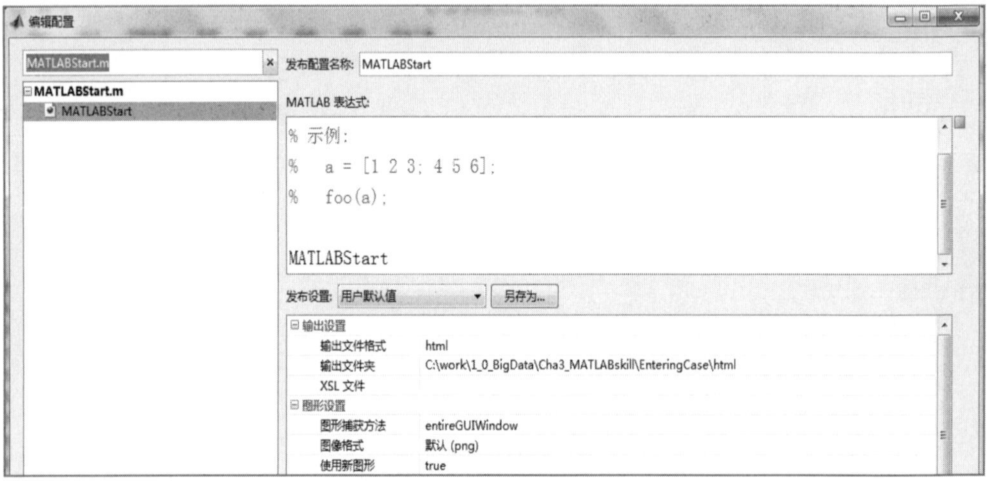

图 3-10 “编辑配置”窗口

Step3.2：根据要求，选择合适的输出文件格式，默认为 html，但比较常用的是 doc 格式，因为 doc 格式便于编辑，尤其是对于写报告或论文。然后单击“发布”按钮，就可以运行程序，同时会得到一份详细的运行报告，包括目录、实现过程、主要结果和图，当然也可以通过配置其他选项来控制是否显示代码等内容。

至此，整个项目就完成了。从这个过程中可以发现，我们并不需要记住所有 MATLAB 命令，只使用少数几个命令，MATLAB 就帮我们完成了想做的事情。通过这个项目，我们可以有如下基本认识：一是 MATLAB 的使用真的很简单，就像一般的办公工具那样好用；二是在项目进行过程中，思路是核心，我们只是用 MATLAB 快速实现了我们想做的事情。

3.1.4　入门后的提高

快速入门是为了让我们快速建立使用 MATLAB 的信心，有了信心后，提高使用水平是自然而然的事情。为了帮助读者更自如地应用 MATLAB，下面将介绍几个入门后提高 MATLAB 使用水平的方法。

一是要了解 MATLAB 常用的操作技巧和知识点，这些操作技巧和知识点基本上是每个项目中都会用到的。

二是要了解 MATLAB 的开发模式，这样无论项目多复杂，读者都能灵活应对。

三是基于项目学习，积累经验和知识。

做到上述三点，读者将会逐渐变成 MATLAB 高手，从而自如地使用 MATLAB。

3.2　MATLAB 常用技巧

3.2.1　常用标点的功能

标点符号在 MATLAB 中的地位极其重要，为确保指令正确执行，标点符号一定要在英文状态下输入。常用标点符号的功能如下。

逗号（,）：显示计算结果的指令与其后面的指令之间的分隔符；输入量与输入量之间的分隔符；数组元素间的分隔符。

分号（;）：不显示计算结果指令的结尾标志；不显示计算结果的指令与其后面的指令之间的分隔符；数组的行间分隔符。

冒号（:）：用以生成一维数值数组；当作为单下标援引时，表示全部元素构成的长列；当作为多下标援引时，表示对应维度上的全部元素。

注释号（%）：由它开头的所有物理行被看作非执行的注释。

单引号（''）：字符串记述符。

圆括号（()）：在数组援引时使用，函数指令输入变量列表时用。

方括号（[]）：输入数组时使用，函数指令输出变量列表时用。

花括号（{}）：元胞数组记述符。

续行号（...）：由三个以上的连续黑点构成；它把其下的物理行看作该行的逻辑继续，以构成一个较长的完整指令。

3.2.2　常用操作指令

在 MATLAB 指令窗中，常用的操作指令及功能如下。

- clc：清除指令窗中的显示内容。
- clear：清除 MATLAB 工作空间中保存的变量。
- close all：关闭所有打开的图形窗口。
- clf：清除图形窗内容。

- edit：打开 m 文件编辑器。
- disp：显示变量的内容。
- simulink：打开仿真工具箱。

3.2.3 指令编辑操作键

指令编辑操作键如下。

- ↑：前寻调回已输入过的指定行。
- ↓：后寻调回已输入过的指定行。
- Tab：补全命令。

3.2.4 MATLAB 中的数据类型

MATLAB 中常用的数据类型如图 3-11 所示。其中，逻辑型、字符型、数值型、结构体与常用的编程语言相似，但元胞数组和表类型的数据是 MATLAB 中比较有特色的数据类型。

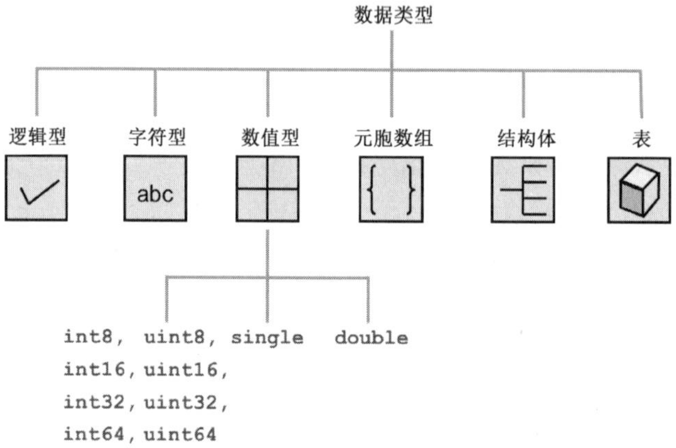

图 3-11 MATLAB 中常用的数据类型

元胞数组是 MATLAB 中一种特殊的数据类型，可以将元胞数组看作一种无所不包的通用矩阵，或者广义矩阵。组成元胞数组的元素可以是任何一种数据类型的常数或者常量，每个元素也可以具有不同的尺寸和内存空间，每个元素的内容也可以完全不同。元胞数组的元素称为元胞（cell）。与一般的数值矩阵一样，元胞数组的内存空间也是动态分配的。

表是从 MATLAB 2014a 开始出现的数据类型，在支持数据类型方面与元胞数组相似，能够包含所有数据类型。但表在展示数据及操作数据方面更有优势，表相当于一个小型数据库，在展示数据方面，表就像一个 Excel 表格那样容易展示数据；而在数据操作方面，表类型的数据支持常见的数据库操作，如插入、查询和修改数据。

比较直观地认识这两种数据类型的方式就是做“实验”，在导入数据界面中选择“元胞数组”或“表”，然后查看两种方式导入的结果，如图 3-12 所示。

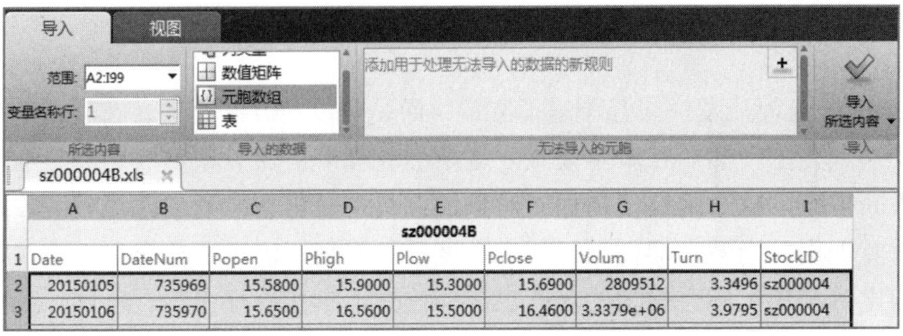

图 3-12　在导入数据界面中选择“元胞数组”

3.3 MATLAB 的开发模式

3.3.1 命令行模式

命令行模式即在命令行窗口区进行交互的开发模式。命令行模式非常灵活，并且能够很快给出结果。所以，命令行模式特别适合单个的小型科学计算问题的求解，如解方程、拟合曲线等；也比较适合项目的探索分析、建模等工作，如在入门案例中介绍的数据绘图、拟合、求最大回撤值。命令行模式的缺点是不便于重复执行，也不便于自动执行科学计算任务。

3.3.2 脚本模式

脚本模式是 MATLAB 常见的开发模式，当 MATLAB 入门之后，我们的很多工作都是通过脚本模式完成的。在入门案例中产生的脚本就是在脚本模式下的开发结果。在该模式下，可以很方便地进行代码的修改，还可以执行更复杂的任务。脚本模式的优点是便于重复执行计算，并可以将整个计算过程保存在脚本中，移植性比较强，也非常灵活。

3.3.3 面向对象模式

面向对象编程是一种正式的编程方法，它将数据和相关操作（方法）合并到逻辑结构（对象）中。面向对象编程可提升管理软件复杂性的能力，这在开发和维护大型应用与数据结构时尤为重要。MATLAB 的面向对象编程功能使用户能够以比其他语言（如 C++、C#和 Java）更快的速度开发复杂的运算应用程序。用户能够在 MATLAB 中定义类并应用面向对象的标准设计模式，可实现代码重用、继承、封装及参考行为，无须费力执行其他语言所要求的低级整理工作。

MATLAB 的面向对象模式更适合开发稍微复杂的项目，更直接地说，就是该模式可更有效地组织程序的功能模块，便于项目的管理、重复使用，同时使得项目更简洁、更容易维护。

3.3.4 三种模式的配合

MATLAB 的三种开发模式并不是孤立的，而是可以相互配合的。在项目的初期，基本是以命令行模式为主，然后在脚本模式下逐渐形成脚本。随着项目成熟度的不断提升，以及功能的不断扩充，这时就要使用面向对象模式，逐渐将功能模块改写成函数的形式，加强程序的重复调用。当然，即便项目的成熟度已经很高，仍需要在命令行模式完成测试函数、测试输出等工作，同时新增的功能也需要在脚本模式进行完善。所以，三种开发模式的有效配合是项目代码不断精炼、提升的过程，如图 3-13 所示。

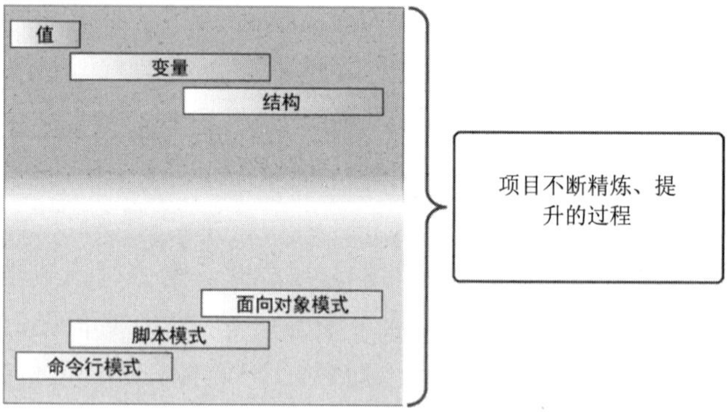

图 3-13　MATLAB 的三种开发模式

下面对在 3.1 节中介绍的入门案例进行扩展。现在有 10 只股票的数据，那么，如何选择一只投资价值大同时风险比较小的股票呢？

在 3.1 节中我们已经通过命令行模式和脚本模式创建了评价一只股票价值和风险的脚本。如果将该脚本重复执行 10 次，再进行筛选也能完成任务，但是当股票数达到上千只后，就会比较困难，我们希望程序能够自动完成筛选过程。此时就可以采用面向对象模式，将需要重复使用的脚本抽象成函数，这样就可以更容易地完成该项目。

3.4 本章小结

本章通过一个简单的例子带领读者使用 MATLAB 解决实际问题，实现了 MATLAB 的快速入门。这与传统的学习方式有很大不同，这里宣扬的一个理念是“在应用中学习”。同时，通过一个引例介绍了 MATLAB 常用的几个操作技巧，灵活使用这几个技巧，就能够解决各种科学计算问题。为了拓展 MATLAB 的知识面，本章还介绍了使用 MATLAB 过程中常用的知识点和操作技巧，如数据类型、常用的操作指令等。

第2篇　技术篇

本篇是本书的主体，系统地介绍了数据挖掘的相关技术及这些技术在量化投资中的应用实例。这部分内容又分为如下三个层次。

（1）数据挖掘前期的一些技术，包括数据的准备（数据的收集、数据质量分析、数据的预处理等）和数据的探索（衍生变量、数据的统计、数据可视化、样本选择、数据降维等）。

（2）数据挖掘的六大类核心方法，包括关联规则、回归、分类、聚类、预测和诊断。对于每类方法，详细介绍了其包含的典型算法，包括基本思想、应用场景、算法步骤、MATLAB实现程序，同时对每类方法，还介绍了一个在量化投资中的应用实例，以强化这些方法在量化投资中的实用性。

（3）数据挖掘中特殊的实用技术，包含两章内容，一是关于时序数据挖掘的时间序列方法，二是关于优化的智能优化方法。这个层次也是数据技术体系中不可或缺的技术。时序数据是数据挖掘中的一类特殊数据，因为金融数据往往具有时序性，所以针对这类特殊的数据类型，又介绍了时间序列方法。数据挖掘离不开优化，量化投资也离不开优化，所以又介绍了两种比较常用的智能优化方法——遗传算法和模拟退火算法。

本篇包括10章，各章要点和特色如下。

章　节	要　点	特　色
第4章 数据的准备	（1）数据收集的途径 （2）数据质量分析方法 （3）数据预处理方法	（1）量化投资数据源 （2）交易数据获取方法
第5章 数据的探索	（1）衍生变量的方法 （2）数据可视化方法 （3）样本选择的方法 （4）数据降维的方法	（1）交易数据衍生变量实例 （2）PCA 企业综合实力排序 MATLAB 实例
第6章 关联规则方法	（1）Apriori 算法的原理和步骤 （2）FP-Growth 算法的原理和步骤	（1）行业关联选股法 （2）Apriori 算法的 MATLAB 实现过程
第7章 数据回归方法	（1）多元回归的原理和实现方法 （2）逐步回归的原理 （3）逻辑斯蒂回归模型和实现方法	（1）多因子选股模型的实现 （2）多元回归和逐步回归的 MATLAB 实现
第8章 分类方法	（1）7种常用分类算法的原理、步骤 （2）分类结果的评判标准 （3）分类方法的应用场景	（1）常用分类方法的 MATLAB 实现 （2）银行客户分类实例 （3）分类选股法
第9章 聚类方法	（1）5种常用聚类方法的原理、步骤 （2）聚类中类别数的确定方法 （3）聚类方法的应用场景	（1）常用聚类方法的 MATLAB 实现 （2）债券聚类实例 （3）股票聚类分池实例

续表

章　节	要　点	特　色
第 10 章 预测方法	（1）灰色预测的原理和实现 （2）马尔可夫预测的原理 （3）预测方法的应用场景	（1）灰色预测的 MATLAB 实现 （2）基于马尔可夫方法的大盘走势预测
第 11 章 诊断方法	（1）离群点诊断的定义 （2）4 种诊断方法的原理和实现 （3）诊断方法的应用场景	（1）基于统计方法的离群点诊断的 MATLAB 实现 （2）离群点诊断量化择时
第 12 章 时间序列方法	（1）时间序列方法的定义 （2）ARIMA 模型的原理和适用场景 （3）GARCH 模型的原理和适用场景	（1）ARIMA 模型的 MATLAB 实现 （2）基于时间序列的股票预测
第 13 章 智能优化方法	（1）遗传算法的原理和实现方法 （2）模拟退火算法的原理和实现方法	（1）遗传算法和模拟退火算法的 MATLAB 实现实例 （2）组合投资优化

第 4 章　数据的准备

数据挖掘的基础就是数据，所以准备足够的、高质量的数据对数据挖掘的结果至关重要。数据的准备是数据挖掘中耗时最多的环节。数据的准备包括数据的收集、数据质量分析和数据预处理三个环节。本章将针对这三个环节进行介绍。

4.1　数据的收集

4.1.1　认识数据

数据是数据挖掘的基础，所以有必要先认识一下数据。关于数据的内容很多，从数据挖掘的角度来讲，分析人员往往关心数据的属性和数据的存在形式。

1. 数据的属性

数据集由数据对象组成，一个数据对象代表一个实体。例如，在销售数据库中，对象可以是顾客、商品或销售记录；在医疗数据库中，对象可以是患者；在大学的数据库中，对象可以是学生、教授和课程。通常，数据对象用属性描述。数据对象又称为样本、实例、数据点或对象。如果数据对象存放在数据库中，则它们是数据元组，也就是说，横向数据库的行对应于数据对象，而列对应于属性。本节，我们定义属性，并且考察各种属性的类型。

属性（Attribute）是一个数据字段，表示数据对象的一个特征。在文献中，属性、维（Dimension）、特征（Feature）和变量（Variable）可以互换地使用。术语“维”一般用在数据仓库中，机器学习文献更倾向于使用术语“特征”，而统计学家则更倾向使用术语“变量”，数据挖掘和数据库的专业人士一般使用术语“属性”，因此这里也使用术语“属性”。例如，描述顾客对象的属性可能包括 customer_ID、name 和 address。给定属性的观测值称为观测，用来描述一个给定对象的一组属性称为属性向量（或特征向量）。

一个属性的类型由该属性可能具有的值的集合决定。属性的描述有多种方法，在数据挖掘领域，一般将属性分为离散和连续两类，每种类型都可以用不同的方法处理。

离散属性具有有限个值或无限可数个值，可以用或不用整数表示。属性 hair_color、smoker、medical_test 和 drink_size 都有有限个值，因此是离散的。注意：离散属性可以具有数值型的值，如二元属性取 0 和 1，年龄属性取 0～110。如果一个属性可能的值的集合是无限的，但是可以建立一个与自然数一一对应的关系，则这个属性是无限可数的。例如，属性 customer_ID 是无限可数的。顾客数量是无限增长的，但事实上实际值的集合是可数的（可以建立这些值与自然数集合的一一对应关系）。如果属性不是离散的，则它是连续的。在文献中，术语“数值属性”与“连续属性”通常可以互换地使用（这可能令人困惑，因为在经典意义下，连续值是实数，而数值型的值可以是整数或实数）。在实践中，离散属性用有限位数字表示，连续属性一般用浮点变量表示。

2. 数据的存在形式

要想获取数据，首先要明确数据存在于什么地方，以什么形式存在。一般根据数据的存在形式，将数据分为结构化数据、非结构化数据及半结构化数据。

结构化数据，简单来说就是数据库，结合到典型场景中更容易理解，如 ERP 系统、财务系统、医疗 HIS 数据库、教育一卡通、政府行政审批和其他核心数据库等。这些应用需要哪些存储方案呢？基本包括高速存储应用需求、数据备份需求、数据共享需求及数据容灾需求。

非结构化数据，包括视频、音频、图片、图像、文档、文本等形式。典型场景有医疗影像系统、教育视频点播系统、视频监控系统、文件服务器（PDM/FTP）、媒体资源管理等。这些应用对应于数据存储、数据备份及数据共享等存储需求。

半结构化数据，包括邮件、HTML、报表、资源库等，典型场景有邮件系统、Web 集群、教学资源库、数据挖掘系统、档案系统等。这些应用对应于数据存储、数据备份、数据共享及数据归档等基本存储需求。

4.1.2 数据挖掘的数据源

良好的数据源是数据挖掘成功的重要保证，那么哪些数据可以作为数据源呢？从广义上说，所有与业务相关的结构化数据、非结构化数据或半结构化数据都可能是数据源，即所谓大数据的概念。但并不是将所有数据，也不可能将所有的数据都拿过来挖掘，而是应选择与数据挖掘目标相关的数据作为某次数据挖掘的数据源。同样是证券公司，如果数据挖掘的目标是研究证券公司的客户分类，以便进行精准营销或服务，那么就要从数据源中选择与客户相关的数据作为该次数据挖掘项目的数据源；但如果是量化投资，则会选择一些交易数据、上市公司信息等作为数据源。数据挖掘的数据源如图 4-1 所示。

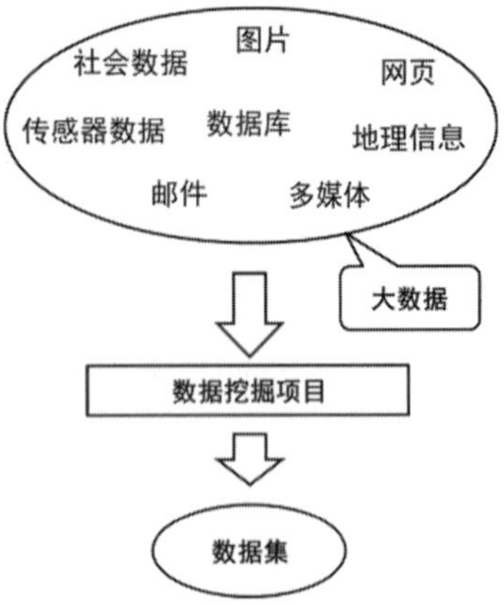

图 4-1　数据挖掘的数据源

在实践中，大多数数据存在于数据仓库中，但为了方便，通常要建立某次数据挖掘的数据集市。相对于传统方法，数据仓库提供了一个新的解决方案。数据仓库使用更新驱动的方法，而不是查询驱动的方法。这种方法将来自多个异种数据源的信息预先集成，并存储在数据仓库中供直接查询和分析。与联机事务处理数据库不同，数据仓库不包含最近的信息。然而，数据仓库提高了集成异种数据库的分布式处理能力，这一点在证券业尤为重要。数据被复制、预处理、集成、注释、汇总，并被重新组织到一个语义一致的数据存储中。在数据仓库中进行的查询处理并不影响在局部数据源上进行的数据处理，因此，数据仓库完全可以满足证券行业实时性的要求。关于数据仓库和数据集市的设计与建立的问题，不是数据挖掘的重点，这里仅需略微了解即可。

4.1.3 数据抽样

在收集数据的过程中，宽表数据往往是几十万、上百万级记录的。要对所有数据进行预处理、训练，时间上很难满足要求，因此对数据进行抽样就很有必要。同时，抽样可以作为一种数据归约技术使用，因为它允许用数据量很小的随机样本（子集）代表大型数据集。不同的数据抽样方法对模型的精度有很大影响，可以考虑用一些数据浏览工具、统计工具对数据分布进行一定的探索。在对数据进行充分了解后，再考虑采用合适的抽样方法。对一般的模型，比如客户细分，主要是数据的聚类，在做抽样时可用随机抽样，也可以考虑整群抽样；而建立离网预警模型或者金融欺诈预测模型时，数据分布是严重有偏的，而且这种有偏数据对这类模型来说恰恰是至关重要的，一般采用分层抽样和过度抽样相结合的方法。

选择抽样方法时要注意抽样方法的正确性。抽样方法的正确性是指抽样的代表性和随机性，代表性反映样本与全集的接近程度，随机性反映样品被抽入样本纯属偶然。在对总体样本质量状况一无所知的情况下，显然不能以主观的限制条件去提高抽样的代表性，抽样应当是完全随机的，这时采用简单随机抽样最为合理。在对数据总体质量状况有所了解的情况下，可以采用分层抽样或系统抽样来提高抽样的代表性。在采用简单随机抽样有困难的情况下，可以采用代表性和随机性较差的分段抽样或整群抽样。这些抽样方法除简单随机抽样外，都是带有主观限制条件的随机抽样法。通常只要不是有意识地抽取质量好或坏的产品，尽量从数据源的各部分抽样，就可以近似地认为是随机抽样。

具体的数据抽样方法主要有如下 4 种。

（1）简单随机抽样（Simple Random Sampling）。将总体的全部观察单位编号，再用抽签法或随机数字表随机抽取部分观察组成样本。该方法的优点是操作简单，标准误差计算简单；缺点是总体较大时，难以一一编号。

（2）系统抽样（Systematic Sampling）。系统抽样又称为机械抽样、等距抽样，即先将总体的观察单位按某一顺序号分成 n 个部分，再从每个部分各抽取一定数量的观察组成样本。该方法的优点是易于理解、简便易行；缺点是总体有周期或增减趋势时，易产生偏性。

（3）整群抽样（Cluster Sampling）。将总体分为多个群，再随机抽取几个群组成样本，群内全部抽样。该方法的优点是便于组织、节省经费；缺点是抽样误差大于简单随机抽样。

（4）分层抽样（Stratified Sampling）。先按对样本影响较大的某种特征，将总体分为若干层，再从每一层内随机抽取一定数量的观察单位组成样本。该方法的优点是样本代表性好，抽样误差较小。

上述 4 种基本抽样方法都属于单阶段抽样，在实际应用中常根据实际情况将整个抽样过程分为若干阶段来进行，称为多阶段抽样。在抽样的过程中，往往要紧扣数据挖掘目标。具体的数据抽样过程如图 4-2 所示。

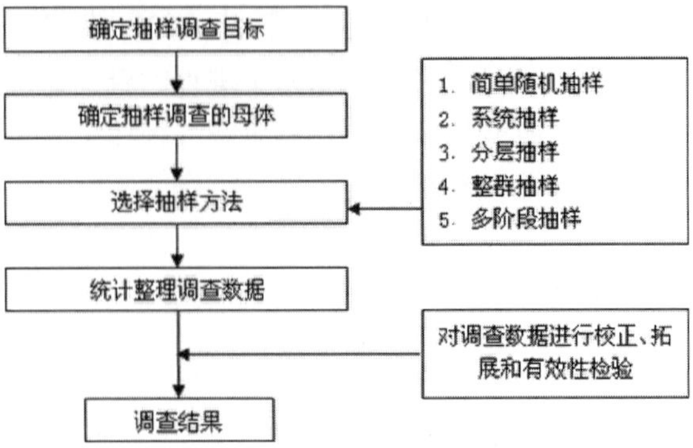

图 4-2　具体的数据抽样过程

4.1.4　量化投资的数据源

长期以来，证券公司的交易系统一直处于中国各行业 IT 技术应用的领先水平，积累了丰富的数据。整个运营系统产生的数据主要分为两大类：股票行情数据与客户交易数据。股票行情数据由交易产生，广泛分布，是实时共享信息。一些现有的实时行情分析系统都能进行从简单到复杂的分析。客户交易数据在各个证券公司的营业部产生，分布于证券公司的营业部及证券交易所，属于相对私有的数据。这些数据反映了客户的资金状况、交易状况和持仓状况等，对证券公司和交易所而言具有极高的分析价值。

在量化投资领域，根据业务目标的不同，数据挖掘所用的数据源也不同。图 4-3 为与量化投资相关的结构化数据源的图谱，从中可以看出，对不同的业务目标，可以选择不同的数据，这些数据自己可能有，也可能没有，但从数据挖掘的角度来讲，数据越全越好。

交易数据类	上市公司类	经济与行业类
股票交易数据库	财务报表数据库	宏观经济数据库
股票大宗交易数据库	财务报告审计数据库	区域经济数据库
市场指数数据库	财务指标分析数据库	行业统计数据库
封闭式基金数据库	分析师预测研究数据库	进出口统计数据库
开放式基金数据库	增发配股数据库	世界经济数据库
期货市场数据库	红利分配数据库	外汇市场数据库
权证市场数据库	股东研究数据库	黄金市场数据库
高频交易数据库	并购重组数据库	市场收益波动研究数据库

图 4-3　与量化投资相关的结构化数据源的图谱

那么，如何选择合适的数据源呢？首先要有一个以数据挖掘目标为导向的方法论，在这个方法论中要大致规划出采用哪些数据源、经过怎样的处理、得到什么样的结果。以量化选股为例，可以先给出一个如图 4-4 所示的方法论，这样就可以基本锁定所需要的数据源。

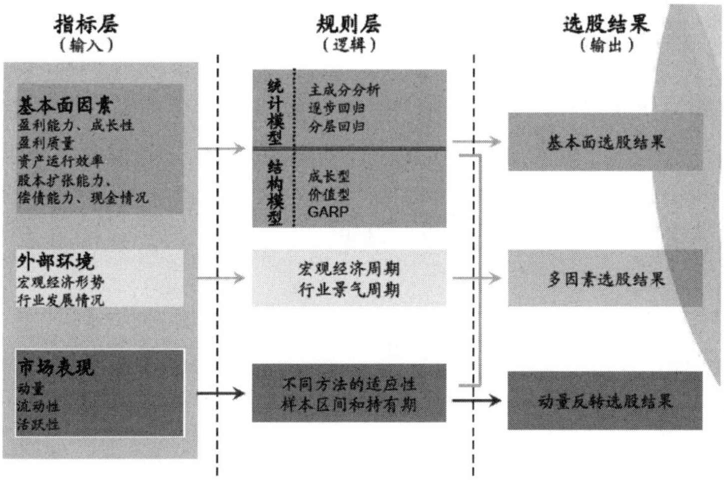

图 4-4　量化选股数据挖掘方法论示意图

为了进一步确定完成该项数据挖掘任务所需要的数据源，还需要针对方法论中的指标层的指标进行分析，以确定用什么数据源可以得到这些指标。根据指标层的这些指标，可以很容易地确定具体的数据源，如图 4-5 所示。

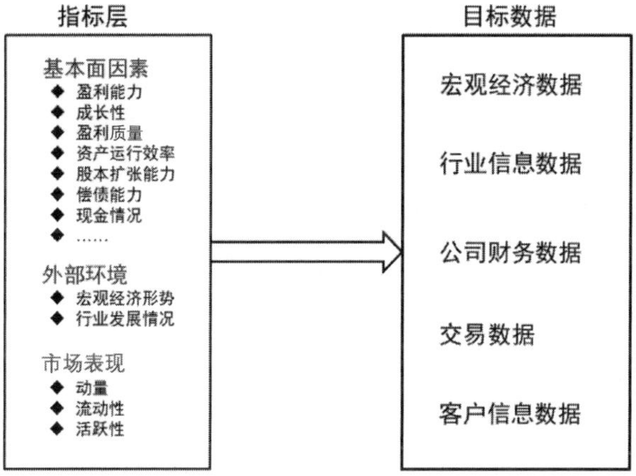

图 4-5　根据数据挖掘方法论中的指标层的指标确定的数据源

对于专业的量化投资机构，获取这些数据并不难，一般的机构都有比较健全的数据。在这里尽量用一些公开的数据来研究如何利用数据挖掘技术进行量化投资。从技术层面来看，用这些公共数据效果会更好，公共数据包含形形色色的数据，会用到更多的技术。另外，从目标数据来看，其中的宏观经济数据、行业信息数据对股票的影响是普遍的，进行基本面分析即可，量化分析效果不一定显著，而且这两类数据对股票的影响是中长期的，短期内影响并不显著。而客户信息数据，这里不能利用，但我们关注的是股票的市场表现，所有客户的操作会在股票市场上有表现。所以，综合分析下来，交易数据和公司财务数据对研究量化投资更有价值，而且这两类数据都是公共数据，可以用来作为研究对象。数据是数据挖掘的基础，下面就来看看如何获取这两类数据。

4.1.5 从雅虎获取交易数据

首先介绍如何获取交易数据。很多财经网站都有丰富、可靠的交易数据，比如雅虎、新浪、网易、腾讯，其中雅虎与 MATLAB 有接口，所以可以利用 MATLAB 从雅虎获得这些交易数据。获取的程序如 P4-1 所示。运行该程序，可以获得深市主板的数据，对该程序略加修改，即可获得沪市和创业板的数据。这里，作为例子，只用深市的交易数据作为研究对象。

程序编号	P4-1	文件名称	P4_1_TradeData.m	说明	读取交易数据

```
%% P4-1: 采集深市主板股票交易数据
%% 环境准备及变量定义
clc, clear all, close all
% 参数定义
connect=yahoo;
stattime='1/1/11';      % 时间起点
closetime='12/31/13';  % 时间终点
%% 获取股票数据
for i=1:2703   % 其他股票数据量较少
   % 定义深市主板股票代码
    if  i<2725
    k1='00000';     k2='0000';     k3='000';     k4='00';
    d=num2str(i);
    if i<10
        kk=[k1,d];
    elseif (10<=i)&&(i<100)
        kk=[k2,d];
    elseif (100<=i)&&(i<1000)
        kk=[k3,d];
    elseif (1000<=i)&&(i<10000)
        kk=[k4,d];
    end
    tail='.sz';
    whole=[kk,tail];
    end
  %判断是否存在该股票（最后一次交易价格为 0）
    test=fetch(connect,whole);
    if (test.Last == 0)
       continue;
    end
  % 获得股票交易数据
  price=fetch(connect,whole,stattime,closetime);

  %% 将数据保存到本地的 Excel 中
   [p_r, p_c]=size(price);
   if p_r==0
       continue
   end
  price_data(:,1:6)=price(:,2:7);
```

```
    name_h='sz';
    name_t=kk;
    table_name=strcat(name_h, name_t);
    [p_r, p_c]=size(price);
    for ii=1:p_r
        price_date(ii,1)={datestr(price(ii,1),'yyyymmdd')};
    end

     xlswrite('\data\table_name',   price_date,    'sheet1',['A1:A'
num2str(p_r)]);
     xlswrite('\data\table_name',   price_data,    'sheet1',['B1:G'
num2str(p_r)]);
     clear ii kk whole test price price_date price_data
  end
  %% 说明：采集的数据放在同一目录的 data 文件夹下
```

该程序的运行结果是在本地建立一个 data 文件夹，里面存放着各只股票的交易数据。打开 data 文件夹中的文件（以 sz000001 为例），可以看到如表 4-1 所示的数据，第 2～6 列分别是日交易的开盘价、最高价、最低价、收盘价、成交量，第 7 列是收盘价的向前复权价。

表 4-1 获得的股票交易数据

日　期	开盘价	最高价	最低价	收盘价	成交量	向前复权价
2013.12.31	11.73	12.39	11.65	12.25	82 686 400	12.25
2013.12.30	11.79	11.85	11.7	11.74	43 574 400	11.74
2013.12.27	11.46	11.89	11.43	11.75	63 066 100	11.75
2013.12.26	11.7	11.7	11.43	11.45	40 230 000	11.45
2013.12.25	11.7	11.79	11.53	11.72	50 589 900	11.72
2013.12.24	12	12.12.	11.6	11.7	51 936 400	11.7

这里使用了一个重要的函数 fetch，该函数的用法如下。

```
data = fetch(Connect, 'Security', 'FromDate', 'ToDate')
```

通过 fetch 函数可以从雅虎财经数据库中获取指定日期范围内的股票的日线数据，其中参数的含义如下。

- Connect：表示从哪里获取数据，这里是从雅虎财经数据库中获取股票数据，将 Connect 设置为 yahoo。
- Security：表示获取哪一只股票的数据，这里将 Security 设置为需要获取数据的股票的代码，如果是沪市的股票，在股票代码后面加.ss；如果是深市的股票，在股票代码后面加.sz。例如，想获取沪市浦发银行的股票日交易数据，可将 Security 设置为 600000.ss；想要获取深市万科 A 的股票日交易数据，可将 Security 设置为 000000.sz。
- FromDate：指定时间范围的开始时间。
- ToDate：指定时间范围的结束时间。

读者可以自己运行该程序获得想要的数据，也可以直接利用已经获取的数据。

4.1.6 从大智慧获取公司财务数据

用 MATLAB 也可以获得公司财务数据，下面介绍一种用 MATLAB 获取公司财务数据的方法。先要安装大智慧，并下载数据到本地，然后就可以用 MATLAB 程序（见 P4-2）将数据解析到 Excel 中。运行程序，打开数据文件，可以获得 52 列数据，这些数据包含的内容如表 4-2 所示。

程序编号	P4-2	文件名称	P4_2_FinanceData.m	说明	读取财务数据

```
%% 读取大智慧财务信息
clc, clear all
%% 将数据读入 MATLAB
file='C:\Program Files\dzh\Download\FIN\full.FIN';
% 大智慧的安装路径'C:\Program Files\dzh'
filesize=dir(file)
filesize=filesize.bytes
k=(filesize-8)/216; %公司数
fileid=fopen(file,'rb');
fseek(fileid,8,'bof');
for i=1:k
    stkfin(i).code=sprintf('%s',fread(fileid, 8, '*char'));
    fseek(fileid,4,'cof');
    a=fread(fileid,3,'int32');
    b=fread(fileid,48,'float32');
    stkfin(i).fin=[a;b];
end
fclose(fileid);

%% 将数据转化成 Excel 形式
%fCode=zeros(1,1);
fValue=zeros(k,51);
for i=1:k
   fCode(i,1)={stkfin(i).code};
   fValue(i,1:51)=stkfin(i).fin';
end
% 将股票代码保存到 Excel 中
 xlswrite('StockFinanceA.xlsx', fCode, 'sheet1',['A2:A' num2str
(i+1)]);
 xlswrite('StockFinanceA.xlsx', fValue, 'sheet1',['B2:AZ' num2str
(i+1)]);

 %% 说明：数据保存在 StockFinanceA.xlsx 中
```

表 4-2 上市公司财务数据包含的内容

序 号	变量名称	序 号	变量名称
1	公司代码	4	公司上市日期
2	数据下载日期	5	每股收益
3	数据更新日期	6	每股净资产

续表

序　号	变量名称	序　号	变量名称
7	净资产收益率（%）	30	主营利润
8	每股经营现金	31	营业利润
9	每股公积金	32	投资收益
10	每股未分配	33	营业外收支
11	股东权益比	34	利润总额
12	净利润同比	35	净利润
13	主营收同比	36	未分配利润
14	销售毛利率	37	总股本
15	调整每股净资产	38	无限售股
16	总资产	39	A 股
17	流动资产	40	B 股
18	固定资产	41	境外上市股
19	无形资产	42	其他流通股
20	流动负债	43	限售股
21	长期负债	44	国家持股
22	总负债	45	国有法人股
23	股东权益	46	境内法人股
24	资本公积金	47	境内自然人股
25	经营现金流量	48	其他发起人股
26	筹资现金流量	49	募集法人股
27	投资现金流量	50	境外法人股
28	现金增加额	51	境外自然人股
29	主营收入	52	优先股或其他

4.1.7 从 Wind 中获取高质量数据

Wind（万得）是中国领先的金融数据、信息和软件服务企业。在国内市场，Wind 的客户包括超过 90%的中国证券公司、基金管理公司、保险公司、银行和投资公司等金融企业；在金融财经数据领域，Wind 已建成国内较完整、较准确的以金融证券数据为核心的一流的大型金融工程和财经数据仓库，数据内容涵盖股票、基金、债券、外汇、保险、期货、金融衍生品、现货交易、宏观经济、财经新闻等领域，并且这些数据更新比较及时，这对于量化投资非常有利。

如果已经安装了 Wind，那么获取高质量的数据就比较容易，因为 Wind 提供外部数据接口。目前 Wind 提供了 MATLAB、Excel、R、C/C++、C#等工具的接口，如图 4-6 所示。

下面介绍如何用 MATLAB 获取 Wind 的数据。在 MATLAB 命令行窗口中输入如下命令。

```
>>w=windmatlab
>>w.menu
```

在 MATLAB 窗口右上角就会弹出向导，如图 4-7 所示。

通过该向导，可以很容易地获取想要的数据。当然也可以通过与向导按钮名称一致的函数来获取数据。在量化投资中，常用的函数如表 4-3 所示。用户可以通过这些函数自动获取数据，然后利用这些数据进行量化分析。

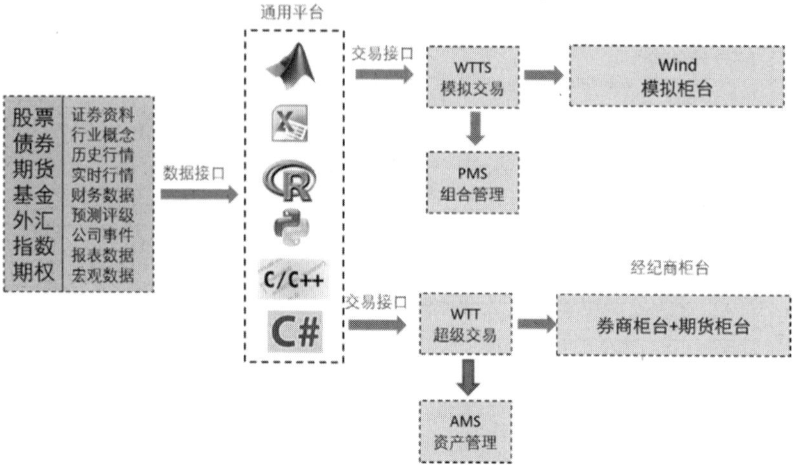

图 4-6　Wind 数据接口示意图

图 4-7　Wind 在 MATLAB 上的数据向导

表 4-3　MATLAB 与 Wind 混合使用时常用的函数

类　型	函 数 名	函数功能
数据	wsd/wss	获取日间基本面数据、行情数据、技术指标等
	wsi	获取分钟行情数据、支持技术指标变参
	wst	获取日内买卖十档盘口快照、成交数据
	wsq	获取实时行情数据
	wset	获取变长数据集数据：指数成分、分红、ST 股票等
功能	weqs	与终端证券筛选交互
	wpf/wupf	组合管理报表下载/组合持仓数据直接上传
日期	tdays/tdaysoffset	获取日期时间序列/获取前推、后推日期
	tdayscount	计算日期间距
交易	tlogon/tlogout	交易登录/退出
	torder/tcancel	交易下单/撤单
	tquery	资金/委托/成交/持仓查询
回测	bktstart/bktend	开始回测/结束回测
	bktorder/bktquery	回测进行中的下单/查询
	bktsummary	回测结果查询

比如，可以用如下代码将 Wind 的数据保存到 Excel 中。

```
clc, clear all, close all
w = windmatlab;
w.menu;
```

```
    [data,codes,fields,times,errorid,reqid] = w.wsd('000001.SZ','open,high,
low,close,volume','2014-01-01','2014-11-18','Fill=Previous');
    X = [times, data] ;
    xlswrite('sdata.xlsx', X);
```

上述代码中使用的关键函数就是 wsd。关于其他函数的具体用法，可以参考 Wind 提供的用法说明，这里不再赘述。

4.2 数据质量分析

4.2.1 数据质量分析的必要性

没有完美的数据。事实上，大多数数据都存在属性值错误、缺失或其他类型的不一致现象。所以，在建模前通常需要对数据进行全面的质量分析。数据质量分析也是准备数据过程中的重要一环，是数据探索的前提。我们常说，“Garbage in, Garbage out”，数据质量的重要性无论如何强调都不过分。没有可信的数据，数据挖掘构建的模型将是空中楼阁。

4.2.2 数据质量分析的目的

数据挖掘的数据质量分析以评估数据的正确性和有效性为目标，而在一般的数据挖掘项目中主要关注正确性，保证数据的正确性自然是数据质量分析的首要目的。另外，数据挖掘中重点关注的是数据质量对建模效果影响的大小，对数据质量的分析和评估也以对后续挖掘的影响为原则。例如，在进行电信客户流失分析时，我们发现有国际漫游通话的客户比例极小，不到 0.01%。这时，即便国际漫游通话时长的统计正确性毫无问题，也认为该变量缺少有效的信息而有数据质量问题。因为该变量提供的信息只可能对最多 0.01%的客户产生影响，对未来预测模型的贡献实在微乎其微。

所以，数据质量分析的目的可以概括为如下两点：

（1）保证数据的正确性。

（2）保证数据的有效性。

4.2.3 数据质量分析的内容

数据质量分析的内容是以数据质量分析的目的为依据的。数据质量分析的目的是保证数据的正确性和有效性，所以数据质量分析的内容也主要包含这两个方面。

在数据的正确性分析方面，通常涉及如下几个方面的内容。

（1）缺失值：包括空值或编码为无意义的值（如 null）。

（2）数据错误：通常是在输入数据时造成的排字错误。

（3）度量标准错误：正确输入但因为不正确的度量标准而导致的错误数据。

（4）编码不一致：通常包含非标准度量单位或不一致的值。例如，同时使用 M 和 male 表示性别。

在数据的有效性分析方面，主要关注数据统计方面的信息，如占比、方差、均值、分位数等方面的信息，以此来了解这些数据包含的信息量。

4.2.4 数据质量分析的方法

数据挖掘中数据质量分析的对象主要是宽表。宽表通常是在数据仓库基础上建立的信息列表，每条记录对应一个样品的各种信息，其中用于分析建模的字段称为变量。对于变量，按照取值类型通常分为数值变量和分类变量。对于数值变量，还可以进一步分为离散型变量和连续型变量。数据质量分析的对象就是这些不同类型的变量，变量的类型不同，分析的方法也略有不同。在这些方法中，比较常用的数据质量分析方法有值分析、统计分析、频次图与直方图分析。

1. 值分析

值分析通常是进行数据质量分析的第一步，它可以帮助分析人员在总体上分析数据的自然分布情况。比如，数据是否只有唯一值，该变量中有多少空值等。值分析是常用方法中较简单的一种，它的分析信息易统计，信息含义清晰易理解，它也是最有效的分析方法，因为它能够快速地给出明确的结论。

进行值分析时，需要对宽表中的变量进行取值情况的统计，常用的具体统计信息如表 4-4 所示。

表 4-4 值分析常用的具体统计信息

数值名称	描　述	作　用
总记录数	变量的所有样本总数	表征数据规模
唯一值数	该变量不重复取值的数量	表征数据多样性
空值占比	取值为 null 的记录数占总记录数的比例	表征无效数据的影响程度
非零占比	取值为 0 的记录数占总记录数的比例	表征非零值的影响程度
正数占比	取值大于 0 的记录数占总记录数的比例	表征正值的影响程度
负数占比	取值小于 0 的记录数占总记录数的比例	表征负值的影响程度

现在对 4.1 节中获取的数据进行质量评估。通过对数据的初步分析，选择非零占比作为数据评估指标。对 X37～X51 这 15 个变量的非零值进行统计，并计算各变量对应的非零占比，如图 4-8 所示。通过图 4-8，可以清晰地看到只有变量 X37 和 X38 的非零占比超过 80%，其他变量相当多的数值为 0，也就是说这些变量包含的数据信息量太少，此时对这些数据进行挖掘的意义不大。如果为了保证数据的有效性，取非零占比的阈值为 80%，则这 15 个变量中只有变量 X37 和 X38 会被纳入下一轮的数据样本的变量体系中。

对数据进行值分析主要是为了了解数据的值特征及信息量。不同的值在表征数据特征方面也有所偏重，至于什么时候用哪些值对数据质量进行分析，可以根据如下这些值的分析意义来确定。

1）唯一值分析

唯一值最简单的情况就是变量只有一个取值，这样的变量对于数据挖掘建模无法提供任何有效的信息。所以，从数据有效性方面来看，其是存在问题的。如果对于变量的业务含义有一定了解，还能分析变量唯一值数比预期的是多还是少。例如，预先知道性别只有“男”“女”和“不确定”三种，若出现四五种取值，就要查看是否存在数据质量问题。

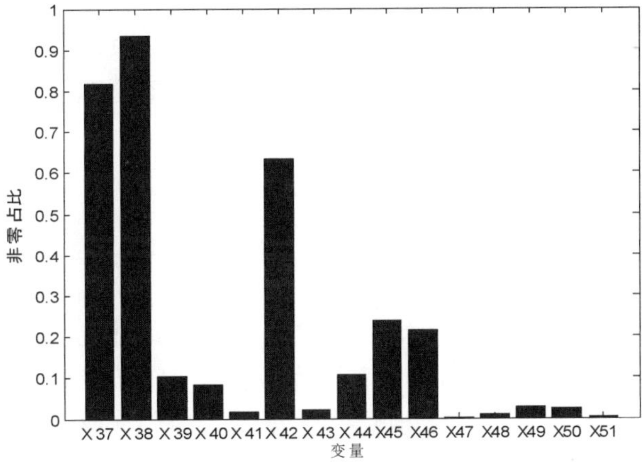

图 4-8　变量非零占比柱状图

2）无效值分析

空值、空字符串都是无效信息（只有在极特殊的情况下空值、空字符串才提供信息），很多情况下取值为 0 也是无效信息。无效值的比例越大，建模时能够利用的信息就越少。当无效值的比例达到一定程度时，可以认为该变量对于建模是无效的。有效与无效的界限是以建模的目标为依据的。例如，在流失预测建模时，流失率大概为 15%，同时希望能够预测流失倾向较高的前 10%的用户。这时，如果一个变量无效值的比例接近 90%，则认为该变量质量较差，提供信息较少；如果一个变量无效值的比例超过 99%，则认为该变量质量极差，提供很少的信息；而如果一个变量无效值的比例超过 99.9%，则认为该变量无效。对于无效值较多的变量，首先应怀疑数据处理过程是否存在错误。如果无错误，那么对于质量极差和无效的变量，在建模时应慎用甚至弃用。

3）异常值分析

在多数情况下，变量不容许出现负值、空值，而在某些业务背景中，变量为 0 也是异常的。异常值分析主要分析变量是否存在异常值的情况，再结合一定的业务背景知识，确认是否存在错误的数据。

2. 统计分析

统计分析是用统计量对数据进行统计学特征的分析，常用的统计量有均值、最小值、最大值、标准差、极差和一些拓展统计量。常用的拓展统计量有如下几个。

- 众数（Mode）：变量中发生频率最大的值。众数不受极端数据的影响，并且求法简便。当数值或被观察者没有明显次序（常发生于非数值型资料）时，众数特别有用。例如，用户状态有正常、欠费停机、申请停机、拆机、销号这几种可能，该变量的众数是“正常”则数据是正常的。
- 分位数（Median）：将数据按从小到大排序，小于某个值的数据占总数的百分比。例如，通常所说的中位数就是 50%分位数，即小于中位数的所有值占总数的 50%。

- 中位数：中位数可避免极端数据，代表数据总体的中等情况。如果总数是奇数，则按从小到大的顺序，取中间的数为中位数；如果总数是偶数，则按从小到大的顺序，取中间两个数的平均数为中位数。
- 偏度：正态分布的偏度为 0，偏度小于 0 称分布具有负偏离，偏度大于 0 称分布具有正偏离。若知道数据分布有可能在偏度上偏离正态分布，则可用偏度来检验分布的正态性。偏度的计算公式如下：

$$f(x)=\frac{n}{(n-1)(n-2)}\sum_{i=1}^{n}\left(\frac{x_i-\overline{x}}{s}\right)^3$$

式中，s 是该变量的标准差。

从 MATLAB 的工作空间中可以直接查看数据的基本统计量信息，根据这些基本统计量可以大致了解数据的基本情况，如图 4-9 所示。均值、最大值、最小值、中位数描述的是数据的基本特征。从数据质量分析的角度来讲，极差、方差（或标准差）更有用，因为这两个统计量更关注这个变量所有数据的统计特征。比如，在某个案例中，如果发现某些数据的极差变化很大，则说明这些数据的数量级差别很大，很可能需要对数据进行归一化处理；如果发现一些变量的标准差很小，则说明数据的变化不是很大，有可能这个变量所包含的信息比较少，在数据挖掘中可以考虑是否删除这些变量。

Name ▲	Min	Max	Mean	Median	Range	Var	Std
X1	0	20140220	1.9467e+07	20140220	20140220	1.3088e+13	3.6177e...
X10	-3.6464e+04	168.3827	-0.7562	30.2678	3.6633e+04	5.7249e+05	756.6318
X11	-1.9738e+04	2.4768e+05	85.0542	0	2.6741e+05	1.7193e+07	4.1465e...
X12	-99.5900	7.4837e+05	245.4296	1.3250	7.4847e+05	1.2691e+08	1.1266e...
X13	-62.8956	105.9052	18.3495	15.2800	168.8008	405.4152	20.1349
X14	-14.3442	37.1246	2.5077	1.9999	51.4688	9.1182	3.0196
X15	0	1.2531e+11	1.9433e+09	1.1947e+06	1.2531e+11	1.6792e+20	1.2958e...
X16	-1.0925e+04	1.3688e+10	1.6233e+08	6.4392e+05	1.3688e+10	7.7473e+17	8.8019e...
X17	0	7.9861e+09	1.0533e+08	1.5395e+05	7.9861e+09	3.6180e+17	6.0150e...
X18	0	1.3484e+09	1.6573e+07	2.9608e+04	1.3484e+09	8.8216e+15	9.3924e...
X19	-3.2393e+04	1.1676e+10	1.4541e+08	2.7876e+05	1.1676e+10	6.4262e+17	8.0163e...
X2	0	20140220	1.9631e+07	20130930	20140220	9.7683e+12	3.1254e...
X20	-297.4120	4.8634e+09	6.1151e+07	1.1450e+04	4.8634e+09	1.2235e+17	3.4978e...
X21	-2.8868e+04	1.0771e+11	1.7001e+09	3.6309e+05	1.0771e+11	1.3390e+20	1.1571e...
X22	-3.6800e+06	1.6255e+14	2.2106e+12	7.0824e+05	1.6255e+14	1.7661e+26	1.3290e...
X23	-8.7258e+05	4.4579e+09	5.5356e+07	2.3446e+05	4.4588e+09	9.8695e+16	3.1416e...
X24	-230936800	2.6080e+09	1.7934e+07	0	2.8390e+09	1.7502e+16	1.3229e...
X25	-2.5131e+09	20925052	-2.6076e+07	-1.7445e+04	2.5340e+09	2.7405e+16	1.6555e...

图 4-9　MATLAB 中数据的基本统计信息

统计分析方法虽然简单，但最能反映数据的特征。因为不同的统计量表征的数据特征有所偏重，所以在数据挖掘的不同阶段往往用不同的统计量去认识、评估数据。无论是何阶段，只需认识这些统计量本身的特征，即可很灵活地应用。认识这些统计量本身的特征，需要关注如下几点。

（1）统计分析方法的核心就是分析数据的分布情况，即查看数据的分布情况与正态分布的接近程度。在了解了数据分布情况之后，还可以针对分布情况选取有代表性的统计量描述数据的整体情况。例如，在数据的分布为正态分布时，可以用均值来代表数据的整体情况；而数据的分布较正态分布偏斜时，众数与中位数就能够更好地代表数据的整体情况。

（2）对极值与均值的评判要借助一定的业务常识，或与变量的历史进行对比。可以查看最小值是否合乎业务逻辑，最大值是否真实、准确，均值是否合理。在一定的时间区间内，均值通常比较稳定。极值与均值的获取较为容易，目前在数据挖掘项目的实施中常常用到极值与均值。但单纯使用极值与均值具有一定的局限性，需要借助一定的业务经验。

（3）标准差反映变量数据的分散程度。如果变量数据是以正态分布的，则当最大值（或最小值）与均值的差超过 3 倍标准差时，这些极值很可能存在问题。因为超过 3 倍标准差的数值存在的概率约为 0.3%，如图 4-10 所示，深灰、浅灰、淡灰区域分别对应 1 倍、2 倍和 3 倍标准差，对应数据落在其间的概率为 68.3%、95.5%和 99.7%（图 4-10 中的数据为保留 1 位小数的结果，由图中数据计算的结果与这里的数据相差 0.1%）。不过现实中，一方面数据量巨大，往往上万，因此，极值超过 3 倍标准差也是正常的；另一方面，许多变量的分布并不满足正态分布，因此，使用时需要注意。

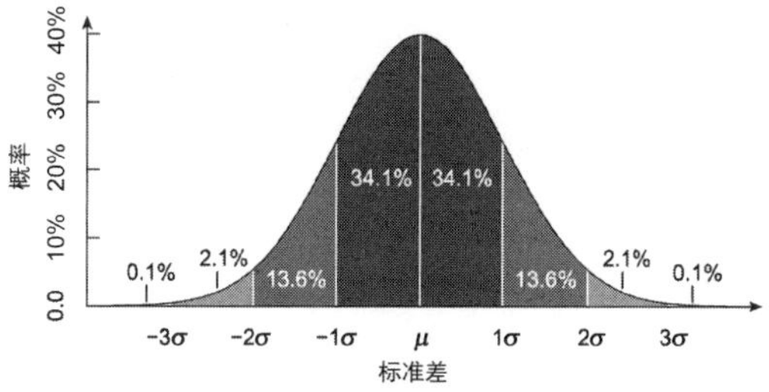

图 4-10 标准差分布概率图

3．频次图与直方图分析

进行统计分析时对数据的分布情况用一些统计量进行了描述，这些统计量虽宏观却不直观，因此可以使用频次图与直方图来进行更深入、更直观的分析。

直方图和频次图都是用柱状图表示数据分布特征的分析方式。通过直方图和频次图可以有效地观测出数据分布的两个重要特征：集中趋势和离散趋势。直方图适用于对大量连续型数据进行整理加工，找出其统计规律，以便对其总体分布特征进行推断。频次图是为了获得离散型数据各值分布情况的统计方法，有助于理解某些特殊数值的意义，也可以支持多个维度的组合分布情况。频次图与直方图分析在提供更具细节的信息的同时，也存在人工分析的局限。同时，很多时候需要借助一些业务经验。

1）直方图的分析步骤

直方图（数值等宽）的分析步骤如下：

（1）找出数据的最大值和最小值。

（2）将数据按由小到大的顺序排列，然后进行分组，每组的数量为 6～20 个较为适宜。

（3）用组数去除最大值和最小值之差，求出组距的宽度。

（4）计算各组的界限值，各组的界限值可以从第一组开始依次计算，第一组的下界限值为最小值减去组距的一半，第一组的上界限值为其下界限值加上组距；第二组的下界限值为第一组的上界限值，第二组的下界限值加上组距，就是第二组的上界限值，依此类推。

（5）统计各组数据出现的频数，制作频数分布表。

（6）以组距为底长，以频数为高，作各组的矩形图。

在 MATLAB 中利用 hist 命令可以很快绘制出某个变量的直方图，图 4-11 为用该命令对 X1（表 4-2 中序号为 2 的变量）绘制的直方图。通过直方图可以很容易地看出，该变量的数据过于集中，这对数据挖掘来说意义不大，所以就可以考虑删除该变量。再看该数据的业务特征，该变量是日期，而日期在这里只是时间标记，所以不应该作为数据变量来研究，只适合作为标识变量来考虑。所以，在实际的数据挖掘中，对该变量可以不予考虑。同理，对 X2 和 X3 都可以不予考虑。

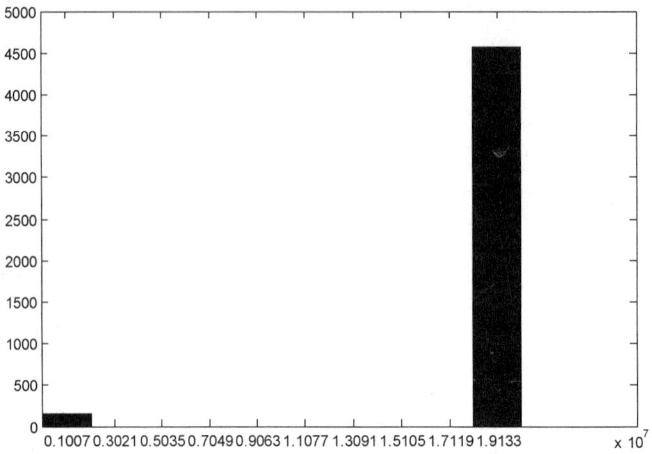

图 4-11　变量直方图

2）频次图的分析步骤

频次图与直方图的意义相似，只是频次图是对分类变量而言的。频次图的具体分析步骤如下：

（1）集中和记录数据，计算总的分类数 N。

（2）将数据按由小到大的顺序排列，分为 N 组。

（3）统计各组数据出现的频数，制作频数分布表。

（4）作频次图。

频次图相对简单，这里不再举例说明。

4.2.5　数据质量分析的结果及应用

数据挖掘的数据质量分析的结果通常是一份数据质量分析报告，是数据预处理阶段的重要输入信息，因为如何对数据进行预处理需要根据数据的质量情况来确定。而对于新启动的项目，数据质量分析的结果能够帮助读者快速了解数据的情况。比如，利用值分析方法，可以在没有或有很少的业务背景知识的情况下，对数据的唯一值、无效值、异常值进行分析，从而发现只有一个重复数值、无效值过多或有异常取值（如出现负数）等情况的数据质量问题；利用统计分析方法，根据极值与均值的差与标准差的比值，可以找出可能存在异常的指标；对于字符型的字段（通常是维度），可以使用频次图了解维度的数值分布情况；对于数值型的字段（通常是指标），可以通过直方图了解指标的大致分布情况。

4.3　数据预处理

4.3.1　为什么需要数据预处理

数据挖掘中使用的数据基本上是来自生产、生活、商业中的实际数据，在现实世界中，由于各种原因，数据总是有这样或那样的问题。从 4.1.6 节中获取的数据可以看出，有相当多的变量含有无效的取值。实际采集到的数据往往存在缺失某些重要数据、不正确或含有噪声、不一致等问题，也就是说数据的质量的三个要素（准确性、完整性和一致性）都很差。存在不正确、不完整和不一致的数据是现实世界的大型数据库和数据仓库的共同特点。出现不正确的数据（具有不正确的属性值）可能有多种原因：收集数据的设备可能出现故障；输入错误数据；当用户不希望提交个人信息时，可能故意向强制输入字段输入不正确的值（例如，为生日选择默认值“1 月 1 日”），这称为被掩盖的缺失数据。错误也可能在数据传输中出现，这些可能是由技术的限制导致的。不正确的数据也可能是由命名约定或所用的数据代码不一致，或输入字段（如日期）的格式不一致导致的。

影响数据质量的另两个因素是可信性和可解释性。可信性反映有多少数据是用户信赖的，而可解释性反映数据是否容易理解。假设在某一时刻数据库有一些错误，之后都被更正。然而，过去的错误已经给量化投资部门造成了问题，因此他们不再相信这些数据。有些数据还使用了许多编码方式，量化分析人员并不知道如何解释它们。即便该数据库现在是正确的、完整的、一致的、及时的，但是由于其可信性和可解释性很差，其数据质量仍然可能被认为很低。

总之，现实世界的数据质量很难让人满意，甚至是很差的，原因有很多。但并不需要多关注数据质量差的原因，只需关注如何让数据质量更好，也就是说如何对数据进行预处理，以提高数据质量，满足数据挖掘的需要。

4.3.2　数据预处理的主要任务

数据预处理的主要任务有数据清洗、数据集成、数据归约和数据变换，如图 4-12 所示。

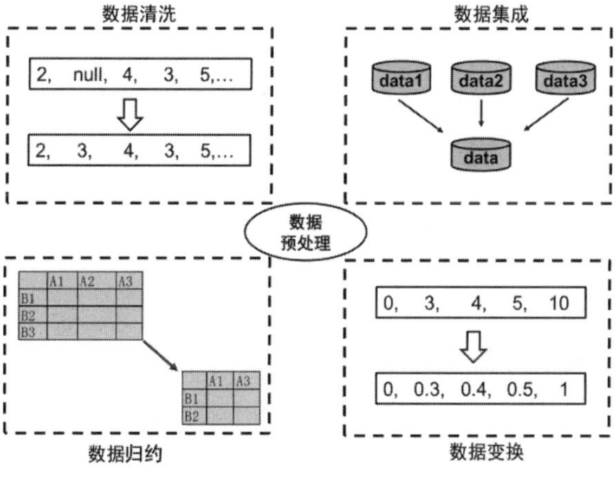

图 4-12　数据预处理的内容

（1）数据清洗是通过填充缺失的值、光滑噪声数据、识别或删除离群点、解决不一致性等方式来“清洗”数据的。如果用户认为数据是“脏”的，则他们可能不会相信这些数据的挖掘结果。此外，脏数据可能使挖掘过程陷入混乱，导致不可靠的输出。

（2）数据集成是指把不同来源、格式、性质的数据在逻辑上或物理上有机地集中，以更方便地进行数据挖掘工作。数据集成通过数据交换来实现，主要解决数据的分布性和异构性的问题。数据集成的程度和形式也是多种多样的，对于小项目，如果原始的数据存在于不同的表中，那么数据集成的过程往往是根据关键字段将不同的表集成到一个或几个表中；而对于大项目，则有可能需要集成到单独的数据仓库中。

（3）由数据归约可得到数据集的简化表示，虽然简化了，但能够产生同样的（或几乎同样的）分析结果。数据归约策略包括维归约和数值归约。在维归约中，使用减少变量的方案，以便得到原始数据的简化或“压缩”表示。比如，采用主成分分析技术减少变量，或通过相关性分析去掉相关性小的变量。数值归约主要指通过样本筛选减少数据量，这也是常用的数据归约方案。

（4）数据变换是将数据从一种表现形式变换为另一种表现形式的过程。假设用户决定使用诸如神经网络、最近邻分类或聚类这样的基于距离的挖掘算法进行建模或挖掘，如果待分析的数据已经规范化，即按比例映射到一个较小的区间（如[0.0,1.0]），则这些方法将得到更好的结果。问题是往往各变量的标准不同，数据的数量级差异比较大。在这种情况下，如果不对数据进行转换，显然模型反映的主要是大数量级数据的特征，所以，通常还要根据需要灵活地对数据进行转换。

虽然数据预处理主要分为上述 4 个方面的内容，但它们之间并不是互斥的。例如，冗余数据的删除既是一种数据清理形式，也是一种数据归约。总之，现实世界的数据一般是脏的、不完整的和不一致的。数据预处理技术可以改进数据的质量，有助于提高随后挖掘过程的准确率和效率。由于高质量的决策必然依赖于高质量的数据，因此数据预处理是知识发现过程的重要步骤。

4.3.3 数据清洗

数据清洗的主要任务是填充缺失值和去除数据中的噪声。

1. 缺失值处理

对于缺失值的处理，不同的情况下其处理方法也不同。总的说来，缺失值处理的方法可概括为删除法和插补法（或称填充法）两类。

1）删除法

删除法是对缺失值进行处理的最原始的方法，即将存在缺失值的记录删除。如果数据缺失问题可以通过简单地删除小部分样本来解决，那么这个方法是最有效的。虽然因为删除了非缺失信息，损失了部分样本，削弱了统计功效，但是当样本量很大而缺失值所占样本比例较小（<5%）时，可以考虑使用此法。

2）插补法

插补法的思想是以最可能的值来插补缺失值，比删除不完全样本丢失的信息要少。在数据挖掘中面对的通常是大型的数据库，它的属性有几十个甚至几百个，因为一个属性值的缺失而放弃大量的其他属性值，这种删除是对信息的极大浪费，所以产生了以可能值对缺失值进行插补的想法。常用的插补法有如下几种。

（1）平均值插补。根据数据的属性可将数据分为定距型和非定距型。如果缺失值是定距型的，就以该属性存在值的平均值来插补缺失的值；如果缺失值是非定距型的，就根据统计学中的众数原理，用该属性的众数（出现频率最高的值）来补齐缺失的值；如果数据符合较规范的分布规律，则还可以用中值插补。

（2）回归插补，即利用线性或非线性回归技术得到的数据来对某个变量的缺失数据进行插补。

图 4-13 给出了回归插补、平均值插补、中值插补等插补法的缺失值处理方式示意图，从图中可以看出，采用不同的插补法插补的数据略有不同，还需要根据数据的规律选择相应的插补方法。

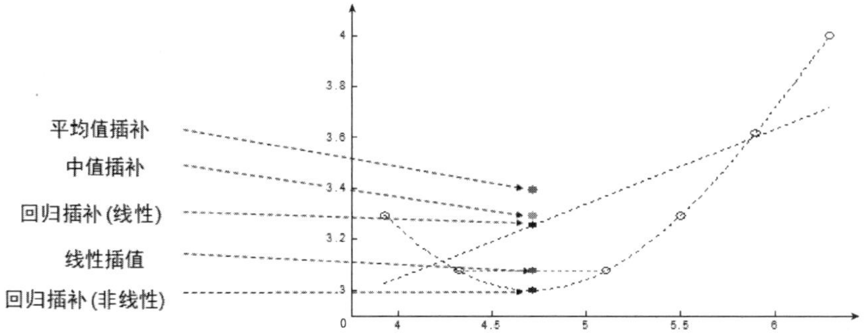

图 4-13 几种插补法的缺失值处理方式示意图

（3）极大似然估计（Max Likelihood，ML）。在缺失类型为随机缺失的条件下，假设模型对于完整的样本是正确的，那么通过观测数据的边际分布就可以对未知参数进行极大似然估计。这种方法也称为忽略缺失值的极大似然估计，对于极大似然估计，实际中常采用的计算方法是期望值最大化（Expectation Maximization，EM）。该方法比删除个案和单值插补更有吸引力，它的一个重要前提是适用于大样本。必须有足够的有效样本才能保证极大似然估计值是渐近无偏的并服从正态分布。

需要注意的是，在某些情况下，缺失值并不意味着数据有错误。例如，在申请信用卡时，可能要求申请人提供驾驶执照号。没有驾驶执照的申请者自然不填写该字段。表格应当允许填表人使用诸如“不适用”等值。理想情况下，每个属性都应当有一个或多个关于空值条件的规则。这些规则可以说明是否允许空值，并且说明这样的空值应该如何处理或转换。如果在业务处理的稍后步骤提供值，某些字段也可能故意留下空白。因此，尽管在得到数据后，用户可以尽其所能来清理数据，但好的数据库和数据输入设计将有助于在第一现场把缺失值或错误的数量降至最低。

2. 噪声过滤

噪声即数据中存在的数据随机误差。噪声数据的存在是正常的，但会影响对变量真值的反映，所以有时也需要对这些噪声数据进行过滤。目前，常用的噪声过滤方法有回归法、均值平滑法、离群点分析法和小波去噪法。

1）回归法

回归法是用一个函数拟合数据来光滑数据的。利用线性回归可以得到两个属性（或变量）的最佳直线，使得一个属性可以用来预测另一个属性。多元线性回归是线性回归的扩充，其中涉及的属性多于两个。这里使用回归法来去除数据中的噪声，即使用回归后的函数值来代替原始的数据，从而避免噪声数据的干扰，如图 4-14 所示。回归法首先依赖于对数据趋势的判断，符合线性趋势的数据才可以用回归法，所以往往需要先对数据进行可视化，判断数据的趋势及规律，然后确定是否可以用回归法去噪。

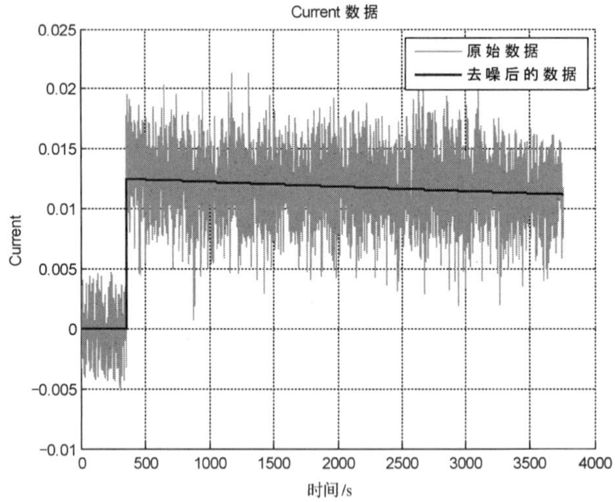

图 4-14　回归法去噪示意图

2）均值平滑法

均值平滑法是指对于具有序列特征的变量用邻近的若干数据的均值来替换原始数据的方法。对于具有正弦时序特征的数据，利用均值平滑法对其噪声进行过滤，如图 4-15 所示。从图 4-15 中可以看出，去噪效果还是很显著的。均值平滑法类似于股票中的移动均线，如 5 日均线、20 日均线。

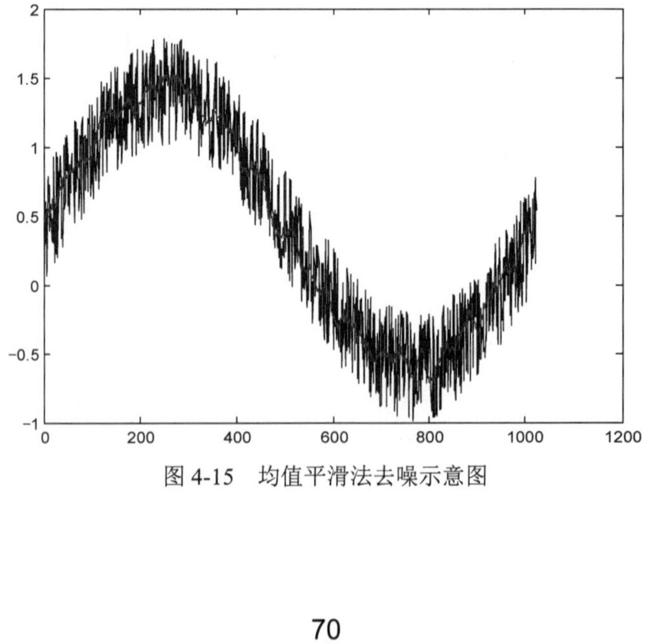

图 4-15　均值平滑法去噪示意图

3）离群点分析法

离群点分析法是通过聚类等方法来检测离群点，并将其删除，从而实现去噪的方法。直观上，落在簇集合外的值被视为离群点。

4）小波去噪法

在数学上，小波去噪问题的本质是一个函数逼近问题，即如何在由小波母函数伸缩和平移展成的函数空间中，根据提出的衡量准则，寻找对原信号的最佳逼近，以完成原信号和噪声信号的区分。也就是寻找从实际信号空间到小波函数空间的最佳映射，以便得到原信号的最佳恢复。从信号学的角度看，小波去噪是一个信号滤波的问题，而且尽管在很大程度上小波去噪可以看成低通滤波，但是由于在去噪后还能成功地保留信号特征，所以在这一点上其又优于传统的低通滤波。由此可见，小波去噪实际上是特征提取和低通滤波功能的综合。图 4-16 为小波去噪效果示意图。

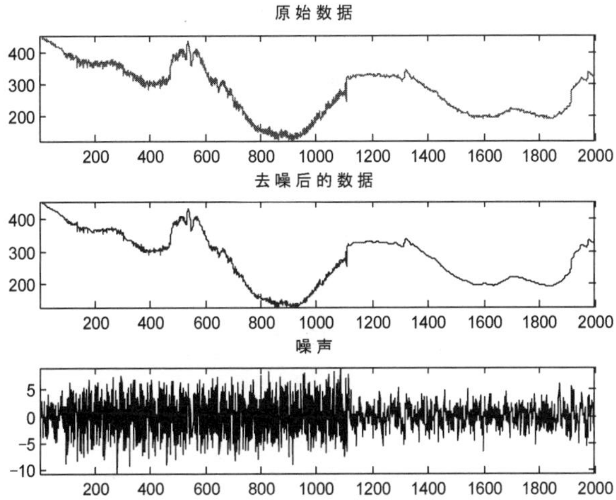

图 4-16 小波去噪效果示意图

4.3.4 数据集成

数据集成就是将若干个分散的数据源中的数据，逻辑地或物理地集成到一个统一的数据集合中。数据集成的核心任务是将互相关联的分布式异构数据源集成到一起，使用户能够以更透明的方式访问这些数据源。集成是指维护数据源整体上的数据一致性，提高信息共享利用的效率；透明的方式是指用户无须关心如何实现对异构数据源数据的访问，只关心以何种方式访问何种数据。实现数据集成的系统称为数据集成系统，它为用户提供统一的数据源访问接口，执行用户对数据源的访问请求。

数据集成的数据源广义上包括各类 XML 文档、HTML 文档、电子邮件、普通文件等结构化、半结构化信息。数据集成是信息系统集成的基础和关键。好的数据集成系统要保证用户以低代价、高效率使用异构的数据。

常用的数据集成方法有联邦数据库、中间件集成方法和数据仓库方法。这些方法都是倾向于构建数据库系统的方法。从数据挖掘的角度来讲，分析人员更倾向于直接获得某个数据挖掘项目需要的数据，而不是构建 IT 系统。当然数据库系统集成度越高，数据挖掘的执行也就越方便。实际上，在更多的情况下，由于时间、周期等因素的制约，数据挖掘的实施往往只利用现有可用的数据库系统，也就是说在更多的情况下，只考虑某个数据挖掘项目如何实施。从这个角度来讲，对某个数据挖掘项目，数据集成主要是指数据的融合，即数据表的集成。对于数据表的集成，主要有内接和外接两种方式，如图 4-17 所示。究竟如何拼接，则需要具体问题具体分析。

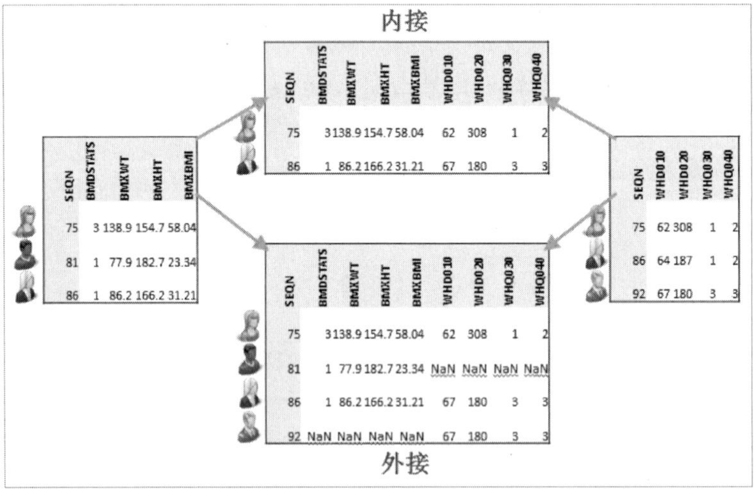

图 4-17　数据表的集成示意图

4.3.5　数据归约

用于分析的数据集可能包含数以百计的属性，其中大部分属性可能与数据挖掘任务不相关，或者是冗余的。尽管该领域专家可以挑选出有用的属性，但这可能是一项困难而费时的任务，特别是当数据的行为不是十分清楚时更是如此。遗漏相关属性或留下不相关属性都可能影响数据挖掘的结果，会导致所用的挖掘算法无所适从。此外，不相关或冗余的属性也增加了数据量。

数据归约的目的是得到能够与原始数据集近似等效，甚至更好，但数据量较少的数据集。这样，对归约后的数据集进行挖掘将更有效，且能够产生与原数据集相同（或几乎相同）的挖掘效果。

数据归约策略较多，但从数据挖掘角度来讲，常用的策略是属性选择和样本选择。

属性选择是通过删除不相关或冗余的属性（或维）来减少数据量。属性选择的目标是找出最小属性集，使得数据类的概率分布尽可能地接近使用所有属性得到的原分布。此外，在缩小的属性集上挖掘还有其他优点：减少了出现在发现模式上的属性数目，使得模式更易于理解。究竟如何选择属性，主要看属性与挖掘目标的关联程度及属性本身的数据质量好坏，根据数据质量评估的结果，可以删除一些属性。在利用数据相关性分析、数据统计分析、数据可视化和主成分分析技术时还可以删除一些属性，最后留下更好的属性。

样本选择也就是上述介绍的数据抽样，与其所用的方法一致。在数据挖掘过程中，对样本的选择不是在收集阶段完成的，而是有一个逐渐筛选、逐级抽样的过程。

在数据收集和准备阶段，数据归约通常用最简单直观的方法，如直接抽样或直接根据数据质量分析结果删除一些属性。在数据探索阶段，随着对数据理解的深入，将会进行更细致的数据抽样，这时用的方法也会复杂些，如相关性分析和主成分分析，这两种方法将在第 5 章（数据的探索）中详细介绍。

4.3.6 数据变换

数据变换是指将数据从一种表现形式变换为另一种表现形式的过程。常用的数据变换方式是数据的标准化、数据的离散化和语义转换。

1. 数据的标准化

数据的标准化是将数据按比例缩放，使之落入一个小的特定区间。数据的标准化在某些用于比较和评价的指标的处理中经常会用到，如去除数据的单位限制，将其转化为无量纲的纯数值，便于将不同单位或量级的指标进行比较和加权。其中，最典型的就是 0-1 标准化和 Z 标准化。

1）0-1 标准化（0-1 Normalization）

0-1 标准化也称为离差标准化，是指对原始数据进行线性变换，使结果落到[0,1]区间，转换函数如下：

$$x^* = \frac{x - \min}{\max - \min}$$

式中，max 为样本数据的最大值，min 为样本数据的最小值。这种方法有一个缺陷，即当有新数据加入时，可能导致 max 和 min 发生变化，需要重新定义 max 和 min。

2）Z 标准化（Zero-Mean Normalization）

Z 标准化也称为标准差标准化，经过 Z 标准化处理的数据符合标准正态分布，即均值为 0，标准差为 1。Z 标准化也是最为常用的标准化方法，其转化函数为：

$$x^* = \frac{x - \mu}{\sigma}$$

式中，μ为所有样本数据的均值，σ为所有样本数据的标准差。

2. 数据的离散化

数据的离散化指把连续型数据切分为若干“段”，是数据分析中常用的手段。有些数据挖掘算法，特别是某些分类算法，要求数据是分类属性形式的。这样，常常需要将连续属性变换成分类属性，即进行离散化。此外，如果一个分类属性具有大量不同的值（类别），或者某些值出现不频繁，则对于某些数据挖掘任务，可以合并某些值从而减少类别的数目。

在数据挖掘中，离散化得到普遍采用。究其原因，有如下几点。

(1) 算法需要。例如，决策树、朴素贝叶斯等算法不能直接使用连续型数据，连续型数据只有经离散处理后才能进入算法引擎。这一点在使用具体软件时可能不明显，因为大多数数据挖掘软件已经内建了离散化处理程序，所以从使用界面看，软件可以接纳任何形式的数据。但实际上，在运算决策树或朴素贝叶斯模型前，软件都要在后台对数据进行预处理。

（2）离散化可以有效地克服数据中隐藏的缺陷，使模型结果更加稳定。例如，数据中的极端值是影响模型效果的一个重要因素。极端值导致模型参数过高或过低，或导致模型被虚假现象“迷惑”，把原来不存在的关系作为重要模式来学习。而离散化，尤其是等距离散，可以有效地减弱极端值和异常值的影响。

（3）离散化有利于对非线性关系进行诊断和描述。对连续型数据进行离散处理后，自变量和目标变量之间的关系变得清晰。如果两者之间是非线性关系，则可以重新定义离散后变量每段的取值，如采取 0-1 的形式，由一个变量派生出多个亚变量，分别确定每段和目标变量间的联系。这样做，虽然减少了模型的自由度，但可以大大提高模型的灵活度。

数据离散化通常是将连续型变量的定义域根据需要按照一定的规则划分为几个区间，同时对每个区间用一个符号来代替。比如，在定义好坏股票时，就可以用数据离散化的方法来刻画股票的好坏。如果以当天的涨幅属性来定义股票的好坏，将股票分为 5 类（非常好、好、一般、差、非常差），且每类用 1～5 中的一个数字来表示，就可以用如表 4-5 所示的方式将股票的涨幅这个属性进行离散化。

表 4-5　变量离散化方法

区　间	类　别	值
[7, 10]	非常好	5
[2, 7)	好	4
[−2, 2)	一般	3
[−7, −2)	差	2
[−10, −7)	非常差	1

对数据进行离散化处理不免要损失一部分信息。很显然，对连续型数据进行分段后，同一段内的观察点之间的差异便消失了，所以是否进行离散化还需要根据业务、算法等因素综合考虑。

3. 语义转换

对于某些属性，其属性值是由字符型数据构成的，如果上述这个属性为“股票类别”，其构成元素是{非常好、好、一般、差、非常差}，则在数据挖掘过程中非常不方便操作，且会占用更多计算机资源。所以通常用整数来表示原始的属性值，如可以用{1，2，3，4，5}来同步替换原来的属性值，从而完成这个属性的语义转换。

4.4　本章小结

数据的准备是数据挖掘的基础，本章对数据准备过程中的三个环节——数据的收集、数据质量分析和数据预处理进行了介绍。本章内容的技术性不是很强，更多的是知识和经验的介绍。

在数据收集阶段，需要强调的有两点，一是数据挖掘的数据源具有广义的特征，原则上与数据挖掘目标相关的数据都可以作为这个项目的原始数据，所以在数据收集阶段尽量发散思维，尽量寻找与业务关联的数据，这样至少能保证数据的全面性；二是收集数据的过程也伴随数据的抽样，如果对数据的质量不够了解，最简单直接的方法就是先把这些数据全部拿过来，再随着项目的深入逐渐通过抽样来归约。

数据质量分析的主要目的是评估数据的质量，为进一步的数据预处理做准备。数据质量分析的常用方法有值分析、统计分析和频次图与直方图分析三种方法。这三种方法的应用没有先后顺序之分，选用哪种方法是根据数据的特征而定的。在实践中，通常综合使用这三种方法对数据进行分析，这样，三种方法的优势都可以发挥出来。另外，数据质量分析也是强化对数据理解的一个过程，通过对数据进行质量分析，可以加深对数据的认识和理解，这对数据挖掘项目的实施是非常重要的。

数据预处理是数据准备的重点和主要的工作，实践中没有任何一个数据挖掘的项目是完美的，总是有这样或那样的问题，所以总是需要做数据预处理工作。尽管已经开发了许多数据预处理的方法，由于不一致或脏数据的数量巨大，以及问题本身的复杂性，数据预处理仍然是一个活跃的研究领域。在实践中，数据预处理的过程非常灵活，项目之间数据预处理过程的经验可以借鉴，但不同项目的数据预处理过程不会完全相同，所以说数据预处理本身也是一个科学与艺术相结合的过程。

参考文献

[1] 刘云霞. 数据预处理：数据归约的统计方法研究及应用[M]. 厦门：厦门大学出版社，2011.

第 5 章　数据的探索

> 经过前面数据的准备，已经获得了一些基本的质量较高的数据，在正式使用数据挖掘之前，通常先进行数据的探索，就像采矿前，先要探索一下要挖掘的矿藏。探索矿藏，人们通常关注的是矿藏的储量、分布特征、物理及化学属性等基本信息，以便确定采矿的方式、工具、人员配备等内容。其实，数据挖掘的过程和采矿的过程是一致的，在进行正式的数据挖掘前，读者有必要了解数据的量、数据的属性特征、关联关系等信息，以便确定数据挖掘的模型、算法、技术路线等内容。

所谓数据的探索（Data Exploratory，DE），是指对已有的数据（特别是调查或观察得来的原始数据）在尽量少的先验假定下进行探索，通过作图、制表、方程拟合、计算特征量等手段探索数据的结构和规律的一种数据分析方法。特别是当分析人员对这些数据中的信息没有足够的经验，不知道该用何种统计方法进行分析时，DE 就会非常有效。

在对数据进行初步分析时，往往还无法确定采用什么模型对哪些变量进行挖掘。分析者先对数据进行探索，辨析数据的模式与特点，并将它们有序地进行整合，这样就能够灵活地选择和调整分析模型，并揭示数据相对于常见模型的种种偏离。

DE 的特点有如下三个：第一，在分析思路上让数据说话，不强调对数据的整理，从原始数据出发，深入探索数据的内在规律，而不从某种假定出发，套用理论结论，拘泥于模型的假设。第二，DE 分析方法灵活，不拘泥于传统的统计方法。分析方法的选择完全从数据出发，灵活对待，灵活处理，什么方法可以达到探索和发现的目的就使用什么方法。这里特别强调的是，DE 更看重方法的稳健性、耐抗性，而不刻意追求概率意义上的精确性。第三，DE 的结果简单直观，更易于普及，更强调直观及数据可视化，更强调方法的多样性及灵活性，使分析人员能一目了然地看出数据中隐含的有价值的信息，以及其遵循的普遍规律及与众不同的突出特点，从而得到启迪，满足分析者的多方面要求，这也是 DE 对于数据挖掘的主要贡献。

实际上，在数据的探索阶段，分析人员完全可以不受太多理论条件的束缚，充分展开想象的翅膀，多角度、多层面地对现有数据的规律进行可视化的探索，新的线索往往就会自然而然地出现，为下一步的统计建模与预测等精细化分析奠定良好的基础。

总之，DE 强调灵活地探求线索和证据，重在发现数据中可能隐藏的有价值的信息，比如数据的分布模式、变化趋势、可能的交互影响、异常变化等。用什么方法才能很好地探索这些数据，从中发现分析人员所期望的，甚至意想不到的重要信息呢？本章将系统介绍数据探索的常用方法和技术，包括衍生变量、数据的统计、数据可视化、样本选择和数据降维。

5.1 衍生变量

5.1.1 衍生变量的定义

衍生变量，顾名思义是由其他既有变量通过不同形式的组合而衍生出的变量。例如，已经知道一个细长形物体的质量、长度、体积，现在就可以通过对现有三个变量的组合得到一些有用的衍生变量，如密度=质量÷体积，线密度=质量÷长度。

在数据挖掘过程中，通常需要对现有的变量进行各种形式的衍生，以得到更多可用的变量。虽然衍生变量与原始变量有一定的相关性，但能更直观反映事物的某些特征，表现在数据上就会更直接，所以某些衍生变量在数据挖掘过程中反而更有用。就像上述提及的密度和线密度，如果要研究哪些物体可以漂浮在水面上，只要根据密度这一衍生变量就可以判断。但并不是所有的衍生变量都有意义，所以衍生变量也要适度。

在量化投资领域，很多变量都是衍生变量。在股票市场，得到的原始变量是日期、开盘价、最高价、最低价、收盘价、成交量和复权价，但经过衍生，可以得到形形色色的变量，如平滑异同平均线、能量潮、心理线、乖离率等。各个投资机构常用的多因子模型，其本质差异在于不同投资者所用的因子不同，而这些不同的因子很多情况是投资者所用的衍生方法不同导致的。所以，探索衍生变量是数据的探索阶段的一个非常重要的环节，尤其在量化投资领域。

5.1.2 变量衍生的原则和方法

变量衍生的方法多种多样，没有统一的标准。所以，对于任何一个数据挖掘项目，都有无数个衍生变量。不能穷尽所有变量，也不需要这样做，那么，应该怎么办呢？其实，从数据挖掘的角度，变量的衍生也要遵守一定的原则，这样产生的变量才更有效。一般在探索衍生变量时，可以遵循如下两个变量衍生的原则：

（1）衍生变量能够客观反映事物的特征。

（2）衍生变量与数据挖掘的目标有一定的联系。

当然在这两个原则指导下的衍生变量还是很宽泛的，往往还要按照一定的方法，再融入对业务的理解产生衍生变量。这里面提供了如下几个基本的变量衍生的方法：

（1）对多个列变量进行组合。例如，身高的平方÷体重（肥胖指数），负债÷收益，总通话时间÷总呼叫次数，网页访问量÷购买总量等。

（2）按照维度分类汇总。例如，在分析无线通信客户流失现象时发现，按照手机型号分类汇总的流失率比单纯用手机型号分类的数据更有用。

（3）对某个变量进一步分解。例如，对于日期变量，可进一步分解为季度、节假日、工作日、周末等变量。

（4）对具有时间序列特征的变量可以进一步提取时序特征，如一段时间的总开销、平均增长率、初始值与终值的比率、两个相邻值之间的比率、顾客在假期购物占年度购物的比例、周末电话平均长度与每周电话平均长度等。

5.1.3 常用的股票衍生变量

当前，证券市场上的各种技术指标数不胜数，其中的绝大多数是衍生变量。例如，相对强弱指标（RSI）、随机指标（KD）、趋向指标（DMI）、平滑异同平均线（MACD）、能量潮（OBV）、心理线、乖离率等。这些都是很著名的技术指标，在股市应用中长盛不衰。而且，随着时间的推移，新的技术指标还在不断涌现，包括 DMI（趋向指标）、EXPMA（指数平均数）、TRIX（三重指数平滑移动平均）、ASI（振动升降指标）、EMV（简易波动指标）、WVAD（威廉变异离散量）、SAR（停损点）、CCI（顺势指标）、ROC（变动率指标）、BOLL（布林线）、WR（威廉指标）、KDJ（随机指标）、MIKE（麦克指标）等。这里不再一一列举证券市场的这些指标。

为了用数据挖掘方法来研究量化交易策略，需要用到这些衍生变量。这里将选择或改造几个指标来作为数据挖掘的备选指标，同时介绍如何产生和计算衍生变量。下面的程序中，包括 10 个衍生变量的详细计算过程和其中 4 个变量的变换趋势图。关于衍生变量的计算过程，也在程序中有明显的提示。相信读者根据程序就能清晰地知道这些变量的计算过程，这里不再赘述。

第 1 步，环境准备及读取原始数据。代码如下：

```
    clc, clear all, close all
% 读取股票数据
price = xlsread('\sz_data\sz000001.xls');
```

第 2 步，计算衍生变量。代码如下：

```
    sr=size(price,1);
cp=30; % 衍生变量计算日期区间最大跨度
sampleValue=zeros((sr-cp), 10);
% 指标计算
for  h=1:(sr-cp)
% dv1: 当日涨幅
dv1=100*(price(h,5)-price(h+1,5))/price(h+1,5);
% dv2: 10 日涨幅
dv2=100*(price(h,5)-price(h+10,5))/price(h+10,5);
% dv3: 10 日涨跌比率 ADRs
% dv4: 10 日相对强弱指标 RSI
rise_num=0; dec_num=0;
   for j=1:10
      rise_rate=100*(price(h+j-1,5)-price(h+j,5))/price(j+h,5);
      if rise_rate>=0
           rise_num=rise_num+1;
      else
           dec_num=dec_num+1;
      end
   end
```

```
dv3=rise_num/(dec_num+0.01);
dv4=rise_num/10;
% dv5: 当日 K 线值;
% dv6: 6 日 K 线均值
s_kvalue=zeros(1,6);
  for j=1:6
        s_kvalue(j)=(price(h+j-1,5)-price(h+j-1,2))/((price(h+j-1,3)-
price (h+j-1,4))+0.01);
  end
     dv5=s_kvalue(1);
     dv6=sum(s_kvalue(1,1:6))/6;
% dv7: 10 日乖离率(BIAS)
dv7=(price(h,5)-sum(price(h:h+9,5))/10)/(sum(price(1:h+9,5))/10);
% dv8: 9 日 RSV
% dv9: 30 日 RSV
dv8=(price(h,5)-min(price(1:h+8,5)))/(max(price(1:h+8,5))-
min(price(1:h+8,5)));
dv9=(price(h,5)-min(price(1:h+29,5)))/(max(price(1:h+29,5))-
min(price(1:h+29,5)));
% dv10: OBV 量比
dv10=sign(price(h,5)-price(h+1,5))*price(h,6)/(sum(price(h:h+4,6))/5);
% 收集衍生变量的数据
sampleValue(h, :)=[dv1, dv2, dv3, dv4, dv5, dv6, dv7, dv8, dv9, dv10];
end
```

第 3 步，收集并保存数据。代码如下：

```
   sampleDate=price(1:(sr-cp),1);
xlswrite('value_dv.xlsx',sampleDate, 'Sheet1',['A1:A' num2str(sr-cp)] );
xlswrite('value_dv.xlsx', sampleValue, 'Sheet1',['B1:K' num2str(sr-cp)]);
```

第 4 步，数据可视化（选择 4 个变量作为代表）。

（1）dv1——股票当日涨幅。代码如下：

```
   dv1=sampleValue(:,1);
sampleDate=datenum(num2str(sampleDate), 'yyyymmdd');
figure;
plot( sampleDate, dv1,'-r*',...
    'LineWidth',1,...
    'MarkerSize',4,...
    'MarkerEdgeColor','b',...
    'MarkerFaceColor',[0.5,0.5,0.5])
grid on
set(gca,'linewidth',2) ;
title('股票涨幅变化趋势(dv1)','fontsize',12);
datetick('x', 'mmm-yy')
xlabel('时间')
ylabel('当日涨幅')
```

上述程序执行后，将产生如图 5-1 所示的股票涨幅散点图。通过该图，可以大致知道这只股票的特性，如波动性、周期性等特征。

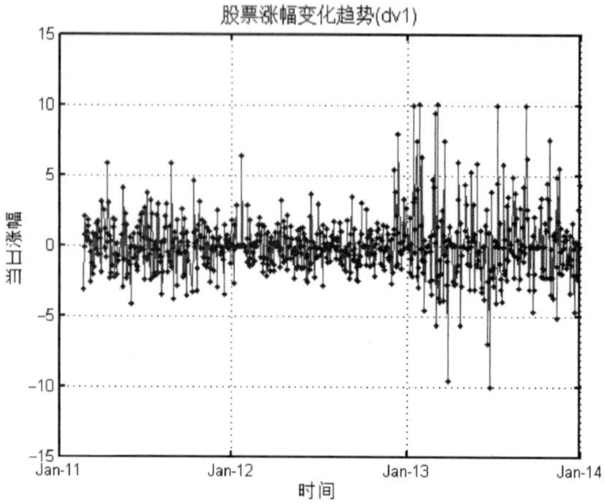

图 5-1 股票涨幅散点图

（2）dv4——10 日相对强弱指标 RSI。代码如下：

```
    dv4 = sampleValue(:,4);
figure;
plot( sampleDate, dv4,'-r*',...
    'LineWidth',1,...
    'MarkerSize',4,...
    'MarkerEdgeColor','b',...
    'MarkerFaceColor',[0.5,0.5,0.5])
set(gca,'linewidth',2) ;
datetick('x', 'mmm-yy')
xlabel('时间')
ylabel('10 日 RSI')
title('10 日相对强弱指标 RSI(dv4)','fontsize',12);
grid on
```

上述程序执行后，将产生如图 5-2 所示的股票 RSI 的可视化结果。通过该图，可以大致知道股票 RSI 具有连续性和惯性，这对于股票指标的设计很有帮助。

（3）dv8——9 日 RSV。代码如下：

```
    dv8 = sampleValue(:,8);
figure;
plot( sampleDate, dv8,'-r*',...
    'LineWidth',1,...
    'MarkerSize',4,...
    'MarkerEdgeColor','b',...
    'MarkerFaceColor',[0.5,0.5,0.5])
set(gca,'linewidth',2) ;
datetick('x', 'mmm-yy')
xlabel('时间')
ylabel('9 日 RSV')
title('9 日 RSV(dv8)','fontsize',12);
grid on
```

上述程序执行后，将产生如图 5-3 所示的股票 RSV 的可视化结果。通过该图，可以大致知道股票 RSV 能够很好地监测股票的变化情况。

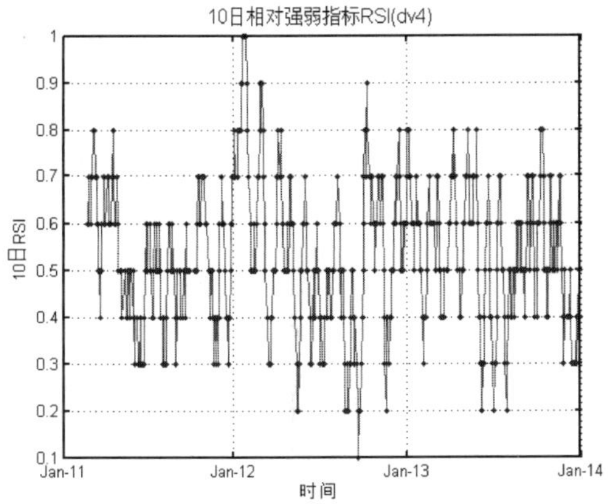

图 5-2　股票 RSI 的可视化结果

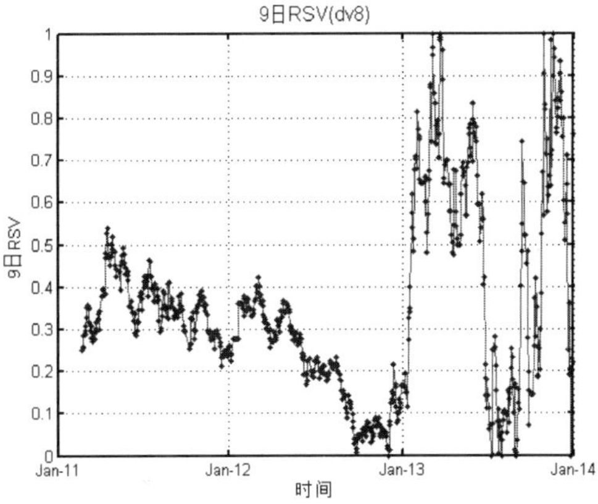

图 5-3　股票 RSV 的可视化结果

（4）dv10——OBV 量比。代码如下：

```
    dv10 = sampleValue(:,10);
figure;
plot( sampleDate, dv10,'-r*',...
    'LineWidth',1,...
    'MarkerSize',2,...
    'MarkerEdgeColor','b',...
    'MarkerFaceColor',[0.5,0.5,0.5])
set(gca,'linewidth',2) ;
datetick('x', 'mmm-yy')
xlabel('时间')
ylabel('OBV 量比')
title('OBV 量比','fontsize',12);
grid on
```

上述程序执行后，将产生如图 5-4 所示的股票 OBV 量比的可视化结果。通过该图，可以大致知道股票 OBV 量比指标能够很好地监测股票变化的异常情况。

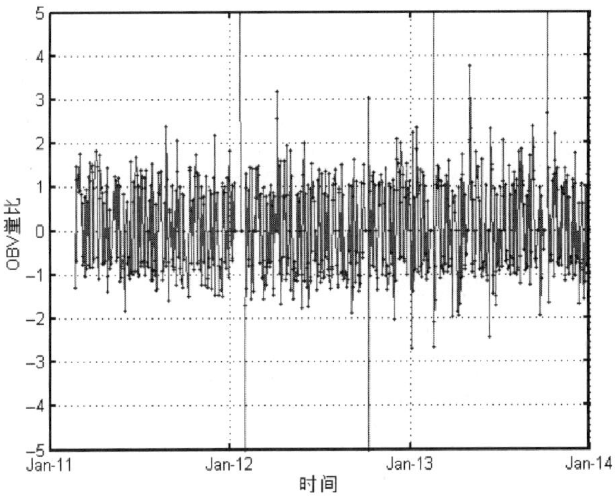

图 5-4　股票 OBV 量比的可视化结果

5.1.4 评价型衍生变量

用于评价被挖掘事物的好坏的衍生变量，称为评价型衍生变量。为什么要探索评价型衍生变量呢？这是因为数据挖掘中很多的算法都是机器学习算法，这类算法的典型特点是需要有输入和输出的样本训练机器，然后才可以用这个机器对新样本的输入进行计算，得到所需要的输出。而在实际的原始数据中，并不存在可以用作训练样本输出的变量，这时就需要通过衍生方法得到这类衍生变量。

在量化投资中，需要用这类变量来评价股票的好坏，为此可以根据数据挖掘的目标衍生评价型衍生变量。

下面的程序是基于股票交易数据衍生的变量，具体实现过程如下。

（1）环境准备及数据读取。代码如下：

```
    clc, clear all, close all
    % 读取股票数据
price = xlsread('\sz_data\sz000001.xls');
```

（2）计算评价型衍生变量。代码如下：

```
    sr=size(price,1);
cp=30; % 衍生变量计算日期区间最大跨度
evaValue=zeros((sr-cp),1);
s_y=0; good_s_n=0;  bad_s_n=0; common_s_n=0;
for h=1:(sr-cp)
 % 判断股票好坏

  rise_1=100*(price(h+1,5)-price(h,5))/price(h+1,5);
  rise_2=100*(price(h+3,5)-price(h,5))/price(h+3,5);

    if rise_1>=2&&rise_2>=4
      s_y=1;
      good_s_n=good_s_n+1;
    elseif rise_1<0&&rise_2<0
      s_y=-1;
      bad_s_n=bad_s_n+1;
    else
      common_s_n=common_s_n+1;
    end

% 收集衍生变量的数据
evaValue(h, :)=s_y;
end
```

（3）收集并保存数据。代码如下：

```
    sampleDate=price(1:(sr-cp),1);
xlswrite('eva_dv.xlsx',sampleDate, 'Sheet1',['A1:A' num2str(sr-cp)] );
xlswrite('eva_dv.xlsx', evaValue, 'Sheet1',['B1:K' num2str(sr-cp)]);
```

（4）数据可视化 dv1。代码如下：

```
    sampleDate=datenum(num2str(sampleDate), 'yyyymmdd');
figure;
plot( sampleDate, evaValue,'-r*',...
```

```
    'LineWidth',1,...
    'MarkerSize',4,...
    'MarkerEdgeColor','b',...
    'MarkerFaceColor',[0.5,0.5,0.5])
grid on
set(gca,'linewidth',2) ;
title('好坏股票变化图','fontsize',12);
datetick('x', 'mmm-yy')
xlabel('时间')
ylabel('股票评价值')
grid on
```

本节程序执行后，将产生如图 5-5 所示的好坏股票可视化结果。

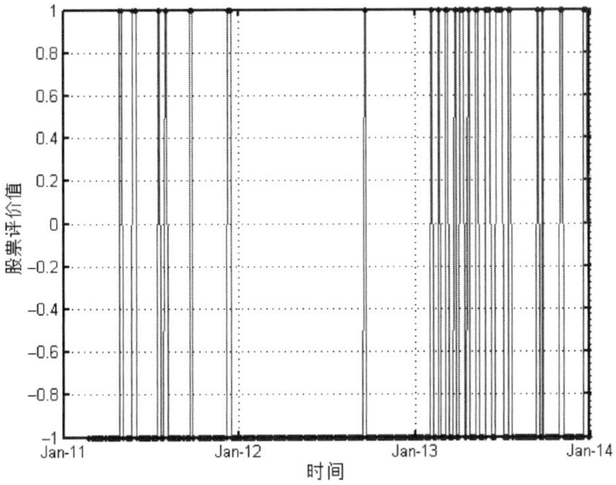

图 5-5 好坏股票可视化结果

5.1.5 衍生变量数据的收集与集成

当产生衍生变量后，为了便于后续的数据处理，通常要将数据收集在一起，如果数据在不同的文件或表中，也常常将它们合并在一张表中。

在上述程序的基础上，将产生指标型衍生变量和评价型衍生变量的程序修改为 MATLAB 的函数形式，然后就可以重复调用这些函数，计算所有股票数据文件夹下所有股票数据对应的衍生变量。最新的 MATLAB 具有表这种数据类型，所以很容易实现对这些数据的收集和集成。只需要使用 join 这一函数即可将不同表格中的数据集成到一张表格中，具体实现程序如 P5-1 所示。

程序编号	P5-1	文件名称	P5_1_DerivedData.m	说明	衍生变量的收集和集成

```
%% P5-1: 衍生变量的收集和集成
%% 指定数据文件
clc, clear all, close all
dirname = 'sz_data';
files = dir(fullfile(dirname, '*.xls'));
%% 产生并收集衍生变量
```

```
    tsn = 0;
    % for i = 1:length(files)
    for i = 1:5
      filename = fullfile(dirname, files(i).name);
      price0 = xlsread(filename);
      % 将成交量为 0 的行删除
        [m,n]=size(price0);
        j1=1;
         for j=1:m
            if price0(j,6)~=0
               price(j1,:)=price0(j,:);
               j1=j1+1;
            end
         end
       % 将开盘有效天数少的股票删除
      if m<120
         continue;
      end
      % 产生指标型衍生变量
      dataTableA = DerivedDataA(price);
      % 产生评价型衍生变量
      dataTableB = DerivedDataB(price);
      tempDataTable0 = join(dataTableA, dataTableB);
      % 增加股票代码字段
      rn = size(tempDataTable0, 1);
      for k =1:rn
            sid(k,:) = files(k).name(1:8);
      end
      tempDataTable1.sid = sid;
      tempDataTable1 = struct2table(tempDataTable1);
      tempDataTable =[tempDataTable1, tempDataTable0];
      % 将产生的数据收集到一个表格中
      tsn = tsn +rn;
      dataTable((tsn-rn+1):tsn,:) = tempDataTable;
      clear price0 price tempDataTable1 tempDataTable0 tempDataTable
sid...
          j j1 dataTableA  dataTableB;
    end
    %% 保存集成后的数据
    writetable(dataTable, 'dataTableA1.xlsx');
```

5.2 数据的统计

对数据进行统计是从定量角度去探索数据，也是基本的数据探索方式，其主要目的是了解数据的基本特征。虽然数据统计所用的方法同数据质量分析阶段相似，但二者的重点不同，这时主要关注数据从统计学上反映的量的特征，以便分析人员更好地认识这些将要被挖掘的数据。

这里先要清楚两个关于统计的基本概念：总体和样本。统计的总体是人们研究对象的全体，又称为母体，如工厂一天生产的全部产品、学校全体学生的身高。总体中的每一个基本单位称为个体，个体的特征用一个变量（如 x）来表示。从总体中随机产生的若干个个体的集合称为样本或子样，如 n 件产品、100 名学生的身高或者一根轴的直径的 10 次测量。实际上这就是从总体中随机取得的一批数据，不妨记作 $x_1,x_2,\cdots,x_n$，n 称为样本容量。

从统计学的角度来讲，统计的任务是由样本推断总体。从数据探索的角度来讲，就要关注更具体的内容，通常由样本推断总体的数据特征。

5.2.1 基本描述性统计

假设有一个容量为 n 的样本（一组数据），记作 $x=(x_1,x_2,\cdots,x_n)$，需要对它进行一定的加工，才能提取有用的信息。统计量就是加工出来的、反映样本数量特征的函数，它不含任何未知量。

下面介绍几种常用的统计量。

（1）表示位置的统计量：算术平均值和中位数。

算术平均值（简称均值）描述数据取值的平均位置，记作 $\bar{x}$，其数学表达式为：

$$\bar{x}=\frac{1}{n}\sum_{i=1}^{n}x_i$$

中位数是将数据按由小到大排序后位于中间位置的那个数值。MATLAB 中 mean(x)返回 x 的均值，median(x)返回中位数。

（2）表示数据离散度的统计量：标准差、方差和极差。

标准差 s 定义为：

$$s=\left[\frac{1}{n-1}\sum_{i=1}^{n}(x_i-\bar{x})^2\right]^{\frac{1}{2}}$$

它是度量各个数据与均值偏离程度的指标，这种偏离不妨称为变异。

方差是标准差的平方，即 s^2。

极差是 $x=(x_1,x_2,\cdots,x_n)$ 的最大值与最小值之差。

MATLAB 中 std(x)返回 x 的标准差，var(x)返回方差，range(x)返回极差。

在标准差 s 的定义中，对 n 个 $(x_i-\bar{x})$ 的平方求和，却被 $(n-1)$ 除，这是出于无偏估计的要求。若需要改为被 n 除，MATLAB 可用 std(x,1)和 var(x,1)来实现。

（3）表示分布形状的统计量：偏度和峰度。

偏度反映分布的对称性，$v_1>0$ 称为右偏态，此时数据位于均值右边的比位于左边的多；$v_1<0$ 称为左偏态，情况相反；而 v_1 接近 0 则可认为分布是对称的。

峰度是数据分布形状的另一种度量，正态分布的峰度为 3，若峰度比 3 大得多，则表示分布有沉重的尾巴，说明样本中含有较多远离均值的数据，因而峰度可以用作衡量数据分布偏离正态分布的指标。

MATLAB 中 skewness(x)返回 x 的偏度，kurtosis(x)返回 x 的峰度。

在上述用 MATLAB 计算各个统计量的命令中，若 $\boldsymbol{x}$ 为矩阵，则作用于 $\boldsymbol{x}$ 的列，返回一个行向量。

统计量中最重要、最常用的是均值和标准差，由于样本是随机变量，它们作为样本的函数自然也是随机变量。当用它们去推断总体时，可靠性与统计量的概率分布有关，因此需要知道几个重要分布的简单性质。

5.2.2 分布描述性统计

随机变量的特性完全由它的（概率）分布函数或（概率）密度函数来描述。设有随机变量 X，其分布函数定义为 $X \leqslant x$ 的概率，即 $F(x) = P\{X \leqslant x\}$ 是连续型随机变量，则其密度函数 $P(x)$ 与 $F(x)$ 的关系为：

$$F(x) = \int_{-\infty}^{x} P(x)\mathrm{d}x$$

分位数是下面常用的一个概念，其定义为：对于 $0<\alpha<1$，使某分布函数 $F(x)=\alpha$ 的 x，为这个分布的 α 分位数，记作 x_α。

前面画过的直方图是频数分布图，频数除以样本容量 n，称为频率。n 充分大时频率是概率的近似，因此，直方图可以看作密度函数图形的（离散化）近似。

5.3 数据可视化

对数据进行统计之后，对数据就会有一定的认识，但还不够直观，最直观的方法就是将这些数据进行可视化，用图的形式将数据的特征表现出来，这样就能够更清晰地认识数据。MATLAB 提供了非常丰富的数据可视化函数，可以利用这些函数进行各种形式的数据可视化，但从数据挖掘的角度来讲，还是数据分布形态、中心分布、关联情况等的数据可视化最有用。

5.3.1 基本可视化方法

基本可视化是最常用的方法。在对数据进行可视化探索时，通常先用 plot 这样基本的绘图命令来绘制各变量的分布趋势，以了解数据的基本特征。

下面的程序就是对 5.1 节中得到的数据进行基本可视化分析的过程。

```
    % 数据可视化——基本绘图
% 读取数据
clc, clear al, close all
X=xlsread('dataTableA2.xlsx');
% 绘制变量 dv1 的基本分布
N=size(X,1);
id=1:N;
figure
plot( id', X(:,2),'LineWidth',1)
```

```
set(gca,'linewidth',2);
xlabel('编号','fontsize',12);
ylabel('dv1', 'fontsize',12);
title('变量 dv1 分布图','fontsize',12);
```

该程序产生如图 5-6 所示的数据可视化结果。该图是用 plot 命令绘制的数据最原始的分布形态，通过该图能了解数据大致的分布中心、边界、数据集中程度等信息。

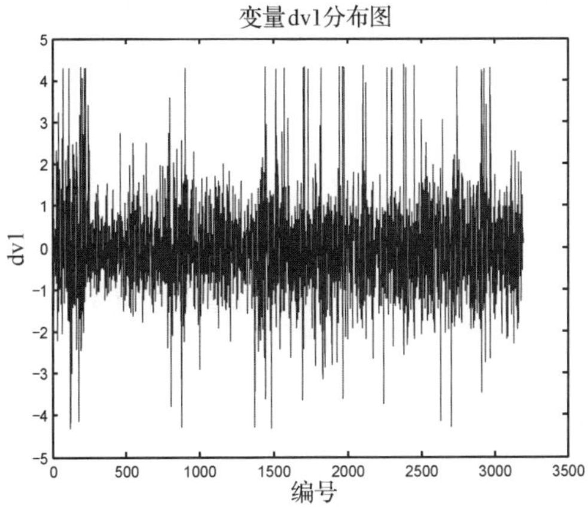

图 5-6 变量 dv1 分布图

5.3.2 数据分布形状可视化

在数据挖掘中，数据的分布特征对分析人员了解数据非常有利，可以用如下代码绘制变量 dv1～dv4 的柱状分布图。

```
    % 同时绘制变量 dv1～dv4 的柱状分布图
figure
subplot(2,2,1);
hist(X(:,2));
title('dv1 柱状分布图','fontsize',12)
subplot(2,2,2);
hist(X(:,3));
title('dv2 柱状分布图','fontsize',12)
subplot(2,2,3);
hist(X(:,4));
title('dv3 柱状分布图','fontsize',12)
subplot(2,2,4);
hist(X(:,5));
title('dv4 柱状分布图','fontsize',12)
```

图 5-7 为用 hist 命令绘制的变量 dv1～dv4 的柱状分布图，该图的优势是更直观地反映了数据的集中程度。由该图可以看出，变量 dv3 过于集中，这对数据挖掘是不利的，相当于这个变量基本是固定值，对任何样本都一样，所以没有区分效果。对这样的变量就可以考虑删除。可见对数据进行可视化分析的意义还是很大的。

也可以将常用的统计量绘制在同一分布图中，这样更有利于对数据特征的把握，就像得到了数据的地图，对全面认识数据非常有利。如下代码就实现了绘制这种图的功能，得到的图如图 5-8 所示。

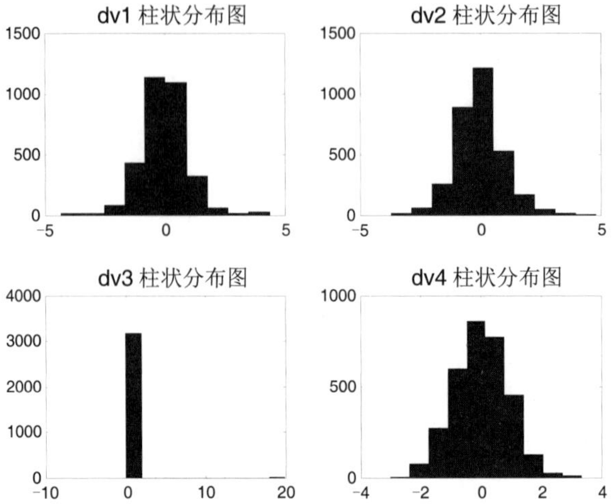

图 5-7　变量 dv1～dv4 的柱状分布图

```
   % 数据可视化——数据分布形状图
% 读取数据
clc, clear al, close all
X=xlsread('dataTableA2.xlsx');
dv1=X(:,2);

% 绘制变量 dv1 的柱状分布图
h = -5:0.5:5;
n = hist(dv1,h);
figure
bar(h, n)

% 计算常用的形状度量指标
mn = mean(dv1);    % 均值
sdev = std(dv1);   % 标准差
mdsprd = iqr(dv1);% 四分位数
mnad = mad(dv1);   % 中位数
rng = range(dv1);  % 极差
% 标识度量数值
x = round(quantile(dv1,[0.25,0.5,0.75]));
y = (n(h==x(1)) + n(h==x(3)))/2;
line(x,[y,y,y],'marker','x','color','r')
x = round(mn + sdev*[-1,0,1]);
y = (n(h==x(1)) + n(h==x(3)))/2;
line(x,[y,y,y],'marker','o','color',[0 0.5 0])

x = round(mn + mnad*[-1,0,1]);
y = (n(h==x(1)) + n(h==x(3)))/2;
line(x,[y,y,y],'marker','*','color',[0.75 0 0.75])

x = round([min(dv1),max(dv1)]);
line(x,[1,1],'marker','.','color',[0 0.75 0.75])
legend('Data','Midspread','Std Dev','Mean Abs Dev','Range')
```

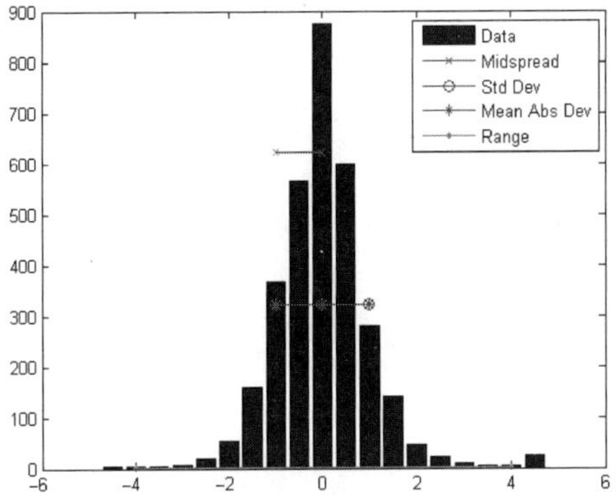

图 5-8 变量 dv1～dv4 的柱状分布图（绘制在同一分布图中）

5.3.3 数据关联情况可视化

数据关联情况可视化对分析哪些变量更有效具有更直观的效果，所以在进行变量筛选前，可以先利用关联可视化了解各变量间的关联关系，具体实现代码如下。

```
    % 数据可视化——变量相关性
% 读取数据
clc, clear al, close all
X=xlsread('dataTableA2.xlsx');
Vars = X(:,7:12);
%  绘制变量间相互关联图
figure
plotmatrix(Vars)
%  绘制变量间相关性强度图
covmat = corrcoef(Vars);
figure
imagesc(covmat);
grid;
colorbar;
```

该程序产生两幅图，一幅是变量相互关联图（见图 5-9），通过该图可以看出任意两个变量的数据关联趋向；另一幅是变量相关性强度图（见图 5-10），该图从宏观上表现了变量间的关联强度，在实践中往往用于筛选变量。

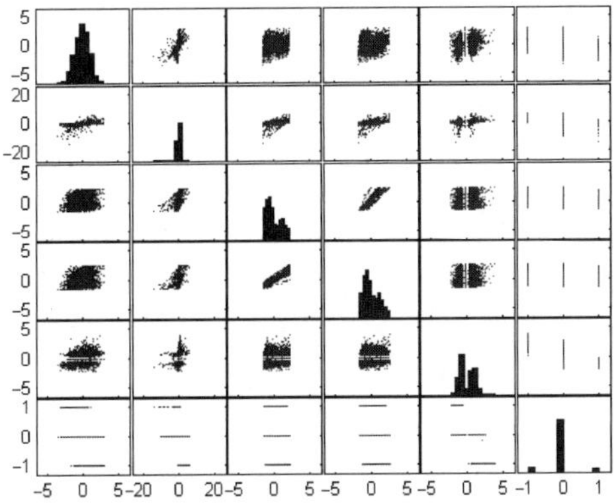

图 5-9 变量相互关联图

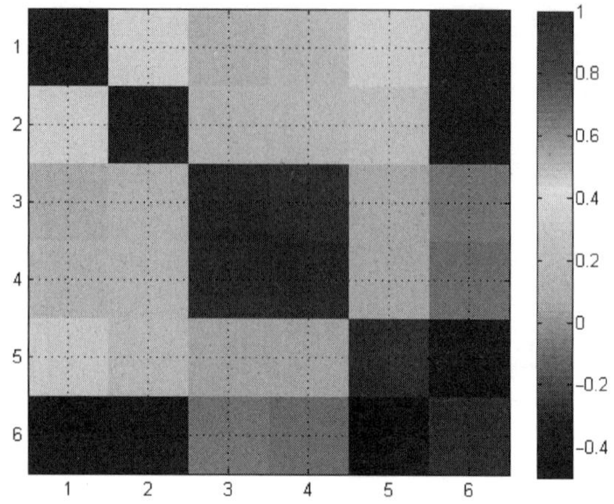

图 5-10　变量相关性强度图

5.3.4　数据分组可视化

数据分组可视化是指按照不同的分位数将数据进行分组，典型的图形是箱体图。箱体图的含义如图 5-11 所示。根据箱体图可以看出数据的分布特征和异常值的数量，这对于确定是否需要进行异常值处理是很有利的。

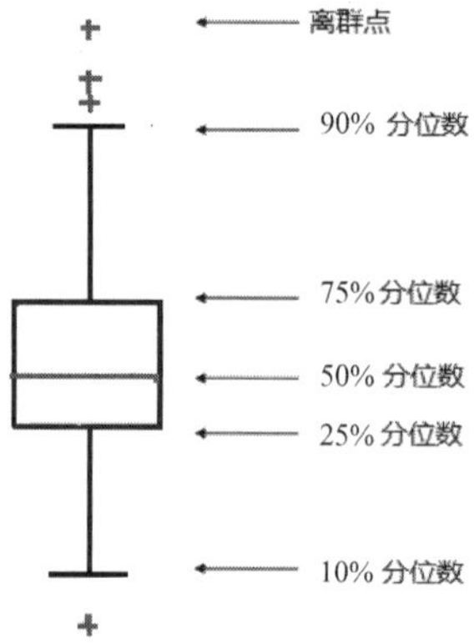

图 5-11　箱体图的含义

绘制箱体图的 MATLAB 命令是 boxplot，可以通过如下代码实现对数据的分组可视化。

```
    % 数据可视化——数据分组
% 读取数据
clc, clear al, close all
X=xlsread('dataTableA2.xlsx');
dv1=X(:,2);
eva=X(:,12);
% Boxplot
figure
boxplot(X(:,2:12))
figure
boxplot(dv1, eva)
```

该程序产生了所有变量的箱体图（见图 5-12）和两个变量的关系箱体图（见图 5-13），这样就能更全面地得出各变量的数据分布特征及任意两个变量的关系特征。

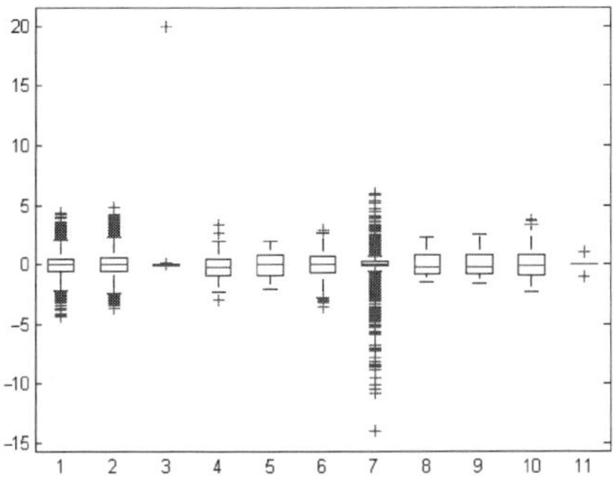

图 5-12 所有变量的箱体图

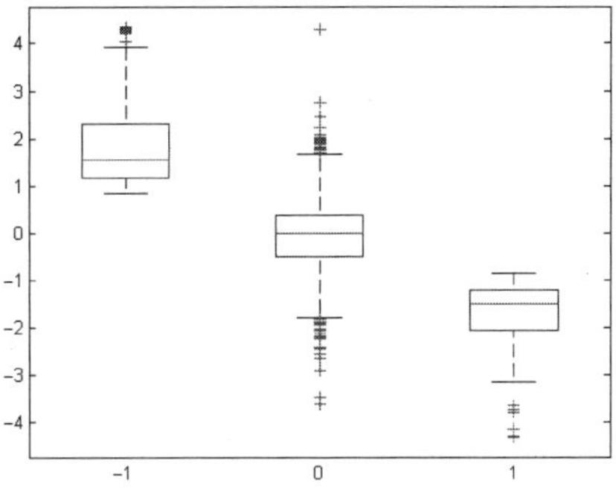

图 5-13 两个变量的关系箱体图

5.4 样本选择

5.4.1 样本选择的方法

当进行数据挖掘时，通常并不是对所有样本数据进行挖掘，而是从数据样本中选择一部分数据进行挖掘。通过对数据样本的精选，不仅能减少数据处理量，节省系统资源，而且能通过数据的筛选，使数据的规律性更加凸现出来。

为了让选择的样本能够表现总体的特征，在实际进行样本选择时有两点需要注意：一是样本的数量，选择的样本数量要能够刻画数据的特征，满足算法对数据需求量的要求，同时兼顾计算机性能和时效要求；二是要注意样本选择的平衡性，比如对于分类样本，每个类别的样本数量应尽量一致，这样就可以保证模型的均衡性。

从数据总体中如何取出样本数据呢？这就需要考虑数据挖掘的目的及数据的具体情况，通常有如下三种取样方法：

（1）随机取样法。随机取样法是指随机从样本总体中抽取数据，在实际应用中，通常采用类似产生随机数的方法抽取数据样本。随机取样法适用于样本总体基数较大，同时样本数据质量均衡的情况。

（2）顺序取样法。顺序取样法是指按照一定的顺序，从样本总体中抽取数据样本，通常直接按照编号的顺序从头开始选择样本，如选择前 1 000 条数据。顺序取样法适用于样本数据质量均衡的情况。

（3）监督取样法。监督取样法是指对样本总体进行监督检查之后再抽取样本。该法适用于样本数据质量较差的情况。

5.4.2 样本选择应用实例

在 4.1 节中已经通过衍生变量得到一部分数据，经过分析会发现，这些样本的均衡性不是很好，其中好股票和坏股票的样本较少，一般股票样本较多。如果不重新选择样本，那么用算法训练的模型将主要表现一般股票的特征，对好股票的预测是非常不利的，所以这种情况下需要进行数据的挑选。

对数据进行分析后发现，数据基数比较大，数据质量也比较均衡，用随机取样法比较合适。根据随机取样法，编写了程序 P5-2。

程序编号	P5-2	文件名称	DerivedData.m	说明	衍生变量的收集和取样

```
%%衍生变量的收集和抽样
clc, clear all, close all
dirname = 'sz_data';
files = dir(fullfile(dirname, '*.xls'));
%% 产生并收集衍生变量
tsn = 0;
% for i = 1:length(files)
for i = 1:20
    i
  filename = fullfile(dirname, files(i).name);
  price0 = xlsread(filename);
  % 将成交量为 0 的行删除
    [m,n]=size(price0);
    j1=1;
     for j=1:m
        if price0(j,6)~=0
           price(j1,:)=price0(j,:);
           j1=j1+1;
        end
     end
   % 将开盘有效天数少的股票删除
  if m<120
     continue;
  end
  % 产生指标型衍生变量
  dataTableA = DerivedDataA(price);
  % 产生评价型衍生变量
  dataTableB = DerivedDataB(price);
  tempDataTable0 = join(dataTableA, dataTableB);
  % 增加股票代码字段
  rn = size(tempDataTable0, 1);
  for k =1:rn
        sid(k,:) = files(k).name(1:8);
  end
  tempDataTable1.sid = sid;
  tempDataTable1 = struct2table(tempDataTable1);
  tempDataTable =[tempDataTable1, tempDataTable0];
  % 将产生的数据收集到一个表格中
  tsn = tsn +rn;
  dataTable((tsn-rn+1):tsn,:) = tempDataTable;
  clear price0 price tempDataTable1 tempDataTable0 tempDataTable
sid...
```

```
        j j1 dataTableA  dataTableB;
end
%% 保存集成后的数据
writetable(dataTable, 'dataTableA1.xlsx');
%% 样本筛选
tsn=size(dataTable,1);
% 统计样本中各类样本的数量
gn=0; cn=0; bn=0;
for q=1:tsn
    if dataTable.eva(q)==1
        gn=gn+1;
        gst(gn,:)=dataTable(q,:);
    elseif dataTable.eva(q)==0
        cn=cn+1;
        cst(cn,:)=dataTable(q,:);
    elseif dataTable.eva(q)==-1
        bn=bn+1;
        bst(bn,:)=dataTable(q,:);
    end
end
% 确定各小类样本的规模
pn=min([gn; cn; bn]);
% 按随机取样法挑选样本
gsid=randperm(gn, pn);
csid=randperm(cn, pn);
bsid=randperm(bn, pn);
for q1=1:pn
    gss(q1,:)=gst(gsid(q1),:);
    css(q1,:)=cst(csid(q1),:);
    bss(q1,:)=bst(bsid(q1),:);
end
tss=[gss;css;bss];
clear gst cst bst gsid csid bsid gss css bss;
% 将挑选的样本保存到 Excel
writetable(dataTable, 'StockSampleA1.xlsx');
%%
```

运行程序，就可以发现样本中好股票、坏股票、一般股票的样本量都一样，这样的数据对于训练模型比较好。

5.5 数据降维

5.5.1 主成分分析（PCA）的基本原理

在数据挖掘中，分析人员经常会遇到多个变量的问题，而且在多数情况下，多个变量之间常常存在一定的相关性。当变量个数较多且变量之间存在复杂关系时，会显著增加分析问题的复杂性。如果有一种方法可以将多个变量综合为少数几个代表性变量，使这些变量既能够代表原始变量的绝大多数信息又互不相关，那么这样的方法无疑有助于对问题的分析和建模。这时，就可以考虑用主成分分析（PCA）法。

1. PCA 的基本思想

PCA 采取一种数学降维的方法，其所要做的就是，设法将原来众多具有一定相关性的变量重新组合为一组新的相互无关的综合变量来代替原来的变量。通常，数学上的处理方法就是将原来的变量进行线性组合，得到新的综合变量，但是这种组合如果不加以限制，则可以有很多，应该如何选择呢？如果将选取的第一个线性组合即第一个综合变量记为 F_1，自然希望它尽可能多地反映原来变量的信息。这里“信息”用方差来度量，即希望 $\mathrm{Var}(F_1)$ 越大，表示 F_1 包含的信息越多。因此，在所有的线性组合中所选取的 F_1 应该是方差最大的，故称 F_1 为第 2 个主成分。如果第 1 个主成分不足以代表原来 p 个变量的信息，再考虑选取 F_2，即第 2 个线性组合，为了有效地反映原来的信息，F_1 已有的信息就不需要再出现在 F_2 中，用数学语言表达就是要求 $\mathrm{Cov}(F_1,F_2)=0$，称 F_2 为第 2 个主成分，依此类推可以构造出第 3、第 4……第 p 个主成分。注：Cov 表示统计学中的协方差。

2. PCA 的步骤

这里关于 PCA 方法的理论推导不再赘述，将重点放在如何应用 PCA 解决实际问题上。下面先简单介绍 PCA 的典型步骤。

（1）对原始数据进行标准化处理。

假设样本观测数据矩阵为：

$$\boldsymbol{X}=\begin{Bmatrix} x_{11} & x_{12} & 6 & x_{1p} \\ x_{21} & x_{22} & 6 & x_{2p} \\ 7 & 7 & & 7 \\ x_{n1} & x_{n2} & 6 & x_{np} \end{Bmatrix}$$

那么，可以按照如下方法对原始数据进行标准化处理：

$$x_{ij}^{*}=\frac{x_{ij}-\overline{x}_j}{\sqrt{\mathrm{Var}(x_j)}} \quad (i=1,2,6\ ,n;\ j=1,2,6\ ,p)$$

其中，$\overline{x}_j=\dfrac{1}{n}\sum_{i=1}^{n}x_{ij}$，$\mathrm{Var}(x_j)=\dfrac{1}{n-1}\sum_{i=1}^{n}(x_{ij}-\overline{x}_j)^2$，$j=1,2,6\ ,p$。

（2）计算样本相关系数矩阵。

为了方便，假定原始数据标准化后仍用 $\boldsymbol{X}$ 表示，则经标准化处理后的数据的相关系数为：

$$\boldsymbol{R}=\begin{bmatrix} r_{11} & r_{12} & 6 & r_{1p} \\ r_{21} & r_{22} & 6 & r_{2p} \\ 7 & 7 & & 7 \\ r_{p1} & r_{p2} & 6 & r_{pp} \end{bmatrix}$$

其中，$r_{ij}=\dfrac{\mathrm{Cov}(x_i,x_j)}{\sqrt{\mathrm{Var}(x_1)}\sqrt{\mathrm{Var}(x_2)}}=\dfrac{\sum\limits_{k=1}^{n}\left(x_{ki}-\overline{x}_i\right)\left(x_{kj}-\overline{x}_j\right)}{\sqrt{\sum\limits_{k=1}^{n}\left(x_{ki}-\overline{x}_i\right)^2}\sqrt{\sum\limits_{k=1}^{n}\left(x_{kj}-\overline{x}_j\right)^2}}$，$n>1$。

（3）计算相关系数矩阵 $\boldsymbol{R}$ 的特征值（$\lambda_1,\lambda_2,\cdots,\lambda_p$）和相应的特征向量。

$$\boldsymbol{a}_i=\left(a_{i1},a_{i2},\cdots,a_{ip}\right),\ i=1,2,\cdots,p$$

（4）选择重要的主成分，并写出主成分表达式。

主成分分析可以得到 p 个主成分，但是，由于各个主成分的方差是递减的，包含的信息量也是递减的。所以实际分析时，一般不是选取 p 个主成分，而是根据各个主成分累计贡献率的大小选取前 k 个主成分。这里的贡献率就是指某个主成分的方差占全部方差的比例，也就是某个特征值占全部特征值合计的比例，即

$$\text{贡献率}=\frac{\lambda_i}{\sum\limits_{i=1}^{p}\lambda_i}$$

贡献率越大，说明该主成分所包含的原始变量的信息越多。主成分个数 k 的选取，主要根据主成分的累计贡献率来决定，即一般要求累计贡献率达到 85%以上，这样才能保证综合变量包含原始变量的绝大多数信息。

另外，在实际应用中，选择了重要的主成分后，还要注意主成分的实际含义。主成分分析中一个很关键的问题是如何给主成分赋予新的意义，给出合理的解释。一般而言，这个解释是根据主成分表达式的系数结合定性分析来进行的。主成分是原来变量的线性组合，在这个线性组合中各变量的系数有大有小，有正有负，有的大小相当，因而不能简单地认为这个主成分是某个原变量的属性。该主成分主要综合了线性组合中系数的绝对值大的变量。有几个变量系数大小相当时，应认为这一主成分是这几个变量的总和。这几个变量综合在一起应赋予怎样的实际意义，要结合具体实际问题和专业，给出恰当的解释，进而才能达到深刻分析的目的。

（5）计算主成分得分。

根据标准化的原始数据，将各个样本的数据分别代入主成分表达式，就可以得到各主成分下的各个样本的新数据，即主成分得分。具体形式如下：

$$\begin{pmatrix} F_{11} & F_{12} & \cdots & F_{1k} \\ F_{21} & F_{22} & \cdots & F_{2k} \\ \vdots & \vdots & & \vdots \\ F_{n1} & F_{n2} & \cdots & F_{nk} \end{pmatrix}$$

其中，$F_{ij}=a_{j1}x_{i1}+a_{j2}x_{i2}+\cdots+a_{jp}x_{ip}$，$i=1,2,\cdots,n$；$j=1,2,\cdots,k$。

（6）依据主成分得分的数据，进一步对问题进行后续的分析和建模。

后续的分析和建模常见的形式有主成分回归、变量子集合的选择、综合评价等。下面将以实例的形式介绍如何用 MATLAB 来实现 PCA 过程。

5.5.2 PCA 应用实例：企业综合实力排序

为了系统地分析某 IT 类企业的经济效益，选择了 8 个不同的利润指标，对 15 家企业进行了调研，并得到如表 5-1 所示的数据。请根据这些数据对这 15 家企业进行综合实力排序。

表 5-1 企业综合实力评价表

企业序号	净利润率（%）	固定资产利润率（%）	总产值利润率（%）	销售收入利润率（%）	产品成本利润率（%）	物耗利润率（%）	人均利润（千元/人）	流动资金利润率（%）
1	40.4	24.7	7.2	6.1	8.3	8.7	2.442	20
2	25	12.7	11.2	11	12.9	20.2	3.542	9.1
3	13.2	3.3	3.9	4.3	4.4	5.5	0.578	3.6
4	22.3	6.7	5.6	3.7	6	7.4	0.176	7.3
5	34.3	11.8	7.1	7.1	8	8.9	1.726	27.5
6	35.6	12.5	16.4	16.7	22.8	29.3	3.017	26.6
7	22	7.8	9.9	10.2	12.6	17.6	0.847	10.6
8	48.4	13.4	10.9	9.9	10.9	13.9	1.772	17.8
9	40.6	19.1	19.8	19	29.7	39.6	2.449	35.8
10	24.8	8	9.8	8.9	11.9	16.2	0.789	13.7
11	12.5	9.7	4.2	4.2	4.6	6.5	0.874	3.9
12	1.8	0.6	0.7	0.7	0.8	1.1	0.056	1
13	32.3	13.9	9.4	8.3	9.8	13.3	2.126	17.1
14	38.5	9.1	11.3	9.5	12.2	16.4	1.327	11.6
15	26.2	10.1	5.6	15.6	7.7	30.1	0.126	25.9

由于本问题涉及 8 个指标，这些指标间的关联关系并不明确，且各指标的数量级也有差异，因此这里首先借助 PCA 方法对指标体系进行降维处理，然后根据 PCA 打分结果实现对企业的综合实力排序。

根据上述 PCA 步骤，编写了 MATLAB 程序，如 P5-3 所示。

程序编号	P5-3	文件名称	PCAa.m	说明	PCA 方法的 MATLAB 程序

```
% PCA 方法的 MATLAB 实现程序
%-------------------------------------------------------------------------
%% 数据导入及处理
clc
clear all
A=xlsread('Coporation_evaluation.xlsx', 'B2:I16');

%  数据标准化处理
a=size(A,1);
b=size(A,2);
for i=1:b
    SA(:,i)=(A(:,i)-mean(A(:,i)))/std(A(:,i));
end
```

```
%% 计算相关系数矩阵的特征值和特征向量
CM=corrcoef(SA);   % 计算相关系数矩阵
[V, D]=eig(CM);    % 计算特征值和特征向量

for j=1:b
    DS(j,1)=D(b+1-j, b+1-j);                    % 对特征值按降序进行排序
end
for i=1:b
    DS(i,2)=DS(i,1)/sum(DS(:,1));               %贡献率
    DS(i,3)=sum(DS(1:i,1))/sum(DS(:,1)); %累计贡献率
end

%% 选择主成分及对应的特征向量
T=0.9;  % 主成分信息保留率
for K=1:b
    if DS(K,3)>=T
        Com_num=K;
        break;
    end
end

% 提取主成分对应的特征向量
for j=1:Com_num
    PV(:,j)=V(:,b+1-j);
end

%%  计算各评价对象的主成分得分
new_score=SA*PV;
for i=1:a
    total_score(i,1)=sum(new_score(i,:));
    total_score(i,2)=i;
end
% 将各主成分得分与总分放在同一个矩阵中
result_report=[new_score, total_score];
result_report=sortrows(result_report,-4);    % 按总分降序排序

%% 输出模型及结果报告
disp('特征值及其贡献率、累计贡献率：')
DS
disp('信息保留率 T 对应的主成分数与特征向量：')
Com_num
PV
disp('主成分得分及排序(按第 4 列的总分进行降序排序，前 3 列为各主成分得分,第 5
列为企业编号)')
result_report
```

运行程序，显示如下结果报告。

```
特征值及其贡献率、累计贡献率：
DS =
```

```
    5.7361    0.7170    0.7170
    1.0972    0.1372    0.8542
    0.5896    0.0737    0.9279
    0.2858    0.0357    0.9636
    0.1456    0.0182    0.9818
    0.1369    0.0171    0.9989
    0.0060    0.0007    0.9997
    0.0027    0.0003    1.0000
信息保留率 T 对应的主成分数与特征向量：
Com_num  =  3
PV =
    0.3334    0.3788    0.3115
    0.3063    0.5562    0.1871
    0.3900   -0.1148   -0.3182
    0.3780   -0.3508    0.0888
    0.3853   -0.2254   -0.2715
    0.3616   -0.4337    0.0696
    0.3026    0.4147   -0.6189
    0.3596   -0.0031    0.5452
主成分得分及排序(按第 4 列的总分进行降序排序，前 3 列为各主成分得分，第 5 列为企业编号)
result_report =
    5.1936   -0.9793    0.0207    4.2350    9.0000
    0.7662    2.6618    0.5437    3.9717    1.0000
    1.0203    0.9392    0.4081    2.3677    8.0000
    3.3891   -0.6612   -0.7569    1.9710    6.0000
    0.0553    0.9176    0.8255    1.7984    5.0000
    0.3735    0.8378   -0.1081    1.1033   13.0000
    0.4709   -1.5064    1.7882    0.7527   15.0000
    0.3471   -0.0592   -0.1197    0.1682   14.0000
    0.9709    0.4364   -1.6996   -0.2923    2.0000
   -0.3372   -0.6891    0.0188   -1.0075   10.0000
   -0.3262   -0.9407   -0.2569   -1.5238    7.0000
   -2.2020   -0.1181    0.2656   -2.0545    4.0000
   -2.4132    0.2140   -0.3145   -2.5137   11.0000
   -2.8818   -0.4350   -0.3267   -3.6435    3.0000
   -4.4264   -0.6180   -0.2884   -5.3327   12.0000
```

从该报告可知，第 9 家企业的综合实力最强，第 12 家企业的综合实力最弱。报告还给出了各主成分的权重信息（贡献率）及与原始变量的关联关系（特征向量），这样就可以对实际问题做进一步的分析。

上述应用实例只是比较简单的应用实例，还要根据实际问题灵活使用 PCA 方法。

5.5.3 相关系数降维

定义：设两个现象有如下两组观测值。

$$X: x_1, x_2, \cdots, x_n$$
$$Y: y_1, y_2, \cdots, y_n$$

则称 $r=\dfrac{\sum_{i=1}^{n}(X_i-\bar{X})(Y_i-\bar{Y})}{\sqrt{\sum_{i=1}^{n}(X_i-\bar{X})^2}\sqrt{\sum_{i=1}^{n}(Y_i-\bar{Y})^2}}$ 为“X 与 Y 的相关系数”。

相关系数用 r 表示，r 在−1 和+1 之间取值。相关系数 r 的绝对值（$|r|$），表示两个变量之间的直线性相关程度；相关系数 r 的正负号，表示相关的方向，分别是正相关和负相关；若相关系数 $r=0$，则称零线性相关，简称零相关；若相关系数 $|r|=1$，则表示两个变量完全相关，这时，两个变量之间的关系成为确定性的函数关系，这种情况在行为科学与社会科学中是极少存在的。

一般说来，若观测数据的个数足够多，计算出来的相关系数 r 就会较真实地反映客观事物之间的本来面目。

当 $0.7<|r|<1$ 时，称为高度相关；当 $0.4\leqslant|r|<0.7$ 时，称为中等相关；当 $0.2\leqslant|r|<0.4$ 时，称为低度相关；当 $|r|<0.2$ 时，称为极低相关或接近零相关。

由于事物之间联系的复杂性，在实际研究中，通过统计方法确定出来的相关系数 r 即使大于 0.7（高度相关），在解释相关系数的时候，还要结合具体变量的性质特点和有关专业知识来进行。两个高度相关的变量，它们之间可能具有明显的因果关系；也可能只具有部分因果关系；还可能没有直接的因果关系，其数量上的相互关联，只是它们共同受到第三个变量支配的结果。除此之外，相关系数 r 接近零，只是表示这两个变量不存在明显的直线性相关，但不能肯定地说这两个变量之间就没有规律性的联系。分析人员有时会发现，根据散点图，两个变量之间存在明显的某种曲线性相关，但计算直线性相关系数时，其 r 往往接近零。对于这一点，读者应该有所认识。

5.6　本章小结

本章介绍了数据探索的相关内容，包括衍生变量、数据的统计、数据可视化、样本选择和数据降维。从这几个方面的内容可以看出，实际上数据探索集中在数据进一步处理的归约上，它所解决的问题是要对哪些变量建模，用哪些样本。可以说数据探索是深度的数据预处理。相比一般的数据预处理，数据探索阶段更强调探索性，即要探索用哪些变量建模更合适。在数据挖掘中，数据探索的目的是为建模做准备。

衍生变量是为了得到更多有利于描述问题的变量，其要点是通过创造性和务实的设计产生一些与问题的研究有关的变量。衍生变量的方式很多，也很灵活，只要有助于问题的研究就可以，但也要注意适度，过多的衍生变量会稀释原有变量，所以并不是变量越多越好。量化投资领域相对于其他领域有自己的特点，即业务更灵活、更开放，衍生变量的组合形式更多样，所以衍生变量也会更多。

数据的统计和数据可视化的主要目的是进一步了解数据，即了解哪些变量包含的信息更多、更规范，对所研究的事物更有利。这部分的内容相对较简单，也有自己的固定模式，只要掌握这些基本的数据统计方法和可视化方法，能够分析出哪些变量中包含有效的数据信息即可。

样本选择更多是从数据记录中筛选数据，一是注意筛选出的数据对建模来说要足够，二是筛选出的数据要具有代表性。

关于数据降维，这里介绍了两种方法——主成分分析法和相关系数法。在数据挖掘中，并不是所有项目都需要用到这两种方法进行降维。事实上，很少有项目会直接使用主成分分析法进行降维，有时直接使用主成分分析法分析案例中的影响因素。相关系数法是一个既简单灵活，又非常有效的方法，当数据变量较多时，可以使用该法进行变量的筛选。

第 6 章　关联规则方法

关联规则挖掘的目标是发现数据项集之间的关联关系或相关联系，是数据挖掘中的一个重要课题。

关联规则挖掘的一个典型例子是购物篮分析。关联规则挖掘有助于发现交易数据库中不同商品（项）之间的联系，找出顾客购物模式，如购买了某一商品对购买其他商品的影响。分析结果可以应用于商品货架布局、货存安排，以及根据购物模式对用户进行分类。

Agrawal 等于 1993 年首先提出了挖掘顾客交易数据库中数据项集间的关联规则的问题，以后诸多的研究人员对关联规则的挖掘问题进行了大量的研究。他们的工作包括对原有的算法进行优化，如引入随机采样、并行的思想等，以提高算法挖掘关联规则的效率；对关联规则的应用进行推广。

关联规则挖掘除了应用于顾客购物模式的挖掘，在其他领域也得到了应用，包括工程、医疗保健、金融证券分析、电信和保险业的错误校验等。在量化投资中，关联规则挖掘可以用于分析股市的联动模式，挖掘配对交易的对象。所以，关联规则挖掘在量化投资中的作用也非常明显。

本章将介绍关联规则挖掘的基本概念、主要算法和关联规则在量化投资中的典型案例。

6.1　关联规则概要

6.1.1　关联规则的提出背景

关联规则最初是针对购物篮分析（Market Basket Analysis）问题提出的。假设超市经理想更多地了解顾客的购物习惯，特别是想知道顾客可能会在一次购物时同时购买哪些商品？为回答该问题，可以对顾客购物记录进行购物篮分析（见图 6-1）。该过程通过发现顾客放入购物篮中的不同商品之间的关联，分析顾客的购物习惯。这种关联的发现可以帮助零售商了解哪些商品频繁地被顾客同时购买，从而帮助他们开发更好的营销策略。

图 6-1　购物篮挖掘示意图

为了对顾客的购物篮进行分析，1993 年，Agrawal 等人首先提出关联规则的概念，同时给出了相应的挖掘算法 AIS，但是该算法性能较差。1994 年，著名的 Apriori 算法被提出，至今 Apriori 仍然作为关联规则挖掘的经典算法被广泛讨论。后来诸多的研究人员对关联规则的挖掘问题进行了大量的研究。

6.1.2 关联规则的基本概念

先了解关联规则挖掘中涉及的几个基本概念。

定义 1：项目与项集

数据库中不可分割的最小单位信息，称为项目，用符号 i 表示。项目的集合称为项集。设集合 $I=\left\{i_1,i_2,6\ ,i_k\right\}$ 是项集，I 中项目的个数为 k，则集合 I 称为 k-项集。例如，集合{啤酒,尿布,牛奶}是一个 3-项集。

定义 2：事务

设 $I=\left\{i_1,i_2,6\ ,i_k\right\}$ 是由数据库中所有项目构成的集合，一次处理所含项目的集合用 T 表示，$T=\left\{t_1,t_2,6\ ,t_n\right\}$。每一个 t_i 包含的项集都是 I 的子集。

例如，如果顾客在商场里一次购买多种商品，这些购物信息在数据库中有一个唯一的标识，则称该顾客的本次购物活动对应一个数据库事务。

定义 3：项集的频数（支持度计数）

项集的事务数称为项集的频数（支持度计数）。

定义 4：关联规则

关联规则是形如 $X \Rightarrow Y$ 的蕴含式，其中 X、Y 分别是 I 的真子集，并且 $X\ 4\ Y=\varnothing$。X 称为规则的前提，Y 称为规则的结果。关联规则反映 X 中的项目出现时，Y 中的项目也跟着出现的规律。

定义 5：关联规则的支持度（*Support*）

关联规则的支持度是交易集中同时包含 X 和 Y 的交易数与所有交易数之比，记为 $Support\left(X \Rightarrow Y\right)$，即 $Support\left(X \Rightarrow Y\right)=Support\ X\ 4\ Y=P\left(XY\right)$。

支持度反映了 X 和 Y 中所含的项目在事务集中同时出现的频率。

定义 6：关联规则的置信度（*Confidence*）

关联规则的置信度是交易集中包含 X 和 Y 的交易数与所有包含 X 的交易数之比，记为 $Confidence\left(X \Rightarrow Y\right)$，即

$$Confidence\left(X \Rightarrow Y\right)=\frac{Support\left(X\ 4\ Y\right)}{Support\left(X\right)}=P\left(Y|X\right)$$

置信度反映了包含 X 的事务中出现 Y 的条件概率。

定义 7：最小支持度与最小置信度

通常用户为了达到一定的要求，需要指定规则必须满足的支持度和置信度阈限，当 $Support\left(X \Rightarrow Y\right)$、$Confidence\left(X \Rightarrow Y\right)$ 分别大于或等于各自的阈限值时，认为 $X \Rightarrow Y$ 是有趣的，这两个值称为最小支持度（min_*sup*）和最小置信度（min_*conf*）。其中，min_*sup* 描

述了关联规则的最低重要程度，min_*conf* 规定了关联规则必须满足的最低可靠性。

定义 8：频繁项集

设 $U=\{u_1,u_2,6\ ,u_n\}$ 为项目的集合，且 $U\subseteq I$，$U\neq\varnothing$，对于给定的最小支持度 min_*sup*，如果项集 U 的支持度 $Support(U)\geqslant$min_*sup*，则称 U 为频繁项集；否则，U 为非频繁项集。

定义 9：强关联规则

若 $Support(X\Rightarrow Y)\geqslant$min_*sup* 且 $Confidence(X\Rightarrow Y)\geqslant$min_*conf*，则称关联规则 $X\Rightarrow Y$ 为强关联规则，否则称 $X\Rightarrow Y$ 为弱关联规则。

下面用一个简单的例子来说明这些定义。表 6-1 为顾客购买记录的数据库 *D*，包含 6 个事务。项集 *I*={网球拍,网球,运动鞋,羽毛球}。考虑关联规则：网球拍⇒网球，事务 1、2、3、4、6 包含网球拍，事务 1、2、6 同时包含网球拍和网球，支持度 $Support=\frac{3}{6}=0.5$，置信度 $Confidence=\frac{3}{5}=0.6$。若给定最小支持度为 0.5，最小置信度为 0.5，关联规则网球拍⇒网球是有趣的，认为购买网球拍和购买网球之间存在关联。

表 6-1　客户购买记录的数据库

事　务	网球拍	网　球	运动鞋	羽毛球
1	1	1	1	0
2	1	1	0	0
3	1	0	0	0
4	1	0	1	0
5	0	1	1	1
6	1	1	0	0

6.1.3　关联规则的分类

按照不同的标准，关联规则的分类如下：

（1）基于规则中处理的变量的类别，关联规则可以分为布尔型和数值型。

布尔型关联规则处理的值都是离散的、种类化的，它显示了这些变量之间的关系；而数值型关联规则可以和多维关联或多层关联规则结合起来，对数值型字段进行处理，将其进行动态的分割，或者直接对原始的数据进行处理，当然数值型关联规则中也可以包含种类变量。例如，性别="女"=>职业="秘书"，是布尔型关联规则；性别="女"=>avg（收入）=2 300，这条规则涉及的收入是数值类型，所以是一个数值型关联规则。

（2）基于规则中数据的抽象层次，可以分为单层关联规则和多层关联规则。

在单层关联规则中，所有的变量都没有考虑到现实的数据是具有多个不同的层次的；而在多层关联规则中，对数据的多层性已经进行了充分的考虑。例如，IBM 台式机=>Sony 打印机，是一个细节数据上的单层关联规则；台式机=> Sony 打印机，是一个较高层次和细节层次之间的多层关联规则。

（3）基于规则中涉及的数据的维数，关联规则可以分为单维关联规则和多维关联规则。在单维关联规则中，只涉及数据的一个维，如用户购买的物品；而在多维关联规则中，要处理的数据将会涉及多个维。换句话说，单维关联规则是处理单个属性中的一些关系的；多维关联规则是处理各个属性之间的某些关系的。例如，啤酒=>尿布，这条规则只涉及用户购买的物品；性别="女"=>职业="秘书"，这条规则就涉及两个字段的信息，是两个维上的一条关联规则。

6.1.4 关联规则挖掘常用算法

关联规则挖掘算法是关联规则挖掘研究的主要内容，迄今为止已提出了许多高效的关联规则挖掘算法。最著名的关联规则挖掘算法是 R. Agrawal 提出的 Apriori 算法。Apriori 算法主要包含两个步骤：①找出事务数据库中所有大于或等于用户指定的最小支持度的数据项集；②利用频繁项集生成所需要的关联规则，根据用户指定的最小置信度进行取舍，最后得到强关联规则。识别或发现所有频繁项集是关联规则挖掘算法的核心。

另一种比较著名的关联规则挖掘算法是 J. Han 等提出的 FP-Growth。该方法采用分而治之的策略，在进行第一遍扫描之后，把数据库中的频繁项集压缩进一棵频繁模式树（FP-Tree），同时依然保留其中的关联信息，随后将 FP-Tree 分化成一些条件库，每个库和一个长度为 1 的频繁项集相关，然后对这些条件库分别进行挖掘。当原始数据量很大时，也可以结合划分的方法，将一个 FP-Tree 放入主存中。实验表明，FP-Growth 对不同长度的规则都有很好的适应性，同时在效率上较 Apriori 算法有很大的提高。

在下面的章节中将重点介绍这两种算法。

6.2 Apriori 算法

6.2.1 Apriori 算法的基本思想

关联规则的挖掘分为两步：第一步，找出所有频繁项集；第二步，由频繁项集产生强关联规则。而其总体性能由第一步决定。在搜索频繁项集时，最简单、基本的算法就是 Apriori 算法。算法的名称源于这样一个事实：算法使用频繁项集性质的先验知识。Apriori 使用一种称为逐层搜索的迭代方法，k-项集用于探索（k+1）-项集。首先，通过扫描数据库，累积每个项目的计数，并收集满足最小支持度的项目，找出频繁 1-项集的集合。该集合记作 $L1$。然后，$L1$ 用于找频繁 2-项集的集合 $L2$，$L2$ 用于找 $L3$，如此下去，直到不能再找到频繁 k-项集。找每个 Lk 需要进行一次数据库全扫描。

Apriori 的核心算法思想简要描述如下：该算法中有两个关键步骤——连接步和剪枝步。

（1）连接步：为找出 Lk（频繁 k-项集），通过 $L(k-1)$与自身连接，产生候选 k-项集，该候选项集记作 Ck；其中 $L(k-1)$的元素是可连接的。

（2）剪枝步：Ck 是 Lk 的超集，即它的成员可以是频繁的也可以不是频繁的，但所有的频繁项集都包含在 Ck 中。扫描数据库，确定 Ck 中每一个候选的计数，从而确定 Lk（计数值不小于最小支持度计数的所有候选项集是频繁的，从而属于 Lk）。然而，Ck 可能很大，这样所涉及的计算量就很大。为压缩 Ck，使用 Apriori 性质：任何非频繁的（k−1）-项集都不可能是频繁 k-项集的子集。因此，如果一个候选 k-项集的（k−1）-项集不在 Lk 中，则该候选项集也不可能是频繁的，从而可以由 Ck 中删除。这种子集测试可以使用所有频繁项集的散列树快速完成。

6.2.2 Apriori 算法的步骤

Apriori 算法的主要步骤如下：

（1）扫描全部数据，产生候选 1-项集的集合 $C1$。

（2）根据最小支持度，由候选 1-项集的集合 $C1$ 产生频繁 1-项集的集合 $L1$。

（3）对 k>1，重复执行步骤（4）～（6）。

（4）由 Lk 执行连接和剪枝操作，产生候选（k+1）-项集的集合 $C(k+1)$。

（5）根据最小支持度，由候选（k+1）-项集的集合 $C(k+1)$，产生频繁（k+1）-项集的集合 $L(k+1)$。

（6）若 $L\neq\varnothing$，则 $k=k+1$，跳往步骤（4）；否则，跳往步骤（7）。

（7）根据最小置信度，由频繁项集产生强关联规则，结束。

6.2.3 Apriori 算法的实例

表 6-2 为数据库事务列表示例，在数据库中有 9 笔交易。每笔交易都用不同的事务代表，交易中的项目按字典顺序存放。下面介绍 Apriori 算法寻找数据库 D 中频繁项集的过程。

表 6-2 数据库事务列表示例

事 务	商品项目
T100	$I1$，$I2$，$I5$
T200	$I2$，$I4$
T300	$I2$，$I3$
T400	$I1$，$I2$，$I4$
T500	$I1$，$I3$
T600	$I2$，$I3$
T700	$I1$，$I3$
T800	$I1$，$I2$，$I3$，$I5$
T900	$I1$，$I2$，$I3$

设最小支持度计数为 2，即 min_sup=2，利用 Apriori 算法产生候选项集及频繁项集的过程如下。

1）第一次扫描

扫描数据库 D 获得每个候选项的支持度计数：

C1

项集	支持度计数
{*I*1}	6
{*I*2}	7
{*I*3}	6
{*I*4}	2
{*I*5}	2

比较候选支持度计数与最小支持度计数 →

L1

项集	支持度计数
{*I*1}	6
{*I*2}	7
{*I*3}	6
{*I*4}	2
{*I*5}	2

由于最小事务支持度计数为 2，没有删除任何项目，可以确定频繁 1-项集的集合 *L*1 由具有最小支持度的候选 1-项集组成。

2）第二次扫描

为发现频繁 2-项集的集合 *L*2，算法使用 *L*1∞*L*1 产生候选 2-项集的集合 *C*2。在剪枝步没有候选项从 *C*2 中删除，因为这些候选的每个子集也是频繁的。

C2

项集
{*I*1，*I*2}
{*I*1，*I*3}
{*I*1，*I*4}
{*I*1，*I*5}
{*I*2，*I*3}
{*I*2，*I*4}
{*I*2，*I*5}
{*I*3，*I*4}
{*I*3，*I*5}
{*I*4，*I*5}

→

C2

项集	支持度计数
{*I*1，*I*2}	4
{*I*1，*I*3}	4
{*I*1，*I*4}	1
{*I*1，*I*5}	2
{*I*2，*I*3}	4
{*I*2，*I*4}	2
{*I*2，*I*5}	2
{*I*3，*I*4}	0
{*I*3，*I*5}	1
{*I*4，*I*5}	0

→

L1

项集	支持度计数
{*I*1，*I*2}	4
{*I*1，*I*3}	4
{*I*1，*I*5}	2
{*I*2，*I*3}	4
{*I*2，*I*4}	2
{*I*2，*I*5}	2

3）第三次扫描

*L*2∞*L*2 产生候选 3-项集的集合 *C*3。

候选 3-项集 *C*3 的产生过程如下。

（1）连接 *C*3=*L*2∞*L*2。

```
={{I1, I2}, {I1, I3}, {I1, I5}, {I2, I3}, {I2, I4}, {I2, I5}} ∞
{{I1, I2}, {I1, I3}, {I1, I5}, {I2, I3}, {I2, I4}, {I2, I5}}
={{I1, I2, I3}, {I1, I2, I5}, {I1, I3, I5}, {I2, I3, I4}, {I2, I3, I5}, {I2,
I4, I5}}
```

（2）使用 Apriori 性质剪枝：频繁项集的所有非空子集也必须是频繁的。例如，{*I*1，*I*3，*I*5}的 2-项子集是{*I*1，*I*3}、{*I*1，*I*5}和{*I*3，*I*5}。{*I*3，*I*5}不是 *L*2 的元素，因而不是频繁的。因此，从 *C*3 中删除{*I*1，*I*3，*I*5}。

（3）这样，剪枝 *C*3={{*I*1，*I*2，*I*3}，{*I*1，*I*2，*I*5}}。

C3

项　集
{*I*1，*I*2，*I*3}
{*I*1，*I*2，*I*5}

→

C3

项集	支持度计数
{*I*1，*I*2，*I*3}	2
{*I*1，*I*2，*I*5}	2

→

L3

项集	支持度计数
{*I*1，*I*2，*I*3}	2
{*I*1，*I*2，*I*5}	2

算法使用 $L3\infty L3$ 产生候选 4-项集的集合 $C4$。$L3\infty L3$={$I1$，$I2$，$I3$，$I5$}，根据 Apriori 的性质，因为它的子集{$I2$，$I3$，$I5$}不是频繁的，所以这个项集被删除。这样 $C4=\varnothing$，因此算法终止，找出了所有的频繁项集。

6.2.4 Apriori 算法的程序实现

在实践中，事务记录通常有上万条，这时就要借助程序找出所有的频繁项集。下面将介绍一种用程序实现 Apriori 算法的方法。

为了便于对数据进行处理，首先对数据库中的事务进行映射。映射的方法是看每条事务中是否包含项集中的所有元素，如果包含对应的元素，则标记为 1，否则为 0，这样就可以得到由所有事务组成的 0-1 矩阵。以表 6-2 为例，对该表的事务进行映射后，可得到如表 6-3 所示的新的事务矩阵。

表 6-3 由事务列表衍生的事务矩阵

事 务	*I1*	*I2*	*I3*	*I4*	*I5*
T100	1	1	0	0	1
T200	0	1	0	1	0
T300	0	1	1	0	0
T400	1	1	0	1	0
T500	1	0	1	0	0
T600	0	1	1	0	0
T700	1	0	1	0	0
T800	1	1	1	0	1
T900	1	1	1	0	0

当进行这样的处理后，用程序进行处理就会更容易。接下来，按照 Apriori 算法的步骤，编写如 P6-1 所示的程序，则很快得到表 6-3 对应的频繁项集的 0-1 映射矩阵。

程序编号	P6-1	文件名称	Apriori_ex1.m	说明	Apriori 算法的 MATLAB 程序

```
%% Apriori 算法的 MATLAB 程序
%% ----------------------
%% 读取数据
clc, clear all, close all
data = xlsread('c5_data1.xlsx','Sheet1','B2:F10')
%% 调用 Apriori 算法
disp('频繁项集为：')
apriori(data,2)

%% ---函数 apriori 的代码--------------------
function [L]=apriori(D,min_sup)
[L, A]=init(D,min_sup);      %A 为频繁 1-项集，L 中包含频繁 1-项集及对应的支持度
k=1;
C=apriori_gen(A,k);          %产生 2 项的集合
while ~(size(C,1)==0)
[M, C]=get_k_itemset(D,C,min_sup); %产生频繁 k-项集，M 表示带支持度，C 不带
```

```
    if ~(size(M,1)==0)
        L=[L;M];
    end
    k=k+1;
    C=apriori_gen(C,k); %产生组合及剪枝后的候选集
    end

    %% ---函数 init 的代码--------------------
    function [L,A]=init(D,min_sup) %D 表示数据集，min_sup 为最小支持度
    [~,n]=size(D);
    A=eye(n,n);
    B=sum(D,1);
    for i=1:n
        if B(i)<min_sup
            B(i)=[];
            A(i,:)=[];
        end
    end
    L=[A B'];

    %% ---函数 apriori_gen 的代码--------------------
    function [C]=apriori_gen(A,k) %产生 Ck（实现组内连接及剪枝）
    %A 表示第 k-1 次的频繁项集，k 表示第 k 次的频繁项集
    [m,n]=size(A);
    C=zeros(0,n);
    %组内连接
    for i=1:1:m
        for j=i+1:1:m
            flag=1;
            for t=1:1:k-1
                if ~(A(i,t)==A(j,t))
                    flag=0;
                    break;
                end
            end
            if flag==0
                break;
            end
            c=A(i,:)|A(j,:);
            flag=isExit(c,A);   %剪枝
            if(flag==1)
                C=[C;c];
            end
        end
    end
    %% ---函数 get_k_itemset 的代码--------------------
    function [L C]=get_k_itemset(D,C,min_sup)
    %D 为数据集，C 为从第 k 次剪枝后的候选项集中获得的第 k 次的频繁项集
    m=size(C,1);
    M=zeros(m,1);
```

```
t=size(D,1);
i=1;
while i<=m
    C(i,:);
    H=ones(t,1);
    ind=find(C(i,:)==1);
    n=size(ind,2);
    for j=1:1:n
        D(:,ind(j));
        H=H&D(:,ind(j));
    end
        x=sum(H');
        if x<min_sup
            C(i,:)=[];
            M(i)=[];
            m=m-1;
        else
            M(i)=x;
            i=i+1;
        end
end
L=[C M];

%% ---函数 isExit 的代码---------------------
function flag=isExit(c,A)
%判断 c 串的子串在 A 中是否存在
[m, n]=size(A);
b=c;
% flag=0;
for i=1:1:n
    c=b;
    if c(i)==0
        continue;
    end
    c(i)=0;
    flag=0;
    for j=1:1:m
        A(j,:);
        a=sum(xor(c,A(j,:)));
        if a==0
            flag=1;
            break;
        end
    end
    if flag==0
        return
    end
end
```

```
    1     0     0     0     0     6
    0     1     0     0     0     7
    0     0     1     0     0     6
```

```
0    0    0    1    0    2
0    0    0    0    1    2
1    1    0    0    0    4
1    0    1    0    0    4
1    0    0    0    1    2
0    1    1    0    0    4
0    1    0    1    0    2
0    1    0    0    1    2
1    1    1    0    0    2
1    1    0    0    1    2
```

上述矩阵的最后一列是频繁项集的支持度。通过比较可以发现，用程序得到的结果与 6.2.3 节的结果是一致的，但用程序寻找频繁项集的效率要高得多，尤其是当事务记录增多后。

6.2.5 Apriori 算法的优缺点

Apriori 算法的最大的优点是算法思路比较简单，它以递归统计为基础，生成频繁项集，易于实现。Apriori 算法作为经典的频繁项集生成算法，在数据挖掘技术中占有很重要的地位。但通过上述分析发现，为了生成 *Ck*，连接步需要进行大量的比较，而且由连接产生的项集即使后来由 Apriori 的性质确定了它不是候选项集，在确定之前仍然需要对它生成子项集，并判断子项集是否都在 $L(k-1)$中。这些步骤浪费了大量的时间，如果可以保证由连接步生成的项集都是候选项集，那么可以省掉不必要的连接步和剪枝步。

6.3 FP-Growth 算法

6.3.1 FP-Growth 算法的步骤

FP-Growth（频繁模式增长）算法是韩家炜于 2000 年提出的关联分析算法，它采取如下分而治之的策略：将提供频繁项集的数据库压缩到一棵频繁模式树（FP-Tree）中，但仍保留项集关联信息。该算法和 Apriori 算法最大的不同之处有如下两点：第一，不产生候选集；第二，只需要遍历数据库两次，大大提高了效率。

算法的具体描述如下。

输入：事务数据库 *D*、最小支持度阈值 min_*sup*。

输出：频繁模式的完全集。

第一步，按如下步骤构造 FP-Tree。

（1）扫描事务数据库 *D* 一次。收集频繁项的集合 *F* 和它们的支持度。对 *F* 按支持度降序排序，结果为频繁项表 *L*。

（2）创建 FP-Tree 的根节点，以“null”标记它。对于 *D* 中每个事务 Trans，执行：选择 Trans 中的频繁项，并按 *L* 中的次序排序。设排序后的频繁项表为$[p \mid P]$，其中，*p* 是第一个元素，而 *P* 是剩余元素的表。调用 insert_tree($[p \mid P], T$)。该过程执行情况如下。如果 *T*

有子女 *N* 使得 *N*.item-name=*p*.item-name，则 *N* 的计数增加 1；否则创建一个新节点 *N*，将其计数设置为 1，链接到它的父节点 *T*，并且通过节点链结构将其链接到具有相同 item-name 的节点。如果 *P* 非空，递归地调用 insert_tree(*P*, *N*)。

第二步，根据 FP-Tree 挖掘频繁项集，实现过程如下。

```
if Tree 含单个路径 P then
for 路径 P 中节点的每个组合（记作 β）
产生模式 β∪α，其支持度 Support = β 中节点的最小支持度
else for each a i 在 Tree 的头部{
产生一个模式 β = a i ∪ α，其支持度 Support = a i .Support
构造 β 的条件模式基，然后构造 β 的条件 FP-Tree Treeβ
if Treeβ ≠∅ then
调用 FP_growth (Treeβ,β); }
```

6.3.2　FP-Growth 算法的实例

第一步，构造 FP-Tree。

（1）扫描事务数据库得到频繁 1-项集 *F*。

*I*1	*I*2	*I*3	*I*4	*I*5
6	7	6	2	2

（2）定义 min_*sup*=2，即最小支持度为 2，重新排列 *F*。

*I*2	*I*1	*I*3	*I*4	*I*5
7	6	6	2	2

（3）重新调整事务数据库。

*I*2	7
*I*1	6
*I*3	6
*I*4	2
*I*5	2

事务	项目
1	*I*2, *I*1,*I*5
2	*I*2,*I*4
3	*I*2,*I*3
4	*I*2, *I*1,*I*4
5	*I*1,*I*3
6	*I*2,*I*3
7	*I*1,*I*3
8	*I*2, *I*1,*I*3,*I*5
9	*I*2, *I*1,*I*3

（4）创建根节点和频繁项表。

Item-name	Node-head
*I*2	Null
*I*1	Null
*I*3	Null
*I*4	Null
*I*5	Null

（5）加入第一个事务（I2,I1,I5）。

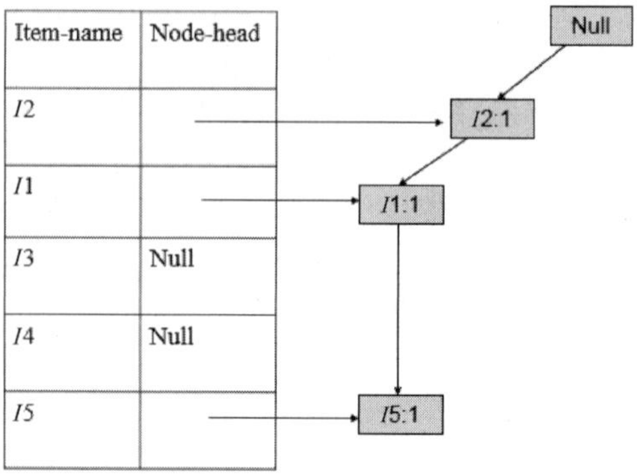

（6）依次加入其他事务。

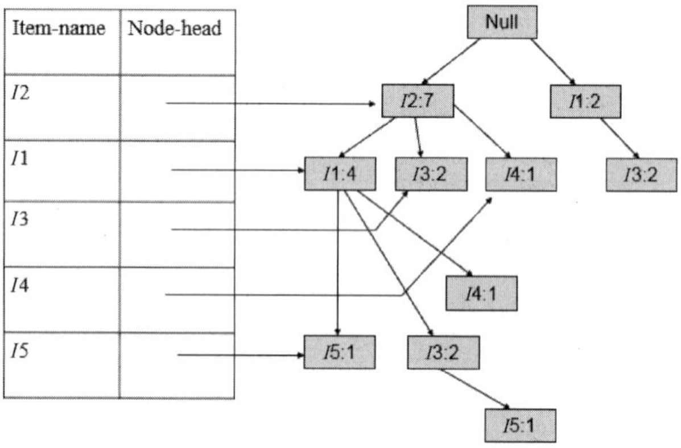

至此，就得到了一个完整的 FP-Tree。

第二步，根据 FP-Tree 挖掘频繁项集。

（1）首先考虑 I5，得到条件模式基：<(I2,I1:1)>、<I2,I1,I3:1>，并构造条件 FP-Tree。

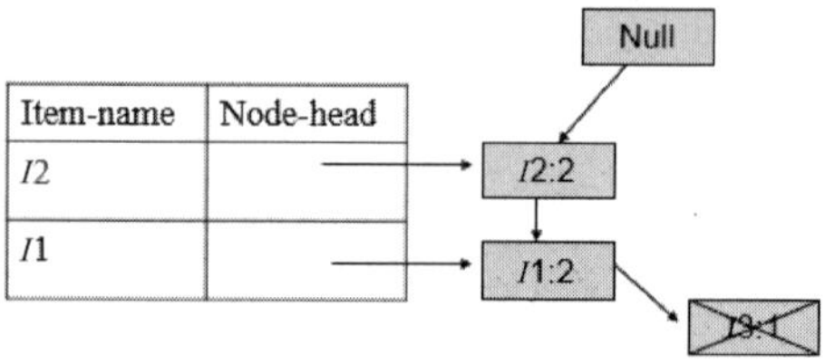

得到 I5 频繁项集：{{I2,I5:2},{I1,I5:2},{I2,I1,I5:2}}。

（2）同理，依次考虑 I4、I3、I1，可以得到如下频繁项集。

I4 频繁项集：{{I2,I4:2}}。

I3 频繁项集：{{I2,I3:4},{I1,I3:4},{I2,I1,I3:2}}。

I1 频繁项集：{{I2,I1:4}。

上述演示了 FP-Growth 算法的详细实现过程，可以看出，依据 FP-Tree 寻找频繁项集更直观、更清晰。当然也可以像 6.2.4 节那样用 MATLAB 实现 FP-Growth 算法的整个过程，读者可以尝试一下，以加深对 FP-Growth 算法的理解。

6.3.3 FP-Growth 算法的优缺点

FP-Growth 算法的优点如下：

（1）一个大的数据库能够被有效地压缩成比原数据库小很多的高密度结构，避免了重复扫描数据库的开销。

（2）该算法基于 FP-Tree 的挖掘，采取增长模式的递归策略，创造性地提出了无候选项集的挖掘方法，在进行大频繁项集的挖掘时效率较好。

（3）挖掘过程中采取了分而治之的策略，将这种压缩后的数据库 *D* 分成一组条件数据库 *Dn*，每个条件数据库关联一个频繁项，并分别挖掘每一个条件数据库。而这些条件数据库 *Dn* 要远远小于数据库 *D*。

FP-Growth 算法的缺点如下：

（1）该算法采取增长模式的递归策略，可避免候选项集的产生。但在挖掘过程中，如果大项集的项目的数量很多，并且由原数据库得到的 FP-Tree 的分枝很多，分枝长度又很长，该算法需要构造出数量巨大的条件 FP-Tree，不仅费时，要占用大量的空间，挖掘效率不好，而且采用递归算法本身效率也较低。

（2）由于海量的事务集合存放在大型数据库中，经典的 FP-Growth 算法在生成新的 FP-Tree 时每次都要遍历条件模式基两次，导致系统需要反复申请本地服务器及数据库服务器的资源查询相同内容的海量数据，一方面降低了算法的效率，另一方面使数据库服务器高负荷运行，不利于数据库服务器正常运作。

6.4 应用实例：行业关联选股法

在股市中有一种按照行业选股的投资策略，其基本思想基于这样的认识：从众多个股中选择具有增长潜力的个股难度较大，但行业数较少，所以选对行业的可能性更高。另外，股市通常出现这样的现象，就是同行业的股票往往普涨或普跌，只要选对行业，无论怎么选个股，都可能盈利。这里，将介绍一种基于关联规则挖掘的选股方法——行业关联选股法。其基本思想是从数据中寻找关联的行业，当某个行业出现涨势之后，若其关联行业还没有开始涨，则从其关联行业中选择典型个股买入。

对于该方法，寻找关联行业是关键，而寻找关联行业，则正好可以用本章介绍的关联规则方法实现。

首先需要有行业关联数据的事务。在交易系统或公共股票数据中，能得到交易日各行业的涨幅数据，但这样的数据不能直接应用，需要对数据进行预处理。为此，需要定义一个标准，界定哪些行业算是涨势好的行业，比如可以定义 10 个交易日内，行业涨幅超过大盘涨幅 5%的行业为好行业，这样就可以得到类似股市行业关联的事务数据，如表 6-4 所示。

表 6-4 股市行业关联的事务矩阵

事务	银行	券商	钢铁	能源	医药	化工
T1	1	1	0	0	1	0

续表

事务	银行	券商	钢铁	能源	医药	化工
T2	0	0	0	1	0	1
T3	1	1	1	0	0	0
T4	1	1	0	1	0	1
T5	0	0	1	0	1	0
T6	0	1	1	0	0	0
T7	1	0	1	0	0	0
T8	1	1	1	0	1	1
T9	1	1	1	0	0	0
T10	1	1	0	1	0	0

接下来，可以选择一种关联规则算法来挖掘这里的频繁项集。尽管 Apriori 算法有一些缺点，但该算法的适应性很强，所以这里依然用该算法实现关联行业的挖掘。将程序 P6-1 中的数据文件替换成表 6-4 中的数据文件，并设最小支持度为 3，则很快可以得到如下结果。

```
     1     0     0     0     0     0     7
     0     1     0     0     0     0     7
     0     0     1     0     0     0     6
     0     0     0     1     0     0     3
     0     0     0     0     1     0     3
     0     0     0     0     0     1     3
     1     1     0     0     0     0     6
     1     0     1     0     0     0     4
     0     1     1     0     0     0     4
     1     1     1     0     0     0     3
```

由程序的执行结果可以看出，满足最小支持度 3 的包含 3 个行业项的项集只有一个，即

{银行，券商，钢铁：3/10}

上述说明这 3 个行业在一定周期内（10 个交易日）具有较高（3/10）的联动可能性。

再看包含两个行业项的项集，即

{银行，钢铁：4/10}

{银行，券商：4/10}

而且它们联动的概率是一致的，都为 4/10，所以在实践中，如果这 3 个行业中的一个出现涨势，那么就可以考虑从其他两个行业中选择代表性的股票买入，这样就可以在其他行业还没上涨的时候，以低价购入该行业股票，以此获得较高的收益。

上述就是行业关联选股法的基本思想、实现方式和操作步骤，当然这里介绍的案例只是一个原型，在具体操作中可以更灵活。

6.5 本章小结

关联规则挖掘是数据挖掘诸多功能中应用最广泛的一种，关联规则描述了给定数据集

的项目之间的有趣联系。这些描述可以帮助人们从更深层次认识事物之间的联系，从而帮助人们更好地从事商业活动，如对保险、证券、银行、零售等行业的客户行为模式的分析可以提高这些行业的经营效率。

在进行关联规则挖掘时，Apriori 算法和 FP-Growth 算法是两种常用的算法。尽管 Apriori 算法存在一些缺点，但该算法的适应性较好，所以在实践中进行关联规则分析时首选该算法。当然也可以根据实际情况对该算法进行改进，以更好地适应新的数据和场景。FP-Growth 算法具有很好的直观性，对于认识、分析、研究事物之间的关联关系非常有帮助，所以在实践中该算法可以作为与 Apriori 算法配合使用的算法，也可以单独使用。

对于关联规则挖掘领域的发展，笔者认为可以在如下方向上进行深入研究：在处理大量的数据时如何提高算法效率；对于迅速更新的数据的挖掘算法的进一步研究；在挖掘过程中，提供一种与用户进行交互的方法，将用户的领域知识融入其中；生成结果的可视化等。

参考文献

[1] Jiawei Han，等．数据挖掘概念与技术[M]．范明，等译．北京：机械工业出版社，2012.

[2] 姚琛．数据挖掘中关联规则更新算法的研究[D]．吉林：吉林大学，2005.

[3] 冯阿芳．一种关联规则 Apriori 算法的优化[J]．消费导刊，2010,8:265.

[4] 杨金凤，刘锋．一种新的改进 Apriori 算法[J]．微型机与应用，2010,1:55-56.

[5] Pang-Ning Tan，等．数据挖掘导论[M]．范明，等译．北京：人民邮电出版社，2006.

[6] David Hand，Padhraic Smyth．数据挖掘原理[M]．张银奎，廖丽，宋俊，等译．北京：机械工业出版社，2003.

[7] 陈文伟，黄金才．数据挖掘技术[M]．北京：北京工业大学出版社，2002.

[8] Richard J Roiger，Michael W Geatz．数据挖掘教程[M]．翁敬农，译．北京：清华大学出版社，2003.

[9] 李雄飞，李军．数据挖掘与知识发现[M]．北京：高等教育出版社，2003.

第 7 章　数据回归方法

当人们对研究对象的内在特性和各因素间的关系有比较充分的认识时，一般用机理分析方法建立数学模型。如果由于客观事物内部规律的复杂性及人们认识程度的限制，无法分析实际对象内在的因果关系，建立合乎机理规律的数学模型，那么通常的方法是搜集大量数据，基于对数据的统计分析去建立模型。数据挖掘正是处理数据的技术，本章将讨论数据挖掘中用途非常广泛的一类方法——回归方法。

事物之间的关系可以抽象为变量之间的关系。变量之间的关系可以分为两类：一类称为确定性关系，也称为函数关系，其特征是一个变量随着其他变量的确定而确定；另一类关系称为相关关系，即变量之间的关系很难用一种精确的方法表示出来。例如，通常人的年龄越大，血压越高，但人的年龄和血压之间没有确定的数量关系，人的年龄和血压之间的关系就是相关关系。回归方法就是处理变量之间的相关关系的一种数学方法。其解决问题的大致方法、步骤如下：

（1）收集一组包含因变量和自变量的数据。

（2）选定因变量和自变量之间的模型，即一个数学式子，利用数据按照一定准则（如最小二乘法）计算模型中的系数。

（3）利用统计分析方法对不同的模型进行比较，找出效果最好的模型。

（4）判断得到的模型是否适合于这组数据。

（5）利用模型对因变量做出预测或解释。

回归在数据挖掘中是最为基础的方法，也是应用领域和应用场景最多的方法。只要是量化型问题，一般先尝试用回归方法来研究或分析。在量化投资领域，也经常要用到回归方法，比如用回归方法研究经济走势、大盘走势及个股走势建模等。量化投资机构常用的多因子模型就可以用多元回归方法得到。

根据回归方法中因变量的个数和回归函数的类型（线性或非线性）可将回归方法分为一元线性回归、一元非线性回归、多元线性回归和多元非线性回归。另外，还有两种特殊的回归方法，一种是在回归过程中可以调整变量数的回归方法，称为逐步回归；另一种是以指数结构函数作为回归模型的回归方法，称为逻辑斯蒂（Logistic）回归。本章将逐一介绍这几种回归方法。

7.1 一元回归

7.1.1 一元线性回归

设 Y 是一个可观测的随机变量，它受到一个非随机变量因素 x 和随机误差 ε 的影响。若 Y 与 x 有如下线性关系：

$$Y = \beta_0 + \beta_1 x + \varepsilon$$

且 ε 的均值 $E(\varepsilon)=0$，方差 $Var(\varepsilon)=\sigma^2$（$\sigma>0$），其中，$\beta_0$、$\beta_1$ 是固定的未知参数，称为回归系数，Y 称为因变量，x 称为自变量，则称此 Y 与 x 之间的函数关系的表达式为一元线性回归模型。

对于实际问题，要建立回归方程，首先要确定能否建立线性回归模型，其次确定如何对模型中的未知参数 β_0、β_1 进行评估。

通常，首先对总体 $(x、Y)$ 进行 n 次独立观测，获得 n 组数据（称为样本观测值）：

$$(x_1, y_1),(x_2, y_2),6\ ,(x_n, y_n)$$

然后在直角坐标系 xOy 中画出数据点 (x_1, y_1)（$i=1,2,6\ ,n$），该图形称为数据的散点图。如果这些点大致地位于同一条直线的附近，或者说散点图呈现线性形状，则认为 Y 与 x 之间的关系符合线性关系。此时，利用最小二乘法可以得到回归模型参数 β_0、β_1 的最小二乘估计 $\hat{\beta}_0$、$\hat{\beta}_1$，估计公式为：

$$\begin{cases} \hat{\beta}_0 = \bar{y} - \bar{x}\hat{\beta}_1 \\ \hat{\beta}_1 = \dfrac{L_{xy}}{L_{xx}} \end{cases}$$

其中，$\bar{x} = \dfrac{1}{n}\sum_{i=1}^{n} x_i$，$\bar{y} = \dfrac{1}{n}\sum_{i=1}^{n} y_i$，$L_{xx} = \sum_{i=1}^{n}(x_i - \bar{x})^2$，$L_{xy} = \sum_{i=1}^{n}(x_1 - \bar{x})(y_1 - \bar{y})$。

于是就可以建立经验模型：

$$\hat{y} = \hat{\beta}_0 + \hat{\beta}_1 x$$

对于得到的回归方程，通常需要进行回归效果的评价。当有几种回归结果后，通常需要加以比较才能选出较好的方程，常用的准则如下。

（1）决定系数 R^2，其数学定义为：

$$R^2 = 1 - \frac{SSE}{SST}$$

其中，$SST = \sum_{i=1}^{n}(y_i - \bar{y})^2$，$SSE = \sum_{i=1}^{n}(y_i - \hat{y}_i)^2$。显然 $R^2 \leqslant 1$，R^2 大表示观测值 y_i 与拟合值 $\hat{y}_i$ 比较靠近，也就意味着从整体上看，n 个点的散布离曲线较近。因此选 R^2 大的方程为好。

（2）剩余标准差 S，其数学定义为：

$$S = \sqrt{SSE/(n-2)}$$

S 类似于一元线性回归方程中对 σ 的估计，可以将 S 看成平均残差平方和的算术平方根，自然其值小的方程为好。

其实上述两个准则所选的方程总是一致的，因为 S 小必有残差平方和小，从而 R^2 必定大。不过，这两个量从两个角度给出定量的概念。R^2 的大小给出了总体上拟合程度的好坏，S 给出了观测点与回归曲线偏离的一个量值。所以，通常在实际问题中将两者都求出，供使用者从不同角度去认识所拟合的曲线回归模型。

（3）F 检验（类似于一元线性回归中的 F 检验），其数学表达式为：

$$F = \frac{SSR/1}{SSE/(n-2)}$$

其中，$SSR = SST - SSE$。

对于一元线性回归，通常有如下三个主要任务：

- 利用样本观测值对回归系数 β_0、β_1 和 σ 做点估计，由于计算出的 $\hat{\beta}_0$、$\hat{\beta}_1$ 仍然是随机变量，因此要对 $\hat{\beta}_0$、$\hat{\beta}_1$ 取值的区间进行估计，如果区间估计值是一个较小的区间，则表示模型精度较高。
- 对方程的线性关系做显著性检验，模型是否具有良好的线性关系可通过相关系数 R 及 F 值判断。
- 当可以确定 Y 与 x 之间的函数后，就可以利用该模型对 Y 进行预测。

下面通过实例来说明如何进行一元线性回归。

【例 7-1】近 10 年来，某市社会商品零售总额与职工工资总额（单位：亿元）的数据如表 7-1 所示，请建立社会商品零售总额与职工工资总额的回归模型。

表 7-1　某市社会商品零售总额与职工工资总额　　单位：亿元

职工工资总额	23.8	27.6	31.6	32.4	33.7	34.9	43.2	52.8	63.8	73.4
商品零售总额	41.4	51.8	61.7	67.9	68.7	77.5	95.9	137.4	155.0	175.0

该问题是典型的一元回归问题，但先要确定是否是线性的，当确定是线性的后就可以利用上述方法建立它们之间的回归模型，具体实现的 MATLAB 代码和各部分代码的执行结果如下。

（1）输入数据。

```
    clc, clear all, close all
x=[23.80,27.60,31.60,32.40,33.70,34.90,43.20,52.80,63.80,73.40];
y=[41.4,51.8,61.70,67.90,68.70,77.50,95.90,137.40,155.0,175.0];
```

（2）采用最小二乘法回归。

```
    figure
plot(x,y,'r*')                              %作散点图
xlabel('x（职工工资总额）','fontsize', 12)            %横坐标名
ylabel('y（商品零售总额）', 'fontsize',12)            %纵坐标名
set(gca,'linewidth',2);
% 采用最小二乘法拟合
Lxx=sum((x-mean(x)).^2);
Lxy=sum((x-mean(x)).*(y-mean(y)));
b1=Lxy/Lxx;
b0=mean(y)-b1*mean(x);
```

```
y1=b1*x+b0;
hold on
plot(x, y1,'linewidth',2);
```

运行程序，会得到如图 7-1 所示的回归图像。在用最小二乘法回归之前，先绘制了数据的散点图，这样就可以从图形上判断这些数据是否近似呈线性关系。当发现它们的确近似在一条线上后，再用线性回归的方法进行回归，这样也更符合我们分析数据的一般思路。

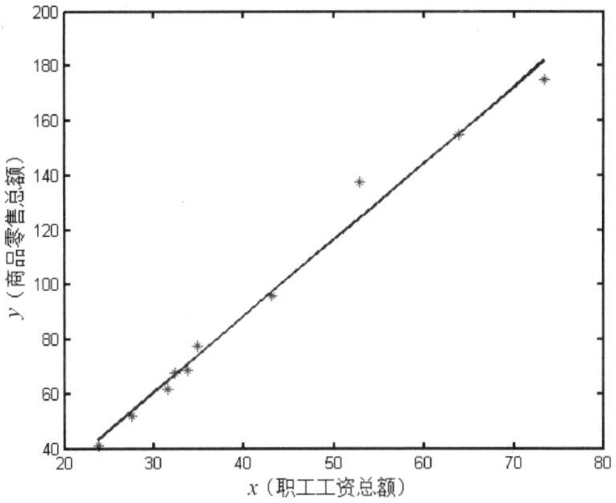

图 7-1 职工工资总额和商品零售总额关系趋势图

（3）采用 LinearModel.fit 函数进行回归。

```
    m2 = LinearModel.fit(x,y)
    m2 =
Linear regression model:
    y ~ 1 + x1

Estimated Coefficients:
                    Estimate      SE        tStat       pValue
                    ________    _______    _______    __________
    (Intercept)      -23.549     5.1028     -4.615     0.0017215
    x1               2.7991     0.11456    24.435     8.4014e-09

R-squared: 0.987,  Adjusted R-Squared 0.985
F-statistic vs. constant model: 597, p-value = 8.4e-09
```

（4）采用 regress 函数进行回归。

```
    Y=y';
X=[ones(size(x,2),1),x'];
[b, bint, r, rint, s] = regress(Y, X)
    b =
  -23.5493
    2.7991
bint =
  -35.3165  -11.7822
    2.5350    3.0633
r =
   -1.6697
   -1.9064
   -3.2029
    0.7578
   -2.0810
    3.3600
   -1.4727
```

```
   13.1557
   -0.0346
   -6.9062
rint =
  -13.8012   10.4617
  -14.4059   10.5931
  -15.8100    9.4042
  -12.1858   13.7014
  -14.9838   10.8217
   -9.3920   16.1120
  -14.6286   11.6832
    7.3565   18.9550
  -11.6973   11.6281
  -14.5630    0.7506
s =
    0.9868  597.0543    0.0000   31.9768
```

在上述回归程序中，使用了两个回归函数 LinearModel.fit 和 regress。从运行结果来看，很容易看出它们的差异。在实际使用中，只要根据自己的需要选用其中一个即可。

函数 LinearModel.fit 输出的内容为典型的线性回归的参数，这里不再赘述。regress 的用法多样，输出的内容也相对较多，这里简单介绍该函数的用法。

MATLAB 帮助中 regress 的用法有如下几种：

```
b = regress(y,X)
[b,bint] = regress(y,X)
[b,bint,r] = regress(y,X)
[b,bint,r,rint] = regress(y,X)
[b,bint,r,rint,stats] = regress(y,X)
[...] = regress(y,X,alpha)
```

输入 $\boldsymbol{y}$（因变量，列向量）、$\boldsymbol{X}$（1 与自变量组成的矩阵）和 alpha（显著性水平，默认为 0.05）。

输出 $b=(\hat{\beta}_0,\hat{\beta}_1)$，bint 是 β_0，β_1 的置信区间，r 是残差（列向量），rint 是残差的置信区间，s 包含 4 个统计量：决定系数 R^2（相关系数为 R），F 值，$F(1, n-2)$分布大于 F 值的概率 P，剩余方差 s^2。s^2 也可由表达式 sum(r.^2)/(n–2)计算。

其意义和用法如下：R^2 越接近 1，变量的线性相关性越强，说明模型有效；如果满足 $F_{1-\alpha}(1,n-2)<F$，则认为变量 y 与 x 显著地呈线性关系，其中，$F_{1-\alpha}(1,n-2)$ 的值可查 F 分布表，或直接用 MATLAB 命令 finv(1–α, 1, n–2)计算得到；如果 $P<\alpha$，则表示线性模型可用。s^2 主要用来比较模型是否有改进，其值越小说明模型精度越高。

7.1.2 一元非线性回归

在一些实际问题中，变量间的关系并不都是线性的，此时就应该用曲线进行拟合。用曲线拟合数据首先要解决的问题是回归方程中的参数如何估计。

解决这一问题的基本思路如下。

对于曲线回归建模的非线性目标函数 $y=f(x)$，通过某种数学变换 $\begin{cases} v=v(y) \\ u=u(x) \end{cases}$ 使之线性化，化为一元线性函数 $v=a+bu$ 的形式，继而利用线性最小二乘法估计出参数 a 和 b，用一元线性回归方程 $\hat{v}=\hat{a}+\hat{b}u$ 来描述 v 与 u 间的统计规律性，然后用逆变换 $\begin{cases} y=v^{-1}(v) \\ x=u^{-1}(u) \end{cases}$ 还原为目标函数形式的非线性回归方程。

比如，对于指数函数 $y=ae^{bx}$，令 $v=\ln y$，$u=x$，则 $v=\ln a+bu$。通过这种形式，就可以将一些非线性函数转化为线性函数，利用线性回归方法进行回归。

当然，依据 MATLAB 的非线性回归函数，只要给出函数原型就可以进行各种形式的非线性回归。但在了解如何进行非线性回归前，有必要了解常见的非线性回归模型，因为绝大多数的非线性回归是由这些基本的形式组合出来的。

表 7-2 给出了常见的一元非线性模型及其函数图像，依据这些函数图像，可大概判断出某个问题属于哪种非线性关系，这对于选择合适的模型非常有帮助。然后可以根据选择好的函数形式，进行非线性拟合。最后从几个可能的拟合结果中，根据 7.1.1 节中介绍的回归效果评价准则，选择一个最好的回归结果。

表 7-2 常见的一元非线性模型

类 型	模型形式	图像影响参数	图 像
倒幂函数	$y=a+b\frac{1}{x}$	—	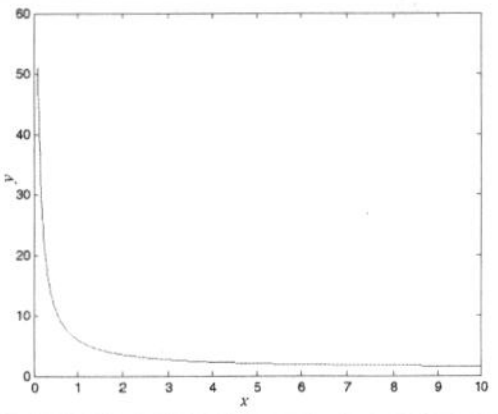
幂函数	$y=ax^b$	$b<0$	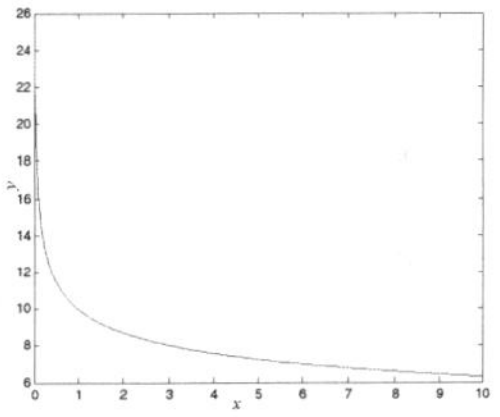
		$0<b<1$	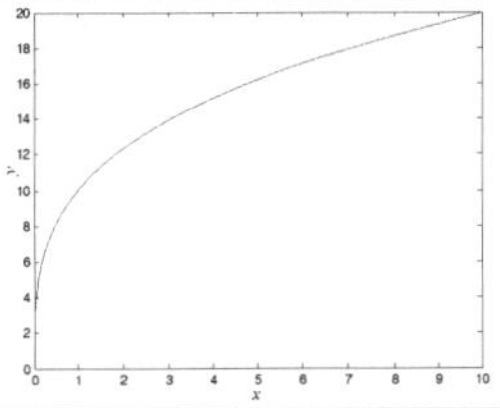
		$b>1$	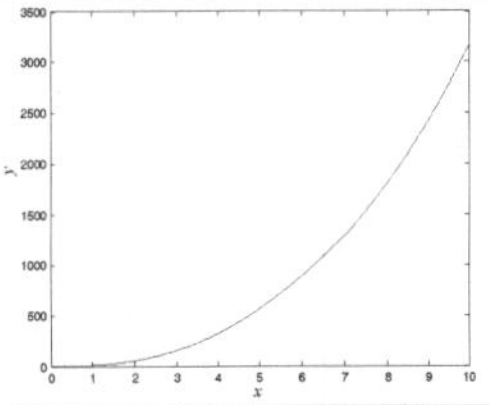

续表

类　型	模型形式	图像影响参数	图　像
指数函数	$y = a\mathrm{e}^{bx}$	$b>0$	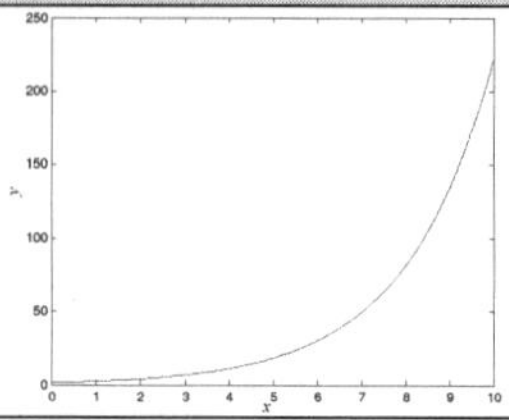
		$b<0$	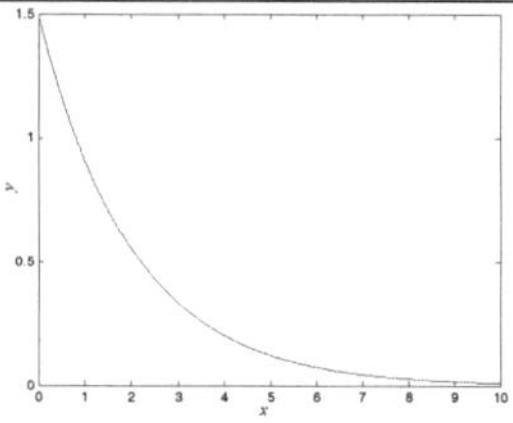
倒指数函数	$y = a\mathrm{e}^{\frac{b}{x}}$	$b>0$	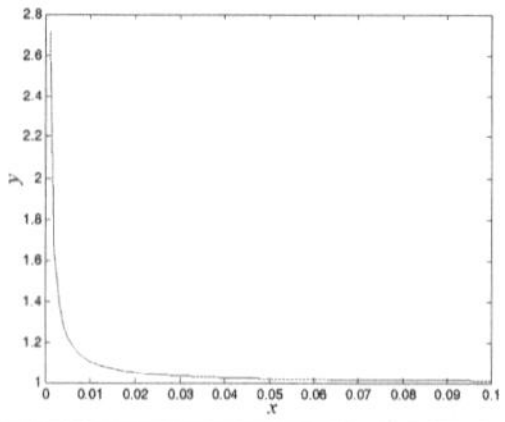
		$b<0$	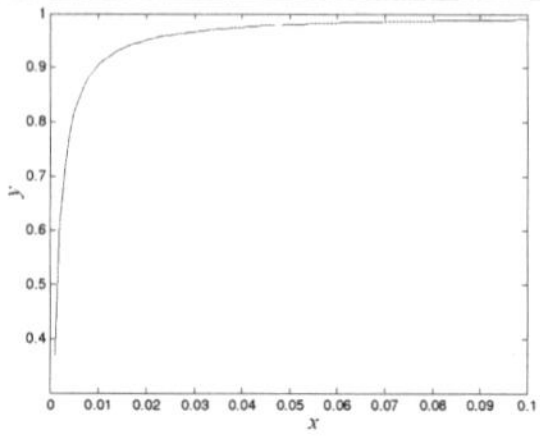
对数函数	$y = a + b\ln x$	$b>0$	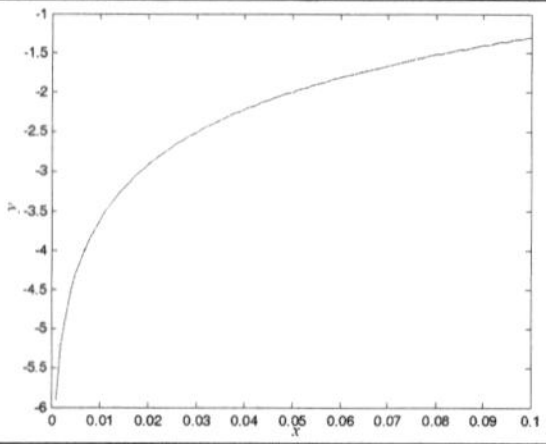
		$b<0$	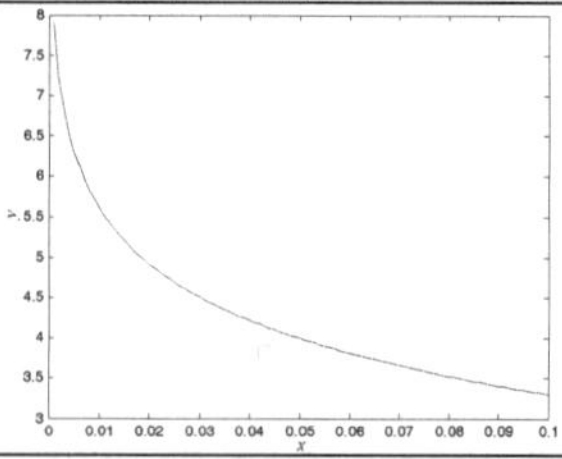
S 形曲线	$y = \dfrac{1}{a + b\mathrm{e}^{-x}}$	—	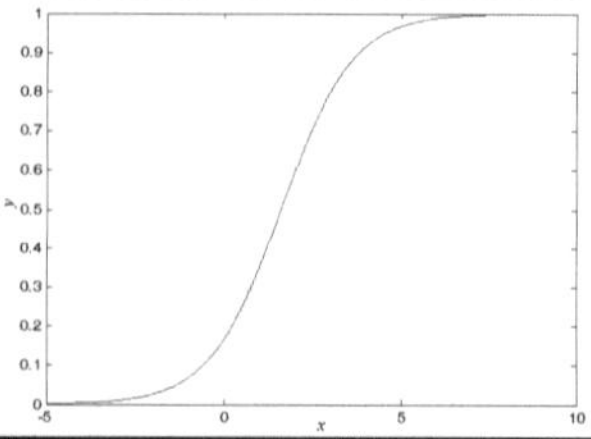

下面通过一个实例来说明如何利用非线性回归解决实际的问题。

【例 7-2】为了解百货商店的销售额 x 与流通费率（这是反映商业活动的一个质量指标，指每元商品流转所分摊的流通费用）y 之间的关系，收集了 9 个商店的有关数据（见表 7-3）。

表 7-3　销售额与流通费率数据

样本点	销售额 x/万元	流通费率 y/%
1	1.5	7.0
2	4.5	4.8
3	7.5	3.6
4	10.5	3.1
5	13.5	2.7
6	16.5	2.5
7	19.5	2.4
8	22.5	2.3
9	25.5	2.2

为了得到 x 与 y 之间的关系，先绘制出它们之间的散点图，即如图 7-2 所示的“雪花”点图。由该图可以判断它们之间的关系近似为对数关系或指数关系，因此可以利用这两种函数形式进行非线性拟合，具体实现步骤及每个步骤的结果如下。

（1）输入数据。

```
    clc, clear all, close all
x=[1.5, 4.5, 7.5,10.5,13.5,16.5,19.5,22.5,25.5];
y=[7.0,4.8,3.6,3.1,2.7,2.5,2.4,2.3,2.2];
plot(x,y,'*','linewidth',2);
set(gca,'linewidth',2);
xlabel('销售额 x/万元','fontsize', 12)
ylabel('流通费率 y/%', 'fontsize',12)
```

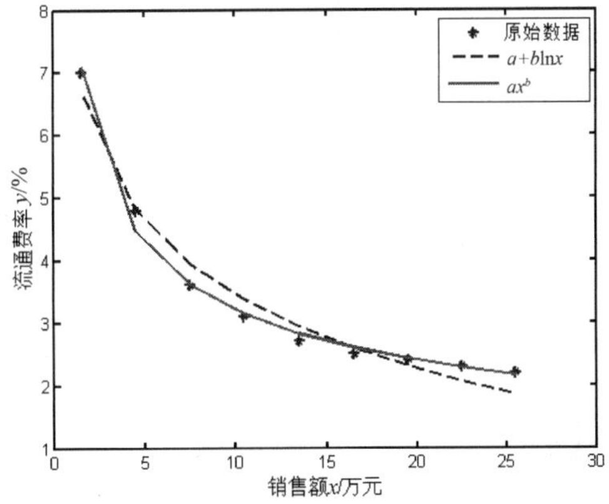

图 7-2　销售额与流通费率之间的关系图

（2）进行对数形式非线性回归。

```
    m1 = @(b,x) b(1) + b(2)*log(x);
nonlinfit1 = fitnlm(x,y,m1,[0.01;0.01])
```

```
b=nonlinfit1.Coefficients.Estimate;
Y1=b(1,1)+b(2,1)*log(x);
hold on
plot(x,Y1,'--k','linewidth',2)
    nonlinfit1 =
Nonlinear regression model:
    y ~ b1 + b2*log(x)

Estimated Coefficients:
          Estimate       SE         tStat        pValue
          ________    ________    ________    __________
    b1     7.3979      0.26667     27.742     2.0303e-08
    b2     -1.713      0.10724    -15.974     9.1465e-07
R-Squared: 0.973,  Adjusted R-Squared 0.969
F-statistic vs. constant model: 255, p-value = 9.15e-07
```

（3）进行指数形式非线性回归。

```
    m2 = 'y ~ b1*x^b2';
nonlinfit2 = fitnlm(x,y,m2,[1;1])
b1=nonlinfit2.Coefficients.Estimate(1,1);
b2=nonlinfit2.Coefficients.Estimate(2,1);
Y2=b1*x.^b2;
hold on
plot(x,Y2,'r','linewidth',2)
legend('原始数据','a+b*lnx','a*x^b')
    nonlinfit2 =
Nonlinear regression model:
    y ~ b1*x^b2

Estimated Coefficients:
          Estimate       SE         tStat        pValue
          ________    ________    ________    __________
    b1      8.4112     0.19176     43.862     8.3606e-10
    b2    -0.41893    0.012382    -33.834     5.1061e-09
R-Squared: 0.993,  Adjusted R-Squared 0.992
F-statistic vs. zero model: 3.05e+03, p-value = 5.1e-11
```

在例 7-2 中，选择两种函数形式进行非线性回归，从回归结果来看，对数形式的决定系数为 0.973，而指数形式的决定系数为 0.993，优于前者，所以，可以认为指数形式的函数形式更符合 y 与 x 之间的关系。这样就确定了它们之间的函数关系形式。

7.1.3 一元多项式回归

一元多项式回归模型的一般形式为：

$$y = \beta_0 + \beta_1 x + 6 \ + \beta_m x^m + \varepsilon$$

用 MATLAB 进行一元多项式回归，可以使用命令 polyfit(x, y, m)，该命令的用法相对简单，这里不再介绍一元多项式回归的实例。

7.2　多元回归

7.2.1　多元线性回归

设 Y 是一个可观测的随机变量，它受到 p（$p>0$）个非随机变量因素 $X_1, X_2, \cdots, X_p$ 和随机误差 ε 的影响。若 Y 与 $X_1, X_2, \cdots, X_p$ 有如下线性关系：

$$Y=\beta_0+\beta_1 X_1+\beta_2 X_2+\cdots \beta_p X_p+\varepsilon$$

其中，$\beta_0, \beta_1, \beta_2, \cdots, \beta_p$ 是固定的未知参数，称为回归系数；ε 是均值为 0、方差为 σ^2（$\sigma>0$）的随机变量；Y 称为被解释变量；$X_1, X_2, \cdots, X_p$ 称为解释变量。此模型称为多元线性回归模型。

自变量 $X_1, X_2, \cdots, X_p$ 是非随机的且可精确观测，随机误差 ε 代表随机因素对因变量 Y 产生的影响。

对于总体 $(X_1, X_2, \cdots, X_p; Y)$ 的 n 组观测值 $(x_{i1}, x_{i2}, \cdots, x_{ip}; y)$（$i=1,2,\cdots,n$; $n>p$），应满足下式：

$$\begin{cases} y_1=\beta_0+\beta_1 x_{11}+\beta_2 x_{12}+\cdots+\beta_p x_{1p}+\varepsilon_1 \\ y_2=\beta_0+\beta_1 x_{21}+\beta_2 x_{22}+\cdots+\beta_p x_{2p}+\varepsilon_2 \\ \quad\cdots\quad\cdots\quad\cdots\quad\cdots \\ y_n=\beta_0+\beta_1 x_{n1}+\beta_2 x_{n2}+\cdots+\beta_p x_{np}+\varepsilon_n \end{cases}$$

其中，$\varepsilon_1, \varepsilon_2, \cdots, \varepsilon_n$ 相互独立，且设 $\varepsilon_i \sim N(0, \sigma^2)$（$i=1,2,\cdots,n$），记：

$$\boldsymbol{Y}=\begin{pmatrix} y_1 \\ y_2 \\ \vdots \\ y_n \end{pmatrix},\quad \boldsymbol{X}=\begin{pmatrix} 1 & x_{11} & x_{12} & \cdots & x_{1p} \\ 1 & x_{21} & x_{22} & \cdots & x_{2p} \\ \vdots & \vdots & \vdots & & \vdots \\ 1 & x_{n1} & x_{n2} & \cdots & x_{np} \end{pmatrix},\quad \boldsymbol{\beta}=\begin{pmatrix} \beta_0 \\ \beta_1 \\ \vdots \\ \beta_p \end{pmatrix},\quad \boldsymbol{\varepsilon}=\begin{pmatrix} \varepsilon_1 \\ \varepsilon_2 \\ \vdots \\ \varepsilon_n \end{pmatrix}$$

则模型可用矩阵形式表示为：

$$Y=X\beta+\varepsilon$$

其中，$\boldsymbol{Y}$ 称为观测向量；$\boldsymbol{X}$ 称为设计矩阵；$\boldsymbol{\beta}$ 称为待估计向量；$\boldsymbol{\varepsilon}$ 是不可观测的 n 维随机向量，它的分量相互独立，假定 $\varepsilon \sim N(0, \sigma^2 I_n)$。

建立多元线性回归模型的基本步骤如下。

（1）对问题进行分析，选择被解释变量与解释变量，作出被解释变量与各解释变量的散点图，初步设定多元线性回归模型的参数个数。

（2）输入被解释变量与解释变量的观测数据 (Y, X)，计算参数的估计。

（3）分析数据的异常点情况。

（4）进行显著性检验，若通过，则对模型进行预测。

（5）对模型进行进一步研究，如残差的正态性检验、残差的异方差检验、残差的自相关性检验等。

对于多元线性回归，依然可以使用前面介绍的 regress 函数来实现，现在举例说明如何应用该函数进行多元线性回归。

【例 7-3】某科学基金会希望估计从事某研究的学者的年薪 Y 与他们的研究成果（论文、著作等）的质量指标 X_1、从事研究工作的时间 X_2、能成功获得资助的指标 X_3 之间的关系，为此按一定的实验设计方法调查了 24 位学者，得到如表 7-4 所示的数据（i 为学者序号），试建立 Y 与 X_1、X_2、X_3 之间关系的数学模型，并得出有关结论和进行统计分析。

表 7-4　从事某研究的学者的相关指标数据

i	1	2	3	4	5	6	7	8	9	10	11	12
x_{i1}	3.5	5.3	5.1	5.8	4.2	6.0	6.8	5.5	3.1	7.2	4.5	4.9
x_{i2}	9	20	18	33	31	13	25	30	5	47	25	11
x_{i3}	6.1	6.4	7.4	6.7	7.5	5.9	6.0	4.0	5.8	8.3	5.0	6.4
y_i	33.2	40.3	38.7	46.8	41.4	37.5	39.0	40.7	30.1	52.9	38.2	31.8
i	13	14	15	16	17	18	19	20	21	22	23	24
x_{i1}	8.0	6.5	6.6	3.7	6.2	7.0	4.0	4.5	5.9	5.6	4.8	3.9
x_{i2}	23	35	39	21	7	40	35	23	33	27	34	15
x_{i3}	7.6	7.0	5.0	4.4	5.5	7.0	6.0	3.5	4.9	4.3	8.0	5.8
y_i	43.3	44.1	42.5	33.6	34.2	48.0	38.0	35.9	40.4	36.8	45.2	35.1

该问题是典型的多元回归问题，但能否应用多元线性回归，最好先通过数据可视化判断它们之间的变化趋势，如果近似满足线性关系，则可以利用多元线性回归方法对该问题进行回归。具体步骤如下：

（1）作出因变量 Y 与各自变量的样本散点图。

作散点图的目的主要是观察因变量 Y 与各自变量间是否有比较好的线性关系，以便选择恰当的数学模型。图 7-3 为年薪 Y 与研究成果的质量指标 X_1、从事研究工作的时间 X_2、能成功获得资助的指标 X_3 之间的散点图。从该图中可以看出这些点大致分布在一条直线旁边，因此有比较好的线性关系，可以进行线性回归。绘制图 7-3 的代码如下。

```
subplot(1,3,1),plot(x1,Y,'g*'),
subplot(1,3,2),plot(x2,Y,'k+'),
subplot(1,3,3),plot(x3,Y,'ro'),
```

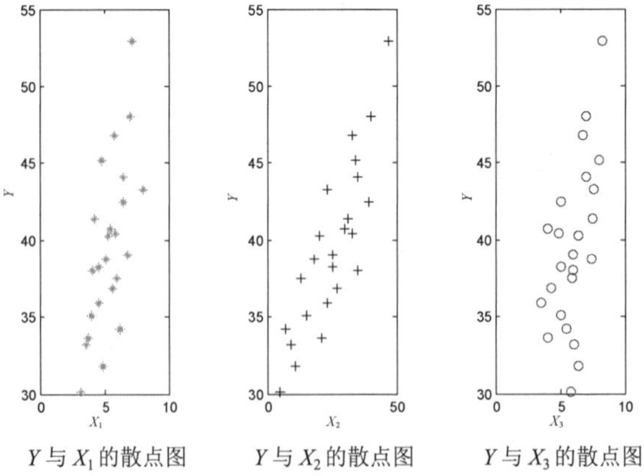

图 7-3　因变量 Y 与各自变量的样本散点图

（2）进行多元线性回归。

这里可以直接使用 regress 函数进行多元线性回归，具体代码如下。

```
    x1=[3.5 5.3 5.1 5.8 4.2 6.0 6.8 5.5 3.1 7.2 4.5 4.9 8.0 6.5 6.5 3.7
6.2 7.0 4.0 4.5 5.9 5.6 4.8 3.9];
    x2=[9 20 18 33 31 13 25 30 5 47 25 11 23 35 39 21 7 40 35 23 33 27 34
15];
    x3=[6.1 6.4 7.4 6.7 7.5 5.9 6.0 4.0 5.8 8.3 5.0 6.4 7.6 7.0 5.0 4.0
5.5 7.0 6.0 3.5 4.9 4.3 8.0 5.0];
    Y=[33.2 40.3 38.7 46.8 41.4 37.5 39.0 40.7 30.1 52.9 38.2 31.8 43.3
44.1 42.5 33.6 34.2 48.0 38.0 35.9 40.4 36.8 45.2 35.1];
    n=24; m=3;
    X=[ones(n,1),x1',x2',x3'];
    [b,bint,r,rint,s]=regress(Y',X,0.05);
```

运行后即得到结果，如表 7-5 所示。

表 7-5 对初步回归模型的计算结果

回归系数	回归系数的估计值	回归系数的置信区间
β_0	18.015 7	[13.905 2，22.126 2]
β_1	1.081 7	[0.390 0，1.773 3]
β_2	0.321 2	[0.244 0，0.398 4]
β_3	1.283 5	[0.669 1，1.897 9]
R^2=0.910 6　F=67.919 5　P<0.000 1　s^2= 3.071 9		

计算结果包括回归系数 $b=(\beta_0, \beta_1, \beta_2, \beta_3)$=(18.015 7, 1.081 7, 0.321 2, 1.283 5)、回归系数的置信区间，以及统计变量 stats（包含 4 个检验统计量：相关系数的平方 R^2、假设检验统计量 F、与 F 对应的概率 P、s^2）。因此得到初步的回归方程为：

$$\hat{Y} = 18.0157 + 1.0817X_1 + 0.3212X_2 + 1.2835X_3$$

由结果对模型进行判断：

回归系数的置信区间不包含零点表示模型较好，残差在零点附近也表示模型较好，接着就是利用检验统计量 R、F 和 P 判断该模型是否可用。

相关系数 R 的评价：本例 R 的绝对值为 0.954 2，表明线性相关性较强。

F 检验法：当 $F > F_{1-\alpha}(m, n-m-1)$，即认为因变量 Y 与自变量 $X_1, X_2, \cdots, X_m$ 之间有显著的线性相关关系；否则认为因变量 Y 与自变量 $X_1, X_2, \cdots, X_m$ 之间的线性相关关系不显著。本例 F=67.919 5>$F_{1-0.05}(3,20) = 3.10$。

P 值检验：若 $P < \alpha$（α 为预定的显著水平），则说明因变量 y 与自变量 $x_1, x_2, \cdots, x_m$ 之间有显著的线性相关关系。本例输出结果为 $P < 0.0001$，显然满足 $P < \alpha = 0.05$。

上述三种统计推断方法推断的结果是一致的，说明因变量 Y 与各自变量之间有显著的线性相关关系，所得线性回归模型可用。s^2 当然越小越好，这主要在模型改进时作为参考。

7.2.2 多元多项式回归

下面通过一个多元多项式回归的实例来说明什么时候用多项式回归，以及如何通过

MATLAB 软件进行处理。

【例 7-4】为了了解人口平均预期寿命与人均国内生产总值和体质得分的关系，我们查阅了国家统计局资料、北京体育大学出版社出版的《2000 年国民体质监测报告》。表 7-6 为我国 31 个省市的有关数据。下面通过这几组数据考查它们是否具有良好的相关关系，并通过它们的关系从人均国内生产总值（可以看作反映生活水平的一个指标）、体质得分预测其寿命可能的变化范围。体质是指人体的质量，是遗传性和获得性的基础上表现出来的人体形态结构、生理机能和心理因素综合的、相对稳定的特征。体质是人的生命活动和工作能力的物质基础。它在形成、发展和消亡过程中，具有明显的个体差异和阶段性。中国体育科学学会体质研究会研究表明，体质应包括身体形态发育水平、生理功能水平、身体素质及运动能力发展水平、心理发育水平和适应能力 5 个方面。目前，体质的综合评价主要根据形态、机能和身体素质三类指标按一定的权重进行换算的得分。

表 7-6　31 个省市人口预期寿命与人均国内生产总值和体质得分数据

序号	预期寿命/岁	体质得分	人均国内生产总值/元	序号	预期寿命/岁	体质得分	人均国内生产总值/元	序号	预期寿命/岁	体质得分	人均国内生产总值/元
1	71.54	66.165	12 857	12	65.49	56.775	8 744	23	69.87	64.305	17 717
2	73.92	71.25	24 495	13	68.95	66.01	11 494	24	67.41	60.485	15 205
3	73.27	70.135	24 250	14	73.34	67.97	20 461	25	78.14	70.29	70 622
4	71.20	65.125	10 060	15	65.96	62.9	5 382	26	76.10	69.345	47 319
5	73.91	69.99	29 931	16	72.37	66.1	19 070	27	74.91	68.415	40 643
6	72.54	65.765	18 243	17	70.07	64.51	10 935	28	72.91	66.495	11 781
7	70.66	67.29	10 763	18	72.55	68.385	22 007	29	70.17	65.765	10 658
8	71.85	67.71	9 907	19	71.65	66.205	13 594	30	66.03	63.28	11 587
9	71.08	66.525	13 255	20	71.73	65.77	11 474	31	64.37	62.84	9 725
10	71.29	67.13	9 088	21	73.10	67.065	14 335				
11	74.70	69 .505	33 772	22	67.47	63.605	7 898				

该问题的求解过程如下：

（1）对表 7-6 中的数据 $(x_1, y), (x_2, y)$ 作散点图，如图 7-4 所示。

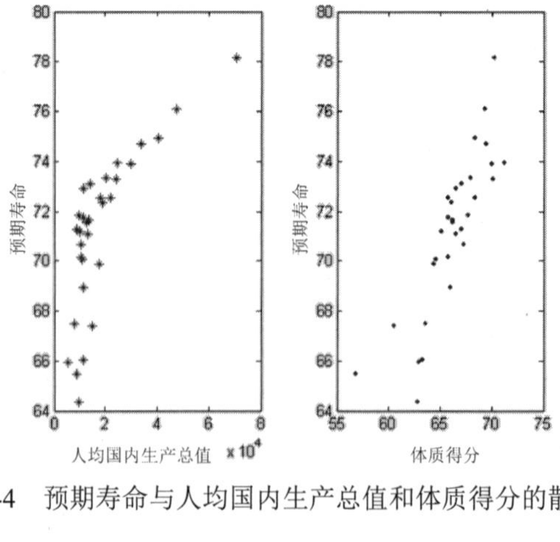

图 7-4　预期寿命与人均国内生产总值和体质得分的散点图

从图 7-4 中可以看出人口预期寿命 y 与体质得分 x_2 有较好的线性关系，y 与人均国内生产总值 x_1 的关系难以确定，建立二次函数的回归模型。一般的多元二项式回归模型可表示为：

$$y=\beta_0+\beta_1x_1+6\ +\beta_m x_m+\sum_{1\leqslant j,k\leqslant m}\beta_{jk}x_jx_k+\varepsilon$$

MATLAB 统计工具箱提供了一个很方便的多元二项式回归命令：

```
Rstool(x,y, 'model',alpha)
```

输入 $\boldsymbol{x}$ 为自变量（$n\times m$ 矩阵），$\boldsymbol{y}$ 为因变量（n 维向量），alpha 为显著水平，model 从下列 4 个模型中选择一个：

- Linear（只包含线性项）。
- Lure Quadratic（包含线性项和纯二次项）。
- Interaction（包含线性项和纯交互项）。
- Quadratic（包含线性项和完全二次项）。

（2）进行回归，具体实现代码如下。

```
    y=[71.54 73.92 73.27 71.20 73.91 72.54 70.66 71.85 71.08 71.29,74.70
65.49 68.95 73.34 65.96 72.37 70.07 72.55 71.65 71.73,73.10 67.47 69.87
67.41 78.14 76.10 74.91 72.91 70.17 66.03 64.37];
    x1=[12857 24495 24250 10060 29931 18243 10763 9907 13255 9088 33772
8744 11494 20461 5382 19070 10935 22007 13594 11474 14335 7898 17717
15205 70622 47319 40643 11781 10658 11587 9725];
    x2=[66.165  71.25  70.135  65.125  69.99  65.765  67.29  67.71  66.525
67.13,69.505  56.775  66.01  67.97  62.9  66.1  64.51  68.385  66.205
65.77,67.065 63.605 64.305 60.485 70.29 69.345 68.415 66.495 65.765 63.28
62.84];
    x=[x1',x2'];
    rstool(x,y','purequadratic')
```

该段代码执行后得到如图 7-5 所示的交互式画面。

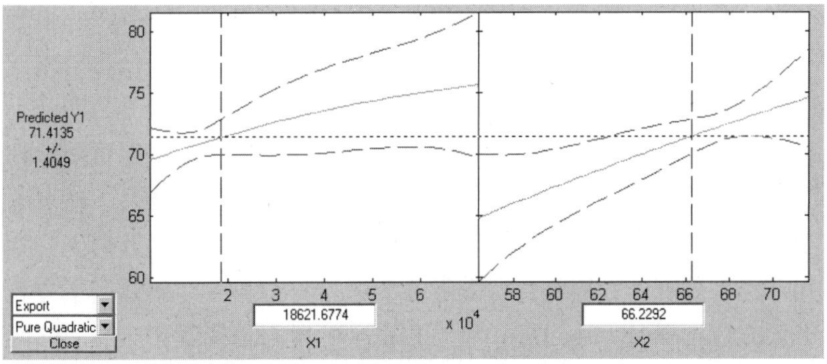

图 7-5　预期寿命与人均国内生产总值和体质得分的交互式画面

左边一幅图是 x_2 固定时的曲线 $y(x_1)$ 及其置信区间，右边一幅图是 x_1 固定时的曲线 $y(x_2)$ 及其置信区间。移动鼠标可改变 x_1、x_2 的值，同时图左边给出 y 的预测值及其置信区间。如输入 $x_1=128\ 757$，$x_2=66.165$，则 $y=70.694\ 8$，其置信区间为 $70.694\ 8\pm1.107\ 9$。

图 7-5 的左下方有两个下拉式菜单，上面的菜单 Export 用于输出数据（包括回归系数 parameters、残差 residuals、剩余标准差 RMSE 等），在 MATLAB 的工作空间中得到有关数据。通过下面的菜单在上述 4 个模型中变更选择，最后确定 RMSE 较小的模型。最终确定的最佳模型包含线性项和完全二次项，模型的形式为：

$$y = \beta_0 + \beta_1 x_1 + \beta_2 x_2 + \beta_3 x_1 x_2 + \beta_4 x_1^2 + \beta_5 x_2^2 + \varepsilon$$

选择该模型形式，即可得到对应的参数值，将参数值带入模型，得到最后的回归模型为：

$$y = 195.36 + 0.004\,5x_1 - 5.575\,3x_2 - 6.733\,8 \times 10^{-5} x_1 x_2 + 3.352\,9 \times 10^{-9} x_1^2 + 0.055\,556 x_2^2$$

利用此模型可以根据人均国内生产总值及体质得分，预测寿命。

7.3 逐步回归

7.3.1 逐步回归的基本思想

逐步回归的基本思想是：对全部因子按其对 y 影响程度的大小（偏回归平方的大小），从大到小逐个地引入回归方程，并随时对回归方程当时所含的全部变量进行检验，看其是否仍然显著，如不显著就将其剔除，直到回归方程中所含的所有变量对 y 的作用都显著时，才考虑引入新的变量。再在剩下的未选因子中，选出对 y 作用最大者，检验其显著性，若显著，则引入方程；不显著，则不引入。直到最后再没有显著因子可以引入，也没有不显著的变量需要剔除为止。

从方法上讲，逐步回归分析并没有采用什么新的理论，其原理还是多元线性回归的内容，只是在具体计算方面利用了一些技巧。

逐步回归是多元回归中选择自变量的一种常用方法。下面重点介绍“向前法”。此法的基本思想是：将自变量逐个地引入方程，引入的条件是该自变量的偏回归平方和在未选入的自变量（未选量）中是最大的，并经 F 检验是有显著性的。另外，每引入一个新变量，要对先前已选入方程的变量（已选量）逐个进行 F 检验，将偏回归平方和最小且无显著性的变量剔除，直至方程外的自变量不能再引入，方程中的自变量不能再剔除为止。另一种是“向后法”，它的基本思想是：首先建立包括全部自变量的回归方程，然后逐步地剔除变量，先对每一个自变量作 F（或 T）检验，剔除无显著性的变量中偏回归平方和最小的自变量，重新建立方程。接着对方程外的自变量逐个进行 F 检验，将偏回归平方和最大且有显著性的变量引入方程。重复上述过程，直至方程中的所有自变量都有显著性而方程外的自变量都没有显著性为止。此法在自变量不多，特别是无显著性的自变量不多时可以使用。与一般多元回归相比，用逐步回归求得的回归方程有如下优点：它所含的自变量个数较少，便于应用；它的剩余标准差也较小，方程的稳定性较好；由于每步都进行检验，因而保证了方程中的所有自变量都是有显著性的。逐步回归分析的主要用途如下：

（1）建立一个自变量个数较少的多元线性回归方程。它和一般多元回归方程的用途一样，可用于描述某些因素与某一医学现象间的数量关系，如疾病的预测预报、辅助诊断等。

（2）因素分析。它有助于从大量因素中把对某一医学现象作用显著的因素或因素组找出来，因此在病因分析、疗效分析中有着广泛的应用。但通常还须兼用向前法、向后法，并适当多采用几个 F 检验的界值水准，结合专业分析，从中选出比较正确的结果。

7.3.2 逐步回归的步骤

进行逐步回归分析时在考虑的全部自变量中按其对 y 的贡献程度由大到小地逐个引入回归方程，而对那些对 y 作用不显著的变量则不引入回归方程。另外，已被引入回归方程的变量在引入新变量进行 F 检验后失去显著性时，需要从回归方程中剔除。

（1）计算变量的均值 $\bar{x}_1,\bar{x}_2,\cdots,\bar{x}_n,\bar{y}$ 及差的平方和 $L_{11},L_{22},\cdots,L_{pp},L_{yy}$。记各自的标准化变量为 $u_j=\dfrac{x_j-\bar{x}_j}{\sqrt{L_{jj}}}$，$j=1,\cdots,p$，$u_{p+1}=\dfrac{y-\bar{y}}{\sqrt{L_{yy}}}$。

（2）计算 $x_1,x_2,\cdots,x_p,y$ 的相关系数矩阵 $\boldsymbol{R}^{(0)}$。

（3）设已经选取了 k 个变量 $x_{i_1},x_{i_2},\cdots,x_{i_k}$，且 $i_1,i_2,\cdots,i_k$ 互不相同，$\boldsymbol{R}^{(0)}$经过变换后为 $\boldsymbol{R}^{(k)}=(r_{i_j}^{(k)})$。对 $j=1,2,\cdots,k$ 逐一计算标准化变量 u_{i_j} 的偏回归平方和 $V_{i_j}^{(k)}=\dfrac{(r_{i_j,(p+1)}^{(k)})^2}{r_{i_j i_j}^{(k)}}$，记 $V_l^{(k)}=\max\{V_{i_j}^{(k)}\}$。对变量进行 F 检验，$F=\dfrac{V_l^{(k)}}{r_{(p+1)(p+1)}^{(k)}\big/(n-k-1)}$。对给定的显著性水平 α，拒绝域为 $F<F_{1-\alpha}(1,n-k-1)$。

（4）循环执行第（3）步，直至最终选取了 t 个变量 $x_{i_1},x_{i_2},\cdots,x_{i_t}$，且 $i_1,i_2,\cdots,i_t$ 互不相同，$\boldsymbol{R}^{(0)}$经过变换后为 $\boldsymbol{R}^{(t)}=(r_{i_j}^{(t)})$，则对应的回归方程为：

$$\frac{\hat{y}-\bar{y}}{\sqrt{L_{yy}}}=r_{i_1,(p+1)}^{(k)}\frac{x_{i_1}-\bar{x}_{i_1}}{\sqrt{L_{i_1 i_1}}}+\cdots+r_{i_k,(p+1)}^{(k)}\frac{x_{i_k}-\bar{x}_{i_k}}{\sqrt{L_{i_k i_k}}}$$

通过代数运算可得 $\hat{y}=b_0+b_{i_1}x_{i_1}+\cdots+b_{i_k}x_{i_k}$。

7.3.3 逐步回归的 MATLAB 方法

逐步回归的计算实施过程可以利用 MATLAB 软件在计算机上自动完成，要求关心应用的读者一定要通过前面的叙述掌握逐步回归方法的思想，这样才能用对、用好逐步回归法。

在 MATLAB 7.0 统计工具箱中用于逐步回归的命令是 Stepwise，它提供一个交互画面。通过这个工具可以自由地选择变量，进行统计分析，其通常用法如下：

```
Stepwise (X,Y,in,penter,premove)
```

其中，X 是自变量数据，Y 是因变量数据，分别为 $n\times p$ 和 $n\times 1$ 的矩阵，in 是矩阵 X 的列数的指标，给出初始模型中包括的子集，默认设定为全部自变量不在模型中，penter 为变量进入时的显著性水平，默认值为 0.05，premove 为变量剔除时的显著性水平，默认值为 0.10。

在应用 Stepwise 命令进行运算时，程序不断提醒将某个变量加入回归方程，或者提醒将某个变量从回归方程中剔除。

注意：应用 Stepwise 命令进行逐步回归，数据矩阵 X 的第一列不需要人工加一个全 1 向量，程序会自动求出回归方程的常数项。

下面通过一个例子来说明 Stepwise 的用法。

【例 7-5】Hald 数据是关于水泥生产的数据。某种水泥在凝固时放出的热量 Y（单位：卡/克）与水泥中 4 种化学成品所占的百分比有关。

$X1: 3CaO \cdot Al_2O_3$。

$X2: 3CaO \cdot SiO_2$。

$X3: 4CaO \cdot Al_2O_3 \cdot Fe_2O_3$。

$X4: 2CaO \cdot SiO_2$。

在生产中测得 12 组数据，如表 7-7 所示，试建立 Y 关于这些因子的最优回归方程。

表 7-7　水泥生产的数据

序号	1	2	3	4	5	6	7	8	9	10	11	12
*X*1	7	1	11	11	7	11	3	1	2	21	1	11
*X*2	26	29	56	31	52	55	71	31	54	47	40	66
*X*3	6	15	8	8	6	9	17	22	18	4	23	9
*X*4	60	52	20	47	33	22	6	44	22	26	34	12
Y	78.5	74.3	104.3	87.6	95.9	109.2	102.7	72.5	93.1	115.9	83.8	113.3

对于例 7-5 中的问题，可以使用多元线性回归、多元多项式回归，但也可以考虑使用逐步回归。从逐步回归的原理来看，逐步回归是上述两种回归方法的结合，可以自动使方程的因子设置最合理。对于该问题，逐步回归的代码如下。

```
    X=[7,26,6,60;1,29,15,52;11,56,8,20;11,31,8,47;7,52,6,33;11,55,9,22;3,
71,17,6;1,31,22,44;2,54,18,22;21,47,4,26;1,40,23,34;11,66,9, 12];
%自变量数据
    Y=[78.5,74.3,104.3,87.6,95.9,109.2,102.7,72.5,93.1,115.9,83.8,113.3];
%因变量数据
    Stepwise(X,Y,[1,2,3,4],0.05,0.10) % in=[1,2,3,4]表示 X1、X2、X3、X4 均保
留在模型中
```

程序执行后得到逐步回归的窗口，如图 7-6 所示。

在图 7-6 中，用蓝色行显示变量 *X*1、*X*2、*X*3、*X*4 均保留在模型中，窗口的右侧按钮上方提示：将变量 *X*3 剔除回归方程（Move X3 out），单击 Next Step 按钮，即进行下一步运算，将第 3 列数据对应的变量 *X*3 剔除回归方程。单击 Next Step 按钮后，剔除的变量 *X*3 所对应的行用红色表示，同时又得到提示：将变量 *X*4 剔除回归方程（Move X4 out），单击 Next Step 按钮，这样一直重复操作，直到 Next Step 按钮变灰，表明逐步回归结束，此时得到的模型即逐步回归最终的结果。

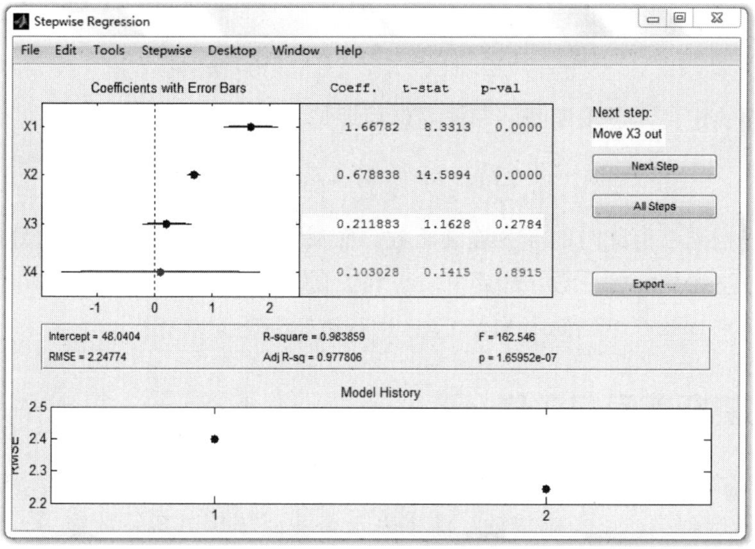

图 7-6 逐步回归的窗口

7.4 逻辑斯蒂回归

7.4.1 逻辑斯蒂回归模型

在回归分析中，因变量 y 可能有如下两种情形：

（1）y 是一个定量的变量，这时就用通常的 regress 函数对 y 进行回归。

（2）y 是一个定性的变量，比如 y=0 或 1，这时就不能用通常的 regress 函数对 y 进行回归，而使用所谓的逻辑斯蒂回归。

逻辑斯蒂方法主要用于研究某些现象发生的概率 P，比如股票涨或跌，以及公司成功或失败的概率。除此之外，本章还讨论概率 P 与哪些因素有关。逻辑斯蒂回归模型的基本形式为：

$$P(Y=1|x_1,x_2,6\ ,x_k)=\frac{\exp(\beta_0+\beta_1x_1+6\ +\beta_kx_k)}{1+\exp(\beta_0+\beta_1x_1+6\ +\beta_kx_k)}$$

其中，$\beta_0,\beta_1,\cdots,\beta_k$ 类似于多元线性回归模型中的回归系数。

该式表示当自变量为 $x_1,x_2,6\ ,x_k$ 时，因变量 Y 为 1 的概率。对该式进行对数变换，可得：

$$\ln\frac{P}{1-P}=\beta_0+\beta_1x_1+6\ +\beta_kx_k$$

至此，可以发现，只要对 P 按照 $\ln(P/(1-P))$ 的形式进行对数变换，即可将逻辑斯蒂回归问题转化为线性回归问题，这时按照多元线性回归的方法即可很容易地得到回归参数。但很快又会发现，对于定性实践，P 的取值只有 0、1，这就导致 $\ln(P/(1-P))$ 的形式失去意义。为此，在实际应用逻辑斯蒂模型的过程中，常常不是直接对 P 进行回归，而是先定

义一种单调连续的概率函数 π，令

$$\pi = P(Y=1|x_1,x_2,\cdots,x_k)\text{，}\quad 0<\pi<1$$

有了这样的定义，逻辑斯蒂回归模型就可变形为：

$$\ln\frac{\pi}{1-\pi}=\beta_0+\beta_1x_1+\cdots+\beta_kx_k\text{，}\quad 0<\pi<1$$

虽然形式相同，但此时的 π 为连续函数。然后只需对原始数据进行合理的映射，即可用线性回归方法得到回归系数。最后再由 π 和 P 的映射关系进行反映射而得到 P 的值。下面以一个实例来具体介绍如何用 MATLAB 进行逻辑斯蒂回归分析。

7.4.2 逻辑斯蒂回归实例

企业到金融机构贷款，金融机构需要对企业进行评估。评估结果为 0、1 两种形式，0 表示企业两年后破产，将拒绝贷款；而 1 表示企业两年后具备还款能力，可以贷款。在表 7-8 中，已知前 20 家企业的三项评价指标值和评估结果，试建立模型对其他 5 家企业（企业 21～25）进行评估。

表 7-8 企业还款能力评价表

企业编号	X1	X2	X3	Y	预测值
1	−62.8	−89.5	1.7	0	0
2	3.3	−3.5	1.1	0	0
3	−120.8	−103.2	2.5	0	0
4	−18.1	−28.8	1.1	0	0
5	−3.8	−50.6	0.9	0	0
6	−61.2	−56.2	1.7	0	0
7	−20.3	−17.4	1	0	0
8	−194.5	−25.8	0.5	0	0
9	20.8	−4.3	1	0	0
10	−106.1	−22.9	1.5	0	0
11	43	16.4	1.3	1	1
12	47	16	1.9	1	1
13	−3.3	4	2.7	1	1
14	35	20.8	1.9	1	1
15	46.7	12.6	0.9	1	1
16	20.8	12.5	2.4	1	1
17	33	23.6	1.5	1	1
18	26.1	10.4	2.1	1	1
19	68.6	13.8	1.6	1	1
20	37.3	33.4	3.5	1	1
21	−49.2	−17.2	0.3	?	0

续表

企业编号	X1	X2	X3	Y	预测值
22	−19.2	−36.7	0.8	?	0
23	40.6	5.8	1.8	?	1
24	34.6	26.4	1.8	?	1
25	19.9	26.7	2.3	?	1

对于该问题，很明显可以用逻辑斯蒂模型来求解，但需要首先确定概率函数 π 和评价结果 P 之间的映射关系。此时 π 表示企业两年后具备还款能力的概率，且 $0<\pi<1$。另外，对于已知结果的 20 个可用于回归的数据，有 10 个为 0，10 个为 1，数量相等，所以可取分界值为 0.5，即 π 到 P 的映射关系为：

$$P=\begin{cases}0, & \pi \leqslant 0.5 \\ 1, & \pi > 0.5\end{cases}$$

这样归类相当于模糊数学中的“截集”，把连续的变量划分成离散的。

对于已知评价结果的前 20 家企业，我们只知道它们最终的评价结果 P 值，但并不知道对应的概率函数 π 的值。但是为了能够进行逻辑斯蒂回归，需要知道这 20 家企业对应的 π 值。于是，为了方便做逻辑斯蒂回归运算，取区间的中值作为 π 的值，即：

$$\text{对于 } P=0,\quad \pi=(0+0.5)/2=0.25$$

$$\text{对于 } P=1,\quad \pi=(0.5+1)/2=0.75$$

有了这样的映射关系，就可以利用 MATLAB 进行求解，具体求解程序如 P7-1 所示。

程序编号	P7-1	文件名称	P7_1_logisctic_ex1.m	说明	逻辑斯蒂回归程序

```
% 逻辑斯蒂方法的 MATLAB 实现程序
%----------------------------------------------------------------------
---------
%% 数据准备
clear all
clc
X0=xlsread('logistic_ex1.xlsx', 'A2:C21'); % 回归数据 X 值
XE=xlsread('logistic_ex1.xlsx', 'A2:C26'); % 验证与预测数据
Y0=xlsread('logistic_ex1.xlsx', 'D2:D21'); % 回归数据 P 值
%----------------------------------------------------------------------
---------
%% 数据转化和参数回归
n=size(Y0,1);
for i=1:n
    if Y0(i)==0
        Y1(i,1)=0.25;
    else
        Y1(i,1)=0.75;
    end
end
X1=ones(size(X0,1),1); % 构建常数项系数
X=[X1, X0];
Y=log(Y1./(1-Y1));
b=regress(Y,X);
```

```
%-----------------------------------------------------------------------
%% 模型验证和应用
for i=1:size(XE,1)
Pai0=exp(b(1)+b(2)*XE(i,1)+b(3)*XE(i,2)+b(4)*XE(i,3))/(1+exp(b(1)+
b(2)*XE(i,1)+b(3)*XE(i,2)+b(4)*XE(i,3)));
    if Pai0<=0.5
       P(i)=0;
    else
       P(i)=1;
    end
end
%-----------------------------------------------------------------------
%% 显示结果
disp(['回归系数:' num2str(b')]);
disp(['评价结果:' num2str(P)]);
```

运行程序，可得如下求解结果。

```
回归系数:-0.63656    0.004127    0.016292    0.53305
评价结果:0  0  0  0  0  0  0  0  0  0  1  1  1  1  1  1  1  1  1  1  0  0
1  1  1
```

由第一行显示的系数矩阵可知该问题的逻辑斯蒂回归模型为：

$$
\begin{cases}
\pi = \dfrac{\exp(-0.636\,56 + 0.004\,127x_1 + 0.016\,292x_2 6 \ \ + 0.533\,05x_3)}{1 + \exp(-0.636\,56 + 0.004\,127x_1 + 0.016\,292x_2 6 \ \ + 0.533\,05x_3)} \\
P = \begin{cases} 0, & \pi \leqslant 0.5 \\ 1, & \pi > 0.5 \end{cases}
\end{cases}
$$

第二行显示的为模型的评价结果，其中前 20 个相当于对模型的验证，后 5 个为应用模型后对新企业的评价结果。将模型求解的结果与原始数据的评价结果进行对比发现（见表 7-8 后两列），模型结果与实际结果完全一致，说明该模型的准确率较高，可以用来预测新企业的还款能力。

7.5 应用实例：多因子选股模型的实现

7.5.1 多因子模型的基本思想

多因子模型是应用广泛的一种选股模型，其基本原理是采用一系列的因子作为选股标准，满足这些因子的股票则被买入，不满足的则被卖出。举一个简单的例子：如果有一批人参加马拉松，想要知道哪些人会跑到平均成绩之上，只需在跑前做一个身体测试即可。那些健康指标靠前的运动员，获得超越平均成绩的成绩的可能性较大。多因子模型的原理与此类似，只要找到那些对企业的收益率最相关的因子即可。

各种多因子模型的区别：第一是在因子的选取上，第二是用多因子综合得到最终的判断的方法。一般而言，多因子模型有两种判断方法：一种是打分法；另一种是回归法。打分法就是根据各个因子的大小对股票进行打分，然后按照一定的权重加权得到一个总分，根据总分再对股票进行筛选。回归法就是用过去的股票的收益率对多因子进行回归，得到一个回归方程，然后把最新的因子代入回归方程，得到一个对未来股票收益的预判，再以此为依据进行选股。

多因子模型的建立过程主要分为候选因子的选取、选股因子有效性的检验、有效但冗余因子的剔除、综合评分模型的建立和模型的评价及持续改进 5 个步骤。在这 5 个步骤中，回归方法可以用来辅助筛选因子、检验因子的有效性，以及进行冗余因子的剔除，也可以直接用回归方法建立综合评分模型。

下面将以具体实例介绍如何用回归方法建立一个简单的多因子选股模型。

7.5.2 多因子选股模型的实现

现在以第 4 章中得到的数据为基础（具体数据见配套程序和数据）建立两个多因子选股模型，具体步骤如下。

（1）导入数据。

```
clc, clear all, close all
s = dataset('xlsfile', 'SampleA1.xlsx');
```

（2）进行多元线性回归。

当导入数据后，就可以建立一个多元线性回归模型，具体实现过程和结果如下。

```
myFit = LinearModel.fit(s);
disp(myFit)
sx=s(:,1:10);
sy=s(:,11);
n=1:size(s,1);
sy1= predict(myFit,sx);
figure
plot(n,sy, 'ob', n, sy1,'*r')
xlabel('样本编号', 'fontsize',12)
ylabel('综合得分', 'fontsize',12)
title('多元线性回归模型', 'fontsize',12)
set(gca, 'linewidth',2)
```

程序执行后，得到的模型及模型中的参数如下。

```
Linear regression model:
    eva ~ 1 + dv1 + dv2 + dv3 + dv4 + dv5 + dv6 + dv7 + dv8 + dv9 + dv10
Estimated Coefficients:
                    Estimate       SE          tStat        pValue
                   __________   __________   _________   ___________
    (Intercept)      0.13242     0.035478      3.7324     0.00019329
    dv1            -0.092989    0.0039402       -23.6    7.1553e-113
    dv2            0.0013282    0.0010889      1.2198        0.22264
    dv3           6.4786e-05   0.00020447     0.31685        0.75138
    dv4             -0.16674      0.06487     -2.5703        0.01021
    dv5             -0.18008     0.022895     -7.8656     5.1261e-15
    dv6             -0.50725     0.043686     -11.611     1.6693e-30
    dv7              -3.1872       1.1358     -2.8062      0.0050462
    dv8             0.033315     0.084957     0.39214        0.69498
```

```
    dv9            -0.028369      0.093847    -0.30229         0.76245
    dv10            -0.13413      0.010884     -12.324      4.6577e-34
R-squared: 0.819,  Adjusted R-Squared 0.818
F-statistic vs. constant model: 1.32e+03, p-value = 0
```

利用该模型对原始数据进行预测，得到的股票综合得分如图 7-7 所示。从该图中可以看出，尽管这些数据存在一定的偏差，但三个簇的分层非常明显，说明模型在刻画历史数据方面具有较高的准确度。

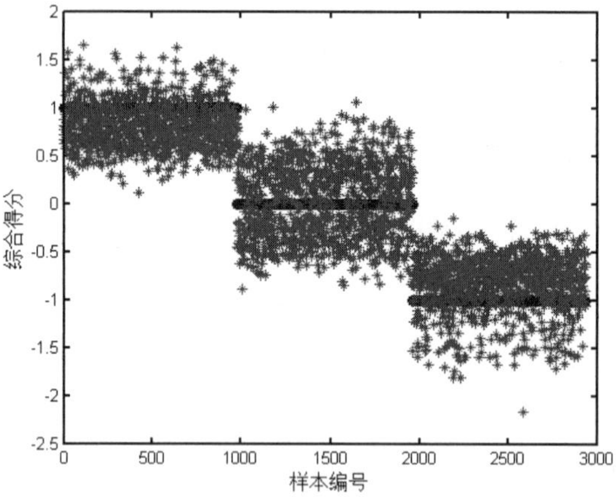

图 7-7　利用多元线性回归模型得到的综合得分与原始得分的比较图

（3）进行逐步回归。

上述是对所有变量进行回归，也可以使用逐步回归进行因子筛选，并得到优选因子后的模型，具体实现过程如下。

```
    myFit2 = LinearModel.stepwise(s);
disp(myFit2)
sy2= predict(myFit2,sx);
figure
plot(n,sy, 'ob', n, sy2,'*r')
xlabel('样本编号', 'fontsize',12)
ylabel('综合得分', 'fontsize',12)
title('逐步回归模型', 'fontsize',12)
set(gca, 'linewidth',2)
```

程序执行后，得到的模型及模型中的参数如下。

```
    Linear regression model:
    eva ~ 1 + dv7 + dv1*dv5 + dv1*dv10 + dv5*dv10 + dv6*dv10

Estimated Coefficients:
                     Estimate        SE          tStat        pValue
                    __________    __________    ________    ____________
    (Intercept)      0.032319       0.01043      3.0987       0.0019621
    dv1             -0.099059     0.0037661     -26.303     4.6946e-137
    dv5              -0.11262      0.023316     -4.8301      1.4345e-06
    dv6              -0.56329      0.037063     -15.198       2.864e-50
    dv7               -3.2959        1.0714     -3.0763       0.0021155
    dv10             -0.14693      0.010955     -13.412      7.5612e-40
```

```
    dv1:dv5          0.018691     0.0053933      3.4656      0.00053673
    dv1:dv10         0.010822     0.0019104       5.665      1.6127e-08
    dv5:dv10          -0.1332      0.021543      -6.183      7.1632e-10
    dv6:dv10          0.10062      0.027651       3.639      0.00027845

R-squared: 0.824,  Adjusted R-Squared 0.823
F-statistic vs. constant model: 1.52e+03, p-value = 0
```

从该模型中可以看出，逐步回归得到的模型少了 5 个单一因子，多了 5 个组合因子，模型的决定系数反而提高了一些，这说明逐步回归得到的模型的精度更高些，影响因子更少些。这对于分析模型本身是非常有帮助的，尤其在剔除因子方面。

利用该模型对原始数据进行预测，得到的股票综合得分如图 7-8 所示，总体趋势与图 7-7 相似。

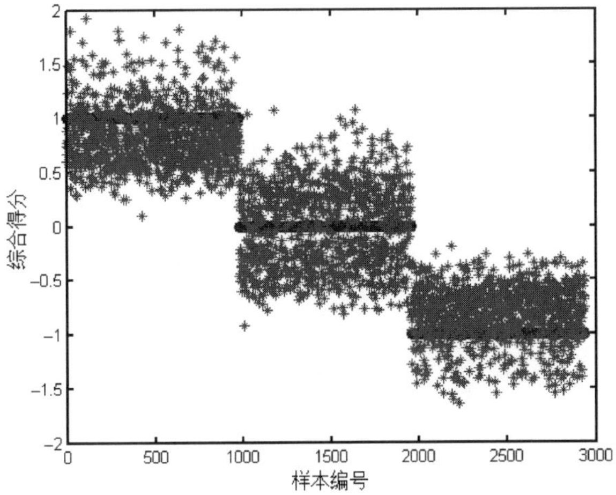

图 7-8　利用逐步回归模型得到的综合得分与原始得分的比较图

当然这个例子是一个简单的例子，实践中的模型可能会比较复杂，比如沃尔评分法就是一个复杂的多因子模型，其基本原理是对股票进行分行业比较，算出每个行业得分较高的组合，然后组合成投资篮子。

由于量化选股的方法建立在市场无效或弱有效的前提下，随着使用多因子选股模型的投资者数量的不断增加，有的因子会逐渐失效，而另一些新的因素可能被验证有效而加入模型中；另外，一些因子可能在过去的市场环境下比较有效，而随着市场环境的改变，这些因子可能短期内失效，而另一些以前无效的因子会在当前市场环境下表现较好。

另外，计算综合评分的过程中，各因子得分的权重设计、交易成本和风险控制等都存在进一步改进的空间。因此，在综合评分选股模型的使用过程中会对选用的因子、模型本身做持续的再评价和不断的改进以适应变化的市场环境。

多因子模型最重要的是两个方面：一个是有效因子；另一个是因子的参数。例如，到底是采用 1 个月做调仓周期还是 3 个月做调仓周期，这些因子和参数的获取只能通过历史数据回测来获得。

7.6 本章小结

本章主要介绍数据挖掘中常用的几种回归方法。在使用回归方法时，首先判断自变量的个数，如果超过两个，则要用到多元回归，否则考虑用一元回归。然后判断是线性还是非线性，这对于一元回归是比较容易的。而对于多元回归，往往是将其他变量保持不变，将多元转化为一元后再去判断是线性还是非线性。如果变量很多且复杂，则可以首先考虑多元线性回归，然后检验回归效果，也可以用逐步回归。总之，回归方法的使用比较灵活，根据具体情景还是比较容易找到合适的方法的。

第 8 章　分类方法

> 分类是一种重要的数据挖掘技术。分类的目的是根据数据集的特点构造一个分类函数或分类模型（也常称为分类器），该模型能把未知类别的样本映射到给定的类别中。

分类方法是解决分类问题的方法，是数据挖掘、机器学习和模式识别中一个重要的研究领域。分类算法通过对已知类别训练集的分析，从中发现分类规则，以此预测新数据的类别。分类算法的应用非常广泛，如银行中风险评估、客户类别分类、文本检索和搜索引擎分类、安全领域中的入侵检测及软件项目中的应用等。在量化投资领域，分类技术应用的场景也比较广泛，比如可以建立分类模型，将股票分为易涨股票和易跌股票两大类，这样就可以选择易涨股票买入。

本章将介绍分类的基本概念、常用分类方法的理论及应用案例，还将介绍分类方法在量化投资中的应用实例——分类选股法的实现。

8.1　分类方法概要

8.1.1　分类的概念

数据挖掘中分类的目的是得到一个分类函数或分类模型（也常称为分类器），该模型能把数据库中的数据项映射到给定的类别中。

分类可描述如下：输入数据，或称训练集，是由一条条的数据库记录（Record）组成的。每一条记录包含若干个属性（Attribute），这些属性组成一个特征向量。训练集的每条记录还有一个特定的类标签与之对应。该类标签是系统的输入，通常是以往的一些经验数据。一个具体样本的形式可为样本向量：($v1,v2,\cdots,vn;c$)，在这里 vi 表示字段值，c 表示类别。分类的目的是：分析输入数据，根据训练集中的数据表现出来的特性，为每一个类找到一种准确的描述或者模型。由此生成的类描述用来对未来的测试数据进行分类。尽管这些未来的测试数据的类标签是未知的，仍可以由此预测这些新数据所属的类。注意是预测，而不能确定，因为分类的准确率不能达到百分之百。也可以由此对数据中的每一个类有更好的理解。也就是说，我们获得了对这个类的知识。所以，分类也可以定义为：

对现有的数据进行学习，得到一个目标函数或规则，把每个属性集 x 映射到一个预先定义的类标号 y 上。

目标函数或规则也称为分类模型，分类模型有两个主要作用：一个是描述性建模，即作为解释性的工具，用于区分不同类中的对象；另一个是预测性建模，即用于预测未知记录的类标号。

8.1.2 分类的原理

分类方法是一种根据输入数据集建立分类模型的系统方法，这些方法都使用一种学习算法（Learning Algorithm）来确定分类模型，使该模型能够很好地拟合输入数据中类标号和属性集之间的联系。学习算法得到的模型不仅要很好地拟合输入数据，还要能够正确地预测未知样本的类标号。因此，训练算法的主要目标就是建立具有很好的泛化能力的模型，即建立能够准确地预测未知样本类标号的模型。

图 8-1 展示了解决分类问题的一般方法，即分类的原理。首先，需要一个训练集，它由类标号已知的记录组成。使用训练集建立分类模型，该模型随后将运用于测试集，检验集由类标号未知的记录组成。

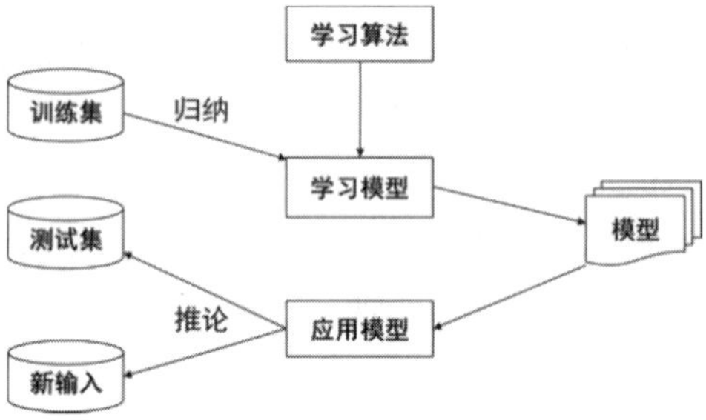

图 8-1 分类原理示意图

通常分类学习所获得的模型可以表示为分类规则形式、决策树形式或数学公式形式。例如，给定一个顾客信用信息数据库，通过学习所获得的分类规则可用于识别顾客是否具有良好的信用等级或一般的信用等级。分类规则可用于对今后未知所属类别的数据进行识别，也可以帮助用户更好地了解数据库中的内容。

构造模型的过程一般分为训练和测试两个阶段。在构造模型之前，要求将数据集随机地分为训练数据集和测试数据集。在训练阶段，使用训练数据集，通过分析由属性描述的数据库元组来构造模型，假定每个元组属于一个预定义的类，由一个称为类标号的属性来确定。训练数据集中的单个元组也称为训练样本，一个具体样本的形式可为：（*u*1,*u*2,⋯,*un*;*c*），其中 *ui* 表示属性值，*c* 表示类别。由于提供了每个训练样本的类标号，该阶段也称为有指导的学习。通常，模型以分类规则、判定树或数学公式的形式提供。在测试阶段，使用测试数据集来评估模型的分类准确率，如果认为模型的分类准确率可以接受，就可以用该模型对其他数据元组进行分类。一般来说，测试阶段的代价远远低于训练阶段。

为了提高分类的准确性、有效性和可伸缩性，在进行分类之前，通常要对数据进行预处理。预处理包括如下内容。

（1）数据清理。其目的是消除或减少数据噪声，处理空缺值。

（2）相关性分析。由于数据集中的许多属性可能与分类任务不相关，若包含这些属性将减慢甚至可能误导学习过程。相关性分析的目的就是删除这些不相关或冗余的属性。

（3）数据变换。数据可以概化到较高层概念。比如，连续值属性“收入”的数值可以概化为离散值：低、中、高。又比如，标称值属性“市”可概化到高层概念“省”。此外，数据也可以规范化，规范化将给定属性的值按比例缩放，落入较小的区间，比如[0,1]等。

8.1.3 常用的分类方法

分类的方法有多种，常用的主要有 7 种，如图 8-2 所示。在随后的内容中，将分别介绍这 7 种分类方法的基本原理及典型的应用案例。

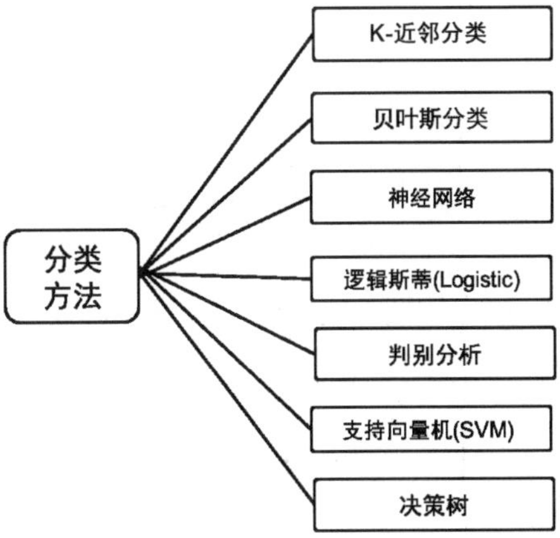

图 8-2 常用的分类方法

8.2 K-近邻分类

8.2.1 K-近邻分类的原理

K-近邻（K-Nearest Neighbors，KNN）分类是一种基于实例的分类方法，最初由 Cover 和 Hart 于 1968 年提出，是一种非参数的分类技术。

K-近邻分类通过计算每个训练样本到待分类样品的距离，取和待分类样品距离最近的 *K* 个训练样本，*K* 个样品中哪个类别的训练样本占多数，则待分类元组就属于哪个类别。使用最近邻确定类别的合理性可用下面的谚语来说明：“如果走路像鸭子，叫像鸭子，看起来还像鸭子，那么它很可能就是一只鸭子。”，如图 8-3 所示。近邻分类器把每个样本看作 d 维空间上的一个数据点，其中 d 是属性个数。给定一个测试样本，可以计算该测试样本与训练集中其他数据点的距离（邻近度），给定样本 z 的 K-近邻是指找出和 z 距离最近的 K 个数据点。

图 8-4 为位于圆圈中心的数据点的 1-近邻、2-近邻和 3-近邻。该数据点根据其近邻的类标号进行分类。如果数据点的近邻中含有多个类标号，则将该数据点指派到其近邻的多数类。在图 8-4（a）中，数据点的 1-近邻是一个负例，因此该点被指派到负类。如果近邻

是三个，如图 8-4（c）所示，其中包括两个正例和一个负例，根据多数表决方案，该点被指派到正类。在近邻中正例和负例个数相同的情况下［见图 8-4（b)]，可随机选择一个类标号来将该点分类。

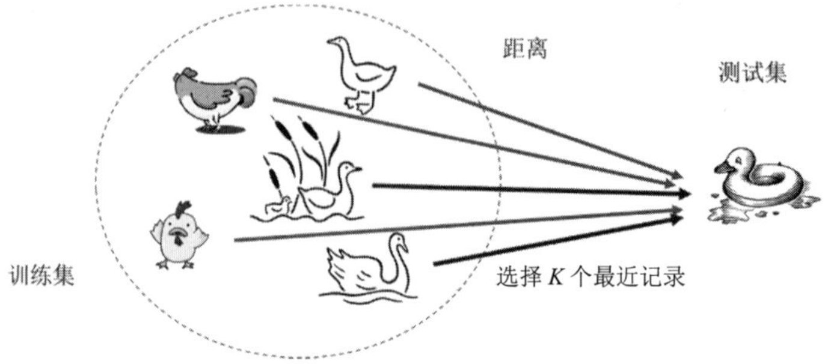

图 8-3　K-近邻分类原理示意图

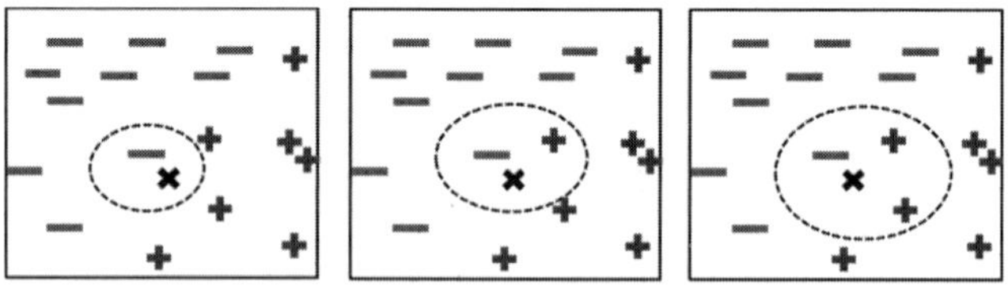

（a）1-近邻　（b）2-近邻　（c）3-近邻

图 8-4　一个实例的 1-近邻、2-近邻和 3-近邻

K-近邻算法的具体步骤如下：

（1）初始化距离为最大值。

（2）计算未知样本和每个训练样本的距离 dist。

（3）得到目前 *K* 个近邻样本中的最大距离 maxdist。

（4）如果 dist 小于 maxdist，则将该训练样本作为 K-近邻样本。

（5）重复步骤（2）～（4），直到未知样本和所有训练样本的距离都算完。

（6）统计 *K* 个近邻样本中每个类别出现的次数。

（7）选择出现频率最大的类别作为未知样本的类别。

根据 K-近邻算法的原理和步骤可以看出，K-近邻算法对 *K* 值的依赖度较高，所以 *K* 值的选择非常重要。如果 *K* 值太小，预测目标容易产生变动性；相反，如果 *K* 值太大，近邻分类器可能会将测试样本误分类，因为近邻列表中可能包含远离其近邻的数据点（见图 8-5）。推定 *K* 值的有益途径是通过有效参数的数目这个概念，有效参数的数目是和 *K* 值相关的，大致等于 n/K，其中 n 是这个训练数据集中实例的数目。在实践中往往通过若干次实验来确定 *K* 值，即取分类误差率最小的 *K* 值。

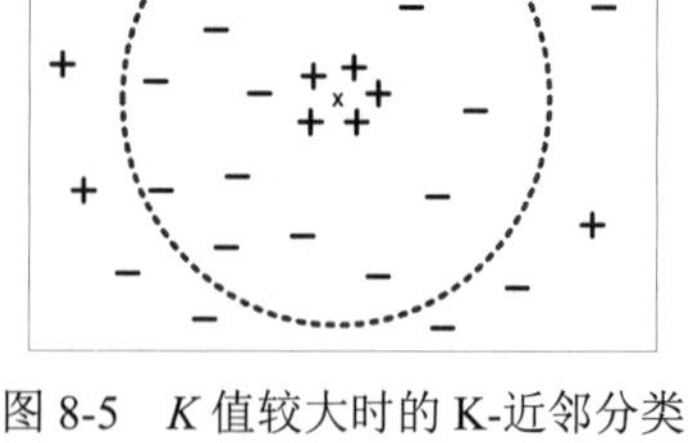

图 8-5　*K* 值较大时的 K-近邻分类

8.2.2 K-近邻分类的实例

首先来介绍实例的背景：一家银行的工作人员通过电话调查客户是否愿意购买一种理财产品，并记录调查结果 y。另外，银行有这些客户的一些资料 X，它包括 16 个属性，如表 8-1 所示。现在希望建立一个分类器来预测一个新客户是否愿意购买该产品。

表 8-1 银行客户资料的属性及意义

属性名称	属性意义及类型
Age	年龄，数值变量
Job	工作类型，分类变量
marital	婚姻状况，分类变量
education	学历情况，分类变量
default	信用状况，分类变量
balance	平均每年结余，数值变量
housing	是否有房贷，分类变量
Loan	是否有个人贷款，分类变量
contact	留下的通信方式，分类变量
Day	上次联系日期中日的数字，数值变量
month	上次联系日期中月的类别，分类变量
duration	上次联系持续时间（秒），数值变量
campaign	本次调查该客户的电话受访次数，数值变量
pdays	上次市场调查后到现在的天数，数值变量
previous	本次调查前与该客户联系的次数，数值变量
poutcome	之前市场调查的结果

下面用 K-近邻算法建立该问题的分类器，在 MATLAB 中具体的实现步骤和结果如下。

（1）准备环境。

```
clc, clear all, close all
```

（2）导入数据及数据预处理。

```
load bank.mat
% 将分类变量转换成分类数组
names = bank.Properties.VariableNames;
category = varfun(@iscellstr, bank, 'Output', 'uniform');
for i = find(category)
    bank.(names{i}) = categorical(bank.(names{i}));
end
% 跟踪分类变量
catPred = category(1:end-1);
% 设置默认随机数生成方式，确保该脚本中的结果是可以重现的
rng('default');
% 数据探索——数据可视化
figure(1)
gscatter(bank.balance,bank.duration,bank.y,'kk','xo')
xlabel('年平均余额/万元', 'fontsize',12)
ylabel('上次接触时间/秒', 'fontsize',12)
title('数据可视化效果图', 'fontsize',12)
```

```
set(gca,'linewidth',2);
% 设置响应变量和预测变量
X = table2array(varfun(@double, bank(:,1:end-1)));  % 预测变量
Y = bank.y;   % 响应变量
disp('数据中 Yes & No 的统计结果：')
tabulate(Y)
%将分类数组进一步转换成二进制数组，以便于某些算法对分类变量的处理
XNum = [X(:,~catPred) dummyvar(X(:,catPred))];
YNum = double(Y)-1;
```

运行程序，会得到数据中 Yes 和 No 的统计结果。

```
    Value    Count    Percent
       no      888     88.80%
      yes      112     11.20%
```

同时，还会得到数据的可视化结果，如图 8-6 所示。图 8-6 为两个变量（上次接触时间与年平均余额）的散点图，也可以说是这两个变量的相关性关系图，因为根据这些散点，能大致看出 Yes 和 No 的两类人群关于这两个变量的分布特征。

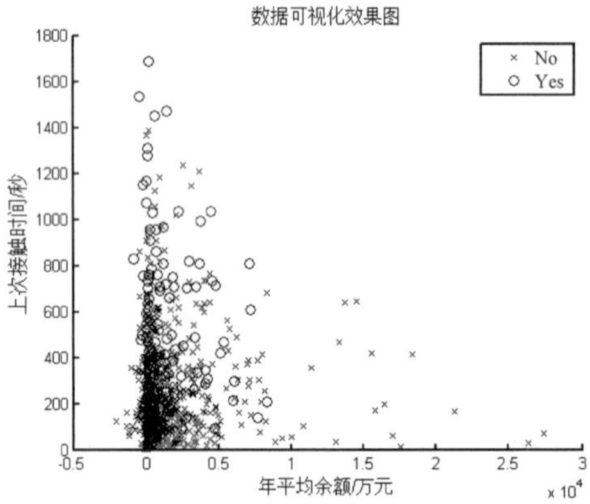

图 8-6 数据可视化结果

（3）设置交叉验证方式。

随机选择 40%的样本作为测试样本。

```
    cv = cvpartition(height(bank),'holdout',0.40);
% 训练集
Xtrain = X(training(cv),:);
Ytrain = Y(training(cv),:);
XtrainNum = XNum(training(cv),:);
YtrainNum = YNum(training(cv),:);
% 测试集
Xtest = X(test(cv),:);
Ytest = Y(test(cv),:);
XtestNum = XNum(test(cv),:);
YtestNum = YNum(test(cv),:);
disp('训练集：')
tabulate(Ytrain)
disp('测试集：')
tabulate(Ytest)
```

训练集如下。

```
    Value    Count   Percent
      no      528     88.00%
     yes       72     12.00%
```

测试集如下。

```
    Value    Count   Percent
      no      360     90.00%
     yes       40     10.00%
```

（4）训练 K-近邻分类器。

```
    knn = ClassificationKNN.fit(Xtrain,Ytrain,'Distance','seuclidean',...
                         'NumNeighbors',5);
% 进行预测
[Y_knn, Yscore_knn] = knn.predict(Xtest);
Yscore_knn = Yscore_knn(:,2);
% 计算混淆矩阵
disp('最近邻方法分类结果：')
C_knn = confusionmat(Ytest,Y_knn)
```

K-近邻算法分类结果如下。

```
    C_knn =
      352     8
       28    12
```

8.2.3 K-近邻分类的特点

使用 K-近邻分类进行类别决策时，只与极少量的相邻样本有关，因此，采用这种方法可以较好地避免样本的不平衡问题。另外，由于 K-近邻分类主要靠周围有限的邻近的样本，而不是靠判别类域的方法来确定所属类别，因此对于类域的交叉或重叠较多的待分类样本集来说，K-近邻分类较其他方法更为合适。

该方法的不足之处是计算量较大，因为对每一个待分类的样本都要计算它到全体已知样本的距离，才能求得它的 K 个最近邻点。针对该不足，主要有如下两类改进方法：

（1）对于计算量大的问题，目前常用的解决方法是事先对已知样本点进行筛选，去除对分类作用不大的样本。这样可以挑选出对分类计算有效的样本，使样本总数合理地减少，以同时达到减少计算量、减少存储量的双重效果。

（2）对样本进行组织与整理，分群分层，尽可能将计算压缩到接近测试样本领域的小范围内，避免盲目地计算测试样本与训练集中的每个样本的距离。

总的来说，该方法的适应性强，尤其适用于样本容量比较大的自动分类问题，而那些样本容量较小的分类问题采用这种方法比较容易产生误分类。

8.3 贝叶斯分类

8.3.1 贝叶斯分类的原理

贝叶斯分类是一类分类算法的总称，这类算法均以贝叶斯定理为基础，故统称为贝叶斯分类。

贝叶斯分类是一类利用概率统计知识进行分类的算法，其分类原理是贝叶斯定理。贝叶斯定理是由 18 世纪概率论和决策论的早期研究者 Thomas Bayes 发明的，由此得名。

贝叶斯定理是概率论中的一个结果，它跟随机变量的条件概率及边缘概率分布有关。在有些关于概率的解说中，贝叶斯定理能够告知分析人员如何利用新证据修改已有的看法。通常，事件 A 在事件 B（发生）的条件下的概率，与事件 B 在事件 A 的条件下的概率是不一样的；然而，这两者有确定的关系，贝叶斯定理就是这种关系的陈述。

假设 X、Y 是一对随机变量，它们的联合概率 P（$X=x$，$Y=y$）是指 X 取值 x 且 Y 取值 y 的概率。条件概率是指一个随机变量在另一个随机变量取值已知的情况下取某一特定值的概率。例如，条件概率 P（$Y=y \mid X=x$）是指在变量 X 取值 x 的情况下，变量 Y 取值 y 的概率。X 和 Y 的联合概率和条件概率满足如下关系：

$$P(X,Y)=P(Y \mid X)\,P(X)=P(X \mid Y)\,P(Y)$$

对此式变形，可得到如下公式，称为贝叶斯定理：

$$P(Y \mid X)=\frac{P(X \mid Y)P(Y)}{P(X)}$$

贝叶斯定理很有用，因为它允许用先验概率 $P(Y)$、条件概率 $P(X \mid Y)$和证据 $P(X)$来表示后验概率。而在贝叶斯分类器中，朴素贝叶斯最为常用，接下来将介绍朴素贝叶斯分类的原理。

8.3.2 朴素贝叶斯分类的原理

朴素贝叶斯分类是一种十分简单的分类算法，顾名思义，这种方法的思想真的很朴素，朴素贝叶斯的思想基础是：对于给出的待分类项，求解在此项出现的条件下各个类别出现的概率，哪个最大，就认为此待分类项属于哪个类别。打个比方，你在街上看到一个黑人，你会十有八九猜他来自非洲。为什么呢？因为黑人中非洲人的比率最高，当然他也可能是美洲人或亚洲人，但在没有其他可用信息的情况下，我们会选择条件概率最大的类别，这就是朴素贝叶斯的思想基础。

朴素贝叶斯分类器以简单的结构和良好的性能受到人们的关注。朴素贝叶斯分类器建立在一个类条件独立性假设（朴素假设）的基础之上：给定类节点（变量）后，各属性节点（变量）之间相互独立。根据朴素贝叶斯的类条件独立性假设，有：

$$P(X \mid Ci)=\prod_{k=1}^{m} P(X_K \mid Ci)$$

条件概率 $P(X_1 \mid Ci), P(X_2 \mid Ci),6\ ,P(X_K \mid Ci)$可以从训练数据集求得。根据此方法，对一个未知类别的样本 X，可以先分别计算出 X 属于每一个类别 Ci 的概率 $P(X \mid Ci)P(Ci)$，然后选择其中概率最大的类别作为其类别。

朴素贝叶斯分类的具体步骤如下：

（1）设 $x=\{a_1,a_2,6\ ,a_m\}$ 为一个待分类项，而每个 a 为 x 的一个特征属性。

（2）有类别集合 $C=\{y_1,y_2,6\ ,y_n\}$。

（3）计算 $P(y_1|x), P(y_2|x), 6\ , P(y_n|x)$。

（4）如果 $P(y_k|x) = \max\{P(y_1|x), P(y_2|x), 6\ , P(y_n|x)\}$，则 $x \in y_k$。

那么，现在的关键就是如何计算第（3）步中的各个条件概率，可以按如下步骤计算：

（1）找到一个已知分类的待分类项集合，这个集合称为训练样本集。

（2）统计得到各类别下各个特征属性的条件概率估计，即

$$P(a_1 | y_1), P(a_2 | y_1), 6\ , P(a_m | y_1); P(a_1 | y_2), P(a_2 | y_2), 6\ ,$$
$$P(a_m | y_2); 6\ ; P(a_1 | y_n), P(a_2 | y_n), 6\ , P(a_m | y_n)$$

（3）如果各个特征属性是条件独立的，则根据贝叶斯定理有如下推导。

$$P(y_i | x) = \frac{P(x | y_i) P(y_i)}{P(x)}$$

分母对于所有类别为常数，因此只要将分子最大化即可，因为各特征属性是条件独立的，所以有：

$$P(x | y_i) P(y_i) = P(a_1 | y_i) P(a_2 | y_i) 6\ P(a_m | y_i) P(y_i) = P(y_i) \prod_{j=1}^{m} P(a_j | y_i)$$

根据上述分析，朴素贝叶斯分类的流程如图 8-7 所示（暂时不考虑验证）。

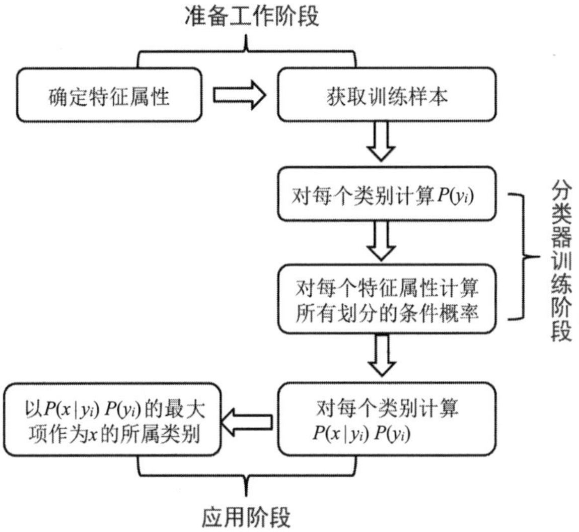

图 8-7　朴素贝叶斯分类的流程

可以看到，整个朴素贝叶斯分类过程分为如下三个阶段。

第一阶段，准备工作阶段。这个阶段的任务是为朴素贝叶斯分类做必要的准备，主要工作是根据具体情况确定特征属性，并对每个特征属性进行适当划分，然后由人工对一部分待分类项进行分类，形成训练样本集。这一阶段的输入是所有待分类数据，输出是特征属性和训练样本。这一阶段是整个朴素贝叶斯分类中唯一需要人工完成的阶段，其质量对整个过程将有重要影响。分类器的质量很大程度上由特征属性、特征属性划分及训练样本质量决定。

第二阶段，分类器训练阶段。这个阶段的任务就是生成分类器，主要工作是计算每个类别在训练样本中出现的频率及每个特征属性划分对每个类别的条件概率估计，并将结果记录。其输入是特征属性和训练样本，输出是分类器。这一阶段是机械性阶段，根据前面讨论的公式可以由程序自动计算完成。

第三阶段，应用阶段。这个阶段的任务是使用分类器对待分类项进行分类，其输入是分类器和待分类项，输出是待分类项与类别的映射关系。这一阶段也是机械性阶段，由程序完成。

朴素贝叶斯算法成立的前提是各属性之间相互独立。当数据集满足这种独立性假设时，分类的准确率较高，否则可能分类的准确率较低。另外，该算法没有分类规则输出。

在许多场合，朴素贝叶斯分类可以与决策树和神经网络分类算法相媲美，该算法能运用到大型数据库中，且方法简单、分类准确率高、速度快。由于贝叶斯定理假设一个属性值对给定类的影响独立于其他的属性值，而此假设在实际情况中经常是不成立的，因此，其分类准确率可能会下降。为此，就出现了许多降低独立性假设的贝叶斯分类算法，如 TAN（Tree Augmented Bayes Network）算法和贝叶斯网络分类器（Bayesian Network Classifier，BNC）。

8.3.3 朴素贝叶斯分类的实例

下面用朴素贝叶斯算法来训练 8.2.2 节中关于银行市场调查的分类器，具体实现代码和结果如下。

```
    dist = repmat({'normal'},1,width(bank)-1);
dist(catPred) = {'mvmn'};
% 训练分类器
Nb = NaiveBayes.fit(Xtrain,Ytrain,'Distribution',dist);
% 进行预测
Y_Nb = Nb.predict(Xtest);
Yscore_Nb = Nb.posterior(Xtest);
Yscore_Nb = Yscore_Nb(:,2);
% 计算混淆矩阵
disp('贝叶斯方法分类结果：')
C_nb = confusionmat(Ytest,Y_Nb)
```

朴素贝叶斯分类结果如下。

```
    C_nb =
      305    55
       19    21
```

8.3.4 朴素贝叶斯分类的特点

朴素贝叶斯分类一般具有如下特点。

（1）简单、高效、健壮。面对孤立的噪声点，朴素贝叶斯分类器是健壮的，因为在从数据中估计条件概率时，这些点被平均化。另外，朴素贝叶斯分类器也可以处理属性值遗漏问题。而面对无关属性，该分类器依然是健壮的，因为如果 X_i 是无关属性，那么 $P(X_i \mid Y)$ 几乎变成了均匀分布，X_i 的类条件概率不会对总的后验概率产生影响。

（2）相关属性可能会降低朴素贝叶斯分类器的性能，因为对这些属性，条件独立的假设已不成立。

8.4 神经网络

8.4.1 神经网络的原理

神经网络是分类技术中的重要方法之一。人工神经网络（Artificial Neural Networks，ANN）是一种应用类似于大脑神经突触联接的结构进行信息处理的数学模型。在这种模型中，大量的节点（或称神经元或单元）之间相互联接构成网络，即神经网络，以达到处理信息的目的。神经网络通常需要进行训练，训练的过程就是网络进行学习的过程。训练改变了网络节点的连接权的值，使其具有分类的功能，经过训练的网络就可用于对象的识别。

神经网络的优势在于：

（1）可以任意精度逼近任意函数。

（2）神经网络方法本身属于非线性模型，能够适应各种复杂的数据关系。

（3）神经网络具备很强的学习能力，它能比其他分类算法更好地适应数据空间的变化。

（4）神经网络借鉴人脑的物理结构和机理，能够模拟人脑的某些功能，具备“智能”的特点。

人工神经网络（ANN）的研究是由试图模拟生物神经系统的想法而引发的。人类的大脑主要由称为神经元的神经细胞组成，神经元通过称为轴突的纤维丝连在一起。当神经元受到刺激时，神经脉冲通过轴突从一个神经元传到另一个神经元。一个神经元通过树突连接到其他神经元的轴突，树突是神经元的延伸物。树突和轴突的连接点称为神经键。神经学家发现，人的大脑通过在同一个脉冲反复刺激下改变神经元之间的神经键的连接强度来进行学习。

类似于人脑的结构，ANN 由一组相互连接的节点和有向链构成。本节将分析一系列 ANN 模型，从介绍最简单的模型——感知器开始，看看如何训练这种模型来解决分类问题。

图 8-8 展示了一个简单的神经网络结构——感知器。感知器包含如下两种节点：几个输入节点，用来表示输入属性；一个输出节点，用来提供模型输出。神经网络结构中的节点通常称为神经元或单元。在感知器中，每个输入节点都通过一个加权的链连接到输出节点。这个加权的链用来模拟神经元间神经键连接的强度。像生物神经系统一样，训练一个感知器模型相当于不断调整链的权值，直到能拟合训练数据的输入、输出关系为止。

感知器对输入加权求和，再减去偏置因子 t，然后考查结果的符号，得到输出值 $\hat{y}$。例如，在一个有三个输入节点的感知器中，各节点到输出节点的权值都等于 0.3，偏置因子 $t=0.4$。模型的输出计算公式如下：

$$\hat{y}=\begin{cases}1, & 0.3x_1+0.3x_2+0.3x_3-0.4>0\\ -1, & 0.3x_1+0.3x_2+0.3x_3-0.4<0\end{cases}$$

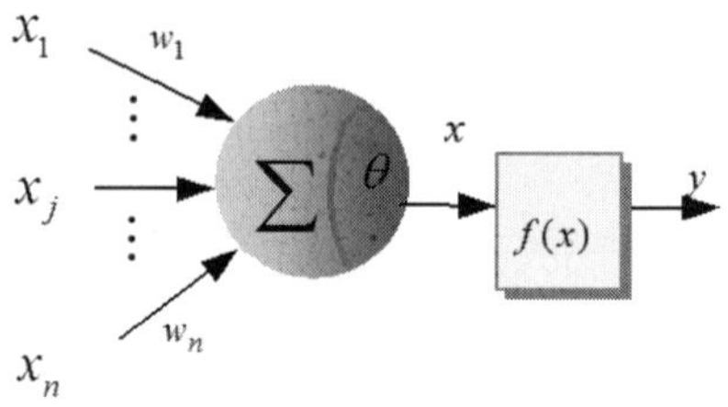

图 8-8　感知器结构示意图

如果 x_1=1，x_2=1，x_3=0，那么 $\hat{y}=1$，因为 0.3 x_1+0.3 x_2+0.3 x_3−0.4 是正的。另外，如果 x_1=0，x_2=1，x_3=0，那么 $\hat{y}$=−1，因为加权和减去偏置因子值为负。

注意感知器的输入节点和输出节点之间的区别。输入节点简单地把接收到的值传送给输出链，而不做任何转换。输出节点则是一个数学装置，计算输入的加权和，用加权和减去偏置因子，然后根据结果的符号产生输出。更具体的，感知器模型的输出可以用如下数学方式表示：

$$\hat{y}=\mathrm{sgn}(w_1x_1+w_2x_2+6\ \ +w_nx_n-t)$$

其中，$w_1, w_2, 6\ , w_n$ 是输入链的权值，而 $x_1, x_2, 6\ , x_n$ 是输入属性值。sgn 为符号函数，作为输出神经元的激活函数，当参数为正时输出 1，当参数为负时输出−1。感知器模型可以写成如下更简洁的形式：

$$\hat{y}=\mathrm{sgn}(\boldsymbol{wx}-t)$$

其中，$\boldsymbol{w}$ 是权值向量，$\boldsymbol{x}$ 是输入向量。

在感知器模型的训练阶段，权值参数 $\boldsymbol{w}$ 不断调整直到输出和训练样本的实际输出一致。感知器具体的学习算法如下：

（1）令 $D=\{(x_i,y_i),\ \ i=1,2,6\ \ ,N\}$ 是训练样本集。

（2）用随机值初始化权值向量 $w^{(0)}$。

（3）对每个训练样本 (x_i,y_i)，计算预测输出 $\hat{y}_i^{(k)}$。

（4）对每个权值 w_j，更新权值 $w_j{}^{(k+1)}=w_j^{(k)}+\lambda(y_i-\hat{y}_i{}^{(k)})x_{ij}$。

（5）重复步骤（3）和（4）直至满足终止条件。

权值更新公式：

$$w_j{}^{(k+1)}=w_j{}^{(k)}+\lambda(y_i-\hat{y}_i^{(k)})x_{ij}$$

其中，$w^{(k)}$ 是第 k 次循环后第 i 个输入链上的权值，参数λ称为学习率（Learning Rate），x_{ij} 是训练样本 x_i 的第 j 个属性值。权值更新公式的理由相当直观。从上述公式可以看出，新权值 $w^{(k+1)}$ 等于旧权值 $w^{(k)}$ 加上一个正比于预测误差 $(y-\hat{y})$ 的项。如果预测正确，那么权值保持不变。否则，按照如下方法更新。

如果 y=1，$\hat{y}$=−1，那么预测误差 $(y-\hat{y})=2$。为了补偿这个误差，需要通过提高所有正输入链的权值、降低所有负输入链的权值来提高预测输出值。

如果 $y=-1$，$\hat{y}=1$，那么预测误差 $(y-\hat{y})=-2$。为了补偿这个误差，需要通过降低所有正输入链的权值、提高所有负输入链的权值来降低预测输出值。

在权值更新公式中，对误差项影响最大的链需要做的调整最大。然而，权值不能改变太大，因为仅仅对当前训练样本计算了误差项。否则，以前的循环中所做的调整就会失效，学习率 λ 的值在 0 和 1 之间，可以用来控制每次循环时的调整量，如果 λ 接近 0，那么新权值主要受旧权值的影响。相反，如果 λ 接近 1，则新权值对当前循环中的调整量更加敏感。在某些情况下，可以使用一个自适应的 λ 值：在前几次循环时 λ 值相对较大，而在接下来的循环中 λ 值逐渐减小。

常见的用于分类的神经网络模型包括：BP（Back Propagation）神经网络、RBF 网络、Hopfield 网络、自组织特征映射神经网络、学习矢量化神经网络。目前神经网络分类算法研究较多集中在以 BP 神经网络为代表的神经网络上。当前的神经网络仍普遍存在收敛速度慢、计算量大、训练时间长和不可解释等缺点。

8.4.2 神经网络的实例

下面用神经网络方法来训练 8.2.2 节中关于银行市场调查的分类器，具体实现代码和结果如下。

```
hiddenLayerSize = 5;
net = patternnet(hiddenLayerSize);
% 设置训练集、验证集和测试集
net.divideParam.trainRatio = 70/100;
net.divideParam.valRatio = 15/100;
net.divideParam.testRatio = 15/100;
% 训练网络
net.trainParam.showWindow = false;
inputs = XtrainNum';
targets = YtrainNum';
[net,~] = train(net,inputs,targets);
% 用测试集数据进行预测
Yscore_nn = net(XtestNum')';
Y_nn = round(Yscore_nn);
% 计算混淆矩阵
disp('神经网络方法分类结果：')
C_nn = confusionmat(YtestNum,Y_nn)
```

神经网络方法分类结果如下。

```
C_nn =
   348    12
    26    14
```

8.4.3 神经网络的特点

神经网络的一般特点概括如下。

（1）至少含有一个隐藏层的多层神经网络是一种普适近似（Universal Approximator），即可以用来近似任何目标函数。由于 ANN 具有丰富的假设空间，因此对于给定的问题，选择合适的拓扑结构来防止模型的过分拟合是很重要的。

（2）ANN 可以处理冗余特征，因为权值在训练过程中自动学习。冗余特征的权值非常小。

（3）神经网络对训练数据中的噪声非常敏感。处理噪声问题的一种方法是使用确认集来确定模型的泛化误差，另一种方法是每次迭代将权值减少一个因子。

（4）ANN 权值学习使用的梯度下降方法经常会收敛到局部极小值。避免局部极小值的方法是在权值更新公式中加上一个动量项。

（5）训练 ANN 是一个很耗时的过程，特别是当隐藏节点数量很大时。然而，对测试样本分类时非常快。

8.5 逻辑斯蒂分类

8.5.1 逻辑斯蒂分类的原理

关于逻辑斯蒂（Logistic）分类的原理已经在 7.4 节进行了介绍，此处不再赘述。

8.5.2 逻辑斯蒂分类的实例

下面用逻辑斯蒂算法来训练 8.2.2 节中关于银行市场调查的分类器，具体实现代码和结果如下。

```
    glm = fitglm(Xtrain,YtrainNum,'linear', 'Distribution','binomial',...
    'link','logit','CategoricalVars',catPred, 'VarNames', names);
% 用测试集数据进行预测
Yscore_glm = glm.predict(Xtest);
Y_glm = round(Yscore_glm);
% 计算混淆矩阵
disp('Logistic 方法分类结果：')
C_glm = confusionmat(YtestNum,Y_glm)
    警告：Iteration limit reached.
```

逻辑斯蒂算法分类结果如下。

```
    C_glm =
       345    15
        20    20
```

8.5.3 逻辑斯蒂分类的特点

逻辑斯蒂算法作为分类方法，其特点非常明显，具体如下：

（1）预测值域[0,1]，适合二分类问题，还可以作为某种情况发生的概率，比如股票涨跌概率，信用评分中好/坏人的概率等。

（2）模型的图像呈 S 形曲线，符合某种特殊问题的预测，比如流行病学对危险因素与疾病风险关系的预测。

（3）不足之处是对数据和场景的适应能力有限，不如神经网络和决策树算法的适应性那么强。

8.6 判别分析

8.6.1 判别分析的原理

判别分析（Discriminant Analysis，DA）技术是由费舍（R.A.Fisher）于 1936 年提出的。它是根据观察或测量到的若干变量值判断研究对象如何分类的方法。具体来讲，就是已知一定数量案例的一个分组变量和这些案例的一些特征变量，确定分组变量和特征变量之间的数量关系，建立判别函数，然后便可以利用这一数量关系对其他已知特征变量信息、但未知分组类型的案例进行判别分组。

判别分析技术曾经在许多领域得到成功的应用。例如，医学实践中根据各种化验结果、疾病症状、体征判断患者患有何种疾病；体育选材中根据运动员的体型、运动成绩、生理指标、心理素质指标、遗传因素判断是否选入运动队继续培养；还有动物、植物分类，儿童心理测验，地理区划的经济差异，决策行为预测等。

判别分析的基本条件是：分组变量的水平必须大于或等于 2，每组案例的规模必须至少在一个以上；各判别变量的测度水平必须在间距测度等级以上，即各判别变量的数据必须为等距或等比数据；各分组的案例在各判别变量的数值上能够体现差别。判别分析对判别变量有三个基本假设。其一是每一个判别变量不能是其他判别变量的线性组合，否则将无法估计判别函数，或者虽然能够求解但参数估计的标准误很大，以致参数估计统计性不显著。其二是各组案例的协方差矩阵相等。在此条件下，可以使用很简单的公式来计算判别函数和进行显著性检验。其三是各判别变量之间具有多元正态分布，即每个变量对于所有其他变量的固定值有正态分布。

沿用多元回归模型的称谓，在判别分析中称分组变量为因变量，而用以分组的其他特征变量称为判别变量（Discriminant Variable）或自变量。

判别分析的基本模型就是判别函数，它表示为分组变量与满足假设条件的判别变量的线性函数关系，其数学形式为：

$$y = b_0 + b_1 x_1 + 6 \quad + b_k x_k$$

其中，y 是判别函数值，又简称判别值；x_i 为各判别变量；b_i 为相应的判别系数，表示各判别变量对于判别函数值的影响，其中 b_0 是常数项。

判别模型对应的几何解释是，各判别变量代表了 k 维空间，每个案例按其判别变量值称为这 k 维空间中的一个点。如果各组案例的判别变量值有明显不同，就意味着每一组将会在这一空间的某一部分形成明显分离的蜂集点群。可以计算此领域的中心以概括这个组的位置。中心的位置可以用这个组别中各案例在每个变量上的组平均值作为其坐标值。因为每个中心代表了所在组的基本位置，分析人员可以通过研究它们来了解对于这些分组之间的差别。这个线性函数在把 P 维空间中的所有点转化为一维数值之后，应该既能最大限度地缩小同类中各个样本点之间的差异，又能最大限度地扩大不同类别中各个样本点之间的差异，这样才可能获得较高的判别效率。在这里借用了一元方差分析的思想，即依据组间均方差与组内均方差之比最大的原则来进行判别。

8.6.2 判别分析的实例

下面用判别分析方法来训练 8.2.2 节中关于银行市场调查的分类器，具体实现代码和结果如下。

```
 da = ClassificationDiscriminant.fit(XtrainNum,Ytrain);
% 进行预测
[Y_da, Yscore_da] = da.predict(XtestNum);
Yscore_da = Yscore_da(:,2);
% 计算混淆矩阵
disp('判别方法分类结果：')
C_da = confusionmat(Ytest,Y_da)
```

判别分析方法分类结果如下。

```
    C_da =
       343    17
        21    19
```

8.6.3 判别分析的特点

判别分析的特点是根据已掌握的、历史上每个类别的若干样本的数据信息，总结出客观事物分类的规律性，建立判别公式和判别准则。当遇到新的样本点时，只要根据总结出来的判别公式和判别准则，就能判别该样本点所属的类别。判别分析按照判别的组数来区分，可以分为两组判别分析和多组判别分析。

8.7 支持向量机（SVM）

SVM（Support Vector Machine）法即支持向量机法，由 Vapnik 等人于 1995 年提出，具有相对优良的性能指标。该方法是建立在统计学习理论基础上的机器学习方法。通过学习算法，SVM 可以自动寻找出那些对分类有较好区分能力的支持向量，由此构造出的分类器可以最大化类与类的间隔，因而有较好的适应能力和较高的分准率。该方法需要由各类域的边界样本的类别来决定最后的分类结果。

SVM 属于有监督（有导师）学习方法，即已知训练点的类别，求训练点和类别之间的对应关系，以便将训练集按照类别分开，或者预测新的训练点所对应的类别。由于 SVM 在实例的学习中能够提供清晰、直观的解释，所以其在文本分类、文字识别、图像分类、升序序列分类等方面的实际应用中，都呈现了非常好的性能。

8.7.1 SVM 的基本思想

SVM 构建了一个分割两类的超平面（也可以扩展到多类问题）。在构建的过程中，SVM 算法试图使两类之间的分割达到最大化，如图 8-9 所示。

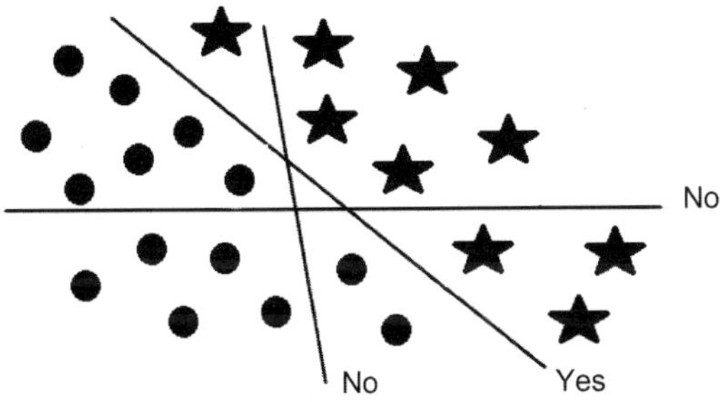

图 8-9 SVM 划分算法示意图

以一个很大的边缘分隔两个类可以使期望泛化误差最小化。最小化泛化误差的含义是：当对新的样本（数值未知的数据点）进行分类时，基于学习所得的分类器（超平面）使得分析人员（对其所属分类）预测错误的概率被最小化。直觉上，这样的一个分类器实现了两个分类之间的分离边缘最大化。图 8-9 解释了“最大化边缘”的概念。与分类器平面平行、分别穿过数据集中的一个或多个点的两个平面称为边界平面，这些边界平面的距离称为边缘，而“通过 SVM 学习”的含义是找到最大化这个边缘的超平面。落在边界平面上的（数据集中的）点称为支持向量（Support Vector）。这些点在这一理论中的作用至关重要，故称为支持向量机。SVM 的基本思想简单总结起来就是与分类器平行的两个平面，此两个平面能很好地分开两类不同的数据，且穿越两类数据区域集中的点，现在欲寻找最佳超几何分隔平面使之与两个平面间的距离最大，如此便能实现分类总误差最小。SVM 基于统计学模式识别理论，其理论相对晦涩难懂，因此这里侧重于用实例来引导和讲解。

8.7.2 SVM 的理论基础

SVM 最初是在研究线性可分问题的过程中提出的，所以这里先来介绍线性 SVM 的基本原理。不失一般性，假设容量为 n，训练样本集 $\{(x_i, y_i),\ \ i=1,2,6\ \ ,n\}$ 由两个类别组成（粗体符号表示向量或矩阵，下同），若 $\boldsymbol{x}_i$ 属于第一类，则记为 $y_i=1$；若 $\boldsymbol{x}_i$ 属于第二类，则记为 $y_i=-1$。

若存在分类超平面：

$$\boldsymbol{w}^{\mathrm{T}}\boldsymbol{x}+b=0$$

能够将样本正确地划分成两类，即相同类别的样本都落在分类超平面的同一侧，则称该样本集是线性可分的，即满足：

$$\begin{cases}\boldsymbol{w}^{\mathrm{T}}\boldsymbol{x}_i+b\geqslant 1, & y_i=1\\ \boldsymbol{w}^{\mathrm{T}}\boldsymbol{x}_i+b\geqslant -1, & y_i=-1\end{cases} \tag{8-1}$$

此处，可知平面 $\boldsymbol{w}^{\mathrm{T}}\boldsymbol{x}_i+b=1$ 和 $\boldsymbol{w}^{\mathrm{T}}\boldsymbol{x}_i+b=-1$ 即该分类问题中的边界超平面，这个问题可以回归到初中学过的线性规划问题。边界超平面 $\boldsymbol{w}^{\mathrm{T}}\boldsymbol{x}_i+b=1$ 到原点的距离为 $|b-1|/\|\boldsymbol{w}\|$；而边界超平面 $\boldsymbol{w}^{\mathrm{T}}\boldsymbol{x}_i+b=-1$ 到原点的距离为 $|b+1|/\|\boldsymbol{w}\|$。所以这两个边界超平面的距离是 $2/\|\boldsymbol{w}\|$。同时注意，这两个边界超平面是平行的。而根据 SVM 的基本思想，最佳超平面应该使两个边界平面的距离最大，即最大化 $2/\|\boldsymbol{w}\|$，也就是最小化其倒数，即：

$$\min:\frac{1}{2}\|\boldsymbol{w}\|=\frac{1}{2}\sqrt{\boldsymbol{w}^{\mathrm{T}}\boldsymbol{w}}$$

为了求解这个超平面的参数，可以以最小化上式为目标，其要满足式（8-1），而该式中的两个表达式可以综合表达为：

$$y_i\left(\boldsymbol{w}^{\mathrm{T}}\boldsymbol{x}_i+b\right)\geqslant 1$$

因此可以得到如下目标规划问题：

$$\min:\frac{1}{2}\|\boldsymbol{w}\|=\frac{1}{2}\sqrt{\boldsymbol{w}^{\mathrm{T}}\boldsymbol{w}}$$

$$\text{s.t. } y_i\left(\boldsymbol{w}^{\mathrm{T}}\boldsymbol{x}_i+b\right)\geqslant 1,\quad i=1,2,6\ ,n$$

至此，就可以很明显地看出来，它是一个凸优化问题，或者更具体地说，它是一个二次优化问题——目标函数是二次的，约束条件是线性的。这个问题可以用现成的 QP（Quadratic Programming）优化包进行求解。虽然这个问题确实是一个标准 QP 问题，但是它有特殊结构，通过拉格朗日变换到对偶变量的优化问题之后，可以找到一种更加有效的方法来求解，而且通常情况下这种方法比直接使用通用的 QP 优化包优化高效得多，便于推广。拉格朗日变换的作用，简单来说就是通过给每一个约束条件加上一个拉格朗日乘值 α，将约束条件融合到目标函数中（也就是说把条件融合到一个函数中，现在只用一个函数表达式便能清楚地表达我们的问题）。该问题的拉格朗日表达式为：

$$L(\boldsymbol{w},b,\alpha)=\frac{1}{2}\|\boldsymbol{w}\|^2-\sum a_i\left[y_i\left(\boldsymbol{w}^{\mathrm{T}}\boldsymbol{x}_i+b\right)-1\right]$$

其中，$a_i>0$，$i=1,2,6\ ,n$，为拉格朗日系数。

然后，依据拉格朗日对偶理论将其转化为对偶问题，即：

$$\begin{cases}\max:L(\alpha)=\sum\limits_{i=1}^{n}a_i-\dfrac{1}{2}\sum\limits_{i=1}^{n}\sum\limits_{i=1}^{n}a_ia_jy_iy_j\left(\boldsymbol{x}_i{}^{\mathrm{T}}\boldsymbol{x}_j\right)\\ \text{s.t.}\sum\limits_{i=1}^{n}a_iy_i=0,\quad a_i\geqslant 0\end{cases}$$

这个问题可以用二次规划方法求解。设求解所得的最优解为 $a^*=[a_1^*,a_2^*,6\ ,a_n^*]^{\mathrm{T}}$，则可以得到最优的 $\boldsymbol{w}^*$ 和 b^* 为：

$$\begin{cases}\boldsymbol{w}^*=\sum\limits_{i=1}^{n}a_i{}^*\boldsymbol{x}_iy_i\\ b^*=-\dfrac{1}{2}\boldsymbol{w}^*\left(\boldsymbol{x}_r+\boldsymbol{x}_s\right)\end{cases}$$

其中，$\boldsymbol{x}_r$ 和 $\boldsymbol{x}_s$ 为两个类别中任意的一对支持向量。

最终得到的最优分类函数为：

$$f(x)=\operatorname{sgn}\left[\sum_{i=1}^{n}a_i^{*}y_i(\boldsymbol{x}^{\mathrm{T}}\boldsymbol{x}_i)+b^{*}\right]$$

在输入空间中，如果数据不是线性可分的，SVM 通过非线性映射ϕ：$\mathbf{R}^n\rightarrow F$ 将数据映射到某个其他点积空间（称为特征空间）F，然后在 F 中执行上述线性算法。这只需计算点积$\phi(\boldsymbol{x})^{\mathrm{T}}\phi(\boldsymbol{x})$即可完成映射。在文献中，这一函数称为核函数，用 $K(\boldsymbol{x},y)=\phi(\boldsymbol{x})^{\mathrm{T}}\phi(\boldsymbol{x})$表示。

SVM 理论有如下三个要点：

（1）最大化间距。

（2）核函数。

（3）对偶理论。

对于线性 SVM，还有一种更便于理解和用 MATLAB 编程的求解方法，即引入松弛变量，转化为纯线性规划问题。同时引入松弛变量后，SVM 更符合大部分的样本，因为对于大部分的情况，很难将所有的样本都明显地分成两类，总有少数样本出现寻找不到最佳超平面的情况。为了加深读者对 SVM 的理解，下面详细介绍这种 SVM 的解法。

一个典型的线性 SVM 模型可以表示为：

$$\begin{cases}\min:\dfrac{\|\boldsymbol{w}\|^2}{2}+v\displaystyle\sum_{i=1}^{n}\lambda_i\\ \text{s.t.}\begin{cases}y_i\left(\boldsymbol{w}^{\mathrm{T}}\boldsymbol{x}_i+b\right)+\lambda_i\geqslant 1\\ \lambda_i\geqslant 0\end{cases},\quad i=1,2,6\ ,n\end{cases}$$

Mangasarian 证明该模型与如下模型的解几乎完全相同：

$$\begin{cases}\min:v\displaystyle\sum_{i=1}^{n}\lambda_i\\ \text{s.t.}\begin{cases}y_i\left(\boldsymbol{w}^{\mathrm{T}}\boldsymbol{x}_i+b\right)+\lambda_i\geqslant 1\\ \lambda_i\geqslant 0\end{cases},\quad i=1,2,6\ ,n\end{cases}$$

这样，二分类的 SVM 问题即可转化为非常便于求解的线性规划问题。

8.7.3 SVM 的实例

下面用 SVM 方法来训练 8.2.2 节中关于银行市场调查的分类器，具体实现代码和结果如下。

```
opts = statset('MaxIter',45000);
% 训练分类器
svmStruct                                                          =
svmtrain(Xtrain,Ytrain,'kernel_function','linear','kktviolationlevel',0
.2,'options',opts);
% 进行预测
Y_svm = svmclassify(svmStruct,Xtest);
```

```
Yscore_svm = svmscore(svmStruct, Xtest);
Yscore_svm = (Yscore_svm - min(Yscore_svm))/range(Yscore_svm);
% 计算混淆矩阵
disp('SVM方法分类结果：')
C_svm = confusionmat(Ytest,Y_svm)
```

SVM方法分类结果如下。

```
C_svm =
   276    84
     9    31
```

8.7.4 SVM的特点

SVM具有许多很好的性质，因此它已经成为广泛使用的分类算法之一。下面简要总结SVM的一般特征。

（1）SVM学习问题可以表示为凸优化问题，因此可以利用已知的有效算法发现目标函数的全局最小值。而其他的分类方法（如基于规则的分类器和人工神经网络）都采用一种基于贪心学习的策略来搜索假设空间，这种方法一般只能获得局部最优解。

（2）SVM通过最大化决策边界的边缘来控制模型。尽管如此，用户必须提供其他参数，如使用的核函数类型，为了引入松弛变量所需的代价函数 C 等。当然一些SVM工具都会有默认设置，一般选择默认的设置即可。

（3）通过对数据中每个分类属性值引入一个哑变量，SVM可以应用于分类数据。例如，如果婚姻状况有三个值（单身、已婚、离异），则可以对每一个属性值引入一个二元变量。

8.8 决策树

8.8.1 决策树的基本概念

决策树又称为分类树，决策树是最为广泛的归纳推理算法之一，用于处理类别型或连续型变量的分类预测问题。可以用图形和if-then的规则表示决策树模型，可读性较高。决策树模型通过不断地划分数据，使依赖变量的差别最大，最终目的是将数据分类到不同的组织或不同的分枝，在依赖变量的值上建立最强的归类。

决策树的目标是针对类别型变量加以预测或解释结果。决策树与判别分析、区集分析、非线性估计所提供的功能是一样的。决策树的弹性使其对数据具有更强的适应性，但并不表示许多传统方法就会被排除在外。实际应用中，当数据符合传统方法的理论条件与分配假说时，这些方法或许是较佳的，但是站在探索数据技术的角度或者当传统方法的设定条件不足时，决策树更合适。

决策树是一种监督式的学习方法，会产生一种类似流程图的树结构。决策树对数据进行处理是利用归纳算法产生分类规则和决策树，再对新数据进行预测分析的。树的终端节点——叶子节点，表示分类结果的类别，每个内部节点表示一个变量的测试，分枝为测试输出，代表变量的一个可能数值。为达到分类目的，变量值在数据上测试，每一条路径代表一个分类规则。

决策树用来处理分类问题，适用的目标变量为类别型变量，目前已扩展到处理连续型变量，如 CART 模型。但不同的决策树算法，对于数据类型有不同的需求和限制。

决策树在数据挖掘领域应用非常广泛，尤其对分类问题是很有效的方法。除具备图形化分析结果易于理解的优点外，决策树还具有如下优点：

（1）决策树模型可以用图形或规则表示，而且这些规则容易解释和理解。决策树模型容易使用，而且很有效。

（2）可以处理连续型或类别型的变量。决策树模型以最大信息增益选择分割变量，模型显示变量的相对重要性。

（3）面对大的数据集也可以处理得很好。此外，因为树的大小和数据库大小无关，计算量较小。当有很多变量被引入模型时，决策树仍然适用。

8.8.2 决策树建构的步骤

决策树建构的主要步骤：第一是选择适当的算法和训练样本建构决策树，第二是适当地修剪决策树，第三是从决策树中提取知识规则。

1. 决策树的分割

决策树是通过递归分割建立的。递归分割是把数据分割成不同的小的部分的迭代过程。建构决策树的归纳算法如下：

（1）将训练样本的原始数据放入决策树的树根。

（2）将原始数据分成两部分，一部分为训练集数据，另一部分为测试集数据。

（3）使用训练样本来建立决策树，在每一个内部节点依据信息论来评估选择哪一个属性做继续分割的依据，又称为节点分割。

（4）使用测试数据来进行决策树修剪，修剪到决策树的每个分类都只有一个节点，以提升预测能力与速度。也就是经过节点分割后，判断这些内部节点是否为叶子节点，如果不是，则以新内部节点为分枝的树根来建立新的次分枝。

（5）将第（1）至第（4）步不断递归，直到所有内部节点都是叶子节点为止。当决策树完成分类后，可从每个分枝的叶子节点提取出知识规则。

如果有如下情况发生，决策树将停止分割：

（1）该群数据的每一笔数据都已经归类到同一类别。

（2）该群数据已经无法找到新的属性来进行节点分割。

（3）该群数据已经没有尚未处理的数据了。

一般来说，决策树分类的正确性有赖于数据来源的多寡，若是通过大量数据建构的决策树，其预测和分类结果往往符合期望。

决策树学习主要利用信息论中的信息增益，寻找数据集中有最大信息量的变量，建立数据的一个节点，再根据变量的不同值建立树的分枝，每个分枝子集中重复建树的下层结果和分枝的过程，直到整株决策树建立完成。决策树的每一条路径代表一个分类规则。

在树的每个节点上，使用信息增益选择测试的变量。信息增益用来衡量给定变量区分训练样本的能力。用最高信息增益或最大熵简化的变量，将被视为当前节点的分割变量，该变量使需要分类的样本信息量最小，而且反映了最小随机性或不纯性。

若某一事件发生的概率是 P，令此事件发生后所得的信息量为 $I(P)$，若 $P=1$，则 $I(P)=0$。因为某一事件一定会发生，所以该事件发生不能提供任何信息。反之，如果某一事件发生的概率很小，不确定性越大，则该事件发生带来的信息将会很多，因此 $I(P)$为递减函数，并定义 $I(P)=-\log(P)$。

给定数据集 S，假设类别型变量 A 有 m 个不同的类别 ($c_1,6\ ,c_i,6\ ,c_m$)。利用变量 A 将数据集分为 m 个子集 ($s_1,6\ ,s_i,6\ ,s_m$)，其中，s_i 表示在 S 中包含数值 c_i 的样本。在分类的过程中，对于每个样本，对应的 m 种可能发生的概率为 $P_1,6\ ,P_i,6\ ,P_m$，记第 i 种结果的信息量为 $-\log(P_i)$，称为分类信息的熵。熵是随机变量不确定性的测量标准，可以用作测量训练数据集内纯度的标准。熵的函数表示如下：

$$I\left(s_1,s_2,6\ ,s_m\right)=-\sum_{i=1}^{m}P_i\log_2\left(P_i\right)$$

其中，P_i 是任意样本属于 c_i 的概率，对数函数以 2 为底，是因为信息用二进制编码。

变量训练分类数据集的能力，可以利用信息增益来测量。算法计算每个变量的信息增益，将具有最高信息增益的变量选为给定集合 S 的分割变量，产生一个节点，同时以该变量为标记，对每个变量值产生分枝，以此划分样本。

2. 决策树的剪枝

决策树学习可能遭遇模型过度配适的问题。过度配适是指模型过度训练，导致模型记住的不是训练集的一般性，而是训练集的局部特性。模型过度配适，将导致模型预测不准确，一旦将训练后的模型应用于新数据，将导致错误预测。因此，完整的决策树构造过程，除决策树的建构外，还应该包含剪枝。

当决策树产生时，因为数据中的噪声或离群值，许多分枝反映的是训练资料中的异常情形，剪枝就是处理这些过度配适的问题。剪枝通常使用统计测量值剪去最不可靠的分枝（可用的统计测量值有卡方值或信息增益等），如此可以加速分类结果的产生，也可提高测试数据正确分类的能力。

剪枝有两种方法：先剪枝和后剪枝。先剪枝是通过提前停止树的构造来对树剪枝，一旦停止分类，节点就成为叶子节点，该叶子节点可能持有子集样本中次数最高的类别。在构造决策树时，卡方值和信息增益等测量值可以用来评估分类的质量，如果在一个节点划分样本，将导致低于预先定义阈值的分裂，则给定子集的进一步划分将停止。选取适当的阈值是很困难的，较高的阈值可能导致过度简化的树，但是较低的阈值可能使得树的简化太少。后剪枝是将已经完全停止生长的树剪去分枝，通过删减节点的分枝剪掉叶子节点，终端没有剪掉的节点成为叶子节点，并使用先前划分次数最多的类别做标记。对于树中每个非叶子节点，计算剪去该节点的分枝可能出现的期望错误率。再使用每个分枝的错误率，结合每个分枝观察值的权重评估，计算不对该节点剪枝的期望错误率。如果剪去该节点导致较高的期望错误率，则保留该分枝，否则剪去该分枝，产生一组逐渐剪枝后的树。使用一个独立的测试集评估每棵树的准确率，就能得到具有最小期望错误率的决策树。也可以交叉使用先剪枝和后剪枝，后剪枝所需的计算比先剪枝多，但通常产生较可靠的树。

3. 决策树的算法

决策树的算法基本上是一种贪心算法，是指由上至下逐次搜索，渐次产生决策树模型结构。Quinlan 于 1979 年提出 ID 3 算法，ID 3 算法是著名的决策树归纳算法；算法 C 4.5 和 C 5.0 是 ID 3 算法的修订版本。ID 3 算法以信息论为基础，试图最小化变量间比较的次数，其基本策略是选择具有最高信息增益的变量为分割变量。ID 3 算法必须将所有变量转换为类别型变量。ID 3 算法使用熵来量化信息，测量不确定性，如果所有数据属于同一类别，则不存在不确定性，此时的熵为 0。ID 3 算法的基本步骤包含如下几点：

（1）模型由代表训练样本开始，若样本属于同一类别，则节点成为叶子节点，并使用该类别的标签。

（2）如果样本不属于同一类别，算法使用信息增益选择将样本最佳分类的变量，该变量成为该节点的分割变量。对分割变量的每个已知值产生一个分枝，并以此分割样本。

（3）逐次形成每个分割的样本决策树。如果一个变量出现在一个节点上，就不必在后续分割时考虑该变量。

（4）当给定节点的所有样本属于同一类别，或者没有剩余变量可用来进一步分割样本时，分割的动作就可以停止，完成决策树的建构。

C 4.5 算法是 ID 3 算法的修订版，ID 3 算法使用训练样本估计每个规则的准确率，可能导致对规则准确率的乐观估计；C 4.5 算法使用一种悲观估计来补偿偏差，也可以使用一组独立于训练样本的测试样本来评估准确性。

C 4.5 算法的原理：先建构一棵完整的决策树，再针对每一个内部节点依使用者定义的错误预估率来修剪决策树。信息增益越大，表示经过变量分割后的不纯度越小，不确定性越低。ID 3 算法就是依序寻找能得到最大信息增益的变量，并以此作为分割变量。利用信息增益来选取分割变量，容易产生过度配适的问题。C 4.5 算法采用增益率来改进方法，将最大增益率作为选取分割变量的准则，避免 ID 3 算法过度配适的问题。

C 5.0 算法是 C 4.5 算法的修订版，适用于处理大数据集，它在软件上的计算速度比较快，占用的内存资源较少。C 5.0 算法的一个主要改进是采用 Boosting 方式提高模型准确率，又称为 Boosting Tree。除此之外，C 5.0 算法允许设定错误分类的成本，依据不同的分类错误设定不同成本，所以 C 5.0 算法可以不选择错误率最小的模型，而改选错误成本最小的模型。

CART 算法由 Friedman 等人提出，从 1980 年开始发展，是基于树结构产生分类和回归模型的算法，也是一种产生二元树的技术。CART 算法与 C 4.5/C 5.0 算法的最大不同之处是，其在每一个节点上都采用二分法，即一次只能有两个子节点，而 C 4.5/5.0 算法则在每一个节点上可以产生不同数量的分枝。

CART 模型适用于目标变量为连续型和类别型的变量，如果目标变量是类别型变量，则可以使用决策树；如果目标变量是连续型的，则可以采用回归树（Regression Tree）。CART 算法也是一种贪心算法，由上而下扩展树结构，再逐渐地修剪树结构。CART 树结构是由数据得来的，并不是预先确定的，每一个节点都采用二择一的方式测试。和 ID 3 算法一样，CART 模型使用熵作为选择分割变量的准则。如果树太大会导致过度配适，此时可以利用剪枝来解决此问题。CART 每次只使用一个变量建立树，因此可以处理大量的变量。

8.8.3 决策树的实例

下面用决策树算法来训练 8.2.2 节中关于银行市场调查的分类器，具体实现代码和结果如下。

```
t = ClassificationTree.fit(Xtrain,Ytrain,'CategoricalPredictors', catPred);
% 进行预测
Y_t = t.predict(Xtest);
% 计算混淆矩阵
disp('决策树方法分类结果：')
C_t = confusionmat(Ytest,Y_t)
```

决策树算法分类结果如下。

```
    C_t =
       326    34
        19    21
```

8.8.4 决策树的特点

决策树最为显著的优点在于，利用它来解释一个受训模型是非常容易的，而且算法将最为重要的判断因素都安排在靠近树根部的位置。这意味着，决策树不仅对分类很有价值，而且对决策过程的解释也很有帮助。像贝叶斯分类器一样，可以通过观察决策树的内部结构来理解它的工作方式，这也有助于在分类过程之外进一步做出其他的决策。

因为决策树要寻找能够使信息增益最大化的分界线，所以它也可以接受数值数据作为输入。决策树能够同时处理分类数据和数值数据，对于许多问题的处理都是很有帮助的——这些问题往往是传统的统计方法（比如回归）所难以应对的。另外，决策树并不擅长对数值结果进行预测。如果数据非常复杂，则树就会变得非常庞大，以致分析人员无法借此来做出准确的决策。

与贝叶斯分类器相比，决策树的主要优点是它能够很容易地处理变量之间的相互影响。一个用决策树构建的垃圾邮件过滤器可以很容易地判断出："online"和"pharmacy"在分开时并不代表垃圾信息，但当它们组合在一起时则为垃圾信息。

8.9 分类的评判

8.9.1 正确率

在介绍系列指标之前，先明确如下 4 个基本定义。

（1）True Positive（TP）：指模型预测为正（1）的，并且实际上也的确是正（1）的观察对象的数量。

（2）True Negative（TN）：指模型预测为负（0）的，并且实际上也的确是负（0）的观察对象的数量。

（3）False Positive（FP）：指模型预测为正（1）的，但实际上是负（0）的观察对象的数量。

（4）False Negative（FN）：指模型预测为负（0）的，但实际上是正（1）的观察对象的数量。

上述 4 个基本定义可以用一个表格简单地体现，如表 8-2 所示。

表 8-2　二类问题的混淆矩阵

项　目		预测的类	
		类 1	类 0
实际的类	类 1	TP	FN
	类 0	FP	TN

基于上述 4 个基本定义，可以延伸出如下评价指标。

（1）正确率：模型总体的正确率，是指模型能正确预测、识别 1 和 0 的对象的数量与预测对象总数的比值，公式如下。

$$\text{正确率}=\frac{\mathrm{TP}+\mathrm{TN}}{\mathrm{TP}+\mathrm{FP}+\mathrm{FN}+\mathrm{TN}}$$

（2）错误率：模型总体的错误率，是指模型错误预测、错误识别 1 和 0 观察对象的数量与预测对象总数的比值，即 1 减去正确率的差，公式如下。

$$\text{错误率}=1-\frac{\mathrm{TP}+\mathrm{TN}}{\mathrm{TP}+\mathrm{FP}+\mathrm{FN}+\mathrm{TN}}$$

（3）灵敏性：又称为击中率或真正率，是指模型正确识别为正（1）的对象占全部观察对象中实际为正（1）的对象数量的比值，公式如下。

$$\text{灵敏性}=\frac{\mathrm{TP}}{\mathrm{TP}+\mathrm{FN}}$$

（4）特效性：又称为真负率，是指模型正确识别为负（0）的对象占全部观察对象中实际为负（0）的对象数量的比值，公式如下。

$$\text{特效性}=\frac{\mathrm{TN}}{\mathrm{TN}+\mathrm{FP}}$$

（5）精度：模型的精度是指模型正确识别为正（1）的对象占模型识别为正（1）的观察对象总数的比值，公式如下。

$$精度=\frac{TP}{TP+FP}$$

（6）错正率：又称为假正率，模型错误识别为正（1）的对象数量占实际为负（0）的对象数量的比值，即 1 减去真负率的差，公式如下。

$$错正率=\frac{FP}{TN+FP}$$

（7）负元正确率：模型正确识别为负（0）的对象数量占模型识别为负（0）的观察对象总数的比值，公式如下。

$$负元正确率=\frac{TN}{TN+FN}$$

（8）正元错误率：模型错误识别为正（1）的对象数量占模型识别为正（1）的观察对象总数的比值，公式如下。

$$正元错误率=\frac{FP}{TP+FP}$$

可以很容易地发现，正确率是灵敏性和特效性的函数：

$$正确率=灵敏性\times\frac{(TP+FN)}{(TP+FP+TN+FN)}+特效性\times\frac{(TN+FP)}{(TP+FP+TN+FN)}$$

上述各种基本指标，从各个角度对模型的表现进行了评估，在实际业务应用场景中，可以有选择地采用其中某些指标（不一定全部采用），关键要看具体的项目背景和业务场景，针对其侧重点来选择。

另外，上述各种基本指标看上去很容易让人混淆，尤其是与业务方讨论这些指标时更是如此。而且这些指标虽然从各个不同角度对模型效果进行了评价，但指标之间是彼此独立的，因此使用起来需要人为地进行整合。

现在回到前面的案例，如果在这个案例中关心的是特效性（真负率），那么就可以比较几个算法的真负率，从而选择比较合适的算法。在前面已经得到各模型的混淆矩阵，所以比较真负率也相对容易，具体的代码如下。

```
    % 绘制各方法的真负率
    figure;
bar(auc); set(gca,'YGrid','on',
'XTickLabel',methods);
xlabel('方法简称','fontsize', 12);
ylabel('分类正确率','fontsize', 12);
title('各方法分类正确率','fontsize',
12);
set(gca,'linewidth',2);
```

图 8-10 为分类算法正确率评估图。

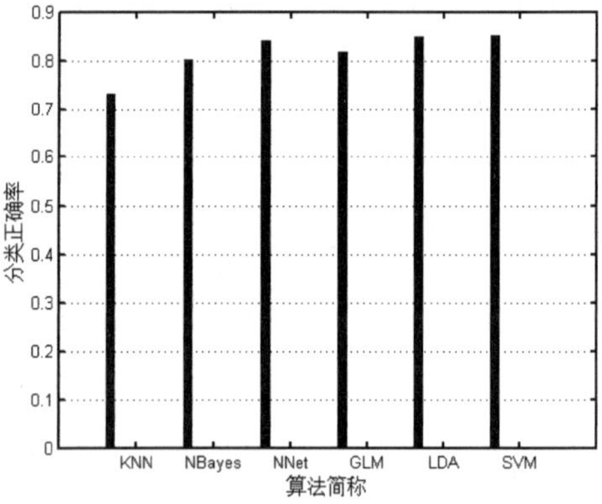

图 8-10　分类算法正确率评估图

8.9.2　ROC 曲线

接收者操作特征（Receiver Operating Characteristic，ROC）曲线是一种有效比较（或对

比）两个（或两个以上）二元分类模型的可视化工具。ROC 曲线来源于信号检测理论，它显示了给定模型的灵敏性（真正率）与假正率之间的比较评定。给定一个二元分类问题，通过对测试数据集的不同部分所显示的模型可以正确识别“1”实例的比例与模型将“0”实例错误地识别为“1”实例的比例进行分析，来比较不同模型的正确率。真正率的增加是以假正率的增加为代价的，ROC 曲线下面的面积就是比较模型正确率的指标和依据。面积大的模型对应的模型的正确率要高，也就是要择优应用的模型。面积越接近 0.5，对应的模型的正确率就越低。

图 8-11 为各分类算法所对应的 ROC 曲线图，其横轴是假正率，其纵轴是真正率，该图同时显示了一条对角线。ROC 曲线离对角线越近，模型的正确率就越低。从排序后的最高“正”概率的观察值开始，随着概率从高到低逐渐下降，相应的观察群体中真正的“正”群体则会逐渐减少，而假“正”真“负”的群体则会逐渐增多，ROC 曲线也从开始的陡峭变为逐渐水平。该图中最上面的曲线所代表的神经网络算法的正确率要高于其下面的曲线所代表的逻辑回归模型 GLM 的正确率。

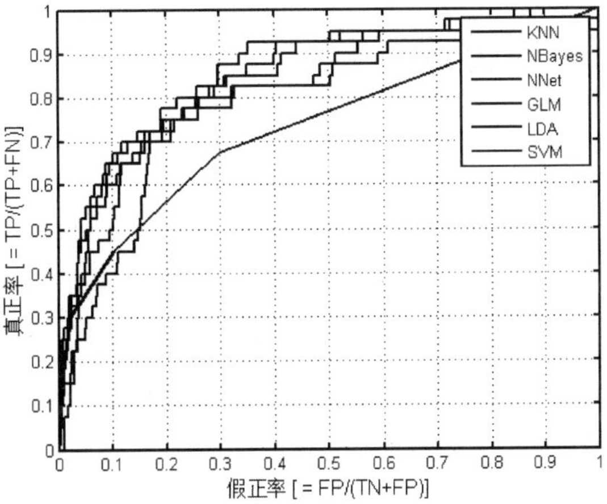

图 8-11　各分类算法所对应的 ROC 曲线图

要绘制 ROC 曲线，首先要对模型所做的判断即对应的数据排序，把经过模型判断后的观察值预测为正（1）的概率从高到低进行排序（最前面的应该是模型判断最可能为正的观察值），ROC 曲线的纵轴（垂直轴）表示真正率（模型正确判断为正的数量占实际为正的数量的比值），ROC 曲线的横轴（水平轴）表示假正率（模型错误判断为正的数量占实际为负的数量的比值）。具体绘制时，要从左下角开始，在此真正率和假正率都为 0，按照刚才概率从高到低的顺序，依次针对每个观察值实际的“正”或“负”进行 ROC 图形的绘制，如果它是真正的“正”，则在 ROC 曲线上向上移动并绘制一个点；如果它是真正的“负”，则在 ROC 曲线上向右移动并绘制一个点。对于每个观察值都重复这个过程，（按照预测为正的概率从高到低的顺序来绘制）。当然，很多数据挖掘软件包已经可以自动实现对 ROC 曲线的绘制，所以，更多的时候只需知道其中的原理，并且知道如何评价具体模型的 ROC 曲线即可。

绘制图 8-11 所示的 ROC 曲线的代码如下。

```
methods = {'KNN','NBayes','NNet', 'GLM',  'LDA', 'SVM'};
scores  =  [Yscore_knn,  Yscore_Nb,  Yscore_nn,  Yscore_glm,  Yscore_da,
Yscore_svm];
%绘制 ROC 曲线
figure
auc= zeros(6); hCurve = zeros(1,6);
for ii=1:6;
  [rocx, rocy, ~, auc(ii)] = perfcurve(Ytest, scores(:,ii), 'yes');
  hCurve(ii,:) = plot(rocx, rocy, 'k','LineWidth',2); hold on;
end
legend(hCurve(:,1), methods)
set(gca,'linewidth',2);
grid on;
title('各方法 ROC 曲线', 'fontsize',12);
xlabel('假阳率  [ = FP/(TN+FP)]', 'fontsize',12);
ylabel('真阳率  [ = TP/(TP+FN)]', 'fontsize',12);
```

8.10 应用实例：分类选股法

8.10.1 实例背景

分类在量化投资中是一种非常实用的技术。以股票为例，根据股票的涨跌状态，可以将股票分成三类：涨、持平和跌。在选股时，目标是选择有涨潜力的股票，而避免选择有跌风险的股票，所以应更关注涨和跌两类股票。基于这样的考虑，设想如果能将股票分为涨和跌两类股票，买入涨的股票，而卖出跌的股票，这将对投资股票非常有利。

根据股票的历史数据，可以计算得到股票的一些指标，并且根据股票的历史涨跌情况，可以定义出“涨”股票和“跌”股票。这些指标相当于输入，而其状态相当于输出，这样根据这些数据即可训练一个分类器。再利用该分类器，即可对近期或未来一段时间的股票进行预测。

训练分类器的训练样本已经放在 selected_tdata.xlsx 中（见配套程序和数据），如表 8-3 所示，其中 SID 表示股票的编号，*X*1～*X*8 为 8 个指标，*Y* 则为股票的涨跌状态，或可理解为涨的概率。而预测样本放在 selected_fdata.xlsx 中，如表 8-4 所示。根据上文学习的分类技术，只要选择一个分类方法，就可以利用表 8-3 的样本训练出该分类器，再以表 8-4 的数据作为输入，就可以得到这些股票未来的状态预测。

表 8-3　股票分类训练样本

SID	*X*1	*X*2	*X*3	*X*4	*X*5	*X*6	*X*7	*X*8	*Y*
938	0	0.664 186	0.568 177	0.676 557	0.807 005	0.822 039	0.159 019	0.100 741	1
955	0.369 022	0.373 625	0.444 087	0.509 025	0.594 756	0.599 438	0.287 933	0.256 512	1
957	1	1	1	1	0.841 517	0.603 81	0.549 302	0.878 456	1
957	0.719 588	1	0.568 177	0.676 557	0.316 724	0.630 255	0.335 306	0.631 347	1

续表

SID	X1	X2	X3	X4	X5	X6	X7	X8	Y
957	0.875 241	1	0.568 177	0.676 557	0.620 273	0.669 086	0.453 491	0.535 071	1
973	0.706 6	0.585 696	1	1	0.681 068	0.879 814	0.353 326	0.461 259	1
977	0.093 164	0.671 944	0.302 117	0.173 961	0.237 053	0.192 934	0.128 049	0.063 319	1
1	0.203 524	0.319 353	0.361 291	0.341 493	0.073 104	0.390 368	0.456 691	0.272 403	−1
1	0.301 48	0.336 599	0.302 117	0.173 961	0.315 328	0.452 827	0.649 412	0.502 396	−1
1	0.331 083	0.352 82	0.302 117	0.173 961	0.755 897	0.480 425	0.778 511	0.611 119	−1
1	0.287 717	0.298 582	0.302 117	0.173 961	0.610 018	0.368 464	0.680 474	0.606 938	−1
1	0.362 609	0.197 105	0.361 291	0.341 493	0.185 195	0.112 184	0.680 197	0.644 573	−1
1	0.522 551	0.229 589	0.444 087	0.509 025	0.159 45	0.181 541	0.858 95	0.751 893	−1
1	0.465 448	0.315 421	0.361 291	0.341 493	0.214 698	0.217 401	0.858 95	0.751 893	−1
1	0.430 687	0.373 518	0.361 291	0.341 493	0.347 43	0.389 612	0.914 562	0.804 285	−1

表 8-4 股票分类预测样本

SID	X1	X2	X3	X4	X5	X6	X7	X8
1	0.370 518	0.228 827	0.417 467	0.456 905	0.658 28	0.269 891	0.611 34	0.440 261
2	0.410 009	0.223 225	0.302 097	0.244 671	0.521 301	0.531 944	0.553 721	0.322 291
4	0.773 221	0.372 947	1	1	0.930 767	0.894 786	0.791 4	0.487 435
5	0.437 815	0.385 71	0.590 378	0.669 138	0.553 453	0.458 256	0.539 316	0.331 551
6	0.104 282	0.140 815	0.417 467	0.456 905	0.607 73	0.358 791	0.246 194	0.248 542
7	0.811 114	0.462 535	0.590 378	0.669 138	0.891 488	0.814 734	0.791 4	0.771 868
8	0.302 37	0.353 455	0.417 467	0.456 905	0.330 83	0	0.060 928	0.183 124
9	0.746 101	0.553 203	0.590 378	0.669 138	0.503 008	0.579 95	0.791 4	0.658 269
10	0.391 251	0.530 78	0.417 467	0.456 905	0.308 306	0.478 91	0.703 464	0.706 443

8.10.2 实现方法

对于该问题，上述方法基本上都适用，此处作为一个实例，不妨选择决策树作为股票的分类器，具体实现代码如 P8-1 所示。

程序编号	P8-1	文件名称	ClassifyStock.m	说明	利用分类方法进行选股

```
%% 分类应用实例：分类选股法
%% 读入数据
clc, clear all, close all
stdata=xlsread('selected_tdata.xlsx');
sfdata=xlsread('selected_fdata.xlsx');
[rn, cn]=size(stdata);
X=stdata(:,2:(cn-1));
Y=stdata(:,cn);
X_f=sfdata(:,2:(cn-1));
%% 设置交叉验证方式：随机选择 50%的样本作为测试样本
cv = cvpartition(size(X,1),'holdout',0.50);
% 训练集
Xtrain = X(training(cv),:);
```

```
    Ytrain = Y(training(cv),:);
    % 测试集
    Xtest = X(test(cv),:);
    Ytest = Y(test(cv),:);

    %% 采用决策树训练并评估分类器
    % 训练分类器
    t = ClassificationTree.fit(Xtrain,Ytrain);
    view(t,'Mode','graph')
    % 进行预测
    Y_t = t.predict(Xtest);
    % 计算混淆矩阵
    disp('决策树方法分类结果：')
    C = confusionmat(Ytest,Y_t)
    disp(['全部训练的正确率为:' num2str((C(1,1)+C(2,2))/sum(sum(C)))]);

    %% 对新样本进行预测
    Y_f = t.predict(X_f);
    xlswrite('selected_fdata.xlsx',  Y_f,  'sheet1',['J1:J'  num2str(size
(Y_f,1))]);
    %% 说明：本程序采用决策树算法进行分类。
```

程序的执行结果如下。

```
决策树方法分类结果:
C =
    39    12
     2    46
全部训练的正确率为:0.85859
```

打开表 selected_fdata.xlsx 之后，可以发现，样本最后多出了一列，这列正是分类器分类的结果，如表 8-5 所示。在实践中，即可买入状态为 1 的股票，而卖出状态为-1 的股票，或者至少避免买入状态为-1 的股票。

表 8-5　分类结果

SID	X1	X2	X3	X4	X5	X6	X7	X8	Y
1	0.370 518	0.228 827	0.417 467	0.456 905	0.658 28	0.269 891	0.611 34	0.440 261	-1
2	0.410 009	0.223 225	0.302 097	0.244 671	0.521 301	0.531 944	0.553 721	0.322 291	-1
4	0.773 221	0.372 947	1	1	0.930 767	0.894 786	0.791 4	0.487 435	-1
5	0.437 815	0.385 71	0.590 378	0.669 138	0.553 453	0.458 256	0.539 316	0.331 551	-1
6	0.104 282	0.140 815	0.417 467	0.456 905	0.607 73	0.358 791	0.246 194	0.248 542	1
7	0.811 114	0.462 535	0.590 378	0.669 138	0.891 488	0.814 734	0.791 4	0.771 868	-1
8	0.302 37	0.353 455	0.417 467	0.456 905	0.330 83	0	0.060 928	0.183 124	-1
9	0.746 101	0.553 203	0.590 378	0.669 138	0.503 008	0.579 95	0.791 4	0.658 269	-1
10	0.391 251	0.530 78	0.417 467	0.456 905	0.308 306	0.478 91	0.703 464	0.706 443	1
11	0.473 001	0.456 133	0.590 378	0.669 138	0.627 999	0.390 236	0.751 598	0.456 712	-1
12	0.349 226	0.264 748	0.417 467	0.456 905	0.606 94	0.389 798	0.389 138	0.308 621	1
14	0.540 025	0.290 403	0.417 467	0.456 905	0.748 215	0.636 681	0.653 9	0.306 566	-1
16	0.441 066	0.740 285	0.417 467	0.456 905	0.611 679	0.436 293	0.791 4	0.552 826	-1

续表

SID	X1	X2	X3	X4	X5	X6	X7	X8	Y
17	0.019 12	1	0.219 643	0.032 438	0.022 912	0.154 058	0.238 753	0.709 254	1
18	1	0.642 89	1	1	0.868 153	1	0.791 4	0.945 854	−1

在训练分类器后，程序可以显示该分类器的具体决策树结构图，如图 8-12 所示。通过该图可以看出，在这个问题中，哪些变量在哪些层次产生了作用；根据分类的依据，可以看出好股票具有哪些特点，这对于股票的技术分析师非常有帮助。

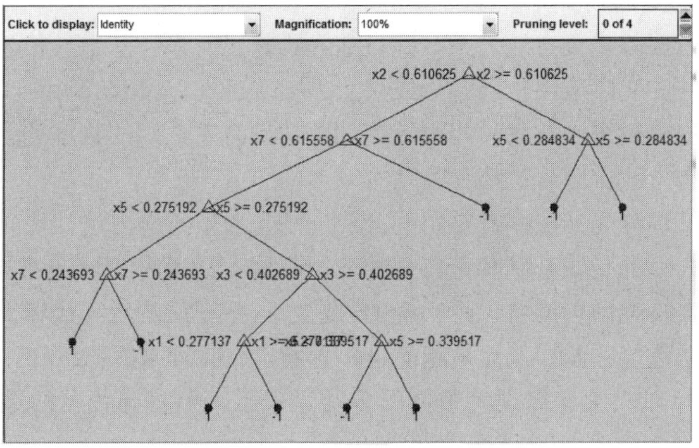

图 8-12　决策树结构图

利用决策树训练该分类器的缺点是，得到的结果不是连续的，这样对于同一类别的股票就不便进行排序。如果要排序，可以考虑多因子模型、神经网络模型，关于利用神经网络进行选股，可以参考第 16 章。

8.11　延伸阅读：其他分类方法

1）LB 算法

LB（Large Bayes）算法是一种基于概率统计和关联规则的分类算法。在算法的训练阶段，利用挖掘关联规则的 Apriori 算法找出训练集中所有的频繁且有意义的项目集，并将其存放在集合 F 中。对于一个未知类别的样本 A，可以从 F 中找出包含在 A 中的最长的项目集来计算 A 属于各个类别的概率，并且选择其中概率最大的类别为其分类。LB 算法的分类正确率比现有的其他分类算法的正确率高，但该算法仍有与贝叶斯算法相同的缺点。

2）集成学习

实际应用的复杂性和数据的多样性往往使得单一的分类方法不够有效。因此，很多学者对多种分类方法的融合即集成学习进行了广泛的研究。集成学习（Ensemble Learning）已成为国际机器学习界的研究热点，并被称为当前机器学习的四个主要研究方向之一。

集成学习是一种机器学习范式，它试图通过连续调用单个的学习算法，获得不同的基学习器，然后根据规则组合这些基学习器来解决同一个问题，从而显著地提高学习系统的泛化能力。组合多个基学习器主要采用（加权）投票的方法，常见的算法有装袋（Bagging）、提升/推进（Boosting）等。集成学习由于采用了投票平均的方法组合多个分类器，所以有可能减少单个分类器的误差，获得对问题空间模型更加准确的表示，从而提高分类器的分类正确率。

8.12 本章小结

分类是数据挖掘的重要方法之一。到目前为止，已有多种基于各种思想和理论基础的分类算法，而算法的实际应用也已趋于成熟。但实践证明，没有一种分类算法对所有的数据类型都优于其他分类算法，每种相对较优的算法都有它适用的数据类型。上述简单介绍了各种主要的分类方法，应该说都有各自的特点。

本章介绍的几种分类方法都是常用的分类方法，对于每种方法，可研究的内容很多，也很复杂，这里介绍的是最基础和最典型的应用。建议读者先了解这些方法的基本形式，随着应用的深入，再逐渐拓展自己感兴趣的方法。这些方法的形式比较简单，但很实用，在实践中不是方法越复杂越好，而是越简单、越稳定、越容易解释越好。比如 SVM 算法，虽然高次核函数可以大大提高训练数据的分类正确率，但对新数据的适应性还没有线性 SVM 强。

在选择分类方法时除考虑正确率外，还要兼顾其他性能，比如计算速度，包括构造模型及使用模型进行分类的时间；强壮性，即模型对噪声数据或空缺值数据正确预测的能力；可伸缩性，即对于数据量很大的数据集，有效构造模型的能力；模型描述的简洁性和可解释性，模型描述越简洁、越容易理解，则越受欢迎。

第 9 章 聚类方法

在自然科学和社会科学中，存在着大量的聚类问题，其实聚类是人们日常生活中的常见行为。所谓“物以类聚，人以群分”，其核心思想也是聚类。人们总是不断地改进下意识中的聚类模式来学习如何区分各个事物和人。通过聚类，人们能意识到密集和稀疏的区域，发现全局的分布模式，以及数据属性之间的有趣的相互关系。

聚类起源于分类学，在古老的分类学中，人们主要依靠经验和专业知识来实现分类，很少利用数学工具进行定量的分类。随着科学技术的发展，人们对分类的要求越来越高，以致有时仅凭经验和专业知识难以确切地进行分类。于是，人们逐渐把数学工具引入到分类学中形成了数值分类学，之后又将多元分析的技术引入到数值分类学中形成了聚类。在实践中，聚类往往为分类服务，即先通过聚类来判断事物的合适类别，然后利用分类技术对新的样本进行分类。

聚类已经广泛应用于许多应用中，包括模式识别、数据分析、图像处理及市场研究。聚类在量化投资和互联网金融中也起到越来越重要的作用，比如对股票进行聚类，可以看出哪类股票的升值空间较大；对投资产品进行聚类，可用来评估哪类产品的投资回报率高。作为一个数据挖掘的功能，聚类能作为独立的工具来获得数据分布的情况，观察每个簇的特点，集中对特定的某些簇做进一步的分析。此外，聚类分析还可以作为其他算法的预处理步骤，减少计算量，提高分析效率。本章将介绍聚类的常用方法和典型的应用案例。

9.1 聚类方法概要

9.1.1 聚类的概念

将物理或抽象对象的集合分成由类似的对象组成的多个类或簇（Cluster）的过程称为聚类（Clustering）。由聚类生成的簇是一组数据对象的集合，这些对象与同一个簇中的对象相似度较高，与其他簇中的对象相似度较低。相似度是根据描述对象的属性值来度量的，距离是经常采用的度量方式。分析事物聚类的过程称为聚类分析，又称为群分析，它是研究（样品或指标）分类问题的一种统计分析方法。

在许多应用中，簇的概念都没有严格的定义。为了理解确定簇构造的难度，可参考图 9-1。该图显示了 18 个点和将它们划分成簇的 3 种不同方法。标记的形状指示簇的隶属关系。图 9-1（b）和图 9-1（d）分别将数据划分成 2 个簇和 6 个簇。然而，将两个较大的簇都划分成 3 个子簇可能是人的视觉系统造成的假象。此外，说这些点形成 4 个簇

[见图 9-1（c）] 可能也不无道理。该图表明簇的定义是不精确的，而最好的定义依赖于数据的特性和期望的结果。另外，簇的形象表现在空间分布上也不是确定的，而是呈各种不同的形状，在二维平面中可以有各种不同的形状，如图 9-2 所示，在多维空间里有更多的形状。所以簇的定义，也需要具体情况具体分析，但总的趋势是，同一个簇的样本在空间上是靠拢在一起的。

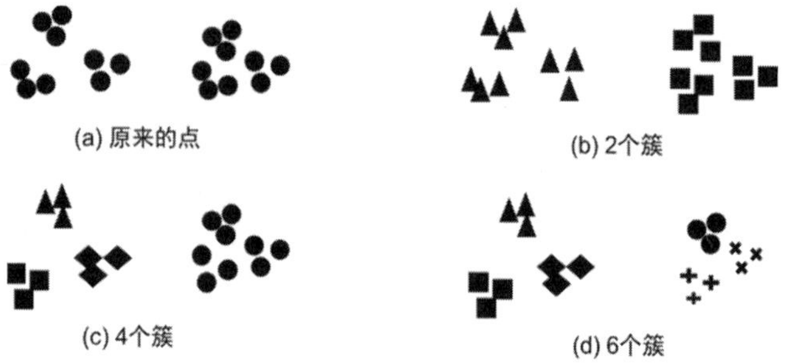

图 9-1　相同点集的不同聚类方法

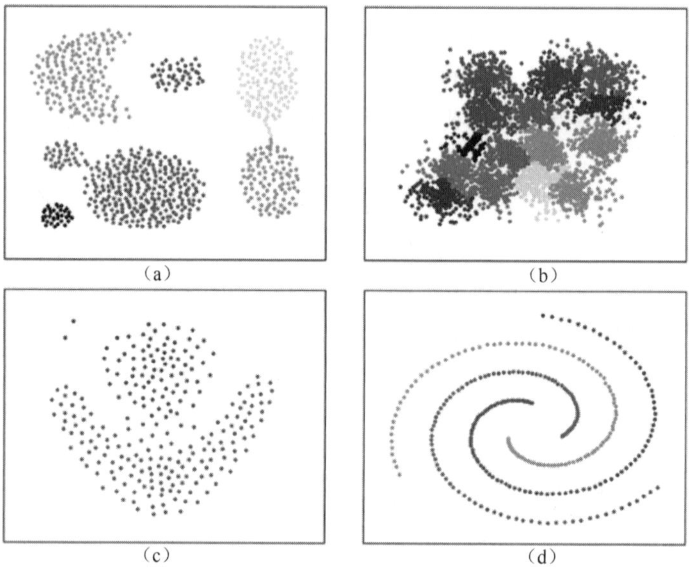

图 9-2　常见的类别特征

聚类分析与其他将数据对象分组的技术相关。例如，聚类可以看作一种分类，它用类（簇）标号创建对象的标记。然而，只能从数据导出这些标号。相比之下，分类是监督分类（Supervised Classification），即使用由类标号已知的对象开发的模型，对新的、无标记的对象赋予类标号。因此，有时称聚类分析为非监督分类（Unsupervised Classification）。

此外，尽管术语“分割”（Segmentation）和“划分”（Partitioning）有时也用作聚类的同义词，但是这些术语通常用来表示传统的聚类分析之外的方法。例如，术语“划分”通常用于与将图分成子图相关的技术，与聚类并无太大联系。分割通常指使用简单的技术将数据分组。例如，图像可以根据像素亮度或颜色进行分割，人可以根据其收入进行分组。尽管如此，图划分、图像分割和市场分割的许多工作都与聚类分析有关。

9.1.2 类的度量方法

既然要研究聚类，就有必要了解不同类的度量方法。纵然类的形式各有不同，但总的来说，常用的类的度量方法有两种，即距离和相似系数。距离用来度量样品之间的相似性，相似系数用来度量变量之间的相似性。

1）距离

设 $X_1, X_2, 6\ , X_n$ 为取自 P 元总体的样本，记第 i 个样品 $X_i = (x_{i1}, x_{i2}, 6\ , x_{ip})$（$i = 1,2,6\ ,n$）。聚类分析中常用的距离有如下几种。

（1）闵可夫斯基（Minkowski）距离。

第 i 个样品 X_i 和第 j 个样品 X_j 之间的闵可夫斯基距离（简称闵氏距离）定义为：

$$d_{ij}(q) = \left[\sum_{k=1}^{p} \left|x_{ik} - x_{jk}\right|^q\right]^{1/q}, \quad i = 1,2,6\ ,n; \quad j = 1,2,6\ ,n$$

其中，q 为正整数。

当 $q = 1$ 时，$d_{ij}(1) = \sum_{k=1}^{p} \left|x_{ik} - x_{jk}\right|$ 称为绝对值距离。

当 $q = 2$ 时，$d_{ij}(2) = \left[\sum_{k=1}^{p} (x_{ik} - x_{jk})^2\right]^{1/2}$ 称为欧氏距离。

当 $q \to \infty$ 时，$d_{ij}(\infty) = \max_{1 \leqslant k \leqslant p} \left|x_{ik} - x_{jk}\right|$ 称为切比雪夫距离。

注意：当各变量的单位不同或测量值范围相差很大时，不应直接采用闵可夫斯基距离，应先对各变量的观测数据做标准化处理。

（2）兰氏（Lance）距离。

当 $x_{ik} > 0 (i = 1,2,6\ ,n; j = 1,2,6\ ,p)$ 时，定义第 i 个样品 X_i 和第 j 个样品 X_j 之间的兰氏距离为：

$$d_{ik}(L) = \sum_{k=1}^{p} \frac{\left|x_{ik} - x_{jk}\right|}{x_{ij} + x_{jk}}, \quad i = 1,2,6\ ,n; \quad j = 1,2,6\ ,n$$

兰氏距离与各变量的单位无关，它对大的异常值不敏感，故适用于高度偏斜的数据。

（3）马哈拉诺比斯（Mahalanobis）距离。

第 i 个样品 X_i 和第 j 个样品 X_j 之间的马哈拉诺比斯距离（简称马氏距离）定义为：

$$d_{ij}^* = \left[\frac{1}{p^2} \sum_{k=1}^{p} \sum_{l=1}^{p} (x_{ik} - x_{jk})(x_{il} - x_{jl}) r_{kl}\right]^{1/2}, \quad i = 1,2,6\ ,n; \quad j = 1,2,6\ ,n$$

其中，r_{kl} 是变量 x_k 与变量 x_l 间的相关系数。

2）相似系数

常用的相似系数又有如下两种度量方法。

（1）夹角余弦。

变量 x_i 与 x_j 的夹角余弦定义为：

$$C_{ij}(1)=\frac{\sum_{k=1}^{n}x_{ki}x_{kj}}{\left[(\sum_{k=1}^{n}x_{ki}^2)(\sum_{k=1}^{n}x_{kj}^2)\right]^{1/2}},\quad i=1,2,6\ ,p;\quad j=1,2,6\ ,p$$

它是变量 x_i 的观测值向量 $(x_{1i},x_{2i},6\ ,x_{ni})'$ 和变量 x_j 的观测值向量 $(x_{1j},x_{2j},6\ ,x_{nj})'$ 间夹角的余弦。

（2）相关系数。

变量 x_i 与 x_j 的相关系数定义为：

$$C_{ij}(2)=\frac{\sum_{k=1}^{n}(x_{ki}-\overline{x}_i)(x_{kj}-\overline{x}_j)}{\sqrt{\left[\sum_{k=1}^{n}(x_{ki}-\overline{x}_i)^2\right]\left[\sum_{k=1}^{n}(x_{kj}-\overline{x}_j)^2\right]}},\quad i=1,2,6\ ,p;\quad j=1,2,6\ ,p$$

其中，

$$\overline{x}_i=\frac{1}{n}\sum_{k=1}^{n}x_{ki},\overline{x}_j=\frac{1}{n}\sum_{k=1}^{n}{}_{kj},\quad i=1,2,6\ ,p;\quad j=1,2,6\ ,p$$

由相似系数还可定义变量间的距离，如：

$$d_{ij}=1-C_{ij},\quad i=1,2,6\ ,p;\quad j=1,2,6\ ,p$$

9.1.3 聚类方法的应用场景

聚类的用途很广，作为数据挖掘中的一类主要方法，其典型作用是挖掘数据中的深层信息，并概括出每一类的特点，或者把注意力放在某一个特定的类上以进行进一步的分析。具体说来，聚类有如下几个方面的典型应用。

1）客户细分

消费同一种类的商品或服务时，不同的客户有不同的消费特点，通过研究这些特点，企业可以设计出不同的营销组合，从而获取最大的消费者剩余，这就是客户细分的主要目的。常用的客户分类方法主要有三种：经验描述法，由决策者根据经验对客户进行类别划分；传统统计法，根据客户属性特征的简单统计来划分客户类别；非传统统计法，即基于人工智能技术的非数值方法来划分客户类别。聚类分析法兼有后两种方法的特点。

2）销售片区的划分

销售片区的确定和片区经理的任命在企业的市场营销中发挥着重要的作用。只有合理地将企业所拥有的子市场划分成几个大的片区，才能更有效地制定符合片区特点的市场营销战略和策略，并任命合适的片区经理。聚类分析在这个过程中的应用可以通过一个例子来说明。某公司在全国有 20 个子市场，每个市场在人口数量、人均可支配收入、地区零售总额、该公司某种商品的销售量等变量上有不同的指标值。上述变量都是决定市场需求量的主要因素，把这些变量作为聚类变量，结合决策者的主观愿望和相关统计软件提供的客观标准，接下来就可以针对不同的片区制定合理的战略和策略，并任命合适的片区经理。

3）聚类分析在市场机会研究中的应用

企业制定市场营销战略时，应弄清在同一市场中哪些企业是直接竞争者，哪些企业是间接竞争者，这是非常关键的一个环节。要解决这个问题，企业首先可以通过市场调查，获取自己和所有主要竞争者在品牌方面的第一提及知名度、提示前知名度和提示后知名度的指标值，将它们作为聚类分析的变量，这样便可以将企业和竞争对手的产品或品牌归类。根据归类的结论，企业可以获得如下信息：企业的产品或品牌和哪些竞争对手形成了直接的竞争关系。通常，聚类后属于同一类别的产品和品牌就是所分析企业的直接竞争对手。在制定战略时，可以更多地运用"红海战略"。在聚类后，结合每一产品或品牌的多种不同属性的研究，可以发现哪些属性组合目前还没有融入产品或品牌中，从而寻找企业在市场中的机会，为企业制定合理的"蓝海战略"提供基础性的资料。

4）量化投资

聚类在量化投资中的应用是对投资对象进行聚类，以确定合适的分类标准；并研究每个类别的升值潜力，以确定投资目标池。对证券公司等金融机构来说，对客户进行聚类，可以有效确定客户的构成，并可以根据不同类别的客户采取不同的服务方式，这样就可以更大程度地提升企业的服务水平、盈利水平，同时降低企业成本。

9.1.4 聚类方法的分类

聚类问题的研究已经有很长的历史。迄今为止，为了解决各领域的聚类应用，已经提出的聚类算法有近百种。根据聚类原理，可将聚类算法分为如下几种：划分聚类、层次聚类、基于密度的聚类、基于网格的聚类和基于模型的聚类。

虽然聚类的方法很多，在实践中用得比较多的还是 K-means 聚类、层次聚类、神经网络聚类、模糊 C 均值聚类、高斯混合聚类等方法。本章随后将重点介绍这几个方法。

9.2 K-means 聚类

K-means 聚类是著名的划分聚类的分割方法。该方法的基本思想是：给定一个有 N 个元组或者记录的数据集，对它构造 K 个分组，每一个分组就代表一个聚类，$K<N$。而且这 K 个分组满足下列条件：

（1）每一个分组至少包含一个数据记录。

（2）每一个数据记录仅属于一个分组。

对于给定的 K，算法首先给出初始的分组方法，以后通过反复迭代的方法改变分组，使得每一次改进之后的分组方案都较前一次好，而所谓好的标准就是：同一分组中的记录越近越好（已经收敛，反复迭代至组内数据几乎无差异），而不同分组中的记录越远越好。

9.2.1 K-means 算法的原理和步骤

K-means 算法的工作原理：首先随机从数据集中选取 K 个点，每个点初始地代表每个簇的聚类中心，然后计算剩余各个样本到聚类中心的距离，将它赋给最近的簇，接着重新计算每一簇的平均值，不断重复整个过程，如果相邻两次调整没有明显变化，则说明数据聚类形成的簇已经收敛。该算法的一个特点是在每次迭代中都要考查每个样本的分类是否正确。若不正确，就要调整，在全部样本调整完后，再修改聚类中心，进入下一次迭代。这个过程将不断重复直到满足某个终止条件，终止条件可以是如下任何一个：

（1）没有对象被重新分配给不同的聚类。

（2）聚类中心不再发生变化。

（3）误差平方和局部最小。

算法步骤如下：

（1）从 n 个数据对象中任意选择 k 个对象作为初始聚类中心。

（2）循环执行第（3）步、第（4）步，直到每个聚类不再发生变化为止。

（3）根据每个对象的均值（中心对象），计算每个对象与这些中心对象的距离，并根据最小距离重新对相应对象进行划分。

（4）重新计算每个聚类的均值（中心对象），直到聚类中心不再变化。这种划分使得下式最小。

$$E=\sum_{j=1}^{k}\sum_{x_i\in\omega_j}\left\|x_i-m_j\right\|^2$$

K-means 算法是很典型的基于距离的聚类算法，采用距离作为相似性的评价指标，即认为两个对象的距离越近，其相似度就越大。该算法认为簇是由距离较近的对象组成的，因此把得到紧凑且独立的簇作为最终目标。

K-means 算法如下。

输入：聚类个数 k，以及包含 n 个数据对象的数据库。

输出：满足方差最小标准的 k 个聚类。

处理流程如下：

（1）从 n 个数据对象中任意选择 k 个对象作为初始聚类中心。

（2）根据每个聚类对象的均值（中心对象），计算每个对象与这些中心对象的距离，并根据最小距离重新对相应对象进行划分。

（3）重新计算每个（有变化）聚类的均值（中心对象）。

（4）循环执行第（2）步和第（3）步，直到每个聚类不再发生变化为止。

K-means 算法接收输入量 k；然后将 n 个数据对象划分为 k 个聚类，以便使得所获得的聚类满足：同一聚类中的对象相似度较高；而不同聚类中的对象相似度较低。聚类相似度是利用各聚类中对象的均值所获得的一个“中心对象”（引力中心）来进行计算的。

K-means 算法的特点——采用两阶段反复循环过程算法，结束的条件是不再有数据元素被重新分配。

9.2.2 K-means 聚类实例 1：自主编程

现在通过一个实例来学习如何用 K-means 算法实现实际的分类问题。

已知有 20 个样本，每个样本有两个特征，其数据分布如表 9-1 所示，试对这些数据进行分类。

表 9-1 数据分布

*X*1	0	1	0	1	2	1	2	3	6	7
*X*2	0	0	1	1	1	2	2	2	6	6
*X*1	8	6	7	8	9	7	8	9	8	9
*X*2	6	7	7	7	7	8	8	8	9	9

针对该案例，根据上述理论编写如 P9-1 所示的 MATLAB 程序。

程序编号	P9-1	文件名称	K-means_v1	说明	K-means 聚类方法的 MATLAB 实现

```
%% K-means 聚类方法的 MATLAB 实现
%% 数据准备和初始化
clc
clear
x=[0 0;1 0; 0 1; 1 1;2 1;1 2; 2 2;3 2; 6 6; 7 6; 8 6; 6 7; 7 7; 8 7; 9 7 ; 7 8; 8 8; 9 8; 8 9 ; 9 9];
z=zeros(2,2);
z1=zeros(2,2);
z=x(1:2, 1:2);
%% 寻找聚类中心
while 1
    count=zeros(2,1);
    allsum=zeros(2,2);
    for i=1:20 % 对每一个样本 i，计算到 2 个聚类中心的距离
        temp1=sqrt((z(1,1)-x(i,1)).^2+(z(1,2)-x(i,2)).^2);
        temp2=sqrt((z(2,1)-x(i,1)).^2+(z(2,2)-x(i,2)).^2);
        if(temp1<temp2)
            count(1)=count(1)+1;
            allsum(1,1)=allsum(1,1)+x(i,1);
            allsum(1,2)=allsum(1,2)+x(i,2);
        else
            count(2)=count(2)+1;
            allsum(2,1)=allsum(2,1)+x(i,1);
            allsum(2,2)=allsum(2,2)+x(i,2);
        end
    end
    z1(1,1)=allsum(1,1)/count(1);
    z1(1,2)=allsum(1,2)/count(1);
    z1(2,1)=allsum(2,1)/count(2);
    z1(2,2)=allsum(2,2)/count(2);
    if(z==z1)
        break;
    else
        z=z1;
    end
end
%% 结果显示
disp(z1);% 输出聚类中心
plot( x(:,1), x(:,2),'k*',...
```

```
        'LineWidth',2,...
        'MarkerSize',10,...
        'MarkerEdgeColor','k',...
        'MarkerFaceColor',[0.5,0.5,0.5])
    hold on
    plot(z1(:,1),z1(:,2),'ko',...
        'LineWidth',2,...
        'MarkerSize',10,...
        'MarkerEdgeColor','k',...
        'MarkerFaceColor',[0.5,0.5,0.5])
    set(gca,'linewidth',2) ;
    xlabel('特征 x1','fontsize',12);
    ylabel('特征 x2', 'fontsize',12);
    title('K-means 聚类图','fontsize',12);
```

运行程序，可很快得到程序的结果，如图 9-3 所示。从该图中可以看出，聚类的效果非常显著。

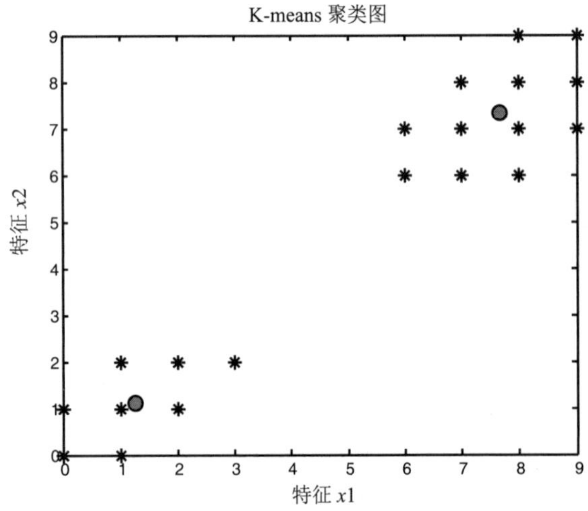

图 9-3　聚类效果图

9.2.3　K-means 聚类实例 2：集成函数

上述实例中，根据 K-means 算法的步骤通过自主编程就可以实现对问题的聚类，这对加深算法的理解非常有帮助。在实际中，也可以使用更集成的方法，即直接使用 K-means 函数。在如下实例中，将介绍如何使用 MATLAB 自带的 K-means 函数来实现对问题的聚类。

下面介绍实例的背景：一家投资公司希望对债券进行合适的分类，可不知道分成几类合适。已经知道这些债券的一些基本的属性（见表 9-2），以及这些债券的目前的评级。所以希望先通过聚类来确定分成几类合适。

表 9-2　银行客户资料的属性及意义

属性名称	属性意义及类型
Type	债券的类型，分类变量

续表

属性名称	属性意义及类型
Name	发行债券的公司名称，字符变量
Price	债券的价格，数值变量
Coupon	票面利率，数值变量
Maturity	到期日，字符变量
YTM	到期收益率，数值变量
CurrentYield	当前收益率，数值变量
Rating	评级结果，分类变量
Callable	是否随时可偿还，分类变量

下面用 K-means 算法对这些债券样本进行聚类，在 MATLAB 中具体的实现步骤和结果如下。

（1）导入数据和预处理数据。

```
clc, clear all, close all
load BondData
settle = floor(date);
%数据预处理
bondData.MaturityN = datenum(bondData.Maturity, 'dd-mmm-yyyy');
bondData.SettleN = settle * ones(height(bondData),1);
% 筛选数据
corp = bondData(bondData.MaturityN > settle & ...
            bondData.Type == 'Corp' & ...
            bondData.Rating >= 'CC' & ...
            bondData.YTM < 30 & ...
            bondData.YTM >= 0, :);
% 设置随机数生成方式，保证结果可重现
rng('default');
```

（2）探索数据。

```
figure
gscatter(corp.Coupon,corp.YTM,corp.Rating)
set(gca,'linewidth',2);
xlabel('票面利率')
ylabel('到期收益率')

% 选择聚类变量
corp.RatingNum = double(corp.Rating);
bonds = corp{:,{'Coupon','YTM','CurrentYield','RatingNum'}};

% 设置类别数量
numClust = 3;

% 设置用于可视化聚类效果的变量
VX=[corp.Coupon, double(corp.Rating), corp.YTM];
```

运行程序，得到如图 9-4 所示的聚类效果图。通过该图可以看出，债券评级结果与指标变量之间的大致关系，即到期收益率越大，票面利率越大，债券被评为 CC 或 CCC 级别的可能性越高。

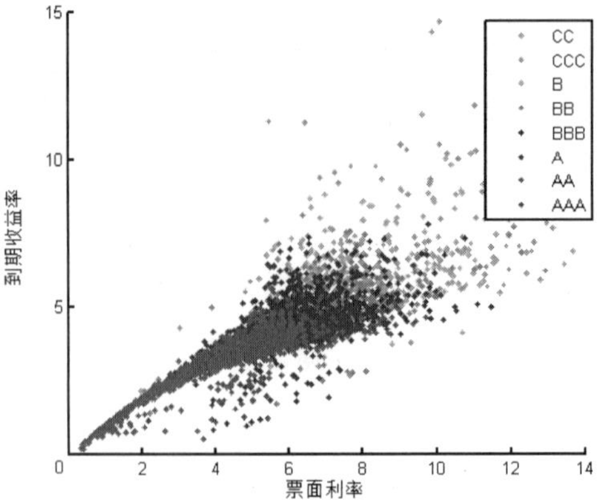

图 9-4　聚类效果图

（3）K-means 聚类。

```
    dist_k = 'cosine';
kidx = kmeans(bonds, numClust, 'distance', dist_k);

%绘制聚类效果图
figure
F1 = plot3(VX(kidx==1,1), VX(kidx==1,2),VX(kidx==1,3),'r*', ...
          VX(kidx==2,1), VX(kidx==2,2),VX(kidx==2,3), 'bo', ...
          VX(kidx==3,1), VX(kidx==3,2),VX(kidx==3,3), 'kd');
set(gca,'linewidth',2);
grid on;
set(F1,'linewidth',2, 'MarkerSize',8);
xlabel('票面利率','fontsize',12);
ylabel('评级得分','fontsize',12);
zlabel('到期收益率','fontsize',12);
title('Kmeans 方法聚类结果')

% 评估各类别的相关程度
dist_metric_k = pdist(bonds,dist_k);
dd_k = squareform(dist_metric_k);
[~,idx] = sort(kidx);
dd_k = dd_k(idx,idx);
figure
imagesc(dd_k)
set(gca,'linewidth',2);
xlabel('数据点','fontsize',12)
ylabel('数据点', 'fontsize',12)
title('K-means 聚类结果相关程度图', 'fontsize',12)
ylabel(colorbar,['距离矩阵:', dist_k])
axis square
```

这段程序具体执行了 K-means 聚类，并将结果以聚类效果图（见图 9-5）和簇间相似度矩阵（见图 9-6）的形式表现了出来。

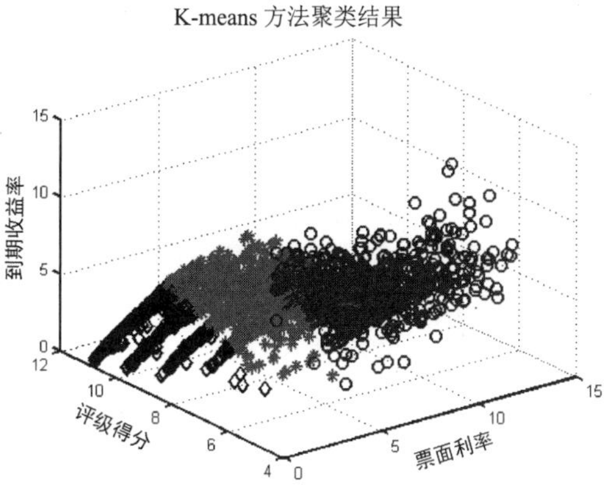

图 9-5 K-means 聚类效果图

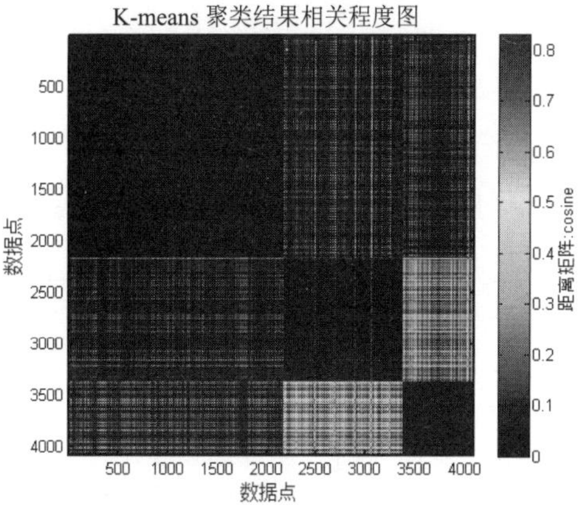

图 9-6 K-means 聚类结果簇间相似度矩阵

9.2.4 K-means 算法的特点

K-means 算法的特点如下。

（1）在 K-means 算法中 K 是事先给定的，这个 K 值的选定是非常难以估计的。

（2）在 K-means 算法中，首先需要根据初始聚类中心来确定一个初始划分，然后对初始划分进行优化。

（3）K-means 算法需要不断地进行样本分类调整，不断地计算调整后的新的聚类中心，因此，当数据量非常大时，算法的时间开销非常大。

（4）K-means 算法对一些离散点和初始 K 值敏感，不同的距离初始值对同样的数据样本可能得到不同的结果。

9.3 层次聚类

9.3.1 层次聚类的原理和步骤

层次聚类算法是通过将数据分为若干组并形成一个相应的树来进行聚类的。根据层次是自底向上还是自顶而下形成，层次聚类算法可以进一步分为凝聚的层次聚类算法和分裂的层次聚类算法（见图 9-7）。

（1）凝聚的层次聚类算法：这种自底向上的策略首先将每个对象作为一个簇，然后合并这些原子簇为越来越大的簇，直到所有的对象都在一个簇中，或者达到某个终结条件的要求。大部分的层次聚类方法属于一类，它们在簇间的相似度的定义略有不同。

（2）分裂的层次聚类算法：像这样的自顶向下的策略与凝聚的层次聚类有些不一样，它首先将所有对象放在一个簇中，然后慢慢地细分为越来越小的簇，直到每个对象自行形成一簇，或者直到满足其他的终结条件。例如，满足了某个期望的簇数目，又或者两个最近的簇之间的距离达到了某一个阈值。

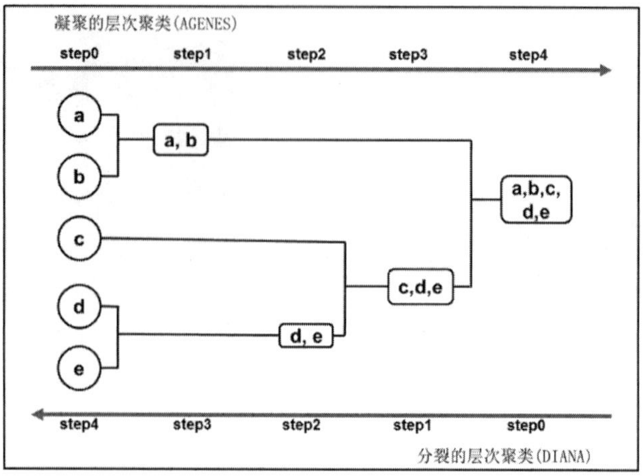

图 9-7　凝聚的层次聚类算法和分裂的层次聚类算法的处理过程

图 9-7 为一个凝聚的层次聚类算法和一个分裂的层次聚类算法在一个包括 5 个对象的数据的集合{a,b,c,d,e}上的处理过程。初始时，凝聚的层次聚类算法将每个样本作为一簇，之后这样的簇依照某一种准则逐渐合并。例如，簇 C1 中的某个样本点和簇 C2 中的一个样本点相隔的距离是所有不同类簇的样本点间欧几里得距离最近的，则认为簇 C1 和簇 C2 是相似可合并的。这就是一类单链接的方法，其每一个簇能够被簇中其他所有的对象所代表，两簇之间的相似度是由这里的两个不同簇中的距离最相近的数据点对的相似度来定义的。聚类的合并进程往复地进行直到其他的对象合并形成一个簇。而分裂的层次聚类算法的运行过程中，初始时分裂的层次聚类算法将所有样本点归为同一类簇，然后根据某种准则进行逐渐分裂。例如，类簇 C 中两个样本点 A 和 B 之间的距离是类簇 C 中所有样本点间距离中最远的，那么样本点 A 和 B 将分裂成两个簇 C1 和 C2，并且先前类簇 C 中其他样本点根据与 A 和 B 之间的距离，分别纳入簇 C1 和 C2 中。例如，类簇 C 中样本点 O 与样本点 A 的欧几里得距离为 2，与样本点 B 的欧几里得距离为 4，因为 $\text{Distance}(A,O)<\text{Distance}(B,O)$，那么 O 将纳入类簇 C1 中。

其中，凝聚的层次聚类算法的核心步骤如下。

输入：K、目标类簇数 D、样本点集合。

输出：K 个类簇集合。

步骤如下：

（1）将 D 中每个样本点当作其类簇。

（2）repeat。

（3）找到分属两个不同类簇且距离最近的样本点对。

（4）将两个类簇合并。

（5）until 类簇数=K。

分裂的层次聚类算法的核心步骤如下。

输入：K、目标类簇数 D、样本点集合。

输出：K 个类簇集合。

步骤如下：

（1）将 D 中所有样本点归并成类簇。

（2）repeat。

（3）在同类簇中找到距离最远的样本点对。

（4）以该样本点对为代表，将原类簇中的样本点重新分属到新类簇。

（5）until 类簇数=K。

一个完全层次聚类的质量由于无法对已经做的合并或分解进行调整而受到影响。但是层次聚类算法没有使用准则函数，它所含的对数据结构的假设更少，所以它的通用性更强。

9.3.2 层次聚类的实例

下面用层次聚类方法来对 9.2.3 节的企业债券进行聚类，具体实现代码和结果如下。

```
dist_h = 'spearman';
link = 'weighted';
hidx = clusterdata(bonds, 'maxclust', numClust, 'distance' , dist_h,
'linkage', link);

%绘制聚类效果图
figure
F2 = plot3(VX(hidx==1,1), VX(hidx==1,2),VX(hidx==1,3),'r*', ...
         VX(hidx==2,1), VX(hidx==2,2),VX(hidx==2,3), 'bo', ...
         VX(hidx==3,1), VX(hidx==3,2),VX(hidx==3,3), 'kd');
set(gca,'linewidth',2);
grid on
set(F2,'linewidth',2, 'MarkerSize',8);
set(gca,'linewidth',2);
xlabel('票面利率','fontsize',12);
ylabel('评级得分','fontsize',12);
zlabel('到期收益率','fontsize',12);
title('层次聚类方法聚类结果')

% 评估各类别的相关程度
dist_metric_h = pdist(bonds,dist_h);
dd_h = squareform(dist_metric_h);
[~,idx] = sort(hidx);
dd_h = dd_h(idx,idx);
figure
imagesc(dd_h)
set(gca,'linewidth',2);
xlabel('数据点', 'fontsize',12)
ylabel('数据点', 'fontsize',12)
title('层次聚类结果相关程度图')
ylabel(colorbar,['距离矩阵:', dist_h])
axis square

% 计算同型相关系数
Z = linkage(dist_metric_h,link);
cpcc = cophenet(Z,dist_metric_h);
disp('同表象相关系数: ')
```

```
disp(cpcc)

% 层次结构图
set(0,'RecursionLimit',5000)
figure
dendrogram(Z)
set(gca,'linewidth',2);
set(0,'RecursionLimit',500)
xlabel('数据点', 'fontsize',12)
ylabel ('距离', 'fontsize',12)
title(['CPCC: ' sprintf('%0.4f',cpcc)])
```

同表象相关系数如下。

```
    0.8903
```

此处利用 cophenet 函数得到了描述聚类树信息与原始数据距离之间相关性的同表象相关系数，这个值越大越好。

本节代码具体执行了层次聚类，并产生了聚类效果图（见图 9-8）、簇间相似程度图（见图 9-9）和簇的层次结构图（见图 9-10）。

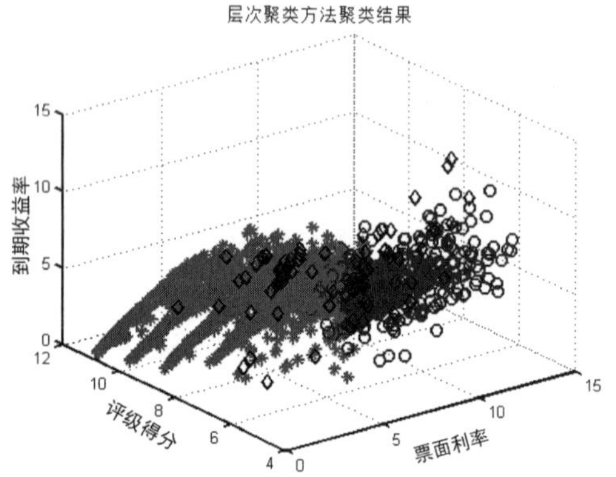

图 9-8　层次聚类方法产生的聚类效果图

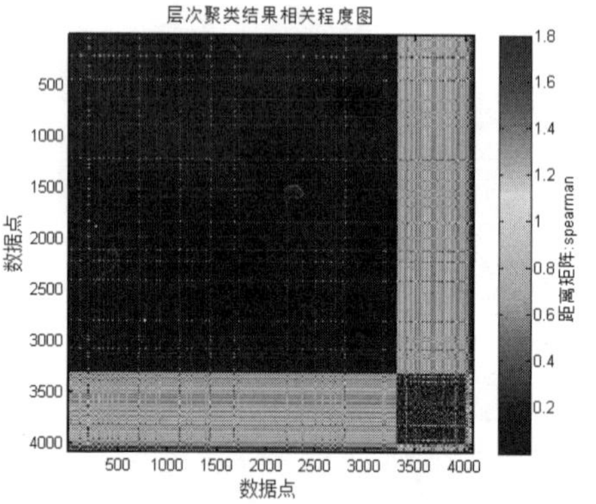

图 9-9　层次聚类方法产生的簇间相似程度图

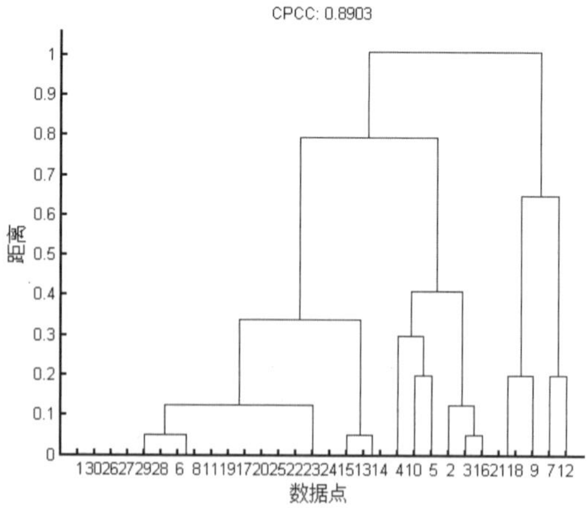

图 9-10　层次聚类方法产生的簇的层次结构图

9.3.3 层次聚类的特点

（1）在凝聚的层次聚类算法和分裂的层次聚类算法中，都需要用户提供所希望得到的聚类的单个数量和阈值作为聚类分析的终止条件，但对于复杂的数据来说这是很难事先判定的。尽管层次聚类的方法实现起来很简单，但是偶尔会遇到合并或分裂点的抉择难题。这样的抉择特别关键，因为只要其中的两个对象被合并或者分裂，接下来的处理将只能在新生成的簇中完成。已形成的处理就不能被撤销，两个聚类之间也不能交换对象。如果在某个阶段没有做出合并或分裂的决策，就非常可能导致质量不高的聚类结果。而且这种聚类方法不具有较好的可伸缩性，因为它们合并或分裂的决策需要经过检测和估算大量的对象或簇。

（2）层次聚类算法由于要使用距离矩阵，所以它的时间和空间复杂性都很高 $O(n^2)$，几乎不能在大数据集上使用。层次聚类算法只处理符合某静态模型的簇而忽略了不同簇间的信息和簇间的互连性（簇间距离较近的数据对的多少）和近似度（簇间数据对的相似度）。

9.4 神经网络聚类

9.4.1 神经网络聚类的原理和步骤

神经网络聚类的原理与神经网络分类相似，具体内容可以参考 8.4.1 节的内容。

9.4.2 神经网络聚类的实例

下面用神经网络方法来对 9.2.3 节的企业债券进行聚类，具体实现代码和结果如下。

```
    %设置网络
dimension1 = 3;
dimension2 = 1;
net = selforgmap([dimension1 dimension2]);
net.trainParam.showWindow = 0;
%训练网络
[net,tr] = train(net,bonds');
nidx = net(bonds');
nidx = vec2ind(nidx)';
%绘制聚类效果图
figure
F3 = plot3(VX(nidx==1,1), VX(nidx==1,2),VX(nidx==1,3),'r*', ...
        VX(nidx==2,1), VX(nidx==2,2),VX(nidx==2,3), 'bo', ...
        VX(nidx==3,1), VX(nidx==3,2),VX(nidx==3,3), 'kd');
set(gca,'linewidth',2);
grid on
set(F3,'linewidth',2, 'MarkerSize',8);
xlabel('票面利率','fontsize',12);
ylabel('评级得分','fontsize',12);
```

```
ylabel('到期收益率','fontsize',12);
title('神经网络方法聚类结果')
```

图 9-11 为神经网络聚类方法产生的聚类效果图。

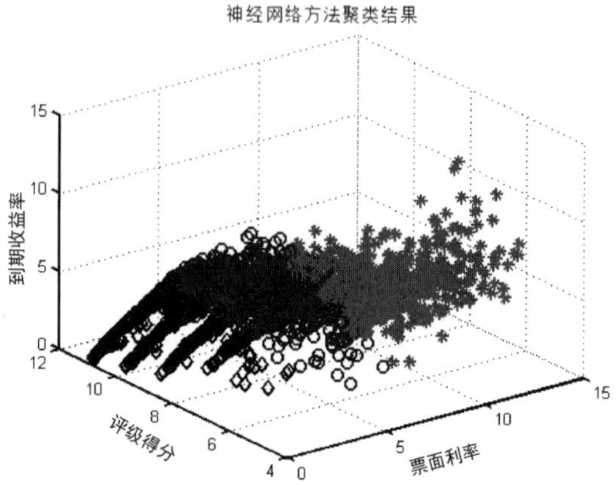

图 9-11　神经网络聚类方法产生的聚类效果图

9.4.3　神经网络聚类的特点

神经网络在聚类方面表现的特征与分类相似，对数据适应性强，对噪声数据敏感。需要注意的是，神经网络的输入具有连续性，但聚类结果往往是分类数据类型，所以对于神经网络的输出结果通常要按照区间进行转换。

9.5　模糊 C 均值（FCM）方法

9.5.1　模糊 C 均值的原理和步骤

模糊 C 均值（FCM）聚类算法是用隶属度确定每个数据点属于某个聚类的程度的一种聚类算法。1973 年，该算法作为早期硬 C 均值聚类（HCM）方法的一种改进被 Bezdek 提出。

给定样本观测数据矩阵：

$$\boldsymbol{X}=\begin{Bmatrix} x_1 \\ x_2 \\ 7 \\ x_n \end{Bmatrix}=\begin{Bmatrix} x_{11} & x_{12} & 6 & x_{1p} \\ x_{21} & x_{22} & 6 & x_{2p} \\ 7 & 7 & & 7 \\ x_{n1} & x_{n2} & 6 & x_{np} \end{Bmatrix}$$

其中，$\boldsymbol{X}$ 的每一行为一个样品（或观测），每一列为一个变量的 n 个观测值，也就是说 $\boldsymbol{X}$ 是由 n 个样品（$x_1, x_2, 6\ , x_n$）的 P 个变量的观测值构成的矩阵。模糊聚类就是将 n 个样品划分为 c 类（$2 \leqslant c \leqslant n$），记 $V=(v_1,v_2,\cdots,v_c)$ 为 c 个类的聚类中心，其中，$v_i=(v_{i1},v_{i2},6\ ,v_{ip})$（$i=1,2,6\ ,c$）。在模糊划分中，每个样品不是严格地划分为某一类，而

是以一定的隶属度进行划分的，这里 $0\leqslant u_{ik}\leqslant 1$，$\sum\limits_{i=1}^{i}u_{ik}=1$。定义目标函数：

$$J(\boldsymbol{U},V)=\sum_{k=1}^{n}\sum_{i=1}^{c}u_{ik}^{in}d_{ik}^{2}$$

其中，$\boldsymbol{U}=(u_{ik})_{c\times n}$ 为隶属度矩阵，$d_{ik}=\|x_k-v_i\|$。显然，$J(\boldsymbol{U},V)$表示各类中样品到聚类中心的距离的加权平方和，权重是样品 x_k 属于第 i 类的隶属度的 m 次方。模糊 C 均值聚类算法的聚类准则是求 $\boldsymbol{U}$ 和 V，使 $J(\boldsymbol{U},V)$取得最小值。模糊 C 均值聚类算法的具体步骤如下。

（1）确定类的个数 c，幂指数 $m>1$ 的初始隶属度矩阵 $\boldsymbol{U}^{(0)}=(u_{ik}^{(0)})$，通常的做法是取[0,1]上的均匀分布随机数来确定初始隶属度矩阵 $\boldsymbol{U}^{(0)}$。令 $l=1$ 表示第 1 步迭代。

（2）通过下式计算第 l 步的聚类中心 $v_i^{(l)}$。

$$v_i^{(l)}=\frac{\sum\limits_{k=1}^{n}(u_{ik}^{(l-1)m}x_k)}{\sum\limits_{k=1}^{n}(u_{ik}^{(l-1)})^m},\quad i=1,2,6\ \ ,c$$

（3）修正隶属度矩阵 $\boldsymbol{U}^{(l)}$，计算目标函数值 $J^{(l)}$。

$$u_{ik}^{(l)}=1\Bigg/\sum_{j=1}^{c}(d_{ik}^{(l)}/d_{jk}^{(l)})^{\frac{2}{m-1}},\quad i=1,2,6\ \ ,c;\quad k=1,2,6\ \ ,n$$

$$J^{(l)}(\boldsymbol{U}^{(l)},V^{(l)})=\sum_{k=1}^{n}\sum_{i=1}^{c}(u_{ik}^{(l)})^m(d_{ik}^{(l)})^2$$

其中，$d_{ik}^{(l)}=\left\|x_k-v_i^{(l)}\right\|$。

（4）对给定的隶属度终止容限 $\varepsilon_u>0$（或目标函数终止容限 $\varepsilon_j>0$，或最大迭代步长 $L_{\max}$），当 $\max\left\{\left\|u_{ik}^{(l)}-u_{ik}^{(l-1)}\right\|\right\}<\varepsilon_u$（或 $l>1$，$\left|J^{(l)}-J^{(l-1)}\right|<\varepsilon_j$ 或 $l\geqslant L_{\max}$）时，停止迭代，否则 $l=l+1$，然后转第（2）步。

经过上述步骤的迭代之后，可以求得最终的隶属度矩阵 $\boldsymbol{U}$ 和聚类中心 V，使得目标函数 $J(\boldsymbol{U},V)$的值达到最小。根据最终的隶属度矩阵 $\boldsymbol{U}$ 中元素的取值可以确定所有样品的归属，当 $u_{jk}=\max\limits_{1\leqslant i\leqslant c}\{u_{ik}\}$ 时，可将样品 x_k 归为第 j 类。

9.5.2　模糊 C 均值方法的应用实例

下面用模糊 C 均值方法来对 9.2.3 节的企业债券进行聚类，具体实现代码和结果如下。

```
    options = nan(4,1);
options(4) = 0;
[centres,U] = fcm(bonds,numClust, options);
[~, fidx] = max(U);
fidx = fidx';
% 绘制聚类效果图
figure
F4 = plot3(VX(fidx==1,1), VX(fidx==1,2),VX(fidx==1,3),'r*', ...
```

```
        VX(fidx==2,1), VX(fidx==2,2),VX(fidx==2,3), 'bo', ...
        VX(fidx==3,1), VX(fidx==3,2),VX(fidx==3,3), 'kd');
set(gca,'linewidth',2);
grid on
set(F4,'linewidth',2, 'MarkerSize',8);
xlabel('票面利率','fontsize',12);
ylabel('评级得分','fontsize',12);
zlabel('到期收益率','fontsize',12);
title('模糊 C 均值方法聚类结果')
```

图 9-12 为模糊 C 均值聚类方法产生的聚类效果图。

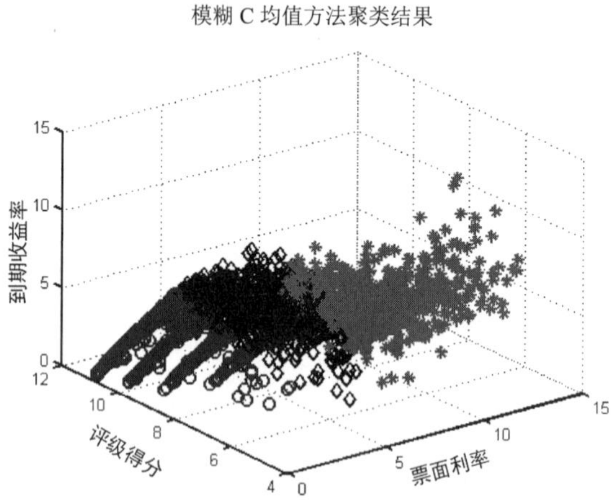

图 9-12　模糊 C 均值聚类方法产生的聚类效果图

9.5.3　模糊 C 均值算法的特点

模糊 C 均值算法用隶属度确定每个样本属于某个聚类的程度。它与 K-means 算法和中心点算法等相比，可大大减少计算量，因为它省去了多重迭代的反复计算过程，效率将大大提高。同时，模糊 C 均值聚类分析可根据数据库中的相关数据得到模糊相似矩阵，形成相似矩阵后，直接对相似矩阵进行处理即可，无须多次反复扫描数据库。根据实验要求动态设定 m 值，可满足不同类型数据挖掘任务的需要，适于高维度数据的处理，具有较好的伸缩性，便于找出异常点。但 m 值根据经验或者实验得来，具有不确定性，可能影响实验结果。并且，由于梯度法的搜索方向总是沿着能量减小的方向，使得算法存在易陷入局部极小值和对初始化敏感的缺点。为克服上述缺点，可在模糊 C 均值算法中引入全局寻优法来摆脱模糊 C 均值聚类运算时可能陷入的局部极小点，优化聚类效果。

9.6　高斯混合聚类方法

9.6.1　高斯混合聚类的原理和步骤

聚类的方法有很多种，K-means 是最简单的一种聚类方法，其大致思想就是把数据分为多个堆，每个堆就是一类。每个堆都有一个聚类中心（学习的结果就是获得这 K 个聚类中心)，这个中心就是这个类中所有数据的均值，而这个堆中所有的点到该类的聚类中心的距离都小于到其他类的聚类中心的距离(分类的过程就是将未知数据对这 K 个聚类中心进行比较的过程，离谁近就是谁)。其实 K-means 算得上最直观、最方便理解的一种聚类方式，就是把最像的数据分在一起，而“像”这个定义由分析人员来完成，比如欧式距离的最小等。

高斯混合模型（GMM）和 K-means 十分相似，区别仅仅在于高斯混合模型引入了概率。在此，先补充一点内容。统计学习的模型有两种：一种是概率模型；另一种是非概率模型。所谓概率模型，就是指我们要学习的模型的形式是 $P(Y|X)$。这样，在分类的过程中，通过未知数据 X 可以获得 Y 取值的一个概率分布，也就是训练后模型得到的输出不是一个具体的值，而是一系列值的概率（对分类问题来说，就是对应于各个不同的类的概率)，然后可以选取概率最大的那个类作为判决对象（软分类)。而非概率模型，就是指我们学习的模型是一个决策函数 $Y=f(X)$，输入数据 X，就可以投影得到唯一的一个 Y，就是判决结果(硬分类)。回到高斯混合模型，学习的过程就是训练出几个概率分布，所谓混合高斯模型就是指对样本的概率密度分布进行估计，而估计的模型是几个高斯模型加权之和（具体是几个，要在模型训练前建立好)。每个高斯模型就代表一个类(Cluster)。将样本中的数据分别在几个高斯模型上投影，就会分别得到在各个类上的概率。然后可以选取概率最大的类作为判决结果。

得到概率有什么好处呢？我们知道，人会用各种不同的模型对观察到的事物和现象做判决和分析。当你在路上看到一只狗的时候，可能从外形来看觉得它像邻居家的狗，又像女朋友家的狗，很难判断。所以，从外形上看，用软分类的方法，这只狗是女朋友家的狗，其概率为 51%；是邻居家的狗，其概率为 49%，属于一个易混淆的区域，这时可以再用其他办法区分到底是谁家的狗。如果是硬分类，你所判断的就是女朋友家的狗，没有“多像”这个概念，所以不方便多模型的融合。

从中心极限定理的角度看，把混合模型假设为高斯分布是比较合理的，当然也可以根据实际数据定义成任何分布，不过定义为高斯分布在计算上有一些方便之处。另外，理论上可以通过增加模型的个数，用高斯混合模型近似任何概率分布。

高斯混合模型的定义为：

$$p(x)=\sum_{k=1}^{K}\pi_k p(x\mid k)$$

其中，K 为模型的个数，π_k 为第 k 个高斯模型的权重，$p(x\mid k)$ 为第 k 个高斯模型的概率密度函数，其均值为μ_k，方差为σ_k。对此概率密度的估计就是要求π_k、μ_k和σ_k各个变量。当求出表达式后，求和式的各项的结果就分别代表样本 x 属于各个类的概率。

在做参数估计的时候，常采用的方法是最大似然法。最大似然法就是使样本点在估计的概率密度函数上的概率值最大。由于概率值一般很小，N 很大的时候这个连乘的结果非常小，容易造成浮点数下溢。所以通常取对数，将目标改写成：

$$\max\sum_{i=1}^{N}\log p(x_i)$$

也就是最大化对数似然函数，完整形式则为：

$$\max\sum_{i=1}^{N}\log\left(\sum_{k=1}^{K}\pi_k N\left(x_i\mid\mu_k,\sigma_k\right)\right)$$

一般用于参数估计的时候，都是通过对待求变量进行求导来求极值，在上式中，对数函数中又有求和，若用求导的方法计算则方程组将会非常复杂，所以不能考虑用该方法求解（没有闭合解）。可以采用 EM 算法——将求解分为如下两步：第一步是假设知道各个高斯模型的参数（可以初始化一个，或者基于上一步迭代结果），去估计每个高斯模型的权值；第二步是基于估计的权值，反过来确定高斯模型的参数。重复这两个步骤，直到波动很小，近似达到极值（注意这里是极值而不是最值，EM 算法会陷入局部最优）。具体表达如下。

（1）对于第 i 个样本 x_i 来说，它由第 k 个高斯模型生成的概率为：

$$\varpi_i(k)=\frac{\pi_k N\left(x_i\mid\mu_k,\sigma_k\right)}{\sum_{j=1}^{K}\pi_j N\left(x_i\mid\mu_j,\sigma_j\right)}$$

在这一步，假设高斯模型的参数和是已知的（由上一步迭代而来或由初始值决定）。

（2）得到每个点的 $\varpi_i(k)$ 后，可以这样考虑，对样本 X_i 来说，它的 $\varpi_i(k)x_i$ 的值是由第 k 个高斯模型产生的。换句话说，第 k 个高斯模型产生了 $\varpi_i(k)x_i(i=1,6\ ,N)$ 这些数据。这样在估计第 k 个高斯模型的参数时，就用 $\varpi_i(k)x_i(i=1,6\ ,N)$ 这些数据去做参数估计。与前面提到的一样，采用最大似然方法去估计：

$$\mu_k=\frac{1}{N}\sum_{i=1}^{N}\varpi_i(k)x_i$$

$$\sigma_k=\frac{1}{N_k}\sum_{i=1}^{N}\varpi_i(k)(x_i-\mu_k)(x_i-\mu_k)^{\mathrm{T}}$$

$$N_k=\sum_{i=1}^{N}\varpi_i(k)$$

（3）重复上述两个步骤直到算法收敛（理论上可以证明这个算法是收敛的）。

9.6.2 高斯聚类的实例

下面用高斯聚类方法来对 9.2.3 节的企业债券进行聚类，具体实现代码和结果如下。

```
   gmobj = gmdistribution.fit(bonds,numClust);
gidx = cluster(gmobj,bonds);
%绘制聚类效果图
figure
F5 = plot3(VX(fidx==1,1), VX(fidx==1,2),VX(fidx==1,3),'r*', ...
        VX(fidx==2,1), VX(fidx==2,2),VX(fidx==2,3), 'bo', ...
        VX(fidx==3,1), VX(fidx==3,2),VX(fidx==3,3), 'kd');
set(gca,'linewidth',2);
grid on
set(F5,'linewidth',2, 'MarkerSize',8);
xlabel('票面利率','fontsize',12);
ylabel('评级得分','fontsize',12);
zlabel('到期收益率','fontsize',12);
```

```
title('高斯混合方法聚类结果')
```

图 9-13 为高斯混合聚类方法产生的聚类效果图。

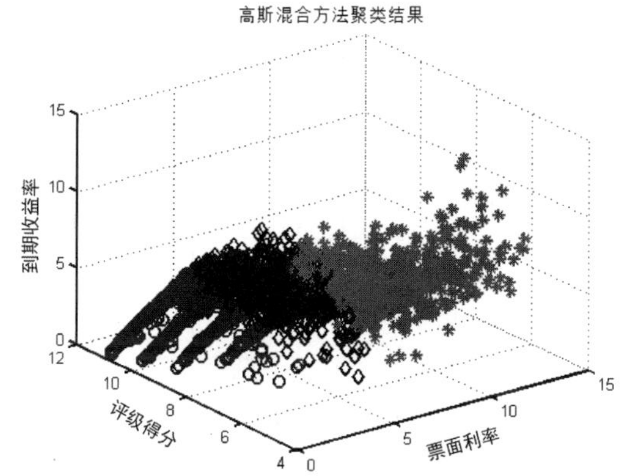

图 9-13　高斯混合聚类方法产生的聚类效果图

9.6.3　高斯聚类的特点

高斯聚类的优点是投影后样本点不是得到一个确定的分类标记，而是得到每个类的概率，这是一个重要信息。高斯混合模型每一步迭代的计算量比较大，大于 K-means。高斯混合模型的求解方法基于 EM 算法，因此有可能陷入局部极值，这和初始值的选取十分相关。高斯混合模型不仅可以用在聚类上，还可以用在概率密度估计上。

9.7　类别数的确定方法及实例

9.7.1　类别数的确定方法

在聚类过程中类的个数如何确定才合适呢？这是一个十分困难的问题，至今仍未找到令人满意的方法，但这个问题又是不可回避的。下面介绍两种比较常用的方法。

1）阈值法

阈值法是最简单且有效的方法，其要点就是通过观测聚类图，给出一个合适的阈值 T，要求类与类之间的距离不要超过 T。在图 9-14 所示的类别的层级结构图中，如果取阈值 T=6，则聚为 2 类；如果取阈值 T=3，则聚为 4 类。在实际的聚类中，希望类之间有明显的区分，同时希望类别的数量越大越好。所以，基于此图显示的聚类分析，该问题聚成 4 类比较合适。

2）轮廓图法

轮廓图法是一种相对更智能的用于确定聚类类别的方法。轮廓图可由 MATLAB 中的 Silhouette 函数来绘制，此函数可以用来根据 Cluster、Clusterdata、K-means 的聚类结果绘制轮廓图，从图中可以判断每个点的分类是否合理。轮廓图上第 i 个点的轮廓值定义为：

$$S(i)=\frac{\min(b)-a}{\max[a,\min(b)]},\quad i=1,6\ \ ,n$$

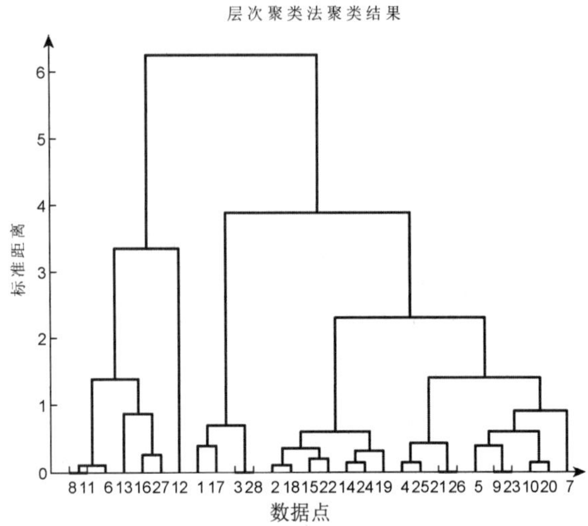

图 9-14　类别的层级结构图

其中，a 是第 i 个点与同类其他点的平均距离。b 是向量，其元素表示第 i 个点与不同类的类内各点的平均距离。

$S(i)$的取值范围为[-1，1]，此值越大，说明该点的分类越合理。若 $S(i)<0$，说明该点分类不合理。

在 MATLAB 中，Silhouette 函数有如下几种用法。

```
S= Silhouette(X,clust) %此命令只返回轮廓值，不画轮廓图
[s,h] = silhouette(X,clust)
[...] = silhouette(X,clust,metric)
[...] = silhouette(X,clust,distfun,p1,p2,...)
```

9.7.2　类别数的确定实例

下面将以 9.2.2 节中的实例，利用 K-means 方法和轮廓图法确定最佳的聚类类别数，具体代码如下。

```
    figure
for i=2:4
    kidx = kmeans(bonds,i,'distance',dist_k);
    subplot(3,1,i-1)
    [~,F6] = silhouette(bonds,kidx,dist_k);
    xlabel('轮廓值','fontsize',12);
    ylabel('类别数','fontsize',12);
    set(gca,'linewidth',2);
    title([num2str(i) '类对应的轮廓值图 ' ])
    snapnow
end

% 计算平均轮廓值
```

```
numC = 15;
silh_m = nan(numC,1);
for i=1:numC
    kidx = kmeans(bonds,i,'distance',dist_k,'MaxIter',500);
    silh = silhouette(bonds,kidx,dist_k);
    silh_m(i) = mean(silh);
end

%绘制各类别数对应的平均轮廓值图
figure
F7 = plot(1:numC,silh_m,'o-');
set(gca,'linewidth',2);
set(F7, 'linewidth',2, 'MarkerSize',8);
xlabel('类别数', 'fontsize',12)
ylabel('平均轮廓值','fontsize',12)
title('平均轮廓值 vs.类别数')
```

运行程序后得到两幅图，第一幅图如图 9-15 所示，此图中分别显示当类别为 2、3、4 时的轮廓图。第二幅图如图 9-16 所示，此图显示了各类别数对应的平均轮廓值，根据聚类的原则（类别数尽量大，同时轮廓值尽量大），由此图可以确定，类别数取 4 较合适。

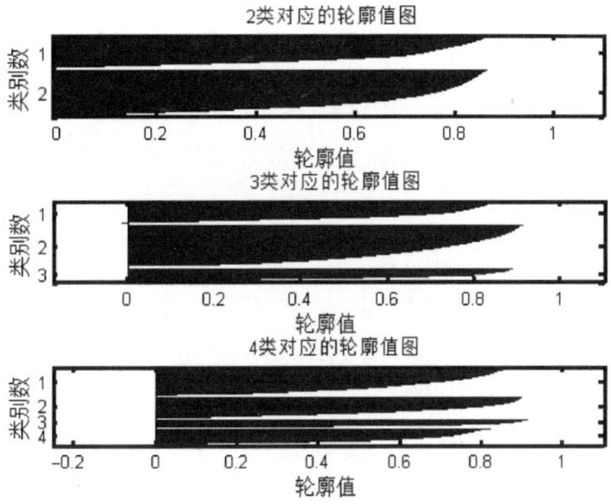

图 9-15　类别为 2、3、4 时的轮廓图

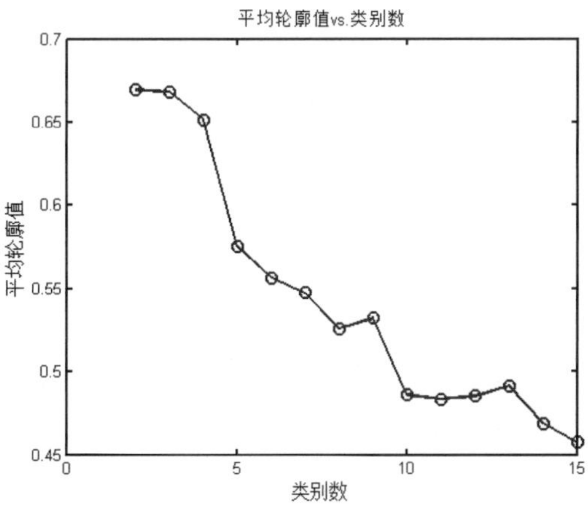

图 9-16　不同类别对应的平均轮廓值

9.8 应用实例：股票聚类分池

9.8.1 聚类的目标和数据描述

聚类在量化投资中的主要作用是对投资的对象进行聚类，然后根据聚类的结果评估每个类别的盈利能力，选择盈利能力强的类别的对象进行投资。以股票为例，可以通过聚类方法对股票进行分池，买入的股票只从盈利能力最强的池子中选择。所以，聚类在实际的量化投资中虽然不像分类那么直观，但对于了解投资对象的层级关系非常有帮助。

依然以股票为例，由于聚类的目标是进行股票的分池，所以通常选择周期相对较长的指标作为股票的聚类指标，股票基本面的指标通常是这类指标，所以选择这类指标比较合适。现在就以第 4 章获取的股票财务数据为基础，来研究股票的聚类问题。

对财务数据进行质量分析发现，指标 *X*4 至 *X*13 这 10 个指标的数据质量相对较好，且有明确意义，所以下面以这些指标对股票进行聚类。

9.8.2 实现过程

现在来看如何实现股票的具体聚类。首先要确定哪个聚类算法最合适，当然上述介绍的几个算法都可以，但要想更清楚地了解这些股票的层级结构，选择层次聚类法会比较合适。在上述介绍的层次聚类法程序的基础上略做修改，就可以得到实现股票聚类的程序，具体程序如 P9-2 所示。

程序编号	P9-2	文件名称	stockClustering.m	说明	股票聚类

```
%% 股票聚类
%% 读取数据
clc, clear all, close all
X0 = xlsread('StockFinance.xlsx','Sheet1','E2:N4735');

%% 数据归一化
[rn,cn]=size(X0);
X=zeros(rn,cn);
  for k=1:cn
      %基于均值方差的离群点数据归一化
      xm=mean(X0(:,k));
      xs=std(X0(:,k));
      for j=1:rn
            if X0(j,k)>xm+2*xs
            X(j,k)=1;
            elseif X0(j,k)<xm-2*xs
            X(j,k)=0;
            else
            X(j,k)=(X0(j,k)-(xm-2*xs))/(4*xs);
            end
      end
  end
```

```
    xlswrite('norm_data.xlsx', X);

    %% 层次聚类
    numClust = 3;
    dist_h = 'spearman';
    link = 'weighted';
    hidx = clusterdata(X, 'maxclust', numClust, 'distance' , dist_h,
'linkage', link);

    %绘制聚类效果图
    figure
    F2 = plot3(X(hidx==1,1), X(hidx==1,2),X(hidx==1,3),'r*', ...
               X(hidx==2,1), X(hidx==2,2),X(hidx==2,3), 'bo', ...
               X(hidx==3,1), X(hidx==3,2),X(hidx==3,3), 'kd');
    set(gca,'linewidth',2);
    grid on
    set(F2,'linewidth',2, 'MarkerSize',8);
    set(gca,'linewidth',2);
    xlabel('每股收益','fontsize',12);
    ylabel('每股净资产','fontsize',12);
    zlabel('净资产收益率','fontsize',12);
    title('层次聚类方法聚类结果')

    % 评估各类别的相关程度
    dist_metric_h = pdist(X,dist_h);
    dd_h = squareform(dist_metric_h);
    [~,idx] = sort(hidx);
    dd_h = dd_h(idx,idx);
    figure
    imagesc(dd_h)
    set(gca,'linewidth',2);
    xlabel('数据点', 'fontsize',12)
    ylabel('数据点', 'fontsize',12)
    title('层次聚类结果相关程度图')
    ylabel(colorbar,['距离矩阵:', dist_h])
    axis square

    % 计算同型相关系数
    Z = linkage(dist_metric_h,link);
    cpcc = cophenet(Z,dist_metric_h);
    disp('同表象相关系数: ')
    disp(cpcc)
    % 层次结构图
    set(0,'RecursionLimit',5000)
    figure
    dendrogram(Z)
    set(gca,'linewidth',2);
    set(0,'RecursionLimit',500)
    xlabel('数据点', 'fontsize',12)
    ylabel ('距离', 'fontsize',12)
    title(['CPCC: ' sprintf('%0.4f',cpcc)])
```

9.8.3 结果及分析

运行程序后，会产生股票聚类结果效果图（见图 9-17）、股票聚类结果簇间相似程度图（见图 9-18）和股票聚类结果簇的层次结构图（见图 9-19）。

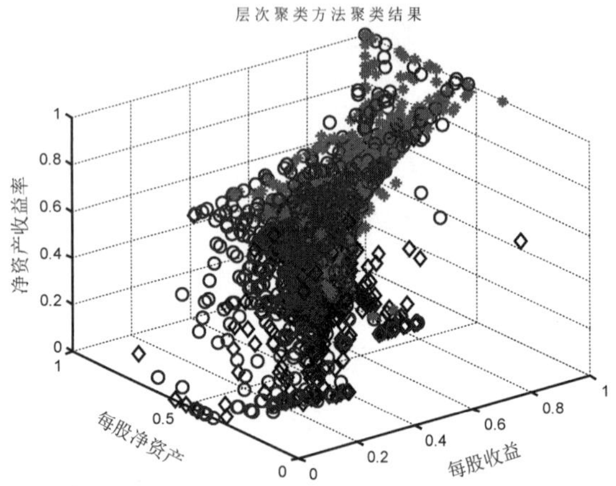

图 9-17　股票聚类结果效果图

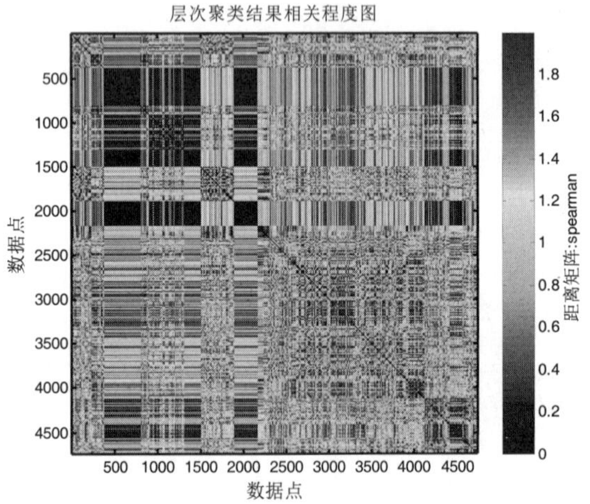

图 9-18　股票聚类结果簇间相似程度图

图 9-17 是聚成三个类的效果图，从中可以看出每个指标对聚类是有显著影响的，因为各个类在每个指标的维度上有显著的分层。通过图 9-18 可以看出，聚成三类的效果并不是很好，因为三个类别的轮廓不是很清晰，不如图 9-9 那样清晰、直观。这说明对股票聚类是有一定难度的，这也比较符合实际情况，假如可以对所有股票进行很好的聚类，那么通过量化技术就会非常容易盈利。现实中尽管量化技术能够增大盈利的概率，但还要等待机会，等待相对短暂的套利机会。其实，数据挖掘在很大程度上就是挖掘短暂的投资机会。

从图 9-19 所示的层次结构图可以看出，聚成三类的距离跨度比较小，效果不是很理想。根据聚类的原则，结合层次结构图，该问题的距离阈值取 0.8 比较好，此时类别数为 11 类。

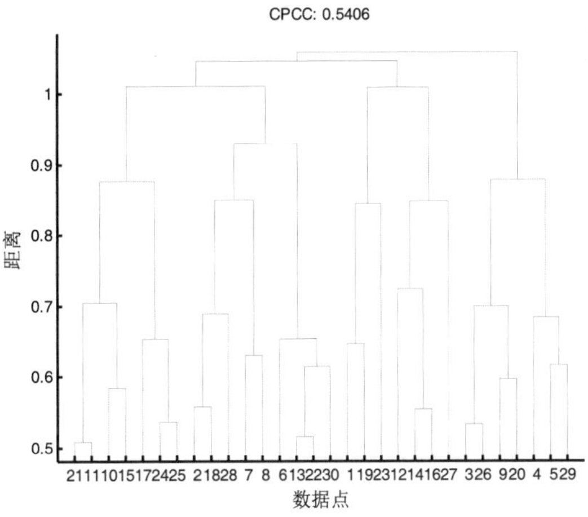

图 9-19 股票聚类结果簇的层次结构图

通常在聚类之后，会评估各类股票的盈利能力，然后对盈利能力最强的那类股票进行分析，这对建立进一步的量化投资模型非常有帮助。同时聚类的直接应用是确定股票的分池准则，在每次投资前，要确保买入的股票都属于盈利能力最强的那类。

9.9 延伸阅读

9.9.1 目前聚类分析研究的主要内容

对聚类进行研究是数据挖掘中的一个热门方向，由于上述介绍的聚类方法都存在着某些缺点，因此近些年对于聚类分析的研究很多都专注于改进现有的聚类方法或者提出一种新的聚类方法。下面将对传统聚类方法中存在的问题，以及人们在这些问题上所做的努力做一个简单的总结：

（1）传统的聚类分析方法，不管是 K-means 方法，还是 CURE 方法，在进行聚类之前都需要用户事先确定要得到的聚类的数目。然而在现实数据中，聚类的数目是未知的，通常要经过不断的实验来获得合适的聚类数目，从而得到较好的聚类结果。

（2）传统的聚类方法适合于某种情况的聚类，没有一种方法能够适合各种情况下的聚类，比如 BIRCH 方法对于球状簇有很好的聚类性能，但是对于不规则的数据，则不能很好地聚类；K-medoids 方法不太受孤立点的影响，但是其计算代价又很大。因此，如何解决这个问题成为当前的一个研究热点，有学者提出将不同的聚类思想进行融合以形成新的聚类算法，从而综合利用不同聚类算法的优点，在一次聚类过程中综合利用多种聚类方法，能够有效地缓解这个问题。

（3）随着信息时代的到来，对大量的数据进行分析处理是一项庞大的工作，这就关系到一个计算效率的问题。有文献提出了一种基于最小生成树的聚类算法，该算法通过逐渐丢弃最长的边来实现聚类，当某条边的长度超过了某个阈值，那么更长边就不需要计算而直接丢弃，这样就极大地提高了计算效率，降低了计算成本。

（4）处理大规模数据和高维数据的能力有待于提高。目前许多聚类方法处理小规模数据和低维数据时性能比较好，但是当数据规模增大、维度升高时，性能就会急剧下降，比如利用 K-medoids 方法处理小规模数据时性能很好，但是随着数据量增大，效率就逐渐下降，而现实生活中的数据大部分又属于规模比较大、维度比较高的数据集。有文献提出了一种在高维空间挖掘映射聚类的方法——PCKA（Projected Clustering based on the K-Means Algorithm），它从多个维度中选择属性相关的维度，去除不相关的维度，沿着相关维度进行聚类，从而对高维数据进行聚类。

（5）目前的许多算法都只是理论上的，经常处于某种假设之下，比如聚类能很好地被分离，没有突出的孤立点等，但是现实数据通常很复杂，噪声很大，因此，如何有效地消除噪声的影响，提高处理现实数据的能力还有待进一步研究。

9.9.2 SOM 智能聚类算法

SOM 是一种基于神经网络的聚类和数据可视化技术。尽管 SOM 源于神经网络，但它更容易表示成一种基于原型的聚类的变形，与其他基于质心的聚类一样，SOM 的目标是发现质心的集合，并将数据集中的每个对象指派到提供该对象最佳近似的质心。用神经网络的术语，每个质心都与一个神经元相关联。与增量 K-means 一样，每次处理一个数据对象并更新质心。与 K-means 不同，SOM 赋予质心的形序，也更新附近的质心。此外，SOM 不记录对象的当前簇隶属情况：如果对象转移簇，并不明确地更新簇质心。当然，旧的簇质心可能是新的簇质心的近邻，这样它可能因此而更新。继续处理点，直到达到某个预先确定的界限，或者质心变化不大为止。SOM 最终的输出是一个隐式定义的质心的集合。每个簇由最靠近某个特定质心的点组成。

SOM 算法的显著特征是它赋予质心（神经元）一种地形（空间）组织。SOM 使用的质心具有预先确定的地形序关系，这是与其他基于原型的聚类的根本差别。在训练的过程中，SOM 使用每个数据点更新最近的质心和在地形序下邻近的质心。对于任意给定的数据集，SOM 以这种方式产生一个有序的质心集合。换言之，在 SOM 网格中互相靠近的质心比远离的质心更加密切相关。由于这种约束，可以认为二维点 SOM 质心在一个尽可能好地拟合 n 维数据的二维曲面上。SOM 质心也可以看作关于数据点的非线性回归的结果。SOM 算法的步骤如下：

（1）初始化质心。

（2）选择下一个对象。

（3）确定到该对象最近的质心。

（4）更新该质心和附近的质心，即在一个邻域内的质心。

（5）重复步骤（2）～（4），直到质心改变不多或超过某个阈值。

（6）指派每个对象到最近的质心。

初始化有多种方法：

（1）对每个分量，从数据的值域随机地选择质心的分量值。尽管该方法可行，但不一定是最好的，特别是对于快速收敛的数据。

（2）从数据中随机地选择初始质心。

选择对象：由于算法可能需要许多步才收敛，每个数据对象可能使用多次，特别是在对象较少时。如果对象较多，则并不需要使用每个对象。

SOM 算法的优点：它将相邻关系强加在簇质心上，所以，相邻的簇之间比不相邻的簇之间更相关。这种联系有利于聚类结果的解释和可视化。SOM 算法的缺点：①用户必须选择参数、邻域函数、网格类型和质心个数。②一个 SOM 簇通常并不对应单个自然簇，可能有自然簇的合并和分裂。例如，像其他基于原型的聚类技术一样，当自然簇的大小、形状和密度不同时，SOM 倾向于分裂或合并它们。③SOM 缺乏具体的目标函数，故比较不同的 SOM 聚类的结果是困难的。④SOM 不保证收敛，尽管实际中它通常收敛。

9.10 本章小结

本章主要介绍了几种常用的聚类方法，以及聚类方法在量化投资中的应用场景。对于聚类问题，首先要确定聚类方法的适用场景，一般的，聚类主要为分类服务，主要评估分成几类比较合适。另外，聚类对于研究问题的层级结构非常有帮助，也是最有效的方法。

对于聚类方法的选择，通常要考虑如下原则。

（1）能够适用于大量数据。

（2）能应付不同的数据类型。

（3）能够发现不同类型的聚类。

（4）将对专业知识的要求降到最低。

（5）能应付脏数据。

（6）对于数据不同的顺序不敏感。

（7）能应付很多类型的数据。

（8）模型可解释、可使用。

纵观这些方法，其中 K-means 和层次聚类两种方法的适应性最强，应用最广泛。所以在不确定该用哪种聚类方法时，可以先用层次聚类方法大致确定问题的层级关系，再用 K-means 方法直接进行聚类，或者结合轮廓图方法直接运用 K-means 方法进行聚类。

参考文献

[1] http://blog.sina.com.cn/s/blog_6002b97001014nja.html.

第 10 章 预测方法

预测是适应社会经济的发展和管理的需要而产生、发展起来的。预测作为一种社会实践活动，已有几千年的历史。但预测真正成为一门自成体系的独立的学科仅仅是近几十年的事情。特别是第二次世界大战以后，由于科学技术和世界经济取得了前所未有的快速发展，社会经济现象的不确定因素显著增加，如政治危机、经济危机、能源危机、恐怖活动等。所有这些不确定因素使人们认识到了解和掌握未来的必要性和迫切性。人们日益意识到科学预测的重要性，这也就成为预测学科进一步发展的推动力。

预测学是阐述预测方法的一门学科和理论。预测方法是采用科学的判断和计量方法，对未来事件的可能变化情况做出事先推测的一种技术。预测方法要求根据社会经济现象的历史和现实，综合多方面的信息，运用定性和定量相结合的分析方法，用来揭示客观事物发展变化的规律，并指出事物之间的联系、未来发展的途径和结果等。

预测的方法有很多，前面介绍的回归方法、分类方法都可以用于预测，但预测方法中又有一些比较特殊的方法，如灰色预测和马尔可夫预测等。本章将介绍关于预测的理论、方法及应用实例。

10.1 预测方法概要

10.1.1 预测的概念

预测是指根据客观事物的发展趋势和变化规律对特定的对象的未来发展趋势或状态做出科学的推断与判断，即预测就是根据过去和现在估计未来。

预测的基本要素包括：预测者、预测对象、信息、预测方法和技术及预测结果。这些基本要素之间的相互关系构成了预测科学的基本结构。此基本结构是如何运动、变化和发展的，应遵循什么样的程序才能得到科学的预测结果，这就涉及预测的基本程序。

10.1.2 预测的基本原理

1. 系统性原理

系统性原理是指预测必须以系统的观点为指导，采用系统分析的方法实现预测的目标。具体有如下要求：

（1）通过对预测对象的系统分析，确定影响其变化的变量及其关系，建立符合实际的逻辑模型与数学模型。

（2）通过对预测对象的系统分析，系统地提出预测问题，确定预测的目标体系。

（3）通过对预测对象的系统分析，正确地选择预测方法，并通过各种预测方法的综合运用，使预测尽可能地符合实际。

（4）通过对预测对象的系统分析，按照预测对象的特点组织预测工作，并对预测方案进行验证和跟踪研究，及时地反馈预测方案实施的效果。

2. 连贯性原理

连贯性原理是指事物的发展是按一定规律进行的，在其发展过程中，这种规律贯彻始终，不应受到破坏，它的未来发展与其过去和现在的发展没有本质的不同。即根据研究对象的过去和现在，依据其惯性，预测其未来状态。应用连贯性原理时应注意如下几个问题：

（1）连贯性的形成需要有足够长的历史，且历史发展数据所显示的变动趋势具有规律性。

（2）对预测对象演变规律的作用的客观条件必须保持在适度的变动范围之内，否则该规律的作用将随条件变化而中断，导致连贯性失效。

3. 类推原理

类推原理是指通过寻找并分析类似事物的相似规律，根据已知的某事物的发展变化特征，推断具有近似特性的预测对象的未来状态。具体有如下要求：

事物变动具有某种结构，且可用数学方法加以模拟，根据所确定的模型类比现在，预测未来。两事物之间的发展变化应具有类似性，否则就不能类推。

4. 相关性原理

相关性原理是指利用所研究的预测对象与其相关事物间的相关性，来推断预测对象的未来状况。

按照先导事件与预测事件的关系的表现，相关性可分为同步相关与异步相关两类。例如，冷饮食品的销售与气候的变化、服装的销售与季节的变化为同步相关；基本建设投资额与经济发展速度、利息率的高低与房地产行业的兴衰为异步相关。

5. 概率推断原理

概率推断原理是指当被推断的结果能以较大的概率出现时，则认为该结果成立。在预测中，可以先采用概率统计方法求出随机事件出现各种状态的概率，然后根据概率推断原理去推测对象的未来状态。

10.1.3 量化投资中预测的主要内容

量化投资领域的预测主要集中在两个方面：一个是经济方面的预测；另一个是金融方面的预测。

经济方面的预测内容主要有如下几点：

（1）生产和资源预测，是指对人口发展、自然资源发展、工农业生产、交通运输及基本建设投资等前景的预测。

（2）市场预测，是指对物资供应、对外贸易、物价和货币流通发展前景的预测。

（3）国民收入分配预测，包括对国民收入总量及其构成、国民收入分配和再分配，以及国民收入增长趋势和增长因素的预测。

（4）人们生活消费预测，是指对居民收入、居民物质消费量及其构成、住宅、公用事业、集体福利机构的发展和文化生活质量的预测。

（5）国民经济综合平衡预测，是对国民经济物质平衡、劳动力平衡和财政平衡等发展前景的预测。

金融方面的预测内容有如下几点：

（1）预测特定的股票的未来收益。

（2）预测投资组合下一年的风险。

（3）预测债券收益的波动性。

（4）预测国内贷款组合可能违约的数量。

（5）预测未来国内与国外股市变动的相关性。

10.1.4 预测的准确度评价及影响因素

预测的准确度是指预测模型拟合的好坏程度，即由预测模型所产生的模拟值与历史实际值拟合的程度。

在讨论模型的准确度时，通常对整个样本外的区间进行预测，然后将其与实际值进行比较，把它们的差异用某种方法加总。常用均方误差（MSE）、绝对平均误差（MAE）和相对平均误差（MAPE）的绝对值来度量，其公式如下：

$$\text{MSE}=\frac{1}{N}\sum_{i=1}^{N}(y_i-\hat{y}_i)^2$$

$$\text{MAE}=\frac{1}{N}\sum_{i=1}^{N}|y_i-\hat{y}_i|$$

$$\text{MAPE}=\frac{1}{N}\sum_{i=1}^{N}\left|\frac{y_i-\hat{y}_i}{y_i}\right|$$

一般来说，均方误差比绝对平均误差或相对平均误差的绝对值能更好地衡量预测的准确度。

预测不可避免地会产生预测误差。在预测过程中，有许多因素都可能对预测的准确度产生影响，主要的因素如下。

1）影响预测对象的偶然因素

影响预测对象发展变化的因素有起决定作用的必然因素，它反映预测对象的发展变化规律，这是事先可以测定的；还有事先不能测定的突然发生的偶然因素，比如自然灾害、政治事件、政策转变等，就是这些偶然因素使预测值产生随机的波动，甚至使预测值产生发展方向或速度上的变化，形成预测误差。这种偶然因素是影响预测准确度的主要因素。

2）资料的限制

预测就是根据过去和现在的资料来了解预测对象的特征和规律。如果缺乏资料或资料不完整、不系统、不准确，就无法正确判断影响预测对象的主要因素，无法正确地建立预测模型求预测值及修正预测值，就不能得到准确的预测结果。因此，应尽量搜集与预测对象有关的各种资料，保证资料齐全、准确，努力减少由于资料原因引起的预测误差。

3）方法不恰当

在整个预测过程中，会涉及各种各样的方法，如搜集资料的方法、处理和分析资料的方法、预测的方法、建立模型的方法、评价模型的方法、修正预测结果的方法等。由于所用的方法不同，其预测值、误差也就不同。在预测前，要对将采用的方法的原理、特性、假设前提、适用范围与运用条件进行充分了解，根据预测对象的要求，选择出恰当的方法。

4）预测者的分析判断能力

在预测过程中，寻求预测对象的规律、分析影响预测对象的主要因素、预见随机因素的影响、资料的取舍与整理、选择预测方法、评价预测模型、分析预测结果、修正预测值及预测模型等，都取决于预测者的分析判断能力。分析判断正确与否，直接影响到预测的准确度。因此，预测者必须对所要预测的领域有足够的了解，对预测理论和方法要熟练掌握，并能综合考虑各方面的因素，对预测的各环节、步骤进行周密分析，有准确的判断能力。这是对减少预测误差、提高预测准确度起决定性作用的因素。

能把握、处理好上述几个影响预测准确度的因素，就能大大提高预测的准确度。

10.1.5　常用的预测方法

预测方法有许多，可以分为定性预测方法和定量预测方法，如图 10-1 所示。

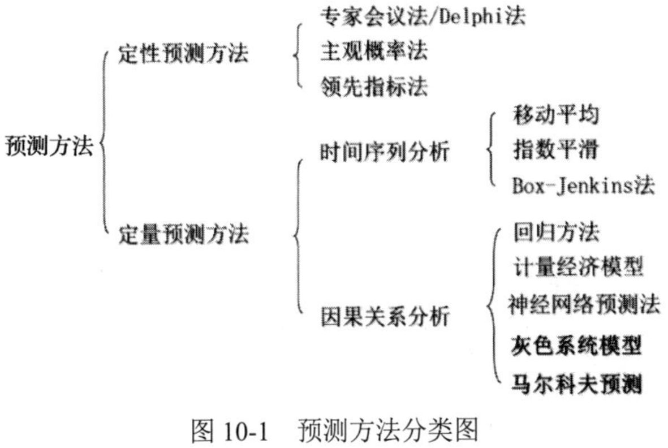

图 10-1　预测方法分类图

定性预测方法是指预测者根据历史与现实的观察资料，依赖个人或集体的经验与智慧，对未来的发展状态和变化趋势做出判断的预测方法。定性预测的优点在于：注重事物发展在性质方面的预测，具有较大的灵活性，易于充分发挥人的主观能动作用，且简单、迅速，省时、省费用。定性预测的缺点是：易受主观因素的影响，比较依赖人的经验和主观判断能力，从而易受人的知识、经验的多少和能力大小的束缚和限制，尤其是对事物发展缺乏数量上的精确描述。

定量预测方法是依据调查研究所得的数据资料，运用统计方法和数学模型，近似地揭示预测对象及其影响因素的数量变动关系，建立对应的预测模型，据此对预测目标进行定量测算的预测方法。定量预测的优点：注重事物发展在数量方面的分析，重视对事物发展变化的程度进行数量上的描述，更多地依据历史统计资料，较少受主观因素的影响。定量预测的缺点：比较机械，不易处理有较大波动的资料，更难于预测事物的变化。

从数据挖掘角度来讲，我们用的方法显然属于定量预测方法。定量预测方法又分为时间序列分析和因果关系分析两类方法，关于时间序列分析将在第 12 章集中介绍。而在因果关系分析方法中，回归方法和神经网络法已在之前的章节中介绍过，计量经济模型是依据模型进行预测的，这里不再探讨。本章随后将重点介绍灰色预测和马尔可夫预测两种方法。

10.2 灰色预测

10.2.1 灰色预测的原理

灰色系统理论认为：系统的行为现象尽管是朦胧的，数据是复杂的，但它毕竟是有序的，是有整体功能的。在建立灰色预测模型之前，需先对原始时间序列数据进行处理，经过预处理的数据序列称为生成列。对原始数据进行预处理，不是寻求它的统计规律和概率分布，而是将杂乱无章的原始数据列，通过一定的处理，变成有规律的时间序列数据，即以数找数的规律，再建立动态模型。灰色系统常用的数据处理方式有累加和累减两种，通常用累加方法。

灰色预测通过鉴别系统因素之间发展趋势的相异程度，并对原始数据进行生成处理来寻找系统变动的规律，生成有较强规律性的数据序列，然后建立相应的微分方程模型，从而预测事物的未来发展趋势。灰色预测的数据是通过生成数据的模型对所得到的预测值的逆处理结果。灰色预测是以灰色模型为基础的，在诸多的灰色预测模型中，以灰色系统中单序列一阶线性微分方程模型 GM(1,1)最为常用。下面简要介绍 GM(1,1)模型。

设有原始数据序列 $x^{(0)}=(x^{(0)}(1),x^{(0)}(2),6\ ,x^{(0)}(n))$，$n$ 为数据个数，则可以根据如下步骤来建立 GM(1,1)模型。

（1）将原始数据累加，以便弱化随机序列的波动性和随机性，得到如下新数据序列。

$$x^{(1)}=(x^{(1)}(1),x^{(1)}(2),6\ ,x^{(1)}(n))$$

其中，$x^{(1)}(t)$ 中各数据表示对应前几项数据的累加，即

$$x^{(1)}(t)=\sum_{k=1}^{t}x^{(0)}(k)\text{，}\quad t=1,2,3,6\ ,n$$

（2）对 $x^{(1)}(t)$ 建立 $x^{(1)}(t)$ 的一阶线性微分方程，即

$$\frac{\mathrm{d}x^{(1)}}{\mathrm{d}t}+ax^{(1)}=u$$

其中，a、u 为待定系数，分别称为发展系数和灰色作用量，a 的有效区间是 $(-2,2)$。记 a、u 构成的矩阵为 $\hat{\boldsymbol{a}}=\begin{pmatrix}a\\u\end{pmatrix}$，只要求出参数 a、u，就能求出 $x^{(1)}(t)$，进而求出 $x^{(0)}$ 的未

来预测值。

（3）计算累加生成数据的均值，生成 $\boldsymbol{B}$ 与常数项向量 $\boldsymbol{Y}_n$，即

$$\boldsymbol{B}=\begin{bmatrix}0.5(x^{(1)}(1)+x^{(1)}(2)) \\ 0.5(x^{(1)}(2)+x^{(1)}(3)) \\ 0.5(x^{(1)}(n-1)+x^{(1)}(n))\end{bmatrix}$$

$$\boldsymbol{Y}_n=(x^{(0)}(2),x^{(0)}(3),6\ \ ,x^{(0)}(n))^{\mathrm{T}}$$

（4）用最小二乘法求解灰参数 $\hat{\boldsymbol{a}}$，即

$$\hat{\boldsymbol{a}}=\begin{pmatrix}a\\u\end{pmatrix}=(\boldsymbol{B}^{\mathrm{T}}\boldsymbol{B})^{-1}\boldsymbol{B}^{\mathrm{T}}\boldsymbol{Y}_n$$

（5）将灰参数 $\hat{\boldsymbol{a}}$ 代入 $\dfrac{\mathrm{d}x^{(1)}}{\mathrm{d}t}+ax^{(1)}=u$，并求解之，可得如下式子。

$$\hat{x}^{(1)}(t+1)=(x^{(0)}(1)-\frac{u}{a})\mathrm{e}^{-at}+\frac{u}{a}$$

由于 $\hat{\boldsymbol{a}}$ 是通过最小二乘法求出的近似值，所以函数表达式 $\hat{x}^{(1)}(t+1)$ 是一个近似表达式，为了与原序列 $x^{(1)}(t+1)$ 区分开来，故记为 $\hat{x}^{(1)}(t+1)$。

（6）对函数表达式 $\hat{x}^{(1)}(t+1)$ 及 $x^{(1)}(t+1)$ 进行离散并将二者作差，以便还原 $x^{(0)}$ 原序列，得到近似数据序列 $\hat{x}^{(0)}(t+1)$：

$$\hat{x}^{(0)}(t+1)=\hat{x}^{(1)}(t+1)-\hat{x}^{(1)}(t)$$

（7）对建立的灰色模型进行检验，步骤如下。

① 计算 $x^{(0)}$ 与 $\hat{x}^{(0)}(t)$ 之间的残差 $e^{(0)}(t)$ 和相对误差 $q(x)$。

$$e^{(0)}(t)=x^{(0)}-\hat{x}^{(0)}(t),$$
$$q(x)=e^{(0)}(t)/x^{(0)}(t)$$

② 求原始数据 $x^{(0)}$ 的均值及方差 s_1。

③ 求 $e^{(0)}(t)$ 的平均值 $\overline{q}$ 及残差的方差 s_2。

④ 计算方差比 $C=\dfrac{s_2}{s_1}$。

⑤ 求误差概率 $P=P\{|e(t)|<0.674\,5s_1\}$。

⑥ 根据灰色模型准确度检验对照表（见表 10-1）评估模型准确度等级。

表 10-1 灰色模型准确度检验对照表

等级	相对误差 q	方差比 C	小误差概率 P
Ⅰ级	<0.01	<0.35	>0.95
Ⅱ级	<0.05	<0.50	<0.80
Ⅲ级	<0.10	<0.65	<0.70
Ⅳ级	>0.20	>0.80	<0.60

在实际应用过程中，检验模型精度的方法并不唯一。可以利用上述方法对模型进行检验，也可以根据 $q(x)$ 的误差百分比并结合预测数据与实际数据之间的测试结果，酌情认定模型是否合理。

（8）利用模型进行预测，即

$$\hat{x}^{(0)} = \left[\underbrace{\hat{x}^{(0)}(1), \hat{x}^{(0)}(2), \cdots, \hat{x}^{(0)}(n)}_{\text{原始数据序列的模拟}}, \underbrace{\hat{x}^{(0)}(n+1), \cdots, \hat{x}^{(0)}(n+m)}_{\text{未来数据序列的预测}}\right]$$

10.2.2 灰色预测的实例

灰色预测中有很多关于矩阵的运算，所以用 MATLAB 实现灰色预测过程是首选。用 MATLAB 编写灰色预测程序时，可以完全按照预测模型的求解步骤，即：

（1）对原始数据进行累加。

（2）构造累加矩阵 ***B*** 与常数向量。

（3）求解灰参数。

（4）将参数代入预测模型进行数据预测。

下面以一个公司的利润预测问题来介绍灰色预测的 MATLAB 实现过程。

已知某公司 1999—2008 年的利润（单位：元/年）如下：

89 677,99 215,109 655,120 333,135 823,159 878,182 321,209 407,246 619,300 670

现在要预测该公司未来几年的利润情况。

具体的 MATLAB 程序如 P10-1 所示。

程序编号	P10-1	文件名称	main0901.m	说明	灰色预测公司的利润

```
    clear
    syms a b;
    c=[a b]';
    A=[89677,99215,109655,120333,135823,159878,182321,209407,246619,30
0670];
    B=cumsum(A);  % 原始数据累加
    n=length(A);
    for i=1:(n-1)
        C(i)=(B(i)+B(i+1))/2;  % 生成累加矩阵
    end
    % 计算待定参数的值
    D=A;D(1)=[];
    D=D';
    E=[-C;ones(1,n-1)];
    c=inv(E*E')*E*D;
    c=c';
    a=c(1);b=c(2);
    % 预测后续数据
    F=[];F(1)=A(1);
    for i=2:(n+10)
        F(i)=(A(1)-b/a)/exp(a*(i-1))+b/a ;
    end
    G=[];G(1)=A(1);
    for i=2:(n+10)
```

```
    G(i)=F(i)-F(i-1); %得到预测出来的数据
end
t1=1999:2008;
t2=1999:2018;
G
plot(t1,A,'o',t2,G)  %原始数据与预测数据的比较
```

运行该程序，得到的预测数据如下。

```
G =
   1.0e+006 *
   Columns 1 through 14
      0.0897    0.0893    0.1034    0.1196    0.1385    0.1602    0.1854
0.2146    0.2483    0.2873    0.3325    0.3847    0.4452    0.5152
   Columns 15 through 20
 0.5962    0.6899    0.7984    0.9239    1.0691    1.2371
```

运行该程序还得到了预测数据与原始数据的比较图，如图 10-2 所示。

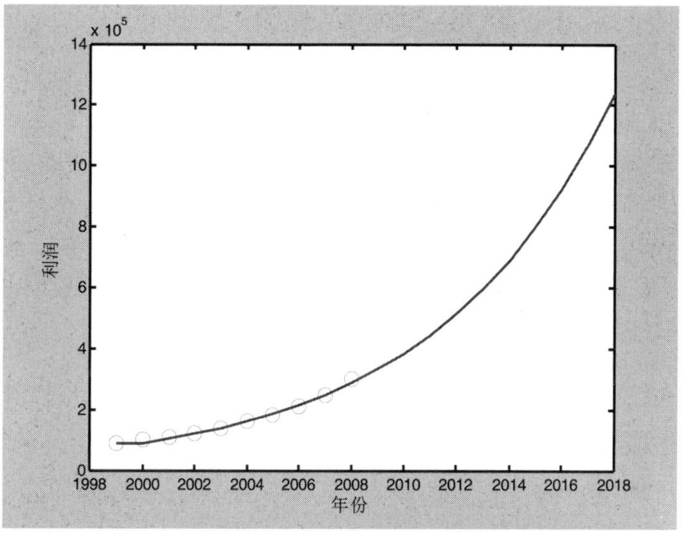

图 10-2　某公司利润预测数据与原始数据的比较

灰色预测程序说明如下：

（1）先熟悉程序中各条命令的功能，以加深对灰色预测理论的理解。

（2）在实际使用时，可以直接套用该段程序，将原始数据和时间序列数据替换即可。

（3）模型的误差检验可以灵活处理，上述给出的是预测数据与原始数据的比较图，读者也可以对预测数据进行其他方式的精度检验。

10.3　马尔可夫预测

10.3.1　马尔可夫预测的原理

马尔可夫过程因安德烈·马尔可夫而得名。马尔可夫过程是具有马尔可夫性质的离散

随机过程。众所周知，事物总是随着时间而发展的，因此，事物与时间之间有一定的变换关系。在一般情况下，人们要了解事物未来的发展状态，不仅要看到事物现在的状态，还要看到事物过去的状态。安德烈·马尔可夫认为，还存在另一种情况，人们要了解事物未来的发展状态，只需知道事物现在的状态，而与事物以前的状态毫无关系，这就是马尔可夫过程。马尔可夫过程的理论在近代物理、生物学、管理科学、经济、信息处理及数字计算方法等方面都有重要应用。

马尔可夫过程经历了长时间的改进、更新与延伸，众多相关著作的发表与问世为马尔可夫分析方法的建立，以及其在管理、生活、经济领域的应用奠定了理论基础。具体来看主要有如下几个重要的历史阶段。

1907 年前后，安德烈·马尔可夫研究过一列有特定相依性的随机变量，后人称之为马尔可夫链。1923 年，维纳给出了布朗运动的数学定义（后人也称数学上的布朗运动为维纳过程），这种过程至今仍是重要的研究对象。虽然如此，通常认为随机过程理论的研究开始于 20 世纪 30 年代。1931 年，柯尔莫哥洛夫发表了《概率论的解析方法》；3 年后，辛钦发表了《平稳过程的相关理论》。这两篇重要论文为马尔可夫过程与平稳过程奠定了理论基础。稍后，莱维出版了关于布朗运动与可加过程的两本书，其中蕴含着丰富的概率思想。1953 年，J.L.杜布的名著《随机过程论》问世，它系统且严格地叙述了随机过程的基本理论。1951 年，伊藤清建立了关于布朗运动的随机微分方程，为研究马尔可夫过程开辟了新的道路；近年来由于鞅论的进展，人们讨论了关于半鞅的随机微分方程；而流形上的随机微分方程的理论，正方兴未艾。20 世纪 60 年代，法国学派基于马尔可夫过程和位势理论中的一些思想与结果，在相当大的程度上发展了随机过程的一般理论，包括截口定理与过程的投影理论等。

下面介绍马尔可夫过程的定义。

设$\{X_t, t \in T\}$为随机过程，若对任意正整数 n 及$t_1 < t_2 < \cdots < t_n$，有：

$$P\{X_{t_1} = x_1, \cdots, X_{t_{n-1}} = x_{n-1}\} > 0$$

且条件分布：

$$P\{X_{t_n} \leqslant x_n | X_{t_1} = x_1, \cdots, X_{t_{n-1}} = x_{n-1}\} = P\{X_{t_n} \leqslant x_n | X_{t_{n-1}} = x_{n-1}\}$$

则称$\{X_t, t \in T\}$为马尔可夫过程。

10.3.2 马尔可夫过程的特性

马尔可夫过程因为其独有的特性，使得对过去与未来关联性不强的事件的分析变得很简单，易于理解。可以说，马尔可夫过程的特性是马尔可夫理论的核心，也是其运作的基本规则。马尔可夫过程具有如下几个特征。

1）马尔可夫性

预测 X_{n+1} 时刻的状态仅与随机变量当前的状态 X_n 有关，与前期状态无关，$n+1$ 时刻的状态的条件概率只依赖当前时刻 n 的状态。

2）遍历性和平稳性

设齐次马尔可夫链$\{X_n, n \geqslant 1\}$的状态空间为$E = (a_1, a_2, \cdots, a_n)$，若对所有的 i、j 属于 E，存在不依赖 i 的常数π_j，为其转移概率$P_{ij}^{(n)}$在 n 趋于∞的极限，即：

$$\lim_{n\to\infty} P_{ij}^{(n)} = \pi_j \quad i,j \in E$$

其相应的转移矩阵有：

$$\boldsymbol{p}_{ij}{}^{(n)} = \begin{bmatrix} p_{11} & p_{12} & 6 & p_{1n} \\ p_{21} & p_{22} & 6 & p_{2n} \\ 7 & 7 & & 7 \\ p_{n1} & p_{n2} & 6 & p_{nn} \end{bmatrix} \xrightarrow{n\to\infty} \begin{bmatrix} \pi_1 & \pi_2 & 6 & \pi_n \\ \pi_1 & \pi_2 & 6 & \pi_n \\ 7 & 7 & & 7 \\ \pi_1 & \pi_2 & 6 & \pi_n \end{bmatrix}$$

则称齐次马尔可夫链具有遍历性，并称 π_j 为状态 j 的稳态概率。

齐次马尔可夫链的平稳分布的严格数学定义：设 $\{X_n, n \geqslant 1\}$ 是一个齐次马尔可夫链，若存在实数集合 $\left\{r_j, j \in E\right\}$，则满足：

（1）$r_j \geqslant 0, j \in E$

（2）$\sum\limits_{j\in E} r_j = 1$

（3）$r_j = \sum\limits_{i\in E} r_i P_{ij}, j \in E$

则称 $\{X_n, n \geqslant 1\}$ 为平稳齐次马尔可夫链，$\{r_j, j \in E\}$ 是该过程的一个平稳分布。

10.3.3 马尔可夫预测的实例

现代市场复杂多变，一个企业在激烈的市场竞争环境下要生存和发展就必须对其产品进行市场预测，从而减少企业参与市场竞争的盲目性，提高科学性。然而，市场对某产品的需求受多种因素的影响，其特性是它在市场流通领域中所处的状态。这些状态的出现是一个随机现象，具有随机性。因此，利用随机过程理论的马尔可夫模型来分析产品在市场上的状态分布，进行市场预测，从而科学地组织生产，减少盲目性，以提高企业的市场竞争力和其产品的市场占有率。

现在要预测 A、B、C 三个厂家生产的某种抗病毒药在未来的市场占有情况。

第一步，进行市场调查。主要调查如下两件事情。

（1）目前的市场占有情况。若购买该药的总共 1 000 家对象（购买力相当的医院、药店等）中，从 A、B、C 三家药厂购药的分别有 400 家、300 家、300 家，那么 A、B、C 三家药厂目前的市场占有份额分别为 40%、30%、30%，则称（0.4、0.3、0.3）为目前市场的占有分布或初始分布。

（2）查清使用对象的流动情况。流动情况的调查可通过发放信息调查表来了解顾客以往的资料或将来的购买意向，也可从下个季节的订货单得出流动情况，如表 10-2 所示。

表 10-2 顾客订货情况表

项目		下个季度订货情况			合计
		A	B	C	
来自	A	160	120	120	400
	B	180	90	30	300
	C	180	30	90	300
合计		520	240	240	1 000

第二步，建立数学模型。

假定在未来的时期内，顾客相同时间间隔的流动情况不因时期的不同而发生变化，以季度为模型的步长（转移一步所需的时间），那么根据表 10-2，可以得到模型的转移概率矩阵：

$$\boldsymbol{P}=\begin{bmatrix} p_{11} & p_{12} & p_{13} \\ p_{21} & p_{22} & p_{23} \\ p_{31} & p_{32} & p_{33} \end{bmatrix}=\begin{bmatrix} \frac{160}{400} & \frac{120}{400} & \frac{120}{400} \\ \frac{180}{300} & \frac{90}{300} & \frac{30}{300} \\ \frac{180}{300} & \frac{30}{300} & \frac{90}{300} \end{bmatrix}=\begin{bmatrix} 0.4 & 0.3 & 0.3 \\ 0.6 & 0.3 & 0.1 \\ 0.6 & 0.1 & 0.3 \end{bmatrix}$$

矩阵中的第一行（0.4　0.3　0.3）表示目前 A 厂的顾客下季度有 40%仍购买 A 厂的药，转为购买 B 厂和 C 厂的各有 30%。同样，第二行、第三行分别表示目前是 B 厂和 C 厂的顾客下季度的流向。

由 $\boldsymbol{P}$ 可以计算任意的 k 步转移矩阵，如三步转移矩阵：

$$\boldsymbol{P}^{(3)}=\boldsymbol{P}^3=\begin{bmatrix} 0.4 & 0.3 & 0.3 \\ 0.6 & 0.3 & 0.1 \\ 0.6 & 0.1 & 0.3 \end{bmatrix}^3=\begin{bmatrix} 0.496 & 0.252 & 0.252 \\ 0.504 & 0.252 & 0.244 \\ 0.504 & 0.244 & 0.252 \end{bmatrix}$$

从这个矩阵的各行可知三个季度以后各厂家顾客的流动情况。如从第二行（0.504 0.252 0.244）可知，B 厂的顾客三个季度后有 50.4%转向购买 A 厂的药，有 25.2%仍购买 B 厂的药，有 24.4%转向购买 C 厂的药。

在考虑市场占有率过程中影响占有率的大量随机性因素后，可以认为这一过程充满着控制、反馈和反复，这与马尔可夫链的过渡类状态有着相似之处。因此，可将市场占有率问题看作一个随机性马尔可夫过程，即从一个时刻 t 到下一个时刻的状态变化是随机的。在群体数目较大或扩散时间 t 的单位选取较大时，假定群体数目的变化在时间上是连续的，可以建立一个随机过程模型。

根据有关数据统计，依据随机变量市场占有率数据，对 $[0,+\infty]$ 进行适当划分，计算得到转移概率 P_{ij}，然后计算 $\boldsymbol{P}^{(m)}=(P_{ij}^{(m)},i,j\in E)$。由此可构建市场占有率预测模型，即 m 阶的马尔可夫链 $\{I_m:n\geqslant 0\}$ 的转移矩阵：

$$\boldsymbol{P}^{(m)}=\begin{bmatrix} p_{11} & p_{12} & \cdots & p_{1n} \\ p_{21} & p_{22} & \cdots & p_{2n} \\ \vdots & \vdots & & \vdots \\ p_{n1} & p_{n2} & \cdots & p_{nn} \end{bmatrix}^m=\boldsymbol{P}^m$$

得到 m 阶的转移概率，即可得到 m 个周期后的市场占有率的转移矩阵。

假设初始市场占有率为 $\boldsymbol{S}^{(0)}=(P_1^{(0)},P_2^{(0)},\cdots,P_n^{(0)})$，则 m 个周期之后的市场占有率为 $\boldsymbol{S}^{(m)}=\boldsymbol{S}^{(0)}\cdot\boldsymbol{P}^m=\boldsymbol{S}^{(m-1)}\cdot\boldsymbol{P}$，即得：

$$\boldsymbol{S}^{(m)}=\boldsymbol{S}^{(m-1)}\boldsymbol{P}=\boldsymbol{S}^{(0)}\boldsymbol{P}^{m}=(P_1^{(0)},P_2^{(0)},6\ \ P_n^{(0)})\begin{bmatrix}p_{11} & p_{12} & 6 & p_{1n}\\ p_{21} & p_{22} & 6 & p_{2n}\\ 7 & 7 & & 7\\ p_{n1} & p_{n2} & 6 & p_{nn}\end{bmatrix}^{m}$$

如果继续逐步求市场占有率，会发现，当 m 大到一定的程度，$\boldsymbol{S}^{(m)}$将不会有多少改变，即有稳定的市场占有率，设其稳定值为：$\boldsymbol{S}=(P_1,P_2,6\ \ ,P_n)$，且满足 $P_1+P_2+6\ \ +P_n=1$。

如果市场的顾客流动趋向长期稳定下去，则经过一段时期后的市场占有率将会出现稳定的平衡状态，即顾客的流动不会影响市场的占有率，而且这种占有率与初始分布无关。按照实际意义，可以近似地看待最终的市场占有率，得出计算式：

$$\begin{cases}\boldsymbol{S}=\boldsymbol{SP}\\ \sum\limits_{i=0}^{n}P_k=1\end{cases}$$

一般 n 个状态后的稳定市场占有率（稳态概率）$\boldsymbol{S}=(P_1,P_2,6\ \ ,P_n)$ 可通过解方程组：

$$\begin{cases}(P_1,P_2,6\ \ ,P_n)=(P_1,P_2,6\ \ ,P_n)\begin{bmatrix}p_{11} & p_{12} & 6 & p_{1n}\\ p_{21} & p_{22} & 6 & p_{2n}\\ 7 & 7 & & 7\\ p_{n1} & p_{n2} & 6 & p_{nn}\end{bmatrix}\\ \sum\limits_{k=1}^{n}p_k=1\end{cases}$$

求得最终稳态时的市场占有率 $\boldsymbol{S}$。

设 $\boldsymbol{S}^{(k)}=(P_1^{(k)},P_2^{(k)},P_3^{(k)})$ 表示预测对象 k 季度后的市场占有率，初始分布则为 $\boldsymbol{S}^{(0)}=(P_1^{(0)},P_2^{(0)},P_3^{(0)})$，市场占有率的预测模型为：

$$\boldsymbol{S}^{(k)}=\boldsymbol{S}^{(0)}\cdot\boldsymbol{P}^{k}=\boldsymbol{S}^{(k-1)}\cdot\boldsymbol{P}$$

现在，由第一步有 $\boldsymbol{S}^{(0)}$=(0.4,0.3,0.3)。由此，可预测任意时期 A、B、C 三家药厂的市场占有率。三个季度后的预测值为：

$$\boldsymbol{S}^{(3)}=(P_1^{(3)},P_2^{(3)},P_3^{(3)})=\boldsymbol{S}^{(0)}\cdot\boldsymbol{P}^{3}=(0.4,0.3,0.3)\begin{bmatrix}0.496 & 0.252 & 0.252\\ 0.504 & 0.252 & 0.244\\ 0.504 & 0.244 & 0.252\end{bmatrix}$$

$$=(0.500\,8,0.249\,6,0.249\,6)$$

大致上，A 厂占有一半的市场，B 厂、C 厂各占 1/4。依此类推，可以求得以后任一季度的市场占有率，最终达到一个稳定的市场占有率。

当市场出现平衡状态时，可得方程如下：

$$(P_1,P_2,P_3)=(P_1,P_2,P_3)\begin{bmatrix}0.4 & 0.3 & 0.3\\ 0.6 & 0.3 & 0.1\\ 0.6 & 0.1 & 0.3\end{bmatrix}$$

由此得

$$\begin{cases} p_1 = 0.4p_1 + 0.6p_2 + 0.6p_3 \\ p_2 = 0.3p_1 + 0.3p_2 + 0.1p_3 \\ p_3 = 0.3p_1 + 0.1p_2 + 0.3p_3 \end{cases}$$

经整理，并加上条件 $p_1 + p_2 + p_3 = 1$，得

$$\begin{cases} -0.6p_1 + 0.6p_2 + 0.6p_3 = 0 \\ 0.3p_1 - 0.7p_2 + 0.1p_3 = 0 \\ 0.3p_1 + 0.1p_2 - 0.7p_3 = 0 \\ p_1 + p_2 + p_3 = 1 \end{cases}$$

上述方程组是三个变量、四个方程的方程组，在前三个方程中只有两个是独立的，任意删去一个，从剩下的三个方程中，可求出唯一解：

$$p_1 = 0.5，\quad p_2 = 0.25，\quad p_3 = 0.25$$

这就是 A、B、C 三家的最终市场占有率。

马尔可夫分析法是研究随机事件变化趋势的一种方法。市场商品供应的变化也经常受到各种不确定因素的影响而带有随机性，若其无后效性，则用马尔可夫分析法对其未来发展趋势进行市场趋势分析。提高市场占有率的策略和预测的市场占有率是供决策参考的，企业要根据预测结果采取各种措施争取顾客。

马尔可夫过程是一种重要的随机过程，它假定系统可以分成若干类别或者状态，研究对象在不同的状态之间随机流动。如果研究对象随时间的变化是离散的，则称为马尔可夫链。马尔可夫链是一种基本模型，这种模型主要联系空间的分类、状态转移概率矩阵、状态空间的分解、平稳分布等。

10.4 应用实例：大盘走势预测

下面尝试用马尔可夫过程来预测股票价格走势。首先要明确用马尔可夫过程来预测股票价格走势是否合适。我国股市中中小散户的比例达到 95%，受外部信息的影响较大，而且可以假定上述外部信息是随机的，因此股票价格变化前后的联系性不强。此外，自 1997 年以来，我国沪市符合弱有效假定，当前股票走势反映了部分历史信息。所以，股票的走势情况符合马尔可夫的适用条件，也就是说可以用马尔可夫过程来预测股市的未来走势。

10.4.1 数据的选取及模型的建立

现选取从 2012 年 11 月 6 日至 2013 年 1 月 4 日的 A 股指数数据作为研究对象，共 41 个样本，如表 10-3 所示。

表 10-3 A 股指数数据

日　期	数　据	日　期	数　据
2012 年 11 月 6 日	2 205.43	2012 年 11 月 8 日	2 169.23
2012 年 11 月 7 日	2 205.17	2012 年 11 月 9 日	2 166.64

续表

日　期	数　据	日　期	数　据
2012 年 11 月 12 日	2 177.38	2012 年 12 月 1 日	2 158.91
2012 年 11 月 13 日	2 144.47	2012 年 12 月 2 日	2 181.98
2012 年 11 月 14 日	2 152.37	2012 年 12 月 3 日	2 172.48
2012 年 11 月 15 日	2 125.99	2012 年 12 月 4 日	2 180.92
2012 年 11 月 16 日	2 109.69	2012 年 12 月 5 日	2 158.57
2012 年 11 月 17 日	2 112.02	2012 年 12 月 6 日	2 252.13
2012 年 11 月 18 日	2 103.54	2012 年 12 月 7 日	2 262.30
2012 年 11 月 19 日	2 125.96	2012 年 12 月 8 日	2 264.50
2012 年 11 月 20 日	2 110.54	2012 年 12 月 9 日	2 264.25
2012 年 11 月 21 日	2 122.92	2012 年 12 月 10 日	2 270.67
2012 年 11 月 22 日	2 112.52	2012 年 12 月 11 日	2 254.83
2012 年 11 月 23 日	2 084.98	2012 年 12 月 12 日	2 260.84
2012 年 11 月 24 日	2 066.51	2012 年 12 月 13 日	2 318.10
2012 年 11 月 25 日	2 055.99	2012 年 12 月 14 日	2 323.70
2012 年 11 月 26 日	2 073.24	2012 年 12 月 15 日	2 309.74
2012 年 11 月 27 日	2 051.96	2012 年 12 月 16 日	2 338.32
2012 年 11 月 28 日	2 068.08	2012 年 12 月 17 日	2 376.04
2012 年 11 月 29 日	2 127.57	2013 年 1 月 4 日	2 384.19
2012 年 11 月 30 日	2 124.78		

现在对表 10-3 中的数据进行简单的处理，根据表中相邻两天的数据计算股票价格的增长率，也就是$(P_n - P_{n-1})/P_{n-1}$，可以将每天的股票价格分为上升、持平或者下降三种状态，如果增长超过 1%记为“上升”，下跌超过 1%，则记为“下降”，其他情况记为“持平”。这样，通过 41 天的股票价格资料可以求出 40 个相邻区间的增长率数据，也就是 40 只股票价格的变动状态，如表 10-4 所示。

表 10-4　股票价格的变动状态

日　期	数　据	日　期	数　据
2012 年 11 月 7 日	持平	2012 年 11 月 24 日	持平
2012 年 11 月 8 日	下降	2012 年 11 月 25 日	持平
2012 年 11 月 9 日	持平	2012 年 11 月 26 日	持平
2012 年 11 月 12 日	持平	2012 年 11 月 27 日	下降
2012 年 11 月 13 日	下降	2012 年 11 月 28 日	持平
2012 年 11 月 14 日	持平	2012 年 11 月 29 日	上升
2012 年 11 月 15 日	下降	2012 年 11 月 30 日	持平
2012 年 11 月 16 日	持平	2012 年 12 月 1 日	上升
2012 年 11 月 17 日	持平	2012 年 12 月 2 日	上升
2012 年 11 月 18 日	持平	2012 年 12 月 3 日	持平
2012 年 11 月 19 日	上升	2012 年 12 月 4 日	持平
2012 年 11 月 20 日	持平	2012 年 12 月 5 日	下降
2012 年 11 月 21 日	持平	2012 年 12 月 6 日	上升
2012 年 11 月 22 日	持平	2012 年 12 月 7 日	持平
2012 年 11 月 23 日	下降	2012 年 12 月 8 日	持平

续表

日　期	数　据	日　期	数　据
2012 年 12 月 9 日	持平	2012 年 12 月 14 日	持平
2012 年 12 月 10 日	持平	2012 年 12 月 15 日	持平
2012 年 12 月 11 日	持平	2012 年 12 月 16 日	上升
2012 年 12 月 12 日	持平	2012 年 12 月 17 日	上升
2012 年 12 月 13 日	上升	2013 年 1 月 4 日	持平

10.4.2　预测过程

1．建立价格波动状态转移矩阵

在转移矩阵中 1 代表“上升”，2 代表“持平”，3 代表“下降”，比如 z_{13}，表示前一天股票价格上涨的条件下今天股票价格下降的概率，从而得出状态转移矩阵：

$$\boldsymbol{P}=\begin{bmatrix} z_{11} & z_{12} & z_{13} \\ z_{21} & z_{22} & z_{23} \\ z_{31} & z_{32} & z_{33} \end{bmatrix}=\begin{bmatrix} \frac{2}{8} & \frac{6}{8} & 0 \\ \frac{5}{26} & \frac{15}{26} & \frac{6}{26} \\ \frac{1}{6} & \frac{5}{6} & 0 \end{bmatrix}=\begin{bmatrix} 0.25 & 0.75 & 0 \\ 0.192\,3 & 0.576\,9 & 0.230\,8 \\ 0.166\,7 & 0.833\,3 & 0 \end{bmatrix}$$

2．马尔可夫过程的平稳分布与稳态条件下的解

若马尔可夫过程满足 $\begin{cases} \pi_i=\sum\limits_{i\in I}\pi_i p_{ij} \\ \sum\limits_{j\in I}\pi_j=1,\ \pi_j\geqslant 0 \end{cases}$，则称概率分布 $\{\pi_j, j\in I\}$ 为马尔可夫链的平稳分布。

因此，通过求马尔可夫过程在稳态条件下的解，可以得到我国 A 股指数在未来变化的稳态概率。根据方程组

$$\begin{cases} z_1=0.25z_1+0.192\,3z_2+0.166\,7z_3 \\ z_2=0.75z_1+0.576\,9z_2+0.833\,3z_3 \\ z_3=0.230\,8z_2 \\ z_1+z_2+z_3=1 \end{cases}$$

求得马尔可夫过程稳态条件下的解为：z_1=5.88%，z_2=76.47%，z_3=17.65%。

10.4.3　预测结果与分析

通过对马尔可夫过程稳态的求解，得出的结论是我国 A 股股票价格在 2013 年未来的变化趋势中，有 5.88%的概率 A 股股票价格增长会高于 1%，同时有 76.47%的概率股票价格会在-1%～1%小范围徘徊，还会有 17.65%的概率股票价格会下跌 1%以上。

不仅如此，考虑到目前我国经济增速放缓的现状，以及在后金融危机时期贸易出口的困境，笔者觉得上述结论还是比较准确的。2012 年，我国沪市指数在历史较低点徘徊，所

以笔者认为沪市指数未来下跌的空间并不是很大。此外，由于经济增长乏力，大部分投资者看空未来经济，这会直接反映在未来股票的市场价格上。因此，在 2013 年预计 A 股指数不会有太大的涨幅。

根据这个预测结果，就可以制定未来的投资策略，即股价处于较低点的时候买入，并做好长期持有的准备。虽然未来一年内的涨幅不会很高，但确是价值投资的好机会，并且投资的安全性也会得到很好的保障。

10.5 本章小结

本章介绍了预测的基本理论和方法，重点介绍了灰色预测和马尔可夫预测两种预测方法。

灰色预测是灰色系统理论的重要组成部分，它利用连续的灰色微分方程模型，对系统的发展变化进行全面的观察分析，并做出长期预测。灰色系统理论认为，灰色系统的行为现象尽管是朦胧的，数据是杂乱的，但毕竟是有序的，是有整体功能的，因而对变化过程可进行科学的预测。在灰色系统理论中，用来挖掘这些规律的适当方式是数据生成，将杂乱的原始数据整理成规律性较强的生成数列，再通过一系列运算，就可以建立灰色系统理论中一阶单变量微分方程的模型，即 CM(1,1)模型。该模型是灰色预测模型中最简单的情况，也是适应性最好的模型。所以，在实际应用中，如果需要用到灰色预测方法，可以首先考虑这种既简单又有效的模型。

马尔可夫预测方法是研究随机事件变化趋势的一种方法，它假定系统可以分成若干类别或者状态，研究对象在不同的状态之间随机流动。如果研究对象随时间的变化是离散的，则称为马尔可夫链。马尔可夫链是一种基本模型，这种模型主要联系空间的分类、状态转移概率矩阵、状态空间的分解、平稳分布等。所以，马尔可夫方法适合于带有状态转移特征的预测。

不同的预测方法具有不同的预测能力，适用于不同的情况，同一种情况也可以运用不同的预测方法。因此，选择合适的预测方法很有必要。选择预测方法的原则如下。

（1）根据预测目标的要求选择预测方法。

（2）根据预测对象资料的特征和规律选择预测方法。例如，若预测对象的历史数据所反映的规律是直线趋势，则选用直线趋势的预测方法。统计资料齐全则用定量预测方法，否则用定性预测方法。

（3）根据预测结果的准确程度选择预测方法。预测误差越小，预测准确程度越高，该预测方法越好。有的预测方法预测现象的发展趋势比较准确，有的预测方法预测现象发展变化的转折点比较准确。

（4）从经济、时间与适用性的角度选择预测方法。有时希望所选择的预测方法花费少，不占用很多时间，而且是适用的，不需要进行大量运算或运用复杂的数学公式。

当然，选择预测方法时，对上述几个原则要综合考虑，根据不同的实际情况，对这几个原则的重视程度也不一样。例如，对不重要的项目作短期预测，应强调节省费用、预测快，对准确度要求不高，从而选择合适的预测方法。而对于重要的预测项目，则强调预测准确度要高，宁肯多花钱，多用些时间，用复杂的数学公式，也要选择合适的预测方法。

参考文献

[1] 冯文权. 经济预测与决策技术[M]. 武汉：武汉大学出版社，2008.

[2] 韦丁源. 股市大盘指数的马尔科夫链预测法[J]. 广西广播电视大学学报，2008（3）：66-69.

[3] 郭存芝，梁健. 股市走势预测的随机分析方法研究[J]. 南开经济研究，2000（6）：74-76.

[4] 魏巍贤，周晓明. 中国股票市场波动的非线性 GARCH 预测模型[J]. 预测，1999（5）：47-49.

[5] 俞乔. 市场有效、周期异常与股价波动：对上海、深圳股票市场的实证分析[J]. 经济研究，1994（9）：43-50.

第 11 章 诊断方法

离群点诊断方法简称诊断方法，是数据挖掘领域中的一项重要的挖掘技术。其目标是发现数据集中行为异常的少量数据对象，这些数据对象称为离群点或孤立点(Outlier)。离群点通常在数据预处理过程中被认为是噪声或异常而被清理。许多挖掘算法（如聚类方法）也都试图降低离群点的影响，甚至完全排除它们。然而由于离群点既可能是噪声信息，也可能是有用信息，随意删除离群数据可能导致有用信息的丢失，所以，通过离群点诊断发现和利用在离群点中的有用信息具有非常重要的意义。

事实上，在某些应用领域中研究离群点的异常行为更能发现隐藏在数据集中有价值的知识。例如，飞机性能统计数据中的一个离群点可能反映了飞机发动机的一个设计缺陷，地理图像上的一个离群点可能标志着一个危险对象（如埋藏生化武器的地方），网络系统中的一个离群点还可能是对某个恶意入侵者的精确定位。离群点挖掘还可应用于信用卡欺诈、金融审计、网络监控、电子商务、故障检测、恶劣天气预报、医药研究、客户异常行为检测和职业运动员成绩分析等。在量化投资中，离群点通常是绝佳的操作机会，所谓的量化择时从某种意义上说就是发现交易数据中的离群点。

本章将对离群点诊断常用的方法进行介绍，并给出各种算法的优缺点的比较和算法复杂度分析，最后结合相关算法给出离群点挖掘的一些应用实例。

11.1 离群点诊断概要

11.1.1 离群点诊断的定义

离群点诊断或称离群点挖掘，可以描述为：给出 n 个数据点或对象的集合，以及预期的离群点的数目 k，发现与剩余的数据相比是有显著差异的、异常的或不一致的前 k 个对象。因此，离群点诊断是指在给定的数据集合中定义离群点，并找到一个有效的方法来挖掘出这样的离群点。

离群点是指数值中，远离数值的一般水平的极端大值和极端小值，也称为奇异值，有时也称为野值。形成离群点的主要原因有：首先可能是采样中的误差，如记录的偏误、工作人员出现笔误、计算错误等，都有可能产生极端大值或者极端小值。其次可能是被研究现象本身受各种偶然非正常的因素影响而产生的。例如，在人口死亡序列中，由于某年发生了地震，该年度死亡人数剧增，形成离群点；在股票价格序列中，受某项政策出台或某种谣传的刺激，都会出现极增、极减现象，表现为离群点。

不论何种原因引起的离群点对以后的分析都会造成一定的影响。从造成分析困难的角度来看，统计分析人员不希望序列中出现离群点，离群点会直接影响模型的拟合精度，甚至会得到一些虚假的信息。因此，离群点往往被分析人员看作一个“坏值”。但是，从所获得的信息来看，离群点提供了很重要的信息，它不仅提示分析人员认真检查采样中是否存在差错，在进行分析前应认真确认，而且，当确认离群点是由于系统受外部突发因素刺激而产生时，它会提供相关的系统稳定性、灵敏性等重要信息。

11.1.2 离群点诊断的作用

离群点诊断在实际生活中的典型应用包括网络入侵检测、金融欺诈和异常客户行为分析等。

（1）基于离群点诊断的网络入侵检测。

网络入侵检测是网络信息安全的核心之一，通常采用的检查技术有误用检测和异常检测。误用检测是根据已知入侵攻击的信息来建立入侵攻击知识库的，通过将所有的入侵行为和手段与已知的入侵行为和手段进行匹配，确定是否为一个入侵行为。而异常检测是把正常行为的轨迹特征存储到数据库中，然后将用户当前行为的轨迹特征与正常行为的轨迹特征进行比较，如果发现行为明显偏离正常行为的轨迹特征，则说明是一个入侵行为。在实际应用中，只有将这两种检查技术结合起来才能有效地检测网络入侵。

离群点诊断主要用于网络入侵的异常检测。在异常检测中，离群点意味着网络入侵和攻击。离群点挖掘的主要任务是在网络数据流和主机数据流中挖掘出与一般数据模式有较大偏离的数据模式，用于更新已经建立的知识规则库。通过重新定义特征空间中数据点到聚集簇之间的距离来生成聚类，并根据正常数据类的比例来确定异常数据类别，再用于真实数据的检测。

目前离群点诊断技术已经融入现代入侵检测系统中，安全系统需要能够探测到系统的微小变化和新种类威胁，异常检测成为系统安全的必要保证。

（2）离群点诊断在金融活动中的应用。

金融机构在洗钱活动中处于极其重要的地位，基于离群点诊断算法的思路，要判别一个金融账户的交易行为是否正常，应从两个角度来判断：一个是纵向，与自身以往历史行为模式比较；另一个是横向，与其他账户之间做比较分析，从而发现此账户是否存在洗钱活动。在横向上，可以采取先聚类分析后用离群点诊断的方法；在纵向上，判断账户的即时交易行为是否符合其一贯的交易模式。Tang Jun 从中国的银行采集真实的金融业务记录，使用粗糙集比较法进行离群点挖掘，有 65%的诊断准确率。

类似的，离群点诊断还可用于信用卡欺诈检测。现实生活中，经常会发生信用卡被盗的情形。由于盗窃信用卡的人的购买行为可能不同于信用卡持有者，信用卡欺诈检测发现的离群点可能预示着欺诈行为，及时发现这种欺诈行为既有助于警方跟踪调查、迅速破案，又能避免信用卡持有者遭受更大的经济损失。此外，将离群点检测技术用于计算机审计也能比较有效地检查一些舞弊、违背规律与规定的行为。

（3）基于离群点诊断的客户异常行为分析。

客户行为分析是客户关系管理中的重要研究内容之一，它是将客户购买信息按不同购买行为特征分成若干类别，对具有某一类行为特征的用户，分析其基本信息，并找出客户行为和客户基本特征两者之间的若干潜在关系。客户行为分析一般分为整体行为分析和群体行为分析。由于实际销售分析中大量的利润来自少部分的客户，所以分析这部分客户群体非常重要。另外，在客户分类中的一种极端情况就是每个类的客户只有一个，即一对一营销。一对一营销是指了解每一个客户并与之建立起长期合作的关系。

客户异常行为分析就是从客户购买记录中，利用离群点诊断方法对客户购买行为进行检测，找出其异常变化点，分析产生异常变化的原因，并采取相应的营销策略。有些文献给出了基于自动距离和的零售业离群点诊断，其主要思想是通过提取零售业销售商搜集的客户原始数据，计算数据集中 n 个对象两两之间的距离，形成距离矩阵 $\boldsymbol{R}$，然后累计矩阵 $\boldsymbol{R}$ 中每个对象与其他对象之间的距离 p，并求出其平均值 $\overline{p}$。若每个 p 大于距离平均值 $\overline{p}$ 的两倍，则认为此点为离群点，所有满足此条件的集合即离群点集。研究结果表明，使用离群点诊断方法不仅能够发现零售业数据库中客户购买行为的波动情况，而且可以进行消费者购买行为离群点诊断，从而为零售业进行客户管理提供有效的营销依据。

11.1.3 离群点诊断方法的分类

目前，人们已经提出了大量关于离群点诊断的算法。这些算法大致上可以分为如下几类：基于统计学或模型的方法、基于距离或邻近度的方法、基于密度的方法和基于聚类的方法，这些方法一般称为经典的离群点诊断方法。近年来，有不少学者从关联规则、模糊集和人工智能等其他方面出发提出了一些新的离群点挖掘算法，比较典型的有基于关联的方法、基于模糊集的方法、基于人工神经网络的方法、基于遗传算法或克隆选择的方法等。

11.2 基于统计的离群点诊断

11.2.1 理论基础

最早的离群点诊断算法大多是基于统计学原理或分布模型实现的，通常可以分为基于分布的方法和基于深度的方法两类。一般的，讨论基于统计的离群点诊断主要使用基于分布的方法。

基于统计的离群点诊断的基本思想是基于这样的事实：符合正态分布的对象（值）出现在分布尾部的机会很小。例如，对象落在距均值 3 个标准差的区域以外的概率仅为 0.002 7。通常，如果 x 是属性值，则 $|x|\geqslant c$ 的概率随着 c 增加而迅速减小。设 $\alpha=p(|x|\geqslant c)$，表 11-1 显示当分布为 $N(0,1)$ 时 c 的某些样本值和对应的 α 值。从表 11-1 中可以看出，对象在距均值 4 个标准差的区域以外出现的概率是万分之一。

表 11-1　落在标准差的中心区域以外的概率

c	1	1.5	2	2.5	3	3.5	4
$N(0,1)$的α	0.317 3	0.133 6	0.045 5	0.012 4	0.002 7	0.000 5	0.000 1

为了更清晰地表现基于统计的离群点诊断原理，可以绘制如图 11-1 所示的离群点分布带示意图。该图在实践中具有重要的意义，对于观测样本 X，可按如下叙述理解该图：

（1）若此点在上、下警告线之间的区域内，则数据处于正常状态。

（2）若此点超出上、下警告线，但仍在上、下控制线之间的区域内，提示质量开始变劣，可能存在“离群”倾向。

（3）若此点落在上、下控制线之外，表示数据已经“离群”，这些点即诊断出的离群点。

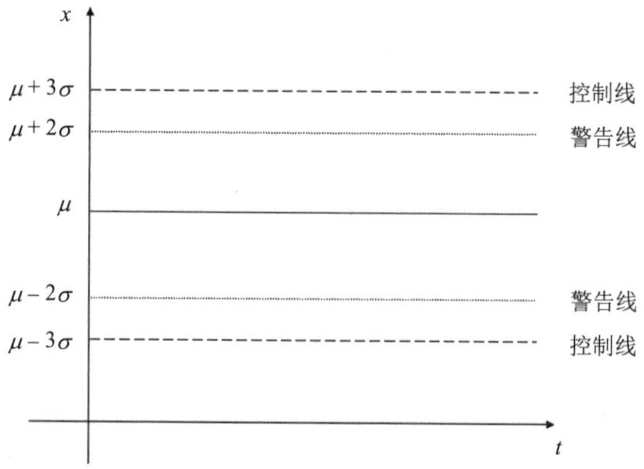

图 11-1　离群点分布带示意图

如果（正常对象的）一个感兴趣的属性的分布是具有均值μ和标准差σ的正态分布，则可以通过变换$z=(x-\mu)/\sigma$转换为标准正态分布 $N(0, 1)$，通常μ和σ是未知的，可以通过样本均值和样本标准差来估计。实践中，当观测值很多时，这种估计的效果很好；另外，由概率统计中的大数定律可知，在大样本的情况下可以用正态分布近似其他分布。

基于统计的方法需要使用标准统计分布（如标准正态分布）来拟合数据点，然后根据概率分布模型采用不一致性检验来确立离群点。所以，基于统计的离群点诊断方法要求事先知道数据集的统计分布、分布参数（如均值和方差）、预期的离群点数目和离群点类型等。

基于分布的方法的优缺点都很明显。首先，其易于理解，实现起来也比较方便，并且对数据分布满足某种概率分布的数值型单维数据集较为有效，但在多数情况下数据分布是未知的，也就很难建立某种确定的概率分布模型。其次，在实际中往往要求在多维空间中发现离群点，而绝大多数的统计检验是针对单个属性的。因此，当没有特定的检验时，基于分布的方法不能确保发现所有的离群点，或者观测到的分布不能恰当地被任何标准的分布拟合。

Grubbs 导出了统计量$g=|x_i-\overline{x}|/s$的分布。取显著水平α，可以得到临界值 g_0，使得：

$$p(|x_i-\overline{x}|\geqslant g_0 s)=\alpha$$

其中，$\overline{x}=\frac{1}{n}\sum_{i=1}^{n}x_i$，$s=\sqrt{\frac{1}{n-1}\sum_{i=1}^{n}(x_i-\overline{x})^2}$。

若某一个测量数据 x_i 满足下式，则认为数据为异常数据而将其剔除：

$$|x_i - \overline{x}| \geqslant g_0 s$$

g_0 可以通过查询专门的 g_0 表得到。

如果一次可以判断两个或两个以上的数据是异常数据，则只将其中使得 $|x_i - x|$ 最大的数据剔除。然后，重新计算 $\overline{x}$ 、s 和 g_0，进行再一次迭代，寻找异常数据。如此进行，直到找不出离群点为止。

具体算法如下：

（1）求出样本均值 $\overline{x}$ 和样本标准差 s。根据给定的显著水平 α 和样本容量 n，查表求出 g_0。

（2）计算 $|x_i - \overline{x}|$，$i = 1,2,\cdots,n$。找出 x_k，使得：

$$|x_k - \overline{x}| = \max_{1 \leqslant i \leqslant n} |x_i - \overline{x}|$$

（3）若有 $|x_k - \overline{x}| \leqslant g_0 s$，则认为 x_k 不是异常数据；否则认为 x_k 是异常数据，将它从数据中剔除。

重复步骤（1）～（3），直到数据中无异常数据为止。

在实践中，对于临界值 g_0，从严格的角度，可以通过查表给出具体的值，但通常的做法是直接给出具体的值，比如取 1、2 或 3，甚至小数，具体取多大的值，取决于数据的量及对离群点诊断的严格程度。

11.2.2 应用实例

【例 11-1】设儿童上学的具体年龄总体服从正态分布，所给的数据集是某地区随机选取的开始上学的 20 名儿童的年龄。具体的年龄数据如下：

年龄={6,7,6,8,9,10,8,11,7,9,12,7,11,8,13,7,8,14,9,12}

根据统计方法诊断离群点的步骤，可以编写出如 P11-1 所示的程序，这样当数据变多后，也很容易用该程序进行离群点诊断。

程序编号	P11-1	文件名称	Sta_outlier_e1.m	说明	基于统计方法的离群点诊断

```
%% 基于统计方法的离群点诊断实例
%% 数据准备
clc, clear all, close all
x = [6,7,6,8,9,10,8,11,7,9,12,7,11,8,13,7,8,14,9,12];
u = mean(x);
a = std(x);
tolerance = 2;
bound = tolerance * a;
N = size(x,2);
Id = 1:N;
Upper_Bound = (u + bound)*ones(1,N);
Lower_Bound = (u - bound)*ones(1,N);

%% 绘制上下限
```

```
figure;
plot(Id, x, 'bO');
hold on;
plot(Id, Upper_Bound, '-r','linewidth',2);
hold on
plot(Id, Lower_Bound,'-r','linewidth',2);
hold on
plot(Id, u*ones(1,N),'--k','linewidth',2);
xlabel('编号','fontsize', 12);
ylabel('年龄', 'fontsize',12)
set(gca, 'linewidth',2)
title('基于统计方法的离群点诊断','fontsize',12)

%% 识别并显示离群点
Outlier_id1 = x < (u - bound);
Outlier_id2 = x > (u + bound);
Outlier_id = Outlier_id1 | Outlier_id2;
hold on
plot(Id(Outlier_id), x(Outlier_id), 'r*','linewidth',2);
disp(['离群点为: ',num2str(x(Outlier_id))])
```

程序运行的结果如下。

```
离群点为: 14
```

同时，得到如图 11-2 所示的基于统计方法的离群点诊断结果。从该图中可以看出数据样本距离均值的程度、上下限和被诊断出的离群点。

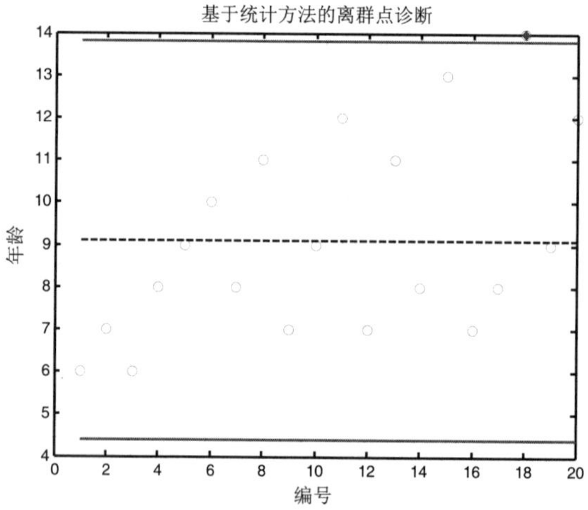

图 11-2　基于统计方法的离群点诊断结果

11.2.3　优点与缺点

离群点诊断的统计学方法具有坚实的基础，建立在标准的统计学技术（如分布参数的估计）之上。当存在充分的数据和合适的诊断方法时，诊断离群点非常有效。对于单个属性，存在各种基于统计的离群点诊断方法。对于多元数据，很难同时对多维数据使用基于统计的离群点诊断方法，通常还需要按照单个变量的方法进行诊断。

11.3 基于距离的离群点诊断

11.3.1 理论基础

基于距离的离群点诊断方法，其基本思想是如果某个对象远离大部分其他对象，那么该对象是离群的。这样做的好处是，度量数据集的有意义的邻近性比确定它的统计分布更容易，而且综合了基于分布的思想，克服了基于分布方法的主要缺陷。

基于距离的离群点诊断方法根据某个距离函数计算数据对象之间的距离，最早是由Knorr 和 Ng 提出来的。他们给出了基于距离的离群点的定义：如果数据集合 S 中的对象至少有 p 部分与对象 o 的距离大于 d，则对象 o 是一个带参数 p 和 d 的基于距离的（DB）离群点，即 $\mathrm{DB}(p,d)$。

基于距离的离群点诊断方法有两种不同策略：

第一种策略是给定邻域半径，依据点的邻域中包含的对象多少来判定离群点。如果一个点的邻域内包含的对象少于整个数据集的一定比例则标识它为离群点，也就是将没有足够邻居的对象看成基于距离的离群点。

第二种策略是利用 K-近邻距离的大小来判定离群。使用 K-近邻的距离判断一个对象是否远离大部分点，一个对象的离群程度由到它的 K-近邻的距离度量。这种方法对 k 的取值比较敏感。k 太小（如 1），则少量的邻近离群点可能导致较低的离群程度。k 太大，则点数少于 k 的簇中所有的对象可能都成为离群点。

定义：点 x 的离群因子定义为

$$OF1(x,k)=\frac{\sum_{y\in N(x,k)}\mathrm{distance}(x,y)}{|N(x,k)|}$$

这里，$N(x,k)$ 是不包含 x 的 K-近邻的集合，其数学表示为：

$N(x,k)=\{y\,|\,\mathrm{distance}(x,y)\leqslant k-\mathrm{distance}(x), y\neq x\}$，$|N(x,k)|$ 是该集合的大小。

输入：数据集 D 和近邻个数 k。

输出：离群点对象列表。

具体的诊断步骤如下：

（1）for all 对象 x do。

（2）确定 x 的 K-近邻集合 $N(x,k)$。

（3）确定 x 的离群因子 $OF1(x,k)$。

（4）end for。

（5）对 $OF1(x, k)$降序排列，确定离群因子大的若干对象。

（6）return。

注意：x 的 K-近邻的集合包含的对象数可能超过 k。

11.3.2 应用实例

【例 11-2】在如图 11-3 所示的二维数据集（具体坐标见表 11-2）中，当 k=2 时，$P1$、$P2$ 两个点中哪个点更可能是离群点？（使用欧式距离）

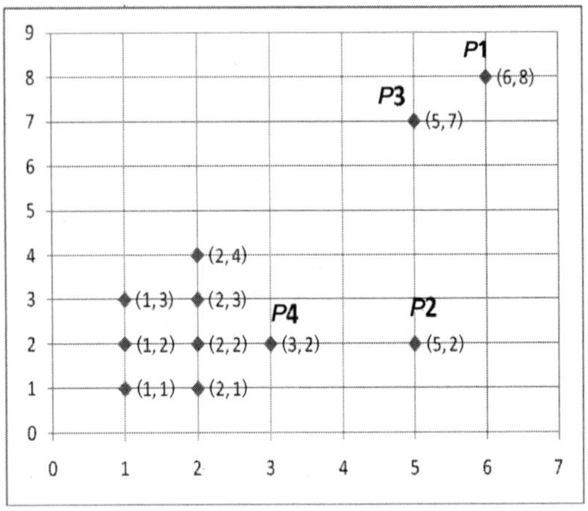

图 11-3 点的坐标位置

表 11-2 点的坐标

点编号	X 坐标	Y 坐标
P1	6	8
P2	5	2
P3	5	7
P4	3	2
P5	2	2
P6	2	3
P7	2	1
P8	2	4
P9	1	3
P10	1	2
P11	1	1

对 $P1$ 点进行分析：k=2；近邻的点为 $P3(5,7)$、$P2(5,2)$，distance($P1$,$P2$)与 distance($P1$,$P3$)分别为 6.08、1.41，平均距离为：

$$OF1(P1,k)=\frac{\text{distance}(P1,P2)+\text{distance}(P1,P3)}{2}=\frac{6.08+1.41}{2}=3.745$$

对 $P2$ 点进行分析：k=2；近邻的点为 $P3$、$P4$，distance(P2,P3)与 distance(P2,P4)分别为 5、2，平均距离为：

$$OF1(P2,k)=\frac{\text{distance}(P2,P3)+\text{distance}(P2,P4)}{2}=\frac{5+2}{2}=3.5$$

因为 $OF1(P1,k)>OF1(P2,k)$，因此，$P1$ 点更有可能是离群点。

11.3.3 优点与缺点

综上所述，基于距离的方法也有比较明显的优缺点。其优点如下：

（1）不必对数据集的相关信息（数据服从哪种统计分布模型和数据类型特点等）足够了解，只要给出距离的度量并对数据进行预处理后，就可以找出数据集中的离群点，并且避免了大量的计算，而大量的计算正是使观察到的数据分布适合某个标准分布及不一致性检验所需要的。

（2）在理论上可以处理任意维、任意类型的数据，克服了基于统计的方法只能较好地处理某种概率分布的数值型单维数据集的缺陷。

基于距离的方法的缺点主要是当数据集规模异常大时，计算复杂度很高。此外，诊断结果对选择的参数 k 较敏感，对于不同参数，结果有很大的不稳定性，而且在高维数据中应用比较困难。最后，对挖掘出的离群点不能区分强离群点和弱离群点。

11.4 基于密度的离群点诊断

11.4.1 理论基础

当数据集含有多种分布或数据集由不同密度的子集混合而成时，数据是否离群不仅仅取决于它与周围数据的距离大小，而且与邻域内的密度状况有关。这时就可以考虑用基于密度的离群点诊断方法。

基于密度的方法就是探测局部密度，通过不同的密度估计策略来找到离群点。所谓密度是指任一点和 P 点距离小于给定半径 R 的邻域空间数据点的个数。Breuning 用局部离群因子（LOF）来表示点的孤立程度，离群点就是具有较高 LOF 的数据对象。

基于密度的离群点诊断与基于距离的离群点诊断密切相关，因为密度通常用距离定义。一种常用的定义密度的方法是，定义密度为到 k 个最近邻的平均距离的倒数。如果该距离小，则密度高，反之亦然。某个对象的局部邻域密度定义为：

$$\text{density}(x,k)=\left(\frac{\sum_{y\in N(x,k)}\text{distance}(x,y)}{|N(x,k)|}\right)^{-1}$$

还有一个描述对象密度的方法——相对密度，其定义为：

$$\text{relative density}(x,k)=\frac{\sum_{y\in N(x,k)}\text{density}(y,k)/|N(x,k)|}{\text{density}(x,k)}$$

其中，$N(x,k)$ 是不包含 x 的 K-近邻的集合，$|N(x,k)|$ 是该集合的大小，y 是一个近邻。

基于相对密度的离群点诊断方法通过比较对象的密度与它的邻域中的对象的平均密度来诊断离群点。簇内靠近核心点的对象的相对密度接近 1，而处于簇的边缘或簇的外面的对象的相对密度较大。定义相对密度为离群因子：

$$\text{LOF}(x,k)=\text{relative density}(x,k)$$

具体的基于密度的离群点诊断步骤如下：

（1）{k 是近邻个数}。
（2）for all 对象 x do。
（3）确定 x 的 K-近邻 $N(x,k)$。
（4）使用 x 的近邻（$N(x,k)$中的对象），确定 x 的密度 density(x,k)。
（5）end for。
（6）for all 对象 x do。
（7）确定 x 的相对密度 relative density(x,k)，并赋值给 LOF(x,k)。
（8）end for。
（9）对 LOF(x,k)降序排列，确定离群点得分高的若干对象。

基于密度的离群点诊断最显著的特点是定量地给出了对象是离群点的可能性，并且即使数据集具有不同密度的区域也能够很好地处理。因此，LOF 能够探测到所有形式的离群点，包括那些不能被基于统计的、距离的和偏离的方法探测到的离群点。基于密度的方法也有缺点，与基于距离的方法类似，当数据集规模异常大时计算复杂度会很高。有些文献还指出 LOF 这种基于局部密度的离群点诊断算法忽视了基于簇的离群点的存在。

11.4.2　应用实例

【例 11-3】给定二维数据集，表 11-3 给出了点的坐标，可视化的图形如图 11-4 所示。对象间的距离采用曼哈顿（Manhattan）距离计算。

（1）取 k=2，计算点 $P4$、$P15$ 的局部邻域密度 density(x,k)及相对密度 relative density(x,k)，判断哪个点更可能是离群点。

（2）取 k=2，按照基于距离的离群点诊断方法，$P4$、$P15$ 哪个点更可能是离群点？

表 11-3　点的坐标

点的编号	P1	P2	P3	P4	P5	P6	P7	P8	P9	P10	P11	P12	P13	P14	P15	P16
X 坐标	1	1	1	2	2	2	2	3	3	3	3	4	4	4	5	5
Y 坐标	2	3	4	1	2	3	4	1	2	3	4	1	2	3	0	1

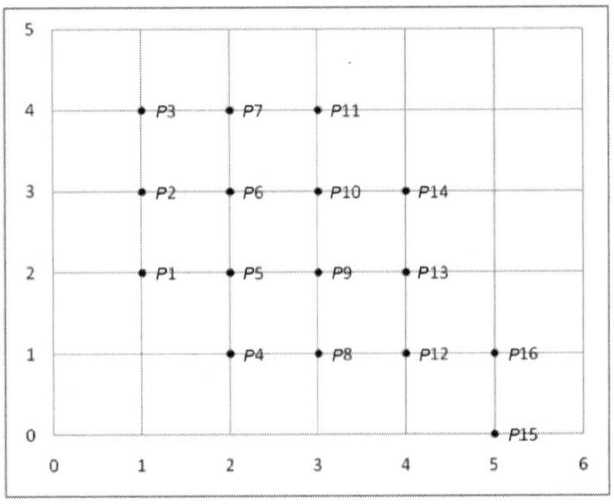

图 11-4　点分布图

对于该问题，按照上述方法计算和诊断离群点的过程如下。

（1）对于 $P4$，K-近邻邻域包含两个对象：

$N(P4,k)=\{P5,P8\}$

$$\text{density}(P4,k)=\left(\frac{\sum_{y\in N(P4,k)}\text{distance}(P4,y)}{|N(P4,k)|}\right)^{-1}=\left(\frac{1+1}{2}\right)^{-1}=1$$

$N(P5,k)=\{P1,P5,P6,P9\}$

$$\text{density}(P5,k)=\left(\frac{\sum_{y\in N(P5,k)}\text{distance}(P5,y)}{|N(P5,k)|}\right)^{-1}=\left(\frac{4}{4}\right)^{-1}=1$$

$N(P8,k)=\{P4,P9,P12\}$

$$\text{density}(P8,k)=\left(\frac{\sum_{y\in N(P8,k)}\text{distance}(P8,y)}{|N(P8,k)|}\right)^{-1}=\left(\frac{3}{3}\right)^{-1}=1$$

$$\text{LOF}(P4)=\text{relative density}(P4,k)=\frac{(1+1)/2}{1}=1$$

对于 $P15$，K-近邻邻域包含如下两个对象：

$N(P15,k)=\{P12,P16\}$

$$\text{density}(P15,k)=\left(\frac{\sum_{y\in N(P15,k)}\text{distance}(P15,y)}{|N(P15,k)|}\right)^{-1}=\left(\frac{2+1}{2}\right)^{-1}=\frac{2}{3}$$

$P12$、$P16$ 的密度均为 1，有

$$\text{LOF}(P15)=\text{relative density}(P15,k)=\frac{(1+1)/2}{2/3}=1.5$$

所以，相对点 $P4$，点 $P15$ 更可能是离群点。

（2）对于 k=2，$P4$ 的 K-近邻邻域为 $N(P4,k)=\{P5,P8\}$，K-近邻距离均值为 1。

$P15$ 的 K-近邻邻域为 $N(P15,k)=\{P12,P16\}$，K-近邻距离均值为 1.5。

经过比较可以看出，点 $P15$ 的离群程度要高。

11.4.3 优点与缺点

基于相对密度的离群点诊断定量地给出了对象是离群点的可能性，并且即使数据集具有不同密度的区域也能够很好地处理。与基于距离的方法一样，这些方法必然具有 $O(m^2)$时间复杂度（其中 m 是对象个数），虽然对于低维数据，使用专门的数据结构可以将它降低到 $O(m\log m)$，但参数选择也是困难的。虽然标准 LOF 算法通过观察不同的 k 值，然后取最大离群点得分来处理该问题，但仍然需要选择这些值的上下界。

11.5　基于聚类的离群点诊断

11.5.1　理论基础

聚类分析用来发现数据集中强相关的对象组，而离群点诊断用于发现不与其他对象组强相关的对象。因此，离群点诊断和聚类是两个相对立的过程。如果聚类的结果中，某个簇的点比较少，且其中心距离其他簇又比较远，则该簇中的点是离群点的可能性就比较大。所以，从这个角度将聚类方法用于离群点诊断也是很自然的想法。

在前面的章节，读者已经了解了相关的聚类方法，比如 K-means、层次聚类等。它们都有一定的异常处理能力，但主要目标是产生聚类，即寻找性质相同或相近的记录并归为一类，这不同于离群点诊断的目的和意义。

利用聚类方法诊断离群点是一种系统的方法，首先聚类所有的对象，然后评估对象属于簇（Cluster）的程度。对于基于原型的聚类，可以用对象到它的簇中心的距离来度量对象属于簇的程度。通常，对于基于目标函数的聚类技术，可以使用该目标函数来评估对象属于任意簇的程度。有的文献给出了基于聚类的离群点的定义：如果一个对象不强属于任何簇，则称该对象是属于聚类的离群点。

定义：假设数据集 D 被聚类算法划分为 k 个簇，$C=\{C_1,C_2,6\ \ ,C_k\}$，对象 P 的离群因子 $OF\,3(P)$定义为 P 与所有簇间距离的加权平均值：

$$OF3(P)=\sum_{i=1}^{k}\frac{|C_j|}{|D|}=d(P,C_j)$$

基于该定义，基于聚类的离群点诊断步骤如下。

第一步，对数据集 D 采用聚类算法进行聚类，得到聚类结果 $C=\{C_1,C_2,6\ \ ,C_k\}$。

第二步，计算数据集 D 中所有对象 P 的离群因子 $OF3(P)$，以及其平均值 Ave_OF 和标准差 Dev_OF，满足条件 $OF3(P)\geqslant Ave\_OF+\beta\quad Dev\_OF(1\leqslant\beta\leqslant 2)$ 的对象判定为离群点，这里β为设定的阈值。

基于聚类的离群点诊断的时间复杂度和空间复杂度都是线性或接近线性的，因此，算法具有高效的特性。但同时，产生的离群点集合的得分可能非常依赖所用的簇的个数和数据中离群点的存在性。由于每种聚类算法只适合特定的数据类型，而簇的质量对该算法产生的离群点的质量影响非常大，因此，实际应用中应当谨慎地选择聚类算法。

11.5.2　应用实例

对于图 11-5 所示的二维数据集，比较点 $P1(6,8)$、$P2(5,2)$哪个更有可能成为离群点。假设数据集经过聚类后得到的聚类结果为 $C=\{C_1、C_2、C_3\}$，图中圆圈标注，三个簇的质心分别为：$C_1(5.5,7.5)$、$C_2(5,2)$、$C_3(1.75,2.25)$，试计算所有对象的离群因子。

根据定义，对于 $P1$ 有：

$$OF3(P1)=\sum_{j=1}^{k}\frac{|C_j|}{|D|}\cdot d(P1,C_j)=\frac{8}{11}\sqrt{(6-1.75)^2+(8-2.25)^2}+\frac{1}{11}\sqrt{(6-5)^2+(8-2)^2}+$$

$$\frac{3}{11}\sqrt{(6-5.5)^2+(8-7.5)^2}=5.9$$

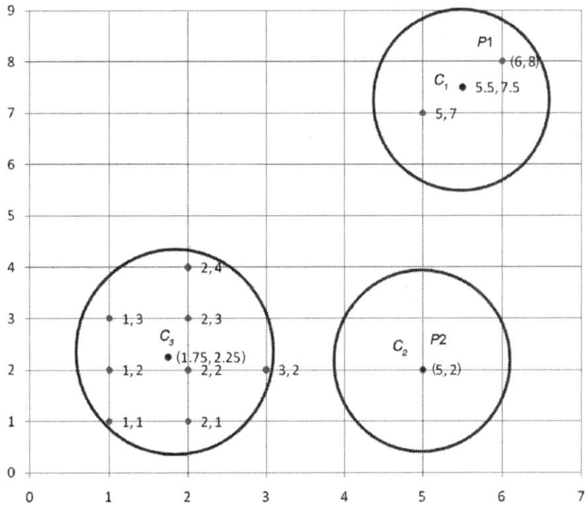

图 11-5 二维数据集

对于 $P2$ 有：

$$OF3(P2)=\sum_{j=1}^{k}\frac{|C_j|}{|D|}\cdot d(P2,C_j)=\frac{8}{11}\sqrt{(5-1.75)^2+(2-2.25)^2}+\frac{1}{11}\sqrt{(5-5)^2+(2-2)^2}+$$
$$\frac{3}{11}\sqrt{(5-5.5)^2+(2-7.5)^2}=3.4$$

可见，点 $P1$ 较点 $P2$ 更可能成为离群点。

同理可求所有对象的离群因子，结果如表 11-4 所示。

表 11-4 点的坐标及离群因子

X 坐标	*Y* 坐标	*OF*3
1	2	2.2
1	3	2.3
1	1	2.9
2	1	2.6
2	2	1.7
2	3	1.9
6	8	5.9
2	4	2.5
3	2	2.2
5	7	4.8
5	2	3.4

进一步求得所有点的离群因子平均值：

Ave_OF=2.95，标准差 Dev_OF=1.3。

假设 $\beta=1$，则阈值为：

$$E=Ave\_OF+\beta\cdot Dev\_OF=2.95+1.3=4.25$$

离群因子大于 4.25 的对象可视为离群点，*P*1 与 *P*2 都是离群点，但相对而言，*P*1 更有可能成为离群点。

11.5.3 优点与缺点

有些聚类技术（如 K-means）的时间复杂度和空间复杂度是线性或接近线性的，因而基于聚类算法的离群点诊断技术可能是高度有效的。此外，在聚类过程中，是对所有样本进行聚类，因此可能同时发现簇和离群点。基于聚类的离群点诊断的缺点是，产生的离群点集和它们的得分可能非常依赖所用的簇的个数。

11.6 应用实例：离群点诊断量化择时

离群点诊断技术的主要目的是发现异常，而这种异常在股票投资方面比较有用，因为绝大多数的操作机会发生在异常处。比如某天股票的成交量突然变大，这时股票要么大涨，要么大跌，如图 11-6 所示，这时就要考虑进行买入或卖出操作。

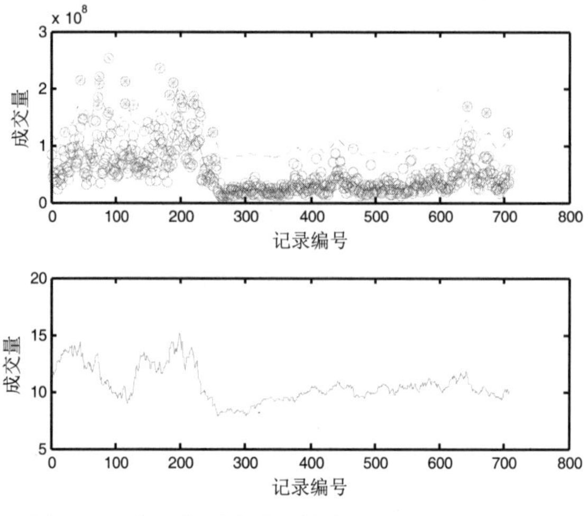

图 11-6 基于离群点诊断技术进行量化择时示意图

图 11-6 为对一只股票的成交量进行离群点诊断而得到的结果，该图中虚线上的点就是发现的异常点，所用的诊断技术为基于统计的技术，具体程序如 P11-2 所示。在实践中，当发现离群点后还要进一步判断是买入机会还是卖出机会，这时的判断更直接，也更有意义。

程序编号	P11-2	文件名称	selectTime.m	说明	离群点诊断量化择时

```
%% 基于统计方法的离群点诊断实例
%% 数据准备
%% 基于异常检测技术的量化择时实例
clc, clear all, close all
```

```
%% 导入数据
V = xlsread('sz000001.xls','Sheet1','F1:F758');
C = xlsread('sz000001.xls','Sheet1','E1:E758');

%% 可视化原始数据
N = size(V,1);
T = (1:N)';
plot(T, V, 'ro');
xlabel('记录编号','fontsize',12);
ylabel('成交量', 'fontsize',12);
set(gca,'linewidth',2);
%% 预计预处理：删除成交量为 0 的数据
id = V > 0;
V1 = V(id);
C1 = C(id);
%% 通过平滑法寻找基线
N1 = size(V1,1);
T1 = (1:N1)';
y1 = smooth(V1,20);
figure
subplot(2,1,1)
plot(T1, V1, 'ro',  T1, y1);
xlabel('记录编号','fontsize',12);
ylabel('成交量', 'fontsize',12);
set(gca,'linewidth',2);

%% 判断离群点
a = std(V1);
y2 = y1 + 1.5*a;
ou_id = V1>y2;
ou = V1(ou_id);
hold on
plot(T1, y2, ':r')
hold on
plot(T1(ou_id), ou, 'g*')
subplot(2,1,2)
plot(T1, C1)
xlabel('记录编号','fontsize',12);
ylabel('成交量', 'fontsize',12);
set(gca,'linewidth',2);
```

11.7　延伸阅读：新兴的离群点挖掘诊断方法

11.7.1　基于关联的离群点挖掘

经典的离群点挖掘算法往往都只能适用于连续属性的数据集，而不适用于离散属性的数据集。这是因为很难对离散属性数据进行求和、求距离等运算。因此，He 等人提出了基于关联的方法，通过发现频繁项集来挖掘离群点。其基本思想是：由关联规则算法发现的频繁模式反映了数据集中的普遍模式，而不包含频繁模式或只包含极少频繁模式的数据其实就是离群点。也就是说，频繁模式不会包含在作为离群点的数据中。其定义了一种利用频繁模式度量离群点偏差程度的频繁模式离群点因子（FPOF）。

$$\mathrm{FPOF}(t)=\frac{\sum x\subseteq support}{\mathrm{FPS}(D,minisupport)}$$

其中，t 表示数据集 D 的一个对象，$\mathrm{FPS}(D,minisupport)$表示 D 中满足最小支持度的频繁模式集，并通过对频繁项集的挖掘和比较给出了挖掘离群点的新算法 FindFPOF。

基于关联的方法能对离散属性的数据集进行离群点挖掘，与经典的挖掘算法相比，这是其最大的优点。但该算法也存在如下两个明显的缺点：

（1）当离散属性的数据量较小时，算法的准确度明显降低。

（2）频繁模式的挖掘是非常耗时的工作，频繁模式的保存也需要大量的存储空间。

11.7.2　基于粗糙集的离群点挖掘

基于粗糙集的离群点挖掘算法对离群点的判断是汲取基于密度的离群点诊断（挖掘）算法的思想，采用一个值作为离群点元素的孤立程度的度量值，不再直接利用二分法判断离群点。有的文献给出了基于粗糙集的离群点的定义：

有任意集合 $X\subseteq U$ 和 U 上的一个等价关系集合 $R=\{r_1,r_2,6\ ,r_m\}$，令 F 为集合 X 上关于 R 的所有极小异常集的集合。对任意对象 $o\in\bigcup_{f\in F}f$，如果 $ED\_Object(o)\geqslant\mu$，则对象 o 称为 X 关于 R 的离群点。其中，$ED\_Object(o)$ 为异常度，μ 为参考阈值。

基于粗糙集的方法采用两步策略找出离群点。首先，在给出的数据集 X 中找出极小异常集。然后，在极小异常集中找出 X 的离群点。因此，基于粗糙集的方法只需要判断极小异常集中的点是否为离群点。

基于粗糙集的方法仅能适用于离散属性的数据集，对连续属性的数据集需要进行离散化处理。这是由于粗糙集理论本身的限制。此外，参考阈值的选取需要靠经验给出，也是一个有待解决的问题。

11.7.3　基于人工神经网络的离群点挖掘

应用计算智能进行离群点挖掘已经成为近年来离群点挖掘的研究热点之一。比较典型的人工智能方法有基于神经网络的方法、基于遗传算法的方法和基于克隆选择的方法等。关于人工智能方法的各种具体算法不再详述。

比较典型的人工神经网络的方法是由 Williams 等提出的 RNN 神经网络离群点挖掘算法。通过使用通用的统计数据集（一般较小）和专用的数据挖掘数据集（较大，并且通常是现实的数据集）作为数据源，对 RNN 方法和经典的离群点挖掘算法进行比较，发现 RNN 对大的数据集和小的数据集都非常适用，但当数据集中包含放射状的离群点时，性能下降。

人工神经网络能够用于离群点的挖掘，该算法的主要缺陷是事先需要用不含离群点的训练样本对网络进行训练，然后用训练好的神经网络对离群点进行挖掘，并且对挖掘出的离群点的意义难以解释。此外，由于神经网络泛化能力的限制，针对一种应用而训练的网络只能用于该类应用，并且迭代次数是人为控制的，这对训练效果有很大的影响，在运行效率上和准确率上要有所折中。

11.8 本章小结

本章介绍了目前离群点诊断的几种常见的方法，一方面使读者了解了各种算法的基本思想和原理，同时，通过对其优缺点、适用范围的分析，使读者认识到在实际问题中应该有选择地应用各种离群点诊断算法；另一方面，通过给出离群点诊断的典型应用，加深了读者对离群点诊断的理解。随着人们对各种算法的不断研究，离群点诊断技术在将来一定会得到更广泛的应用。

参考文献

[1] Pang-Ning Tan，等. 数据挖掘导论[M]. 范明，等译. 北京：人民邮电出版社，2014.

[2] Jiawei Han，等. 数据挖掘概念与技术[M]. 范明，等译. 北京：机械工业出版社，2012.

[3] 焦李成，刘芳，等. 智能数据挖掘与知识发现[M]. 西安：西安电子科技大学出版社，2006.

[4] 韩秋明，李微，等. 数据挖掘技术应用实例[M]. 北京：机械工业出版社，2009.

[5] 杨永铭，等. 孤立点挖掘算法研究. 计算机与数字工程，2008，1:11-15

[6] 鄢团军，等. 孤立点检测算法与应用[J]. 三峡大学学报：自然科学版，2009，1:98-103.

[7] 范洁. 数据挖掘中孤立点检测算法的研究[D]. 中南大学，2009.

[8] 段炼，等. 基于簇的孤立点检测[J]. 微电子学与计算机，2008，3:126-129.

[9] 刘曼玲，等. 基于粗糙集的孤立点检测算法[J]. 微计算机信息，2009，33:1-2.

[10] 许德祖. 孤立点挖掘在入侵检测中的应用研究. 网络安全技术与应用，2009，12:74-75.

[11] 罗敏，等. 基于孤立点检测的入侵检测方法研究[J]. 计算机工程与应用，2007，13:146-149.

[12] Tang Jun. A Peer Dataset Comparison Outlier Detection Model Applied to Financial Surveillance[C]. Hong Kong: In the 18th International Conference on Pattern Recognition, 2006.

第 12 章　时间序列方法

数据挖掘的基础是数据，在大数据的众多数据类型中，有一类特殊的数据，这类数据具有一定的序列特征，其中常见的是时序数据，如统计年鉴中的各月平均气温、某公司的各月财务数据、股票的价格等。由于这类数据具有特殊的特征，在对这类数据进行挖掘时，方法也会有所不同，分析或挖掘这个数据的方法称为时间序列方法。

其实在量化投资中，所研究的绝大多数数据具有时序特征，所以，时间序列方法在金融和量化投资中有广泛的应用。本章将介绍时间序列的相关方法。

12.1　时间序列的基本概念

12.1.1　时间序列的定义

时间序列就是按照一定的时间间隔排列的一组数据，其时间间隔可以是任意的时间单位，如小时、日、周、月等。这一组数据可以表示各种各样的含义，如经济领域中每年的产值、国民收入、商品在市场上的销量、股票数据的变化情况等，社会领域中某一地区的人口数、医院患者人数、铁路客流量等，自然领域的太阳黑子数、月降水量、河流流量等，这些数据都形成了一个时间序列。人们希望通过对这些时间序列的分析，发现和揭示现象的发展变化规律，或从动态的角度描述某一现象和其他现象之间的内在数量关系及其变化规律，从而尽可能多地从中提取出所需要的准确信息，并将这些知识和信息用于预测，以掌握和控制未来行为。人们研究时间序列，通常也是希望根据历史数据预测未来的数据。对于时间序列的预测，由于很难确定它与其他因变量的关系，或收集因变量的数据非常困难，所以不能采用回归分析方法进行预测，只能使用时间序列方法来进行预测。

采用时间序列方法进行预测时需要用到一系列的模型，这种模型统称为时间序列模型。在使用这种时间序列模型时，总是假定某一种数据变化模式或某一种组合模式会重复发生。因此需要首先识别出这种模式，然后采用外推的方式进行预测。采用时间序列模型时，显然其关键在于辨识数据的变化模式（样式）。同时，决策者所采取的行动对这个时间序列的影响很小，因此这种方法主要用来对一些环境因素或不受决策者控制的因素进行预测，如宏观经济情况、就业水平和某些产品的需求量。

这种方法的主要优点是数据很容易得到，而且容易被决策者理解，计算相对简单。当然高级时间序列方法的计算也是非常复杂的。此外，时间序列方法常常用于中短期预测，因为在相对短的时间内，数据变化的模式不会特别显著。

时间序列方法的主要用途：① 系统描述。根据对系统进行观测得到的时间序列数据，用曲线拟合方法对系统进行客观的描述。② 系统分析。当观测值取自两个以上变量时，可用一个时间序列中的变化去说明另一个时间序列中的变化，从而深入了解给定时间序列产生的机理。③ 预测未来。一般用 ARMA 模型拟合时间序列，预测该时间序列的未来值。④ 决策和控制。根据时间序列模型可调整输入变量使系统发展过程保持在目标值上，即预测到过程要偏离目标时便可进行必要的控制。

12.1.2　时间序列的组成因素

时间序列的变化受许多因素的影响，有些因素起着长期的、决定性的作用，使时间序列呈现出某种趋势和一定的规律性；有些因素则起着短期的、非决定性的作用，使时间序列呈现出某种不规则性。在分析时间序列的变动规律时，事实上不可能对每个影响因素都一一划分开来，分别去做精确分析。但可以将众多影响因素，按照其对现象变化影响的类型，划分成若干时间序列的组成因素，然后对这几类组成因素分别进行分析，以揭示时间序列的变动规律性。时间序列的组成因素可归纳为如下 4 种：

（1）趋势性（Trend）变化，指现象随时间推移朝着一定方向呈现出持续渐进的上升、下降、平稳的变化或移动。这一变化通常是许多长期因素作用的结果。

（2）周期性（Cyclic）变化，指时间序列表现为交替地出现于趋势线上方和下方的点序列并持续一段时间的有规则变动。这种因素具有周期性的变动，比如，高速通货膨胀时期后面紧接的温和通货膨胀时期将会使许多时间序列表现为交替地出现于一条总体递增趋势线的上方和下方。

（3）季节性变化（Seasonal Variation），指现象受季节性影响，按一固定周期呈现的周期波动变化。尽管通常将一个时间序列中的季节变化认为是以 1 年为期的，但是季节因素还可以被用于表示时间长度小于 1 年的有规则重复形态。比如，每日交通量数据表现出为期 1 天的“季节性”变化，即高峰期到达高峰水平，而一天的其他时期车流量较小，从午夜到次日清晨车流量最小。

（4）不规则变化（Irregular Movement），指现象受偶然因素的影响而呈现的不规则波动。这种因素包括实际时间序列值与考虑了趋势性、周期性、季节性变动的估计值之间的偏差，它用于解释时间序列的随机变动。不规则变化是由短期的、未被预测到的，以及不重复出现的那些影响时间序列的因素引起的。

时间序列一般是上述几种变化形式的叠加或组合（见图 12-1）。

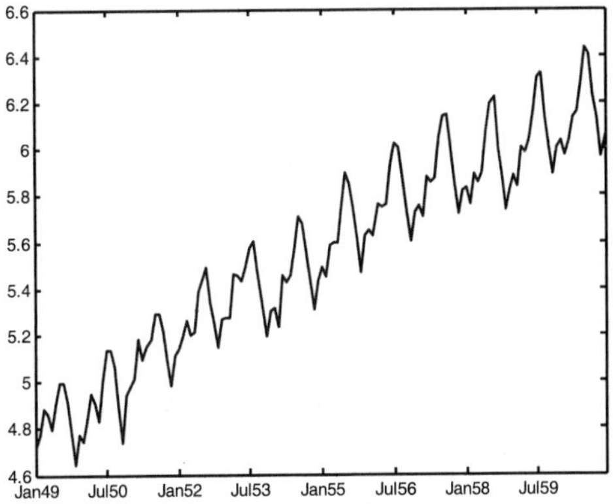

图 12-1　几种时间序列的叠加形式

12.1.3 时间序列的分类

根据不同的标准，时间序列有不同的分类方法，常用的标准及分类方法如下：

（1）按所研究的对象的多少来分，有一元时间序列和多元时间序列，如某种商品的销售量数列，即一元时间序列；如果所研究对象不仅仅是一个数列，而是多个变量对应的多个数列，如按年、月顺序排序的气温、气压、雨量数据等，每个时刻对应着多个变量，则这种序列为多元时间序列。

（2）按时间的连续性可将时间序列分为离散时间序列和连续时间序列两种。如果某一序列中的每一个序列值所对应的时间参数为间断点，则该序列就是一个离散时间序列；如果某一序列中的每一个序列值所对应的时间参数为连续函数，则该序列就是一个连续时间序列。

（3）按序列的统计特性来分，有平稳时间序列和非平稳时间序列两类。所谓时间序列的平稳性，是指时间序列的统计规律不会随着时间的推移而发生变化。平稳序列的时序图直观上应该显示出该序列始终在一个常数值附近随机波动，而且波动的范围有界，无明显趋势，无周期特征。相对地，时间序列的非平稳性，是指时间序列的统计规律随着时间的推移而发生变化。

（4）按序列的分布规律来分，有高斯型（Guassian）时间序列和非高斯型时间序列（non-Guassian）两类。

12.1.4 时间序列分析方法

时间序列分析方法是一种广泛应用的数据分析方法，它研究的是代表某一现象的一串随时间变化而又相关联的数字系列（动态数据），从而描述和探索该现象随时间发展变化的规律性。时间序列可以通过直观简便的数据图法、指标法、模型法等来分析。而模型法相对来说更具体也更深入，使用模型法能更本质地了解数据的内在结构和复杂特征，以达到控制与预测的目的。总的来说，时间序列分析方法包括如下两类。

（1）确定性时间序列分析方法：指暂时过滤掉随机性因素（如季节因素、趋势变动）进行确定性分析的方法，其基本思想是用一个确定的时间函数 $y = f(t)$ 来拟合时间序列，不同的变化采取不同的函数形式来描述，不同变化的叠加采用不同的函数叠加来描述。具体可分为趋势预测法（最小二乘法）、平滑预测法和分解分析法等。

（2）随机性时间序列分析方法：其基本思想是通过分析不同时刻变量的相关关系，揭示其相关结构，利用这种相关结构建立自回归模型、滑动平均模型、自回归滑动平均混合模型来对时间序列进行预测。

无论采用哪种方法，时间序列的一般分析流程基本固定，如图 12-2 所示。

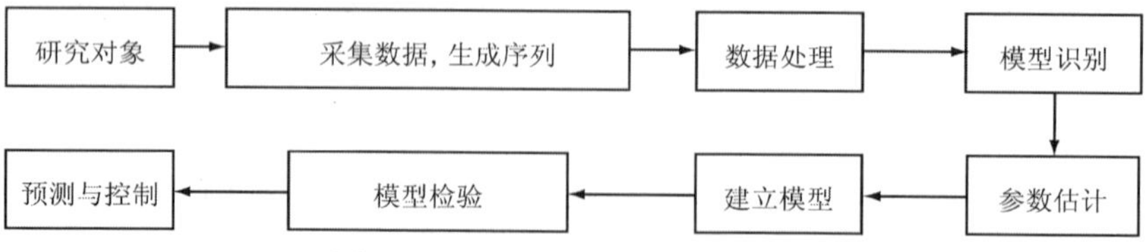

图 12-2　时间序列的一般分析流程

12.2　平稳时间序列分析方法

时间序列的变动是长期趋势变动、季节变动、循环变动、不规则变动的耦合或叠加。在确定性时间序列分析中通过移动平均法、指数平滑法、最小二乘法等方法来反映社会经济现象的长期趋势及带季节因子的长期趋势，预测未来的发展趋势。

12.2.1　移动平均法

1）一次移动平均法

一次移动平均法指收集一组观察值，计算这组观察值的平均值，并利用这一均值作为下一期的预测值的预测方法。其模型为：

$$M_t^{(1)} = \frac{X_t + X_{t-1} + 6 \ + X_{t-N+1}}{N}$$

$$\hat{X}_{t+1} = M_t^{(1)}$$

式中，X_t为 t 期的实际值；N 为所选数据的个数；$\hat{X}_{t+1}$ 为（t+1）期的预测值。

2）二次移动平均法

二次移动平均法的线性模型为：

$$\hat{X}_{t+T} = a_t + b_t T$$

$$M_t^{(1)} = \frac{X_t + X_{t-1} + 6 \ + X_{t-N+1}}{N}$$

$$M_t^{(2)} = \frac{M_t^{(1)} + M_{t-1}^{(1)} + 6 \ + M_{t-N+1}^{(1)}}{N}$$

$$a_t = 2M_t^{(1)} - M_t^{(2)}$$

$$b_t = \frac{2(M_t^{(1)} - M_t^{(2)})}{N-1}$$

式中，X_t为 t 期的实际值；$\hat{X}_{t+T}$ 为（$t + T$）期的预测值；t 为当前的时期数；T 为由 t 至预测期的时期数。

采用移动平均法进行预测，用来求平均值的时期数 N 的选择非常重要，这也是移动平均法的难点。因为 N 取值的大小对所计算的平均值的影响较大。当 N=1 时，移动平均预测值为原数据的序列值。当 N 为全部数据的个数时，移动平均值等于全部数据的算术平均值。显然，N 值越小，表明对近期观测值预测的作用越重视，预测值对数据变化的反应速度也越快，但预测的修匀程度较低，估计值的精度也可能降低。反之，N 值越大，预测值的修匀程度越高，但对数据变化的反应速度较慢。

一般 N 的取值为 3～200，视序列长度和预测目标而定。一般对水平型数据，N 值的选取较为随意；一般情况下，如果考虑到历史上序列中含有大量随机成分，或者序列的基本发展趋势变化不大，则 N 应取大一点。对于具有趋势性或阶跃性特点的数据，为提高预测值对数据变化的反应速度，减少预测误差，N 应取得小一些，以使移动平均值更能反映目前的发展变化趋势。

一般 N 的取值为 2～15。具体取值要根据实际情况来定。

12.2.2 指数平滑法

1）一次指数平滑法

一次指数平滑法的基本模型为：

$$S_t^{(1)} = aX_t + (1-\alpha)S_{t-1}^{(1)}$$

或

$$S_t^{(1)} = aX_t + \alpha(1-\alpha)X_{t-1} + \cdots + \alpha(1-\alpha)^{t-1}X_1 + (1-\alpha)^t S_0^{(1)}$$

下一期的预测值为：

$$\hat{X}_{t+1} = S_t^{(1)}$$

式中，$X_0, X_1, \cdots, X_t$ 为时间序列观测值；$S_0^{(1)}, S_1^{(1)}, \cdots, S_t^{(1)}$ 为观测值的指数平滑值；α为平滑系数（$0<\alpha<1$）。

一次指数平滑法比较简单，但必须设法找到最佳的α值，以使均方差最小，这需要通过反复试验确定。

2）二次指数平滑法

二次指数平滑法的线性模型为：

$$\hat{X}_{t+T} = a_t + b_t T$$

$$a_t = 2S_t^{(1)} - S_t^{(2)}$$

$$b_t = \frac{\alpha}{1-\alpha}(S_t^{(1)} - S_t^{(2)})$$

$$S_t^{(1)} = \alpha X_t + (1-\alpha)S_{t-1}^{(1)}$$

$$S_t^{(2)} = \alpha S_t^{(1)} + (1-\alpha)S_{t-1}^{(2)}$$

式中，$S_t^{(1)}$、$S_t^{(2)}$ 分别是一次指数平滑值和二次指数平滑值；X_t 为 t 期的实际值；$\hat{X}_{t+T}$ 为 $(t+T)$ 期的预测值；α 为平滑系数，$0<\alpha<1$。

12.3 季节指数预测法

季节指数预测法是指变量在一年内以（季）月的循环为周期特征，通过计算季节指数达到预测目的的一种方法。其操作过程如下：首先判断时间序列数据是否呈现季节性波动。一般将 3～5 年的资料按（季）月展开，绘制历史曲线图，观察其在一年内有无周期性波动来做判断。在下面的讨论中，设时间序列数据为 X_1，$X_2, \cdots$，X_{4n}，n 为年数，每年取 4 个季度。

12.3.1 季节性水平模型

如果时间序列没有明显的趋势性变动，而主要受季节变化和不规则变动影响，则可用季节性水平模型进行预测。预测模型的方法有以下 4 种。

（1）计算历年同季的平均数。

$$\begin{cases} r_1 = \dfrac{1}{n}(X_1 + X_5 + 6 \quad + X_{4n-3}) \\ r_2 = \dfrac{1}{n}(X_2 + X_6 + 6 \quad + X_{4n-2}) \\ r_3 = \dfrac{1}{n}(X_3 + X_7 + 6 \quad + X_{4n-1}) \\ r_4 = \dfrac{1}{n}(X_4 + X_8 + 6 \quad + X_{4n}) \end{cases}$$

（2）计算全季总平均数。

$$y = \frac{1}{4n}\sum_{i=1}^{4n} X_i$$

（3）计算各季的季节指数。历年同季的平均数与全季总平均数之比，即

$$\alpha_i = \frac{r_i}{y}(i = 1,2,3,4)$$

若各季的季节指数之和不为 4，季节指数需要调整为：

$$F_i = \frac{4}{\sum \alpha_i}\alpha_i(i = 1,2,3,4)$$

（4）利用季节指数法进行预测。

$$\hat{X}_t = X_i \frac{\alpha_t}{\alpha_i}$$

式中，$\hat{X}_t$ 为第 t 季的预测值；α_t 为第 t 季的季节指数；X_i 为第 i 季的实际值；α_i 为第 i 季的季节指数。

12.3.2　季节性趋势模型

当时间序列既有季节性变动又有趋势性变动时，先建立季节性趋势预测模型，在此基础上求得季节指数，再建立预测模型。其过程如下。

（1）计算历年同季平均数 r。

（2）建立趋势预测模型求趋势值 $\hat{X}_t$，直接用原始数据时间序列建立线性回归模型即可。

（3）计算出趋势值后，再计算出其历年同季的平均值 R。

（4）计算趋势季节指数 k，用同季平均数与趋势值同季平均数之比来计算。

（5）对趋势季节指数进行修正。

（6）求预测值。将趋势的预测值乘以该期的趋势季节指数，即预测模型为：

$$\hat{X}_t = k\hat{X}_y$$

12.4 时间序列模型

12.4.1 ARMA 模型

自回归移动平均（Auto Regression Moving Average，ARMA）模型是目前最常用的拟合平稳时间序列的模型。ARMA 模型又可细分为自回归（AR）模型、移动平均（MA）模型和 ARMA 模型三大类。

（1）AR（p）（p 阶自回归模型）。

$$X_t = \delta + \phi_1 X_{t-1} + \phi_2 X_{t-2} + 6 \ + \phi_p X_{t-p} + u_t$$

其中，u_t 是白噪声序列，δ 是常数（表示序列数据没有 0 均值化）。

（2）MA（q）（q 阶移动平均模型）。

$$X_t = \mu + u_t + \theta_1 u_{t-1} + \theta_2 u_{t-2} + 6 \ + \theta_q u_{t-q}$$

其中，$\{u_t\}$ 是白噪声过程，MA（q）是由 u_t 本身和 q 个 u_t 的滞后项加权平均构造出来的，因此它是平稳的。

（3）ARMA（p,q）（自回归移动平均模型）。

$$X_t = \phi_1 X_{t-1} + \phi_2 X_{t-2} + 6 \ + \phi_p X_{t-p} + \delta + u_t + \theta_1 u_{t-1} + \theta_2 u_{t-2} + 6 \ + \theta_q u_{t-q}$$

其中参数的含义同 AR、MA 模型，ARMA 模型相当于 AR 模型和 MA 模型的叠加。

12.4.2 ARIMA 模型

差分自回归移动平均（Autoregressive Integrated Moving Average，ARIMA）模型是由博克思（Box）和詹金斯（Jenkins）于 20 世纪 70 年代初提出的著名的时间序列预测方法，又称为 Box-Jenkins 模型、博克思-詹金斯法。ARIMA 模型是 ARMA 模型的拓展，可以表示为 ARIMA（p,d,q），其中 AR 是自回归，p 为自回归项；MA 为移动平均，q 为移动平均项数，d 为时间序列成为平稳时间序列时所做差分的次数。ARIMA 模型是指将非平稳时间序列转化为平稳时间序列，然后将因变量仅对它的滞后值及随机误差项的现值和滞后值进行回归所建立的模型。ARIMA 模型根据原序列是否平稳及回归中所含部分的不同，可分为 MA 模型、AR 模型、ARMA 模型及 ARIMA 模型。

ARIMA 模型的基本思想：将预测对象随时间推移而形成的数据序列视为一个随机序列，用一定的数学模型来近似描述这个序列。这个模型一旦被识别后即可用时间序列的过去值及现在值来预测未来值。

由于 ARIMA 模型是 ARMA 模型的拓展，ARIMA 包含 ARMA 模型的三种形式，即 AR 模型、MA 模型和 ARMA 模型。另外，它还有一种经差分的 ARMA 模型形式，即：

$$\Delta x_t = x_t - x_{t-1} = x_t - Lx_t = (1-L)x_t$$

$$\Delta^2 x_t = \Delta x_t - \Delta x_{t-1} = (1-L)x_t - (1-L)x_{t-1} = (1-L)^2 x_t$$

$$\Delta^d x_t = (1-L)^d x_t$$

对于 d 阶单整序列 X_t，令 $w_t = \Delta^d X_t = (1-L)^d X_t$，则 w_t 是平稳序列，于是可对 w_t 建立

ARMA（p,q）模型，所得到的模型称为 X_t ~ARIMA（p,d,q）模型，故 ARIMA（p,d,q）模型可以表示为：

$$w_t = \phi_1 w_{t-1} + \phi_2 w_{t-2} + \cdots + \phi_p w_{t-p} + \delta + u_t + \theta_1 u_{t-1} + \theta_2 u_{t-2} + \cdots + \theta_q u_{t-q}$$

12.4.3 ARCH 模型

自回归条件异方差（Autoregressive Conditional Heteroskedasticity，ARCH）模型，由罗伯特• 恩格尔在 1982 年发表在《计量经济学》杂志（*Econometrica*）的一篇论文中首次提出。ARCH 模型解决了时间序列的波动性问题，这个模型是获得 2003 年诺贝尔经济学奖的计量经济学成果之一。目前该模型已被认为集中地反映了方差的变化特点，从而广泛地应用于经济领域的时间序列分析。

ARCH 模型的定义：若一个平稳随机变量 X_t 可以表示为 AR(p)的形式，则其随机误差项的方差可用误差项平方的 q 阶分布滞后模型描述，即：

$$X_t = \beta_0 + \beta_1 X_{t-1} + \beta_2 X_{t-2} + \cdots + \beta_p X_{t-p} + u_t \tag{12-1}$$

$$\sigma_t^2 = E(u_t^2) = \alpha_0 + \alpha_1 u_{t-1}^2 + \alpha_2 u_{t-2}^2 + \cdots + \alpha_q u_{t-q}^2 \tag{12-2}$$

则称 u_t 服从 q 阶的 ARCH 过程，记作 $u_t \sim$ ARCH (q)。其中，式（12-1）称为均值方程，式（12-2）称为 ARCH 方程。

ARCH 模型经常以回归的方式来描述，这也是常见的 ARCH 模型的另一种描述方式：

$$\begin{cases} X_t = c + \rho_1 X_{t-1} + \rho_2 X_{t-2} + \cdots + \rho_m X_{t-m} + \varepsilon_t \\ \varepsilon_t = \sqrt{h_t} v_t \\ h_t = \alpha_0 + \sum_{i=1}^{q} \alpha_i \varepsilon_{t-i}^2 \end{cases} \tag{12-3}$$

其中，v_t 独立同分布，式（12-3）和式（12-1）与式（12-2）的描述是等价的，但式（12-3）的操作性更强。

12.4.4 GARCH 模型

GARCH 模型称为广义 ARCH 模型，是 ARCH 模型的拓展。

GARCH(p,q)的模型可表示为：

$$\begin{cases} X_t = c + \rho_1 X_{t-1} + \rho_2 X_{t-2} + \cdots + \rho_m X_{t-m} + \varepsilon_t \\ \varepsilon_t = \sqrt{h_t} v_t \\ h_t = \alpha_0 + \sum_{i=1}^{q} \alpha_i \varepsilon_{t-i}^2 + \sum_{i=1}^{p} \beta_i h_{t-i} \end{cases} \tag{12-4}$$

GARCH 模型实际上就是在 ARCH 模型的基础上，考虑了异方差函数的 p 阶自相关性而形成的，它可以有效拟合具有长期记忆的异方差函数，显然 ARCH 模型是 GARCH 模型的一个特例，ARCH(q)模型实际上就是 p=0 时的 GARCH(p,q)模型。

12.5 应用实例：基于时间序列的股票预测

有些股票的价格波动具有很好的周期性，这时就可以考虑用时间序列方法进行股票的预测。下面将以具体的实例来说明如何利用上述介绍的时间序列方法进行股票价格走势的预测。

（1）读取股票数据。

```
    clc, clear all, close all
Y=xlsread('sdata','Sheet1','E1:E227');
N = length(Y);
```

（2）原始数据可视化。

```
    figure(1)
plot(Y); xlim([1,N])
set(gca,'XTick',[1:18:N])
title('原始股票价格')
ylabel('元')
```

该段程序运行后，会得到如图 12-3 所示的原始的股票价格走势图，从该图中可以看出，股票的价格有规律，即周期性上升，因此可以考虑用时间序列方法来建立股票价格走势的预测模型。

（3）建立 ARIMA 模型。

由于 ARIMA 模型具有较强的适应性，可以尝试用该模型建立该股票价格走势的预测模型，具体程序如下。

```
    model = arima('Constant',0,'D',1,'Seasonality',12,...
             'MALags',1,'SMALags',12)
Y0 = Y(1:13);
[fit,VarCov] = estimate(model,Y(14:end),'Y0',Y0);
```

程序运行后，得到如下 ARIMA 模型参数。

```
    model =
    ARIMA(0,1,1) Model Seasonally Integrated with Seasonal MA(12):
    ---------------------------------------------------------------
    Distribution: Name = 'Gaussian'
               P: 13
               D: 1
               Q: 13
        Constant: 0
              AR: {}
             SAR: {}
              MA: {NaN} at Lags [1]
             SMA: {NaN} at Lags [12]
     Seasonality: 12
        Variance: NaN

    ARIMA(0,1,1) Model Seasonally Integrated with Seasonal MA(12):
    ---------------------------------------------------------------
    Conditional Probability Distribution: Gaussian
```

```
                                 Standard          t
 Parameter       Value            Error         Statistic
-----------   -----------     ------------    -----------
 Constant              0           Fixed          Fixed
    MA{1}      0.0654479       0.0706347       0.926568
  SMA{12}       -0.78655       0.0370049       -21.2553
 Variance     0.00972519     0.000703112        13.8316
```

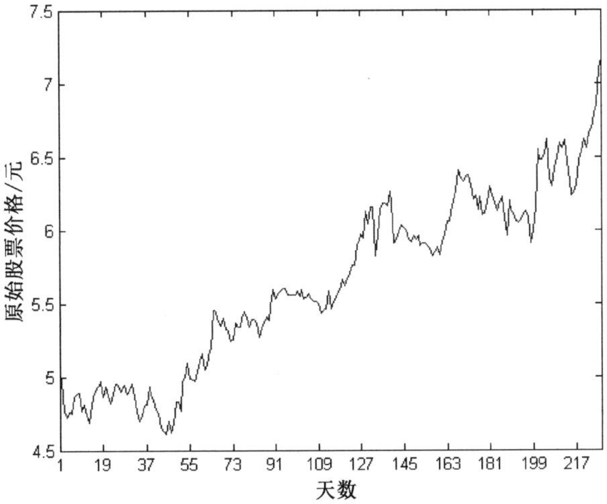

图 12-3 原始的股票价格走势图

（4）评估预测效果。

```
    Y1 = Y(1:100);
Y2 = Y(101:end);

Yf1 = forecast(fit,100,'Y0',Y1);

figure(2)
plot(1:N,Y,'b','LineWidth',2)

hold on
plot(101:200,Yf1,'k--','LineWidth',1.5)
xlim([0,200])
title('Prediction Error')
legend('Observed','Forecast','Location','NorthWest')
hold off
```

该段程序运行后，产生如图 12-4 所示的股票价格实际走势与预测走势的比较图。从该图中可以看出，两者总的趋势一致，但波动周期、波动幅度差异较大。这说明时间序列能在一定程度上反映股票价格的走势情况，但也说明，现实中的股票价格的变化情况具有较强的无序、随机的特征。这也是比较客观的，因为时间序列模型是经过抽象后形成的比较完美的模型，而现实世界的股票价格则是完全自由的，用完美、固定的模型只能刻画现实数据的部分特征。

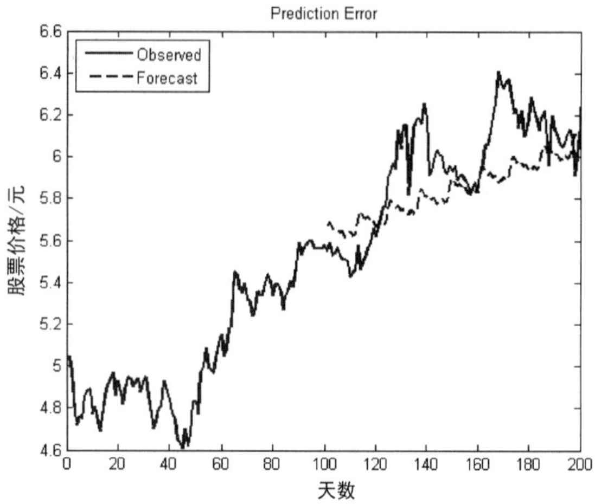

图 12-4　股票价格实际走势与预测走势的比较图

（5）预测未来股票价格趋势。

```
    [Yf,YMSE] = forecast(fit,60,'Y0',Y);
upper = Yf + 1.96*sqrt(YMSE);
lower = Yf - 1.96*sqrt(YMSE);

figure(3)
plot(Y,'b')
hold on
h1 = plot(N+1:N+60,Yf,'r','LineWidth',2);
h2 = plot(N+1:N+60,upper,'k--','LineWidth',1.5);
plot(N+1:N+60,lower,'k--','LineWidth',1.5)
xlim([0,N+60])
title('95%置信区间')
legend([h1,h2],'Forecast','95% Interval','Location','NorthWest')
hold off
```

该段程序运行后得到的是用已经训练的模型对未来股票价格预测的结果，如图 12-5 所示。同时还得到股票价格 95%的置信波动区间，说明股票价格的可能波动范围。从该图中可以看出，预测时间越长，波动范围越大，这也说明预测时间越长，结果越不准。所以，在用时间序列模型预测时，尽量不要将预测时间设置得太长，原则上预测时间不宜超过时间序列数据对应时间的 10%，也就是向后推延的时间不超过历史时间的 10%。

通过该实例，读者也可以体会到，股票价格数据随机性较强、噪声偏多，时间序列方法可在一定程度上反映股票价格的走势，对投资具有一定的指导意义。同时说明，影响股票价格的因素很多，各种各样非市场的因素往往左右着股票价格的整个走势，这在一个成熟的市场中是不应该出现的，从而充分地说明我国股市还存在一些弊端。对广大投资者而言，要努力提高自身素质，减少对股票的盲目侥幸的认识，培养起应有的投资意识；对股市的研究人员而言，应该敞开门路，积极吸收西方发达国家成熟股市的先进经验和理论，并将其运用于我国股票市场，以起到理论指导实践的作用。

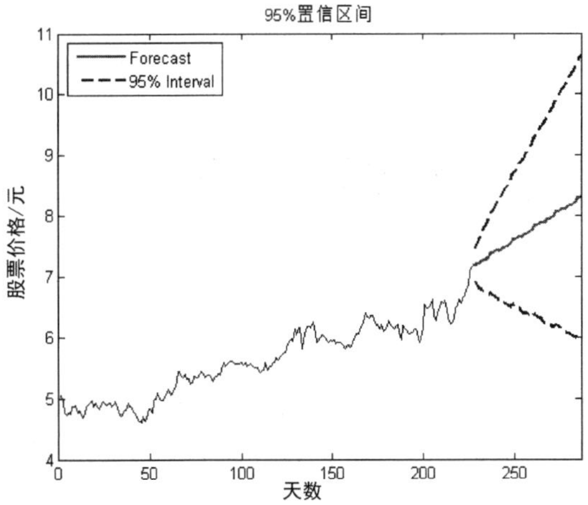

图 12-5　对未来股票价格预测的结果

12.6　本章小结

时间序列分析方法是一类用于挖掘、分析时间序列数据的方法。对于时间序列分析，首先需要判断时间序列的类型，对于平稳时间序列，可以用移动平均法、指数平滑法等方法；如果带有明显的季节特征，则可以用季节指数预测法。对于非平稳时间序列，则需要借助经典的模型（ARIMA 和 GARCH 两类模型）进行分析。在量化投资中，非平稳时间序列数据非常常见，所以对于具有一定规律的数据，可以用这两个模型进行分析预测。

参考文献

[1] 高铁梅. 计量经济分析方法与建模：EViews 应用及实例. 2 版. 北京：清华大学出版社，2006.

[2] 王燕. 应用时间序列分析. 3 版. 北京：中国人民大学出版社，2012.

[3] Engle R F. Autoregressive conditional heteroscedasticity with estimates of the variance of UK inflation. Econometrica, 1982, 50: 987-1008.

[4] Bollerslev T. A Generalized Autoregressive Conditional Heteroskedasticity. Journal of Econometrics, 1986, 31: 307-27.

[5] Engle R F, Lilien D M, Robins R P. Estimating time varying risk premia in the term structure: the ARCH-M model. Econometrica, 1987, 55: 391-407.

第 13 章 智能优化方法

20 世纪 70 年代以来，随着仿生学、遗传学和人工智能科学的发展，形成了一系列新的优化算法——智能优化算法。智能优化算法是通过模拟某一自然现象或过程而建立起来的，具有适于高度并行、自组织、自学习与自适应等特征，为解决复杂问题提供了一种新的途径。智能优化算法不需要构造精确的数学方法，不需要进行繁杂的搜索，通过简单的信息传播和演变方法来得到问题的最优解。

近年来，随着人工智能应用领域的不断拓广，传统的基于符号处理机制的人工智能方法在知识表示、处理模式信息及解决组合爆炸等方面所遇到的问题已变得越来越突出。这些问题甚至使某些学者对人工智能的可能性提出了质疑。众所周知，在人工智能领域中，有不少问题需要在复杂而庞大的搜索空间中寻找最优解或准优解。像货郎担问题和规划问题等组合优化问题就是典型的例子。在求解此类问题时，若不能利用问题的固有知识来缩小搜索空间则会产生搜索的组合爆炸。因此，研究能在搜索过程中自动获得和积累有关搜索空间的知识，并能自适应地控制搜索过程，从而得到最优解或准优解的通用搜索算法一直是令人瞩目的课题。智能优化算法就是在这种背景下产生的并经实践证明特别有效的算法。

传统的智能优化算法包括进化算法、粒子群算法、禁忌搜索、分散搜索、模拟退火、人工模拟系统、蚁群算法、遗传算法、人工神经网络技术等。随着智能优化算法的发展，出现了一些新的算法，如萤火虫算法。这些算法在农业、电子科技行业、计算机应用中有很大的作用。近年来，这些算法在运筹学、管理科学中也有重要的应用。另外，从近几年发表的论文中可以看出典型的智能优化算法在解决传统难题方面的优势及其广泛的应用，以及智能优化算法在交通、物流、人工神经网络优化、生产调度、电力系统优化及电子科技行业中的重要作用及应用。

13.1 智能优化方法概要

13.1.1 智能优化方法的概念

智能优化方法又称为现代启发式算法，是一种具有全局优化性能、通用性强，且适合于并行处理的算法。这种算法一般具有严密的理论依据，而不是单纯凭借专家经验，理论上可以在一定的时间内找到最优解或近似最优解。

13.1.2 智能优化方法在量化投资领域的作用

智能优化方法在量化投资领域的应用主要集中在一些涉及组合优化的场合，如投资组合中投资配比的优化、选股因子的优化、交易信号的优化等。

13.1.3 常用的智能优化方法

目前，在工业界和科研领域常用的智能优化算法主要有如下 5 种。

1）遗传算法

遗传算法是一类借鉴生物界的进化规律（适者生存、优胜劣汰遗传机制）演化而来的随机搜索方法。它由美国的 J.Holland 教授于 1975 年首先提出，其主要特点是直接对结构对象进行操作，不存在求导和函数连续性的限定；具有内在的隐并行性和更好的全局寻优能力；采用概率化的寻优方法，能自动获取和指导优化的搜索空间，自适应地调整搜索方向，不需要确定的规则。遗传算法的这些性质，使得它被人们广泛地应用于组合优化、机器学习、信号处理、自适应控制和人工生命等领域。它是现代有关智能计算中的关键技术之一。

2）模拟退火算法

模拟退火（Simulated Annealing，SA）算法最早由 Kirkpatrick 等应用于组合优化领域，它是基于 Mente-Carlo 迭代求解策略的一种随机寻优算法，其出发点是基于物理中固体物质的退火过程与一般组合优化问题之间的相似性。模拟退火算法从某一较高初温出发，伴随温度参数的不断下降，结合概率突跳特性在解空间中随机寻找目标函数的全局最优解，即在局部最优解能概率性地跳出并最终趋于全局最优。模拟退火算法是一种通用的优化算法，理论上算法具有全局优化性能，目前已在工程中得到了广泛应用，如应用于 VLSI、生产调度、控制工程、机器学习、神经网络、信号处理等领域。

3）粒子群算法

粒子群优化（Particle Swarm Optimization，PSO）算法又称为粒子群算法、微粒群算法或微粒群优化算法。它是通过模拟鸟群觅食行为而发展起来的一种基于群体协作的随机搜索算法。通常认为它是群集智能（Swarm Intelligence，SI）算法的一种，可以被纳入多主体优化系统（Multi-Agent Optimization System，MAOS），由 Eberhart 博士和 Kennedy 博士发明。下面来看鸟群的觅食行为。一群鸟在一个区域里随机搜索食物，但在这个区域里只有一块食物。所有的鸟都不知道食物在哪里，但是它们知道当前的位置离食物还有多远。那么，找到食物的最优策略是什么呢？最简单有效的方法就是搜寻目前离食物最近的鸟的周围区域。PSO 算法正是从这种模型中得到启示而建立的，用于解决优化问题。PSO 算法中，每个优化问题的解都是搜索空间中的一只鸟，称为“粒子”。所有的粒子都有一个由被优化的函数决定的适应值，每个粒子还有一个速度决定它们飞翔的方向和距离。然后粒子就追随当前的最优粒子在解空间中搜索。PSO 算法初始化为一群随机粒子（随机解），然后通过迭代找到最优解，在每一次迭代中，粒子通过跟踪两个极值来更新自己。一个极值就是粒子本身所找到的最优解，这个解称为个体极值 pBest，另一个极值是整个种群目前找到的最优解，这个极值是全局极值 gBest。另外，也可以不用整个种群而只用其中一部分最优粒子的邻居，那么在所有邻居中的极值就是局部极值。

4）蚁群算法

蚁群优化（Ant Colony Optimization，ACO）算法，又称为蚂蚁算法或蚁群算法，是一种用来在图中寻找优化路径的概率型算法。它由 Marco Dorigo 于 1992 年在其博士论文中提出，其灵感来源于蚂蚁在寻找食物过程中发现路径的行为。目前，ACO 算法已被广泛应用于组合优化问题中，在图的着色问题、车间流控制问题、车辆调度问题、机器人路径规划问题、路由算法设计等领域均取得了良好的效果。也有研究者尝试将 ACO 算法应用于连续问题的优化中。ACO 算法由于具有广泛的实用价值，成为群智能领域第一个取得成功的实例，曾一度成为群智能的代名词，相关理论研究及改进算法近年来层出不穷。

5）禁忌搜索算法

禁忌搜索（Tabu Search 或 Taboo Search，TS）算法是一种全局性邻域搜索算法，是模拟人类具有记忆功能的寻优特征而建立的。它通过局部邻域搜索机制和相应的禁忌准则来避免迂回搜索，并通过破禁准则来释放一些被禁忌的优良状态，进而保证多样化的有效探索，以最终实现全局优化。TS 算法的思想最早由 Fred Glover（美国工程院院士，科罗拉多大学教授）提出，它是对局部邻域搜索的一种扩展，是一种全局逐步寻优算法，是对人类智力过程的一种模拟。迄今为止，TS 算法在组合优化、生产调度、机器学习、电路设计和神经网络等领域取得了很大的成功，近年来又在函数全局优化方面得到较多的应用，并大有发展的趋势。

在上述各方法中，遗传算法和模拟退火算法的使用频率最高，且 MATLAB 的全局优化工具箱中，有这两个算法的函数库，使用起来比较方便，所以本章在以下的篇幅中会重点介绍这两个算法。

13.2 遗传算法

13.2.1 遗传算法的原理

遗传算法（Genetic Algorithm，GA）是一种基于自然选择和基因遗传学原理，借鉴了生物进化优胜劣汰的自然选择机理和生物界繁衍进化的基因重组、突变的遗传机制的全局自适应概率的搜索算法。

遗传算法是从一组随机产生的初始解（种群）开始的，这个种群由经过基因编码的一定数量的个体组成，每个个体实际上是染色体带有特征的实体。染色体作为遗传物质的主要载体，其内部表现（基因型）是某种基因的组合，它决定了个体的外部表现。因此，从一开始就需要实现从表现型到基因型的映射，即编码工作。初始种群产生后，按照优胜劣汰的原理，逐代演化产生出越来越好的近似解。在每一代，根据问题域中个体的适应度大小选择个体，并借助于自然遗传学的遗传算子进行组合交叉和变异，产生出代表新的解集的种群。这个过程将导致种群像自然进化一样，后代种群比前代种群更加适应环境，末代种群中的最优个体经过解码，可以作为问题近似最优解。

计算开始时，将实际问题的变量进行编码形成染色体，随机产生一定数目的个体，即种群，并计算每个个体的适应度，然后通过终止条件判断该初始解是否是最优解，若是则停止计算，输出结果；若不是则通过遗传算子操作产生新的一代种群，再回到计算群体中每个个体的适应度的部分，然后转到终止条件的判断。这一过程循环执行，直到满足优化准则，最终产生问题的最优解。图 13-1 为简单遗传算法的基本过程。

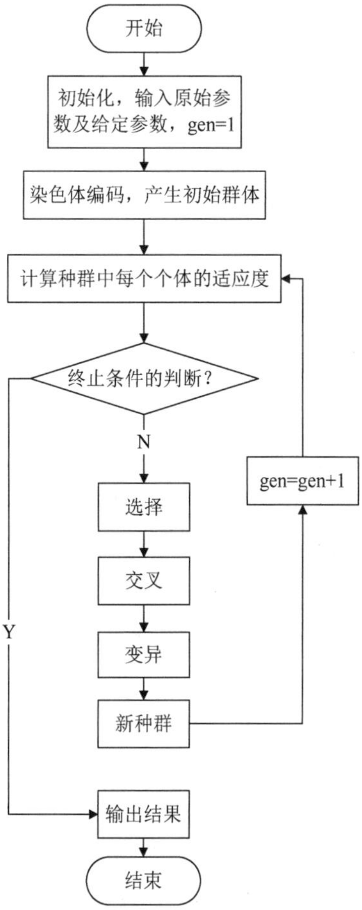

图 13-1 简单遗传算法的基本过程

13.2.2 遗传算法的步骤

1. 初始参数

（1）种群数目 n：种群数目影响遗传算法的有效性。种群数目太小，不能提供足够的采样点；种群数目太大，会增加计算量，使收敛时间变长。一般种群数目为 20～160 比较合适。

（2）交叉概率 P_c：控制着交换操作的频率。P_c 太大，会使高适应度的结构很快被破坏；P_c 太小，会使搜索停滞不前，一般 P_c 取 0.5～1.0。

（3）变异概率 P_m：是增加种群多样性的第二个因素。P_m 太小，不会产生新的基因块；P_m 太大，会使遗传算法变成随机搜索，一般 P_m 取 0.001～0.1。

（4）进化代数 t：是表示遗传算法运行结束的一个条件。一般 t 的取值范围为 100～1 000。当个体编码较长时，进化代数要取小一些，否则会影响算法的运行效率。进化代数的选取，还可以采用某种判定准则，准则成立时，即停止算法运行。

2. 染色体编码

利用遗传算法求解问题时，必须在目标问题实际表示与染色体位串结构之间建立一个联系。对于给定的优化问题，由种群个体的表现型集合所组成的空间称为问题空间，由种群个体的基因型所组成的空间称为编码空间。由问题空间向编码空间的映射称为编码，而由编码空间向问题空间的映射称为解码。

按照遗传算法的模式定理，De Jong 进一步提出了较为客观、明确的编码评估准则，称为编码原理。具体可以概括为如下两条规则。

（1）有意义积木块编码规则：编码应当易于生成与所求问题相关的且具有低阶、短定义长度模式的编码方案。

（2）最小字符集编码规则：编码应使用能使问题得到自然表示或描述的具有最小编码字符集的编码方案。

常用的编码方法有两种：二进制编码和浮点数（实数）编码。

二进制编码方法是遗传算法中最常用的一种编码方法，它将问题空间的参数用字符集 $\{1,0\}$ 构成染色体位串，符合最小字符集原则，便于用模式定理分析，但存在映射误差。

采用二进制编码，将决策变量编码为二进制数，编码串长度 m_i 取决于需要的精度。例如，x_i 的值域为 $[a_i,b_i]$，而需要的精度是小数点后 5 位，这要求将 x_i 的值域至少分为 $(b_i-a_i)\times10^6$ 份。设 x_i 所需要的字串长度为 m_i，则有：

$$2^{m_i-1}<(b_i-a_i)\times10^6<2^{m_i}$$

那么，二进制编码的编码精度为 $\delta=\dfrac{b_i-a_i}{2^{m_i}-1}$，将 x_i 由二进制转换为十进制可按下式计算：

$$x_i=a_i+decimal(substring_i)\cdot\delta$$

其中，$decimal(substring_i)$ 表示变量 x_i 的子串 $substring_i$ 的十进制值。染色体编码的总串长度 $m=\sum_{i=1}^{N}m_i$ 。

若没有规定计算精度，那么可采用定长二进制编码，即 m_i 可以自己确定。

二进制编码方式的编码、解码简单易行，使得遗传算法的交叉、变异等操作实现方便。但是，当连续函数离散化时，它存在映射误差。再者，当优化问题所求的精度较高时，如果必须保证解的精度，则会使得个体的二进制编码串很长，从而导致搜索空间急剧扩大，计算量也会增加，计算时间也相应地延长。

浮点数（实数）编码方法能够解决二进制编码的上述缺点。该方法中个体的每个基因都要用参数所给定区间范围内的某一浮点数来表示，而个体的编码长度则等于其决策变量的总数。遗传算法中交叉、变异等操作所产生的新个体的基因值也必须在参数指定区间内。

当个体的基因值由多个基因片段组成时，交叉操作必须在两个基因之间的分界字节处进行，而不是在某一基因内的中间字节分隔处进行。

3. 适应度函数

适应度函数是用来衡量个体优劣、度量个体适应度的函数。适应度函数值越大的个体越好；反之，适应度函数值越小的个体越差。在遗传算法中根据适应度函数值对个体进行选择，以保证适应性能好的个体有更多的机会繁殖后代，使优良特性得以遗传。一般而言，适应度函数是由目标函数变换而成的。由于在遗传算法中根据适应度排序的情况来计算选择概率，这就要求由适应度函数计算出的函数值（适应度）不能小于零。因此，在某些情况下，将目标函数转换成最大化问题形式且函数值非负的适应度函数是必要的，并且在任何情况下总是希望适应度函数值越大越好，但是许多实际问题中，目标函数有正有负，所以经常需要进行从目标函数到适应度函数的变换。

考虑如下一般的数学规划问题：

$$\begin{aligned} &\min \ f(x) \\ &\text{s.t.}\ g(x)=0 \\ &\quad h_{\min} \leqslant h(x) \leqslant h_{\max} \end{aligned}$$

变换方法一如下。

（1）对于最小化问题，建立适应度函数 $F(x)$ 和目标函数 $f(x)$ 的映射关系：

$$F(x)=\begin{cases} C_{\max}-f(x), & f(x)<C_{\max} \\ 0, & f(x)\geqslant C_{\max} \end{cases}$$

式中，$C_{\max}$ 既可以是特定的输入值，也可以是选取到目前为止所得到的目标函数 $f(x)$ 的最大值。

（2）对于最大化问题，一般采用如下方法：

$$F(x)=\begin{cases} f(x)-C_{\min}, & f(x)>C_{\min} \\ 0, & f(x)\leqslant C_{\min} \end{cases}$$

式中，$C_{\min}$ 既可以是特定的输入值，也可以是选取到目前为止所得到的目标函数 $f(x)$ 的最小值。

变换方法二如下。

（1）对于最小化问题，建立适应度函数 $F(x)$ 和目标函数 $f(x)$ 的映射关系：

$$F(x)=\frac{1}{1+c+f(x)} \quad c\geqslant 0,\ c+f(x)\geqslant 0$$

（2）对于最大化问题，一般采用如下方法：

$$F(x)=\frac{1}{1+c-f(x)} \quad c\geqslant 0,\ c-f(x)\geqslant 0$$

式中，c 为目标函数界限的保守估计值。

4. 约束条件的处理

在遗传算法中必须对约束条件进行处理，但目前尚无处理各种约束条件的一般方法，根据具体问题可选择如下三种方法，即罚函数法、搜索空间限定法和可行解变换法。

1）罚函数法

罚函数法的基本思想是对在解空间中无对应可行解的个体计算其适应度时，减去一个罚函数，从而降低该个体的适应度，使该个体遗传到下一代群体中的概率减小。可以用下式对个体的适应度进行调整：

$$F'(x)=\begin{cases}F(x), & x\in U\\ F(x)-P(x), & x\notin U\end{cases}$$

其中，$F(x)$为原适应度函数，$F'(x)$为调整后的新的适应度函数，$P(x)$为罚函数，U为约束条件组成的集合。

如何确定合理的罚函数是这种处理方法的难点，在考虑罚函数时，既要度量解对约束条件不满足的程度，又要考虑计算效率。

2）搜索空间限定法

搜索空间限定法的基本思想是对遗传算法的搜索空间的大小加以限制，使得搜索空间中表示一个个体的点与解空间中表示一个可行解的点有一一对应的关系。对一些比较简单的约束条件，通过适当编码使搜索空间与解空间一一对应，限定搜索空间能够提高遗传算法的效率。在使用搜索空间限定法时必须保证交叉、变异之后的个体在解空间中有对应解。

3）可行解变换法

可行解变换法的基本思想是，在由个体基因型到个体表现型的变换中，增加使其满足约束条件的处理过程，寻找个体基因型与个体表现型的多对一变换关系，扩大了搜索空间，使进化过程中所产生的个体总能通过这个变换而转换成解空间中满足约束条件的一个可行解。可行解变换法对个体的编码方式、交叉运算、变异运算等无特殊要求，但运行效果下降。

5. 遗传算法

遗传算法中包含 4 个模拟生物基因遗传操作的遗传算子：选择（复制）、交叉（重组）和变异（突变）和倒位。遗传算法利用遗传算子产生新一代群体来实现群体进化。算子的设计是遗传策略的主要组成部分，也是调整和控制进化过程的基本工具。

1）选择操作

遗传算法中的选择操作就是用来确定如何从父代群体中按某种方法选取哪些个体遗传到下一代群体中的一种遗传运算。遗传算法使用选择（复制）算子来对群体中的个体进行优胜劣汰操作：适应度较高的个体遗传到下一代群体中的概率较大；适应度较低的个体遗传到下一代群体中的概率较小。选择操作建立在对个体适应度进行评价的基础之上。选择操作的主要目的是避免基因缺失、提高全局收敛性和计算效率。常用的选择方法有轮盘赌法、排序选择法和两两竞争法。

（1）轮盘赌法。

简单的选择方法为轮盘赌法，即通常以第 i 个个体入选种群的概率及群体规模的上限来确定其生存或被淘汰。轮盘赌法是一种正比选择策略，能够根据与适应度函数值成正比的概率选出新的种群。轮盘赌法由如下 5 步构成：

① 计算各染色体 v_k 的适应度函数值 $F(v_k)$。

② 计算种群中所有染色体的适应度函数值的和：

$$Fall=\sum_{k=1}^{n}F(v_k)$$

③ 计算各染色体 v_k 的选择概率 p_k：

$$p_k=\frac{eval(v_k)}{Fall},\quad k=1,2,6\ \ ,n$$

④ 计算各染色体 v_k 的累计概率 q_k：

$$q_k=\sum_{j=1}^{k}p_j,\quad k=1,2,6\ \ ,n$$

⑤ 在[0,1]区间内产生一个均匀分布的伪随机数 r，若 $r\leqslant q_1$，则选择第一个染色体 v_1；否则，选择第 k 个染色体，使得 $q_{k-1}<r\leqslant q_k$ 成立。

（2）排序选择法。

排序选择法的主要思想：对群体中的所有个体按其适应度大小进行排序，基于这个排序来分配各个个体被选中的概率。排序选择法的具体操作过程如下。

① 对群体中的所有个体按其适应度大小进行降序排序。

② 根据具体求解问题，设计一个概率分配表，将各个概率值按上述排列次序分配给各个个体。

③ 以各个个体所分配到的概率值作为其能够遗传到下一代的概率，基于这些概率值用轮盘赌法来产生下一代群体。

（3）两两竞争法。

两两竞争法的基本做法是：在选择时先随机地在种群中选择 k 个个体进行两两比较，从中选出适应度函数值最好的个体进入下一代，重复使用这种方法直到下一代个体数为种群数目时为止。这种方法也使得适应度函数值好的个体在下一代具有较大的“生存”机会，同时它只能使用适应度函数值的相对值作为选择的标准，而与适应度函数值的大小不成直接比例，所以，它能较好地避免超级个体的影响，一定程度地避免过早收敛现象和停滞现象。

2）交叉操作

在遗传算法中，交叉操作是起核心作用的遗传操作，它是生成新个体的主要方式。交叉操作的基本思想：通过对两个个体之间进行某部分基因的互换来产生新个体。常用的交叉算子有：单点交叉算子、两点交叉算子和多点交叉算子及均匀交叉算子等。

（1）单点交叉算子。

交叉过程分为如下两个步骤：首先，对配对库中的个体进行随机配对；其次，在配对个体中随机设定交叉位置，配对个体彼此交换部分信息。单点交叉过程如图 13-2 所示。

（2）两点交叉算子。

两点交叉算子的具体操作是随机设定两个交叉点，互换两个父代在这两点间的基因串，分别生成两个新个体。

个体A	1001|111	⟶	1001000	新个体A′
个体B	0011|000	⟶	0011111	新个体B′
	交叉点			

图 13-2　单点交叉过程

（3）多点交叉算子。

多点交叉的思想源于控制个体特定行为的染色体表示信息的部分无须包含于邻近的子串中，多点交叉的破坏性可以促进对解空间的搜索，而不会促进算法过早地收敛。

（4）均匀交叉算子。

均匀交叉是指通过设定屏蔽字来决定新个体的基因继承两个个体中哪个个体的对应基因。当屏蔽字中的位为 0 时，新个体 A′继承旧个体 A 中对应的基因；当屏蔽字中的位为 1 时，新个体 A′继承旧个体 B 中对应的基因。由此可生成一个完整的新个体 A′，同理可生成新个体 B′。均匀交叉过程如图 13-3 所示。

旧个体A	001111
旧个体B	111100
屏蔽字	010101
新个体A′	011110
新个体B′	101101

图 13-3　均匀交叉过程

3）变异操作

变异操作是指将个体染色体编码串中的某些基因座的基因值用该基因座的其他等位基因值来替代，从而形成一个新的个体。变异算子是产生新个体的辅助方法，它和选择、交叉算子结合在一起，保证了遗传算法的有效性，使遗传算法具有局部的随机搜索能力，提高遗传算法的搜索效率；同时使遗传算法保持种群的多样性，以防止算法出现早熟收敛。在变异操作中，为了保证个体变异后不会与其父体产生太大的差异，保证种群发展的稳定性，变异率不能取太大，如果变异率大于 0.5，遗传算法变为随机搜索，则遗传算法的一些重要的数学特性和搜索能力也就不存在。变异算子的设计包括确定变异点的位置和进行基因值替换。变异操作的方法有基本位变异、均匀变异、边界变异和非均匀变异等。这里介绍基本位变异和均匀变异。

（1）基本位变异。

基本位变异操作是指对个体编码串中以变异概率 p_m 随机指定的某一位或某几位基因做变异运算，其发挥的作用比较慢，作用的效果也不明显。基本位变异算子的具体操作过程如下：

① 对个体的每一个基因座，依变异概率 p_m 指定其为变异点。

② 对每一个指定的变异点，对其基因值做取反运算或用其他等位基因值来代替，从而产生出一个新个体。

（2）均匀变异。

均匀变异操作是指分别用符合某一范围内均匀分布的随机数，以某一较小的概率来替换个体编码串中各个基因座上的原有基因值。均匀变异的具体操作过程如下。

① 依次指定个体编码串中的每个基因座为变异点。

② 对每一个变异点，以变异概率 p_m 从对应基因的取值范围内取一随机数来替代原有基因值。

假设有一个个体为$\boldsymbol{v}_k=[v_1v_2 6\ v_k 6\ v_m]$，若$v_k$为变异点，其取值范围为$[v_{k,\min},v_{k,\max}]$，在该点对个体$\boldsymbol{v}_k$进行均匀变异操作后，可得到一个新的个体：$\boldsymbol{v}_k=[v_1v_2 6\ v'_k 6\ v_m]$，其中变异点的新基因值是：

$$v'_k=v_{k,\min}+r\times(v_{k,\max}-v_{k,\min})$$

式中，r为[0,1]范围内符合均匀概率分布的一个随机数。均匀变异操作特别适合应用于遗传算法的初期运行阶段，它使得搜索点可以在整个搜索空间内自由移动，从而可以增加群体的多样性。

4）倒位操作

倒位操作是指颠倒个体编码串中随机指定的两个基因座之间的基因排列顺序，从而形成一个新的染色体。倒位的具体操作过程如下：

（1）在个体编码串中随机指定两个基因座作为倒位点。

（2）以倒位概率颠倒这两个倒位点之间的基因排列顺序。

6. 搜索终止条件

遗传算法的终止条件有如下两个，满足任何一个条件，搜索就结束。

（1）遗传操作中连续多次前后两代群体中最优个体的适应度相差在某个任意小的正数ε所确定的范围内，即满足：

$$0<\left|F_{\text{new}}-F_{\text{old}}\right|<\varepsilon$$

式中，F_{new}为新产生的群体中最优个体的适应度；F_{old}为前代群体中最优个体的适应度。

（2）达到遗传操作的最大进化代数t。

13.2.3 遗传算法的实例

下面求解一个决策变量为X_1和X_2的优化问题。

$$\min f(x)=100(x_1^2-x_2)^2+(1-x_1)^2$$

X满足如下两个非线性约束条件和限制条件：

$$x_1x_2+x_1-x_2+1.5\leqslant 0$$

$$10-x_1x_2\leqslant 0$$

$$0\leqslant x_1\leqslant 1$$

$$0\leqslant x_2\leqslant 13$$

尝试用遗传算法来求解这个优化问题。首先，用 MATLAB 编写一个命名为 simple_fitness.m 的函数，代码如下。

```
function y = simple_fitness(x)
y = 100 * (x(1)^2 - x(2)) ^2 + (1 - x(1))^2;
```

MATLAB 中可用 ga 这个函数来求解遗传算法问题。在 ga 函数中假设目标函数中的输入变量的个数与决策变量的个数一致，其返回值为对某组输入按照目标函数的形式进行计算而得到的数值。

对于约束条件，同样可以创建一个命名为 simple_constraint.m 的函数来表示，其代码如下。

```
    function [c, ceq] = simple_constraint(x)
    c = [1.5 + x(1)*x(2) + x(1) - x(2);
    -x(1)*x(2) + 10];
    ceq = [];
```

这些约束条件也假设输入变量的个数等于所有决策变量的个数，然后计算所有约束函数中不等式两边的值，并返回给向量 ***c*** 和 ceq。

为了尽量减小遗传算法的搜索空间，尽量给每个决策变量指定其各自的定义域，在 ga 函数中，是通过设置其上下限来实现的，也就是 LB 和 UB。

通过前面的设置，下面可以直接调用 ga 函数来实现用遗传算法对上述优化问题求解，代码如下。

```
Objective Function = @simple_fitness;
nvars = 2;    % Number of variables
LB = [0 0];   % Lower bound
UB = [1 13];  % Upper bound
ConstraintFunction = @simple_constraint;
[x,fval]       =       ga(ObjectiveFunction,nvars,[],[],[],[],LB,UB,
ConstraintFunction)
```

执行上述函数可以得到如下结果。

```
x =
    0.8122   12.3122
fval =
   1.3578e+04
```

13.2.4 遗传算法的特点

1）遗传算法的优点

遗传算法具有十分强的健壮性，比起传统优化方法，遗传算法有如下优点。

（1）遗传算法以决策变量的编码作为运算对象。传统的优化算法往往直接利用控制变量的实际值来进行优化运算，但遗传算法不是直接以控制变量的值，而是以控制变量的特定形式的编码为运算对象。这种对控制变量的编码处理方式，可以模仿自然界中生物的遗传和进化等机理，也使得分析人员可以方便地处理各种变量和应用遗传算子。

（2）遗传算法具有内在的本质并行性。它的并行性表现在两个方面。一个是遗传算法的外在并行性，最简单的方式是让多台计算机各自进行独立种群的演化计算，最后选择最优个体。可以说，遗传算法适合在目前所有的并行机或分布式系统上进行并行计算处理。另一个是遗传算法的内在并行性，由于遗传算法采用种群的方式组织搜索，因而可同时搜索解空间内的多个区域，并相互交流信息。这样就使得搜索效率更高，也避免了搜索过程陷于局部最优解。

（3）遗传算法直接以目标函数值作为搜索信息。在简单遗传算法中，基本上不需要搜索空间的知识和其他辅助信息，而仅用目标函数即适应度函数来评估个体解的优劣，且适应度函数不受连续可微的约束，对该函数和控制变量的约束极少。对适应度函数唯一的要求是对于输入能够计算出可比较的输出。

（4）遗传算法是采用概率的变迁规则来指导它的搜索方向的，其搜索过程朝着搜索空间的更优化的解区域移动，它的方向性使得它的效率远远高于一般的随机算法。遗传算法在解空间内进行充分的搜索，但不是盲目的穷举或试探，因为选择操作以适应度为依据，所以它的搜索性能往往优于其他优化算法。

（5）原理简单，操作方便，占用内存少，适用于利用计算机进行大规模计算，尤其适合处理传统搜索方法难以解决的大规模、非线性组合复杂优化问题。

（6）由于遗传基因编码串的不连续性，遗传算法在处理非连续混合整数规划时有其独特的优越性，而且遗传算法对某些病态结构问题具有很好的处理能力。

（7）遗传算法同其他算法有较好的兼容性，如可以用其他的算法求初始解；对每一代种群，可以用其他的方法求解下一代种群。

2）遗传算法的缺点

遗传算法存在如下缺点。

（1）遗传算法是一类随机搜索算法，而非确定性迭代过程描述，这种算法必然会导致计算效率较低。

（2）对简单遗传算法的数值试验表明，算法经常出现过早收敛现象。

（3）遗传和变异的完全随机性虽然保证了进化的搜索功能，但是这种随机变化也使得好的优良个体的基因被过早破坏，降低了各代的平均适应度值。

13.3 模拟退火算法

模拟退火算法是所谓的三大非经典算法之一，它脱胎于自然界的物理过程，奇妙地与优化问题挂上了钩。本章将介绍模拟退火算法的原理、步骤和应用实例。

13.3.1 模拟退火算法的原理

工程中许多实际优化问题的目标函数都是非凸的，存在许多局部最优解，特别是随着优化问题规模的扩大，局部最优解的数目将会迅速增加。因此，有效地求出一般非凸目标函数的全局最优解至今仍是一个难题。求解全局优化问题的方法可分为两类：一类是确定性方法；另一类是随机性方法。确定性方法适用于求解具有一些特殊特征的问题，而梯度法和一般的随机性方法则沿着目标函数图像下降方向搜索，因此常常陷入局部最优而非全局最优解。

模拟退火算法是一种通用概率算法，用来在一个大的搜寻空间内寻找问题的最优解。早在 1953 年，Metropolis 等就提出了模拟退火的思想，1983 年 Kirkpatrick 等将模拟退火的思想引入组合优化领域，由于其具有能有效解决 NP 难题、避免陷入局部最优、对初值没有强依赖等特点，已经在 VLS、生产调度、控制工程、机器学习、神经网络、图像处理等领域获得了广泛的应用。

现代的模拟退火算法形成于 20 世纪 80 年代初，其思想源于固体的退火过程，即将固体加热至足够高的温度，再缓慢冷却；升温时，固体内部粒子随温度升高变为无序状态，内能增大，而缓慢冷却固体，其内部粒子又逐渐趋于有序，从理论上讲，如果冷却过程足够缓慢，那么冷却过程中任一温度下固体都能达到热平衡，而冷却到低温时将达到这一温度下的内能最小状态。物理退火过程和模拟退火算法的类比关系图如图 13-4 所示。

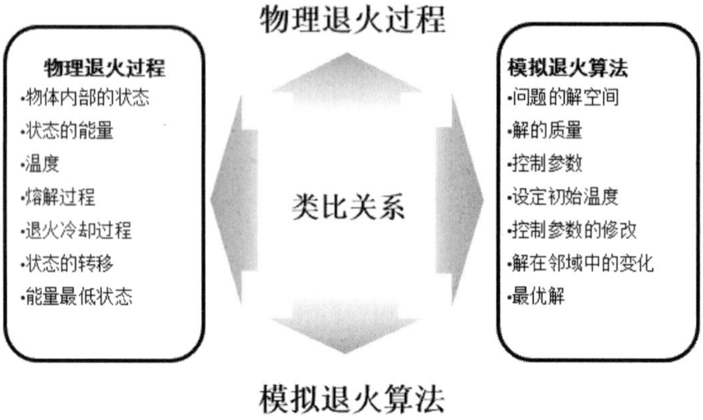

图 13-4　物理退火过程和模拟退火算法的类比关系图

在这一过程中，任一恒定温度下都能达到热平衡是一个重要步骤，这一点可以用 Monte Carlo 算法模拟，不过其需要大量采样，工作量很大。但因为物理系统总是趋向于能量最低，而分子热运动则趋向于破坏这种低能量的状态，故而只需着重取贡献比较大的状态即可达到比较好的效果，因而 1953 年 Metropolis 提出了这样一个重要性采样的方法，即设从当前状态 i 生成新状态 j，若新状态 j 的内能小于状态 i 的内能（$E_j < E_i$），则接受新状态 j 作为新的当前状态；否则，以概率 $\exp\left[\frac{-(E_j - E_i)}{k \times t}\right]$ 接受状态 j，其中 k 为 Boltzmann 常数，这就是通常所说的 Metropolis 准则。

1953 年，Kirkpatrick 把模拟退火的思想与组合最优化的相似点进行类比，将模拟退火应用到组合最优化问题中。在把模拟退火算法应用于最优化问题时，一般可以将温度 T 作为控制参数，目标函数值 f 视为内能 E，而固体在某温度 T 时的一个状态对应一个解 x_i。然后随着控制参数 T 的降低，算法试图使目标函数值 f（内能 E）也逐渐降低，直至趋于全局最小值（退火中低温时的最低能量状态），就像固体退火过程一样。

13.3.2　模拟退火算法的步骤

1. 符号说明

退火过程由一组初始参数，即冷却进度表控制，它的核心是尽量使系统达到准平衡，以使算法在有限的时间内逼近最优解。冷却进度表包括如下内容。

（1）控制参数的初值 T_0：冷却开始的温度。

（2）控制参数 T 的衰减函数：计算机能够处理的都是离散数据，因此，需要把连续的降温过程离散化成降温过程中的一系列温度点，衰减函数即计算这一系列温度的表达式。

（3）控制参数 T 的终值 T_f（停止准则）。

（4）马尔可夫链的长度 L_k：任一温度 T 的迭代次数。

2. 算法的基本步骤

（1）令 T=T_0，即开始退火的初始温度，随机生成一个初始解 x_0，并计算相应的目标函数值 $E(x_0)$。

（2）令 T 等于冷却进度表中的下一个值 T_i。

（3）根据当前解 x_i 进行扰动（扰动方式可以参考后面的实例），产生一个新解 x_j，计算相应的目标函数值 $E(x_j)$，得到 $\Delta E = E(x_j) - E(x_i)$。

（4）若 $\Delta E < 0$，则新解 x_j 被接受，作为新的当前解；若 $\Delta E > 0$，则新解 x_j 按概率 $\exp(-\Delta E / T_i)$ 被接受，T_i 为当前温度。

（5）在温度 T_i 下，重复 L_k 次的扰动和接受过程（L_k 是马尔可夫链长度），即步骤（3）和（4）。

（6）判断 T 是否已到达 T_f，是，则终止算法；否，则转到步骤（2）继续执行。

算法实质上分为两层循环，在任一温度随机扰动产生新解，并计算目标函数值的变化，决定是否接受该新解。由于算法初始温度比较高，使 E 增大的新解在初始时也可能被接受，因而能跳出局部极小值，然后通过缓慢地降低温度，算法最终就可能收敛到全局最优解。还有一点要说明的是，虽然在低温时接受函数已经非常小，但仍不排除有接受更差的解的可能。因此，一般会把退火过程中遇到的最好的可行解（历史最优解）记录下来，与终止算法前最后一个被接受解一并输出。

3. 算法说明

为了更好地实现模拟退火算法，在个人的经验之外，还需要注意如下方面。

1）状态表达

上文已经提到过，模拟退火算法中优化问题的一个解模拟了（或说可以想象为）退火过程中固体内部的一种粒子的分布情况。这里的状态表达是指：实际问题的解（状态）如何以一种合适的数学形式被表达出来，它应当适用于模拟退火算法的求解，又能充分表达实际问题，这需要仔细地设计。可以参考遗传算法和禁忌搜索算法中编码的相关内容。常见的表达方式有：背包问题和指派问题的 0-1 编码，TSP 问题和调度问题的自然数编码，还有用于连续函数优化的实数编码等。

2）新解的产生

新解产生机制的基本要求是能够尽量遍及解空间的各个区域，这样在某一恒定温度下不断产生新解时，就可能跳出当前区域以搜索其他区域，这是模拟退火算法能够进行广域搜索的一个重要条件。

3）收敛的一般性条件

收敛到全局最优的一般性条件如下：

（1）初始温度足够高。

（2）热平衡时间足够长。

（3）终止温度足够低。

（4）降温过程足够缓慢。

但上述条件在应用中很难同时满足。

4）参数的选择

（1）控制参数 T 的初值 T_0。

求解全局优化问题的随机搜索算法一般采用大范围的粗略搜索与局部的精细搜索相结合的搜索策略。只有在初始的大范围搜索阶段找到全局最优解所在的区域，才能逐渐缩小搜索的范围，最终求出全局最优解。模拟退火算法通过控制参数 T 的初值 T_0 和其衰减变化过程来实现大范围的粗略搜索与局部的精细搜索。一般来说，只有足够大的 T_0 才能满足算法要求（但对不同的问题，“足够大”的含义也不同，有的可能 T_0=100 就可以，有的则要 T_0=1010）。在问题规模较大时，过小的 T_0 往往导致算法难以跳出局部陷阱而达不到全局最优。但为了减少计算量，T_0 不宜取得过大，而应兼顾其他参数折中选取。

（2）控制参数 T 的衰减函数。

衰减函数可以有多种形式，一个常用的衰减函数如下。

$$T_{k+1}=\alpha\cdot T_k，\ k=0,1,2,\cdots$$

其中，α 是一个常数，取值范围为 0.5～0.99，它的取值决定了降温的过程。小的衰减量可能导致算法进程的迭代次数增加，从而使算法进程接受更多的变换，访问更多的邻域，搜索更大范围的解空间，返回更好的最终解。同时由于在 T_k 值上已经达到准平衡，则在 T_{k+1} 时只需少量的变换即可达到准平衡。这样可选取较短长度的马尔可夫链来减少算法的运行时间。

（3）马尔可夫链的长度。

马尔可夫链长度的选取原则：在控制参数 T 的衰减函数已选定的前提下，L_k 应能使在控制参数 T 的每一取值上达到准平衡。从经验上说，对简单的情况可以令 L_k=100n，n 为问题规模。

5）算法停止准则

对 Metropolis 准则中的接受函数 $\exp\left[\dfrac{-(E_j-E_i)}{kt}\right]$ 分析可知，在 T 比较大的情况下，指数上的分母比较大，而这是一个负指数，所以，整个接受函数可能会趋于 1，即比当前解 x_i 更差的新解 x_j 也可能被接受，因此，就有可能跳出局部极小而进行广域搜索，即搜索解空间的其他区域；而随着冷却的进行，T 减小到一个比较小的值时，接受函数的分母变小，整体也变小，即难于接受比当前解更差的解，也就是不太容易跳出当前的区域。如果在高温时，已经进行了充分的广域搜索，找到了可能存在最好解的区域，而在低温再进行足够的局部搜索，则可能最终找到全局最优解。

因此，一般 T_f 应设为一个足够小的正数，比如 0.01～5，但这只是一个粗糙的经验，更精细的设置及其他的终止准则可以查阅相关文献。

13.3.3 模拟退火算法的实例

这里用经典的旅行商问题来说明如何用 MATLAB 来实现模拟退火算法的应用。旅行商问题（Traveling Salesman Problem，TSP）代表一类组合优化问题，在物流配送、计算机网络、电子地图、交通疏导、电气布线等方面都有重要的工程和理论价值，引起了许多学者的关注。TSP 简单描述为：一位商人要到 n 个不同的城市去推销商品，每两个城市 i 和 j 之间的距离为 d_{ij}，如何选择一条路径使得商人在每个城市走一遍后回到起点，所走的路程最短。

TSP 是典型的组合优化问题，并且是一个 NP 难题。TSP 描述起来很简单，早期的研究者使用精确算法求解该问题，常用的方法包括：分枝定界法、线性规划法和动态规划法等。但可能的路径总数随城市数目 n 成指数型增长，所以，当城市数目在 100 个以上时一般很难精确地求出其全局最优解。随着人工智能的发展，出现了许多独立于问题的智能优化算法，如蚁群算法、遗传算法、模拟退火算法、禁忌搜索算法、神经网络、粒子群优化算法、免疫算法等，通过模拟或解释某些自然现象或过程而得以发展。模拟退火算法具有高效、鲁棒、通用、灵活的优点。将模拟退火算法引入 TSP 求解，可以避免在求解过程中陷入 TSP 的局部最优。

算法设计步骤如下。

1）TSP 问题的解空间和初始解

TSP 的解空间 S 是遍访每个城市恰好一次的所有回路，是所有城市排列的集合。TSP 问题的解空间 S 可表示为 $\{1,2,\cdots,n\}$ 的所有排列的集合，即：

$$S=\{(c_1,c_2,6\ ,c_n)|\ (c_1,c_2,6\ ,c_n)\}$$

其中，每一个排列 S_i 表示遍访 n 个城市的一个路径，$c_i=j$ 表示第 i 次访问城市 j。模拟退火算法的最优解和初始状态没有强的依赖关系，故初始解为随机函数生成一个 $\{1,2,\cdots,n\}$ 的随机排列作为 S_0。

2）目标函数

TSP 问题的目标函数即访问所有城市的路径总长度，也可称为代价函数：

$$C(c_1,c_2,6\ ,c_n)=\sum_{i=1}^{n+1}d(c_i,c_{i+1})+d(c_1,c_n)$$

现在 TSP 问题的求解就是通过模拟退火算法求出目标函数 $C(c_1,c_2,6\ ,c_n)$ 的最小值，相应的，$S=(c_1^*,c_2^*,6\ ,c_n^*)$ 即 TSP 问题的最优解。

3）新解的产生

新解的产生对问题的求解非常重要。新解可通过分别或者交替使用如下两种方法来产生。

二变换法：任选序号 u、v（设 $u<v<n$），交换 u 和 v 之间的访问顺序。

三变换法：任选序号 u、v（设 $u<v<n$）和 w（设 $u\leqslant v<w$），将 u 和 v 之间的路径插到 w 之后访问。

4）目标函数差

计算变换前的解和变换后的解的目标函数的差值：

$$\Delta C'=C(s_i')-C(s_i)$$

5）Metropolis 准则

以新解与当前解的目标函数之差定义接受概率，即：

$$P=\begin{cases}1, & \Delta C'<0\\ \exp(-\Delta C'/T), & \Delta C'>0\end{cases}$$

TSPLIB 网站是一组各类 TSP 问题的实例集合。这里以 TSPLIB 的 berlin 52 为例进行求解，berlin 52 有 52 座城市，其坐标数据如表 13-1 所示（也可以从上面的 TSPLIB 网站下载）。

表 13-1　坐标数据

城市编号	X 坐标	Y 坐标	城市编号	X 坐标	Y 坐标	城市编号	X 坐标	Y 坐标
1	565	575	19	510	875	37	770	610
2	25	185	20	560	365	38	795	645
3	345	750	21	300	465	39	720	635
4	945	685	22	520	585	40	760	650
5	845	655	23	480	415	41	475	960
6	880	660	24	835	625	42	95	260
7	25	230	25	975	580	43	875	920
8	525	1 000	26	1 215	245	44	700	500
9	580	1 175	27	1 320	315	45	555	815
10	650	1 130	28	1 250	400	46	830	485
11	1 605	620	29	660	180	47	1 170	65
12	1 220	580	30	410	250	48	830	610
13	1 465	200	31	420	555	49	605	625
14	1 530	5	32	575	665	50	595	360
15	845	680	33	1 150	1 160	51	1 340	725
16	725	370	34	700	580	52	1 740	245
17	145	665	35	685	595			
18	415	635	36	685	610			

用于求解的 MATLAB 脚本文件如 P13-1 所示。

程序编号	P13-1	文件名称	main1201.m	说明	TSP 模拟退火算法程序

```
clear
    clc
    a = 0.99;   % 温度衰减函数的参数
    t0 = 97; tf = 3; t = t0;
    Markov_length = 10000;% 马尔可夫链的长度
    coordinates = [
1     565.0   575.0; 2     25.0   185.0; 3    345.0   750.0;
4     945.0   685.0; 5    845.0   655.0; 6    880.0   660.0;
7      25.0   230.0; 8    525.0  1000.0; 9    580.0  1175.0;
10    650.0  1130.0; 11  1605.0   620.0; 12  1220.0   580.0;
13   1465.0   200.0; 14  1530.0     5.0; 15   845.0   680.0;
16    725.0   370.0; 17   145.0   665.0; 18   415.0   635.0;
19    510.0   875.0; 20   560.0   365.0; 21   300.0   465.0;
22    520.0   585.0; 23   480.0   415.0; 24   835.0   625.0;
25    975.0   580.0; 26  1215.0   245.0; 27  1320.0   315.0;
```

```
28  1250.0   400.0; 29   660.0   180.0; 30   410.0   250.0;
31   420.0   555.0; 32   575.0   665.0; 33  1150.0  1160.0;
34   700.0   580.0; 35   685.0   595.0; 36   685.0   610.0;
37   770.0   610.0; 38   795.0   645.0; 39   720.0   635.0;
40   760.0   650.0; 41   475.0   960.0; 42    95.0   260.0;
43   875.0   920.0; 44   700.0   500.0; 45   555.0   815.0;
46   830.0   485.0; 47  1170.0    65.0; 48   830.0   610.0;
49   605.0   625.0; 50   595.0   360.0; 51  1340.0   725.0;
52  1740.0   245.0;
];
coordinates(:,1) = [];
amount = size(coordinates,1);     % 城市的数目
% 通过向量化的方法计算距离矩阵
dist_matrix = zeros(amount, amount);
coor_x_tmp1 = coordinates(:,1) * ones(1,amount);
coor_x_tmp2 = coor_x_tmp1';
coor_y_tmp1 = coordinates(:,2) * ones(1,amount);
coor_y_tmp2 = coor_y_tmp1';
dist_matrix = sqrt((coor_x_tmp1-coor_x_tmp2).^2 + ...
                (coor_y_tmp1-coor_y_tmp2).^2);

sol_new = 1:amount;          % 产生初始解
% sol_new 是每次产生的新解; sol_current 是当前解; sol_best 是冷却中的最优解;
E_current = inf;E_best = inf;     % E_current 是当前解对应的回路距离;
% E_new 是新解的回路距离;
% E_best 是最优解的回路距离
sol_current = sol_new; sol_best = sol_new;
p = 1;

while t>=tf
    for r=1:Markov_length      % 马尔可夫链的长度
        % 产生随机扰动
        if (rand < 0.5)         % 随机决定是进行二变换还是三变换
            % 二变换
            ind1 = 0; ind2 = 0;
            while (ind1 == ind2)
                ind1 = ceil(rand.*amount);
                ind2 = ceil(rand.*amount);
            end
            tmp1 = sol_new(ind1);
            sol_new(ind1) = sol_new(ind2);
            sol_new(ind2) = tmp1;
        else
            % 三变换
            ind1 = 0; ind2 = 0; ind3 = 0;
            while (ind1 == ind2) || (ind1 == ind3) ...
                || (ind2 == ind3) || (abs(ind1-ind2) == 1)
                ind1 = ceil(rand.*amount);
                ind2 = ceil(rand.*amount);
                ind3 = ceil(rand.*amount);
```

```
        end
        tmp1 = ind1;tmp2 = ind2;tmp3 = ind3;
        % 确保 ind1 < ind2 < ind3
        if (ind1 < ind2) && (ind2 < ind3)
            ;
        elseif (ind1 < ind3) && (ind3 < ind2)
            ind2 = tmp3;ind3 = tmp2;
        elseif (ind2 < ind1) && (ind1 < ind3)
            ind1 = tmp2;ind2 = tmp1;
        elseif (ind2 < ind3) && (ind3 < ind1)
            ind1 = tmp2;ind2 = tmp3; ind3 = tmp1;
        elseif (ind3 < ind1) && (ind1 < ind2)
            ind1 = tmp3;ind2 = tmp1; ind3 = tmp2;
        elseif (ind3 < ind2) && (ind2 < ind1)
            ind1 = tmp3;ind2 = tmp2; ind3 = tmp1;
        end

        tmplist1 = sol_new((ind1+1):(ind2-1));
        sol_new((ind1+1):(ind1+ind3-ind2+1)) = ...
            sol_new((ind2):(ind3));
        sol_new((ind1+ind3-ind2+2):ind3) = ...
            tmplist1;
    end

    %检查是否满足约束

    % 计算目标函数值（内能）
    E_new = 0;
    for i = 1 : (amount-1)
        E_new = E_new + ...
            dist_matrix(sol_new(i),sol_new(i+1));
    end
    % 再算上从最后一个城市到第一个城市的距离
    E_new = E_new + ...
        dist_matrix(sol_new(amount),sol_new(1));

    if E_new < E_current
        E_current = E_new;
        sol_current = sol_new;
        if E_new < E_best
        % 把冷却过程中最好的解保存下来
            E_best = E_new;
            sol_best = sol_new;
        end
    else
        % 若新解的目标函数值小于当前解，则仅以一定概率接受新解
        if rand < exp(-(E_new-E_current)./t)
            E_current = E_new;
            sol_current = sol_new;
        else
```

```
                sol_new = sol_current;
            end
        end
    end
    t=t.*a;     % 将控制参数 t（温度）减小为原来的 1/a
end

disp('最优解为：')
disp(sol_best)
disp('最短距离：')
disp(E_best)
```

多运行几次上述脚本文件，以减少其中的随机数可能带来的影响，得到的最好结果可能如下。

```
Columns 1 through 17
17  21  42   7   2  30  23  20  50  29  16  46  44  34  35  36  39
Columns 18 through 34
40  37  38  48  24   5  15   6   4  25  12  28  27  26  47  13  14
Columns 35 through 51
52  11  51  33  43  10   9   8  41  19  45  32  49   1  22  31  18
  Column 52
  3
```

最短距离如下。

```
7.5444e+003
```

上述为根据模拟退火算法的原理，用 MATLAB 编写的求解 TSP 问题的一个实例。当然，MATLAB 的全局优化工具箱中本身就有模拟退火算法的函数 simulannealbnd，直接调用该函数求解优化问题会更方便。

该函数的用法有如下几种。

```
x = simulannealbnd(fun,x0)
x = simulannealbnd(fun,x0,lb,ub)
x = simulannealbnd(fun,x0,lb,ub,options)
x = simulannealbnd(problem)
[x,fval] = simulannealbnd(...)
[x,fval,exitflag] = simulannealbnd(...)
[x,fval,exitflag,output] = simulannealbnd(fun,...)
```

根据具体问题的需要，选择其中的一种用法即可直接用模拟算法对问题进行求解，其具体用法和 ga 函数基本一致，这里不再举例说明。

13.3.4 模拟退火算法的特点

模拟退火算法有如下特点：

（1）高效性。与局部搜索算法相比，模拟退火算法可望在较短时间内求得更优近似解。模拟退火算法允许任意选取初始解和随机数序列，又能得出较优近似解，因此，应用该算法求解优化问题的前期工作量大大减少。

（2）健壮性。在可能影响模拟退火算法实验性能的诸因素中，问题规模 n 的影响最为显著；n 的增大导致搜索范围的绝对增大，会使CPU运行时间增加；而对于解空间而言，搜索范围又因 n 的增大而相对减小，引起解质量的下降，但模拟退火算法的解和CPU运行时间均随 n 增大而趋于稳定，且不受初始解和随机数序列的影响。模拟退火算法不会因问题的不同而蜕变。

（3）通用性和灵活性。模拟退火算法能应用于多种优化问题，为一个问题编制的程序可以有效地用于其他问题。模拟退火算法的解质（解的质量）与CPU运行时间呈反向关系，针对不同的实例及不同的解质要求，适当调整冷却进度表的参数值可使算法执行获得最佳的“解质-时间”关系。

由于模拟退火算法的上述特性，该算法可以广泛地应用于各种领域，但模拟退火算法也存在如下不足：

（1）返回一个高质近似解的时间花费较多，当问题规模不可避免地扩大时，难于承受的运行时间将使算法丧失可行性。因此，必须探求改进算法实验性能、提高算法执行效率的可行途径。目前的主要解决方法有两种：一种是选择适当的邻域结构和随机数序列以提高解质并缩短运行时间，但这需要大量试验；另一种是改变算法进程的各种变异方法，如有记忆的模拟退火算法（记取算法进程中的最优近似解）、回火退火法（在解质不能改进时使控制参数值增大以跳离“陷阱”）、加温退火法（先升温后退火）等。

（2）模拟退火算法的控制参数对算法性能有一定的影响，至今还没有一个适合各种问题的参数选择方法，只能依赖于具体问题来确定。对于这些参数的选择还需要进一步研究，确定适合优化问题的参数选择范围。

（3）模拟退火算法的应用虽然非常广泛，但它的理论还不够完善，故而阻碍其发展，因此有必要深入研究其理论。

13.4 应用实例：组合投资优化

13.4.1 问题描述

组合投资是指将一定的资金按照不同的比例对所选的一定数量的投资品种进行分散投资，从而形成一个“证券组合”，以达到降低风险、获得最大投资收益的目的。

一个相对简单的组合投资问题是，已知每只股票的收益率、价格和总的投资金额，如何分配这笔投资，才能使得综合收益最大？

13.4.2 求解过程

下面以具体的实例数据来说明如何用遗传算法来求解该问题，具体过程如下。

1）导入数据及参数初始化

```
    clc, clear all, close all
load('FTSESTocks')
% 参数设置
```

```
nstocks = 20; % 投资的股票数量
R = R(1:nstocks);
currprice = currprice(1:nstocks);
names = names(1:nstocks);
toSpend = 8000;  %总投资金额
```

2）定义优化问题

```
    fprofit = @(w)  (R-1)'*(currprice.*w(:));     % w(:) 保证是一个列向量
fobj = @(w) -fprofit(w);        % 目标是收益最大化

minSingle = 0;                  % 每只股票的最小投资比例
maxSingle = 0.2;                % 每只股票的最大投资比例
lb = minSingle*ones(nstocks,1);                  % 每只股票的最小投资金额
ub = floor(maxSingle*toSpend./currprice);    % 每只股票的最大投资金额
```

3）用遗传算法优化

```
    [wOpt,~,flag] = ga(fobj,nstocks,...
    currprice',toSpend,[],[],lb,ub,[],...  % 约束
    1:nstocks,...
    gaoptimset('EliteCount',20,'PopulationSize',200));  % 优化选项
```

4）显示优化结果

```
    wOpt = wOpt';
figure
pie(wOpt/sum(wOpt),names);
title('股票组合投资的配比优化结果')
```

运行程序，会得到各投资股票的配比及配比结构图（见图 13-5），虽然设定的股票数量是 20 只，但最终有效结果只有 7 只，也就是说实际建议投资的股票只有 7 只。

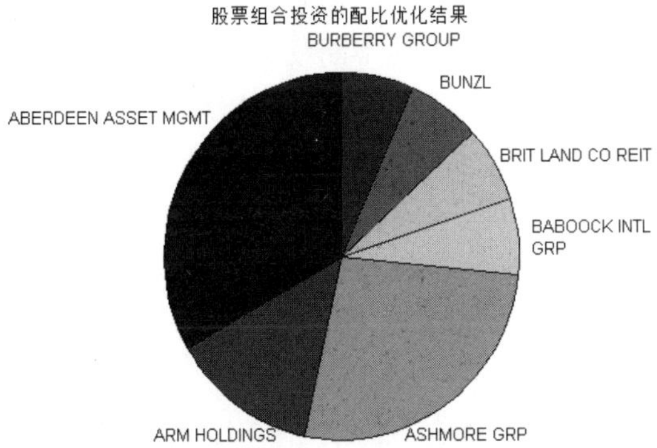

图 13-5 各投资股票的配比及配比结构图

该实例主要说明遗传算法可以用来进行组合投资优化，实际的组合投资的情况考虑的约束条件更多，问题会更复杂，但借助这类优化算法依然可以进行有效的决策。

13.5 延伸阅读：其他智能方法

13.5.1 粒子群算法

粒子群算法最早是由美国电气工程师 Eberhart 和社会心理学家 Kennedy 在 1995 年基

于群鸟觅食行为提出来的。群鸟觅食其实是一个最佳决策的过程（见图 13-6），与人类决策的过程相似。Boyd 和 Recharson 探索了人类的决策过程，并提出了个体学习和文化传递的概念。根据他们的研究成果，人们在决策过程中常常会综合如下两种重要的信息。第一种是他们自己的经验，即他们根据以往自己的尝试和经历，已经积累了一定的经验，知道怎样的状态会比较好。第二种是其他人的经验，即从周围人的行为中获取知识，从中知道哪些选择是正面的、积极的，哪些选择是消极的。

图 13-6　鸟类觅食场景

同样的道理，群鸟在觅食的过程中，每只鸟的初始状态处于随机位置，且飞翔的方向也是随机的。每只鸟都不知道食物在哪里，但是随着时间的推移，这些开始处于随机位置的鸟通过群内相互学习、信息共享和个体不断积累寻觅食物的经验，自组织积聚成一个群落，并逐渐朝唯一的目标——食物前进。每只鸟能够通过一定的经验和信息估计目前所处的位置对于寻找到食物有多大的价值，即多大的适应度值；每只鸟能够记住自己所找到的最好位置，称为“局部最优（pbest）”。此外，还能记住群鸟中所有个体所能找到的最好位置，称为“全局最优（gbest）”，整个鸟群的觅食中心都趋向全局最优移动，这在生物学上称为“同步效应”。通过鸟群觅食的位置不断移动即不断迭代，可以使鸟群朝食物步步逼近。

在群鸟觅食模型中，每个个体可以看成一个粒子，则鸟群可以看成一个粒子群。假设在一个 D 维的目标搜索空间中，有 m 个粒子组成一个群体，其中，第 i（$i=1,2,3,6\ ,m$）个粒子的位置表示为 $X_i=(x_i^1,x_i^2,x_i^3,6\ ,x_i^D)$，即第 i 个粒子在 D 维搜索空间中的位置是 X_i。换言之，每个粒子的位置就是一个潜在解，将 X_i 代入目标函数即可计算出其适应度值，根据适应度值的大小衡量其优劣。粒子个体经历过的最好位置记为 $p_i=(p_i^1,p_i^2,6\ ,p_i^D)$，整个群体所有粒子经历过的最好位置记为 $p_g=(p_g^1,p_g^2,6\ ,p_g^D)$。粒子 i 的速度记为 $V_i=(v_i^1,v_i^2,6\ ,v_i^D)$。

粒子群算法采用如下公式对粒子所在的位置进行不断更新：

$$v_i^d=\omega v_i^d+c_1r_1(p_i^d-x_i^d)+c_2r_2(p_g^d-x_i^d)$$

$$x_i^d=x_i^d+\alpha v_i^d$$

式中，$i=1,2,3,6\ ,m$；$d=1,2,3,6\ ,D$；ω 是非负数，称为惯性因子；加速常数 c_1 和 c_2 是非

负常数；r_1 和 r_2 是[0,1]范围内变换的随机数；α 称为约束因子，目的是控制速度的权重。

此外，$v_i^d \in [-v_{\max}^d, v_{\max}^d]$，即粒子 i 的飞翔速度 V_i 被一个最大速度 $V_{\max} = (v_{\max}^1, v_{\max}^2, 6\ ,\ v_{\max}^D)$ 所限制。如果当前时刻粒子在某维的速度 v_i^d 更新后超过该维的最大飞翔速度 $v_{\max}^d$，则当前时刻该维的速度被限制在 $v_{\max}^d$。$V_{\max}$ 为常数，可以根据不同的优化问题设定。

迭代终止条件根据具体问题设定，一般达到设定的最大迭代次数或粒子群目前为止搜索到的最优位置，满足目标函数的最小容许误差。

13.5.2 蚁群算法

蚁群算法的基本原理来源于自然界蚂蚁觅食的最短路径原理。根据昆虫学家的观察，发现自然界的蚂蚁虽然视觉不发达，但它可以在没有任何提示的情况下找到从食物源到巢穴的最短路径，并且能在环境发生变化（如原有路径上有了障碍物）后，自适应地搜索新的最佳路径。蚂蚁是如何做到这一点的呢？

原来，蚂蚁在寻找食物源时，能在其走过的路径上释放一种蚂蚁特有的分泌物——信息激素，也可称为信息素，使得一定范围内的其他蚂蚁能够察觉到并由此影响它们以后的行为。当一些路径上通过的蚂蚁越来越多时，其留下的信息素也越来越多，以致信息素强度增大（当然，随时间的推移会逐渐减弱），所以蚂蚁选择该路径的概率也越高，更增加了该路径的信息素强度。这种选择过程称为蚂蚁的自催化行为。由于其原理是一种正反馈机制，因此，也可将蚂蚁王国理解为所谓的增强型学习系统。

这里可以用一个图来说明蚂蚁觅食的最短路径选择原理，如图 13-7 所示。在图 13-7（a）中，假设 *A* 点是蚂蚁的巢穴，而 *B* 点是食物，*A*、*B* 两点间还有一个障碍物，那么此时从 *A* 点到 *B* 点的蚂蚁就必须决定应该往左走还是往右走，而从 *B* 点到 *A* 点的蚂蚁也必须决定走哪条路径。这种决定会受到各条路径上以往蚂蚁留下的信息素浓度（残留信息素浓度）的影响。如果往右走的路径上的信息素浓度比较大，那么右边的路径被蚂蚁选中的可能性也就大一些。但对于第一批探路的蚂蚁而言，因为路径上没有信息素或只有少量信息素，所以它们选择向左或者向右的可能性是一样的，如图 13-7（a）所示。

随着觅食过程的进行，各条道路上信息素的强度开始出现变化，有的线路强，有的线路弱。现以从 *A* 点到 *B* 点的蚂蚁为例进行说明（对于从 *B* 点到 *A* 点的蚂蚁而言，过程也基本一样）随后过程的变化。由于路径 *ADB* 比路径 *ACB* 要短，因此，选择 *ADB* 路径的第一只蚂蚁要比选择 *ACB* 路径的第一只蚂蚁早到达 *B* 点。此时，从 *B* 点向 *A* 点看，路径 *BDA* 上的信息素浓度要比路径 *BCA* 上的信息素浓度大。因此，从下一时刻开始，从 *B* 点到 *A* 点的蚂蚁，它们选择 *BDA* 路径的可能性要比选择 *BCA* 路径的可能性大些，从而使 *BDA* 路径上的信息素进一步增强，于是依赖信息素强度选择路径的蚂蚁逐渐偏向于选择路径 *ADB*，如图 13-7（b）所示。

随着时间的推移，几乎所有的蚂蚁都会选择路径 *ADB*（或 BDA）搬运食物，如图 13-7（c）所示。而分析人员同时会发现：*ADB* 路径也正是事实上的最短路径。这种蚁群寻径的原理可简单理解为：对于单个的蚂蚁来说，它并没有要寻找到最短路径的主观上的故意；但对于整个蚁群系统来说，它们又确实达到了寻找到最短路径的客观上的效果。

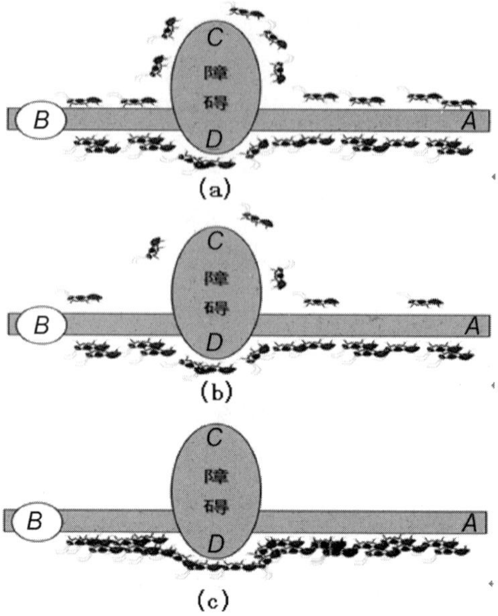

图 13-7　蚂蚁觅食的最短路径选择原理

在自然界中，蚁群的这种寻找路径的过程表现为一种正反馈的过程，“蚁群算法”就是由生物学上蚂蚁群觅食寻找最短路径的原理衍生出来的。例如，将只具备简单功能的工作单元视为“蚂蚁”，那么上述寻找路径的过程可以用于解释蚁群算法中人工蚁群的寻优过程，这就是蚁群算法的基本思想。

13.6　本章小结

本章主要介绍常用的智能优化算法的原理、实现过程及在量化投资中的应用实例。

参考文献

[1] 王薇，曾光明，何理. 用模拟退火算法估计水质模型参数[J]. 水利学报，2004，11（6）：61-67.

[2] 卢开澄. 组合数学：算法与分析[M]. 北京：清华大学出版社，1983.

[3] 高尚. 模拟退火算法中的退火策略研究[J]. 航空计算技术，2002，32(4):20-22.

[4] 王向红. 模拟退火算法在营养配餐优选系统中的研究与应用[D]. 东北大学，2011.

[5] 庞峰. 模拟退火算法的原理及算法在优化问题上的应用[D]. 吉林大学，2006.

[6] 蒋龙聪，刘江平. 模拟退火算法及其改进[J]. 工程地球物理学报，2007，2:135-140.

第 3 篇　实践篇

本篇主要介绍数据挖掘技术在量化投资中的综合应用实例，包括统计套利策略的挖掘与优化、配对交易策略的挖掘与实现、基于 Wind 数据的程序化交易、基于 Quantrader 平台的量化投资、趋势跟踪策略及实现过程。最后一章介绍了基于数据挖掘技术的量化交易系统，具体介绍了量化交易系统的框架，读者可以利用该框架，依据书中介绍的数据挖掘技术，结合自己的交易理念和经验，开发属于自己的量化交易系统，从而轻松实现从理论到实践这一跨越，更好地利用数据挖掘技术在量化投资的领域乘风破浪，不断创造佳绩。

本篇包括 6 章，各章要点和特色如下。

章　节	要　点	特　色
第 14 章 统计套利策略的挖掘与优化	（1）统计套利的定义 （2）统计套利策略的基本思想 （3）多交易信号策略的组合与优化 （4）高频交易的优化方法	（1）基于交易信号的统计套利策略的 MATLAB 实现 （2）遗传算法优化多交易信号策略
第 15 章 配对交易策略的挖掘与实现	（1）配对交易的定义和特点 （2）协整检验的理论基础 （3）配对交易的实现	配对交易策略的 MATLAB 实现
第 16 章 基于 Wind 数据的程序化交易	（1）交易数据预处理方法 （2）神经网络选股流程 （3）数据挖掘程序化交易流程	（1）神经网络量化选股的 MATLAB 实现 （2）数据挖掘量化选股的实现流程及技术框架
第 17 章 基于 Quantrader 平台的量化投资	（1）利用 Quantrader 平台快速获取数据 （2）在 Quantrader 平台上进行数据挖掘量化选股 （3）利用 Quantrader 平台进行策略回测	（1）神经网络量化选股的 MATLAB 实现 （2）基于 Quantrader 平台量化选股的实现流程
第 18 章 趋势跟踪策略及实现过程	（1）趋势跟踪策略的基本思想 （2）四种主流趋势跟踪策略	（1）四种趋势跟踪策略的 MATLAB 实现 （2）期货的量化交易 （3）趋势跟踪策略的参数优化
第 19 章 基于数据挖掘技术的量化交易系统	（1）交易系统的作用 （2）DM 交易系统的实现流程	（1）DM 交易系统的总体设计 （2）DM 短期交易子系统的实现 （3）DM 中长期交易子系统的实现

第 14 章　统计套利策略的挖掘与优化

> 无风险套利机会是很多投资者梦寐以求的，但只要这个市场是自由的市场，那么无风险套利机会将难以长期存在。而且即使存在着无风险套利机会，其套利收益率也会非常低。但是，如果总是能连续发现一些收益微薄的机会，那么累计起来的收益也是非常可观的。

统计套利在欧美资本市场盛极一时，创造了辉煌的投资业绩。国内市场由于缺乏做空机制，统计套利等量化投资策略很难有所作为。融资融券和股指期货推出以后，这一局面得到缓解，各大券商和其他资产管理机构纷纷对统计套利展开深度研究，统计套利在国内市场正如火如荼地发展起来。

本章着力从数据挖掘的角度发现统计套利策略，并对发现的策略不断进行优化，以保证策略的收益处于较高的水平。

14.1　统计套利策略概述

14.1.1　统计套利的定义

统计套利是将套利建立在对历史数据进行统计分析的基础之上，估计相关变量的概率分布，并结合基本面数据进行分析，从而指导套利交易。相比于无风险套利，统计套利稍微增加了一些风险，但是由此获得的套利机会将数倍于无风险套利。

14.1.2　统计套利策略的基本思想

统计套利策略的基本思想是运用统计分析工具对一组相关联的价格之间的关系的历史数据进行研究分析，研究该关系在历史上的稳定性，并估计其概率分布，确定该分布中的极端区域，即否定域，当真实市场上的价格关系进入否定域时，认为该价格关系不可长久维持，套利者进场套利有较高的成功概率。

统计套利是针对有稳定性的价格关系进行的，那些没有稳定性的价格关系的套利风险则很大。价格关系是否稳定直接决定着统计套利能否成功，因此，在对价格关系的历史数据进行统计分析时，首先要检验价格关系在历史数据中是否稳定。一组价格关系如果是稳定的，那么必定存在某一种均衡关系维持机制，一旦价格关系偏离均衡水平，维持机制就会起作用，将价格关系或快或慢地拉回到均衡水平。所以，要分析一组价格关系是否稳定，需要先定性分析是否存在这样的均衡关系维持机制，然后对历史数据进行统计分析、验证，以证实通过定性分析得到的该关系维持机制在历史上确实在发挥作用。例如，大豆、豆粕、豆油之间的跨品种套利，豆粕与豆油同属于大豆的下游产品，这一关系决定了三者之间的均衡关系，通过分析 CBOT 大豆、豆油和豆粕在过去 20 年的历史比价（价差）数据，会发现它们之间的价格关系有很强的稳定性。国内三大植物油同属于食用油系列，三者互为替代品，从用途上相互作用，存在均衡的价差关系。比如，大豆与玉米在种植上属于同一季节作物，在下游都可以作为饲料的原料，可以相互替代，由这两种均衡关系维持着相对稳定的比价关系。再如铜和铝，调用它们过去 20 年的历史价格数据进行统计分析，容易发现它们之间的价差（比价）是不稳定的，所以，针对铜和铝的价差进行的套利存在很大风险。

概言之，进行统计套利，首先要结合定性和定量两个方面的分析找到一种有着均衡维持机制的稳定的价格关系，然后估计相对价格关系的概率分布，对概率分布进行统计检验。这是统计套利的基础。

14.1.3 统计套利策略挖掘的方法

1）图表分析法

在进行套利交易前，首先应对目前的套利关系用图表加以分析。在普通的交易方面，图表是决定时点的主要工具，它对价格的波动提供了历史资料。套利图表与一般的价格图表的不同在于它记载着不同月份的合约之间相互的关系。所以，套利图表可作为分析、预测行情的工具，它并不注重绝对的价格水平，而是在图表中标出价差的数值，以历史价差作为进行套利分析的依据。

2）季节性分析法

套利常常会显示出季节性的关系，即在一个特定的时间显示出价格变动幅度的宽窄差异，实践证明其符合性的程度相当高，此种套利即季节性套利，并且在期货交易中提供了最佳获利机会。为了利用季节性进行套利，必须回溯分析多年前的价格资料和研究此种套利，还必须考虑现在的供求关系，然后研究过去的市场操作是否能够应用在未来的几年。这种类比研究法是将多种市场分析方法综合而得的分析技术，此类比方法用来证明最初激励因素能否在套利季节再度发生。

3）相同期间供求分析法

在收集以往套利资料时，不要将不同期间的资料拿来做比较。在期间相似的情形下，通常相同的供求力量会引起类似的套利。因此，在价格剧烈上涨期间，参考同期的利多市场可得到相似的价格行为。例如，美国在 20 世纪 70 年代初，由于多数商品供应相对紧张，反向市场主宰了整个行情，后来比较正常的市场结构引导市场走向，但有的供应较吃紧的商品期货如咖啡、可可仍保持着逆转形式。了解这些引起市场不均衡的因素及特定商品对这些不均衡状况的反应，可对以后的套利提供参考和借鉴。

14.2 基本策略的挖掘

14.2.1 准备数据

交易策略通常是对数据进行分析、挖掘后产生的，所以首要工作还是准备数据。这里以一个对 CSI300 进行挖掘而产生交易策略的实例来说明如何从数据中挖掘交易策略，而准备数据的工作可由如下代码来实现。

```
    clc, clear all, close all
load CSI300.mat
CSI300_1Mn = raw_CSI300_1Mn(:, 4);
CSI300_1Mn = CSI300_1Mn(1:end);
CSI300_EOD = raw_CSI300_EOD(:, 4);
testPts = floor(0.8*length(CSI300_EOD));
CSIClose = CSI300_EOD(1:testPts);
CSICloseV = CSI300_EOD(testPts+1:end);
```

14.2.2 探索交易策略

为了探索交易策略，最直观的方法就是数据可视化。为此，用如下代码绘制 CSI300 的收盘价的 20 日及 30 日移动均线（见图 14-1）。

```
    [lead,lag]=movavg(CSIClose,20,30,'e');
figure
plot([CSIClose,lead,lag]), grid on
legend('Close','Lead','Lag','Location','Best')
xlabel('时间/天'); ylabel('价格/元')
```

观察图 14-1 就会很容易地发现，当 20 日移动均线上穿 30 日移动均线后，收盘价呈上涨趋势；反之，则呈回落趋势。因此，可以得到如下初步的交易策略：当短期（Lead）移动均线上穿长期（Lag）移动均线时，买入；反之，卖出。

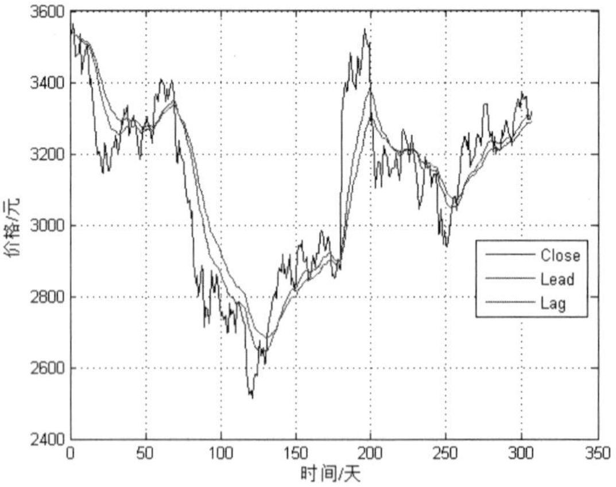

图 14-1　CSI300 收盘价的 20 日及 30 日移动均线

14.2.3 验证交易策略

当得到一个交易策略后，并不能完全确定该策略是否会真正地盈利。因此，接下来要做的事情就是验证这个策略。验证的方法就是利用历史数据对这个策略进行回测，模拟这个交易策略的交易过程，然后计算整个过程中的资金变动情况，从而评估该策略是盈利的还是亏损的。

验证该策略的具体过程，可由如下代码实现。

```
    [lead,lag]=movavg(CSIClose,20,30,'e');
plot([CSIClose,lead,lag]), grid on
legend('Close','Lead','Lag','Location','Best')
% 建议交易信号和策略表现评估方式，这里假设全年有 250 个交易日
s = zeros(size(CSIClose));
s(lead>lag) = 1;                          % Buy  (long)
s(lead<lag) = -1;                         % Sell (short)
r  = [0; s(1:end-1).*diff(CSIClose)];     % Return
sh = sqrt(250)*sharpe(r,0);               % Annual Sharpe Ratio
% 绘制初步策略的评估结果
ax(1) = subplot(2,1,1);
plot([CSIClose,lead,lag]); grid on
legend('Close','Lead','Lag','Location','Best')
title(['First Pass Results, Annual Sharpe Ratio = ',num2str(sh,3)])
ax(2) = subplot(2,1,2);
plot([s,cumsum(r)]); grid on
title(['Final Return = ',num2str(sum(r),3),' (',num2str(sum(r)/ CSIClose
(1)*100,3),'%)'])
legend('Position','Cumulative Return','Location','Best')
linkaxes(ax,'x')
annualScaling = sqrt(250);
```

上述代码的执行结果是产生模拟的收益变化曲线，如图 14-2 所示。从该图中可以看出，该策略在 250 天的回测期内，其最终的收益率为 12.5%，这说明该策略具有很好的盈利潜力。

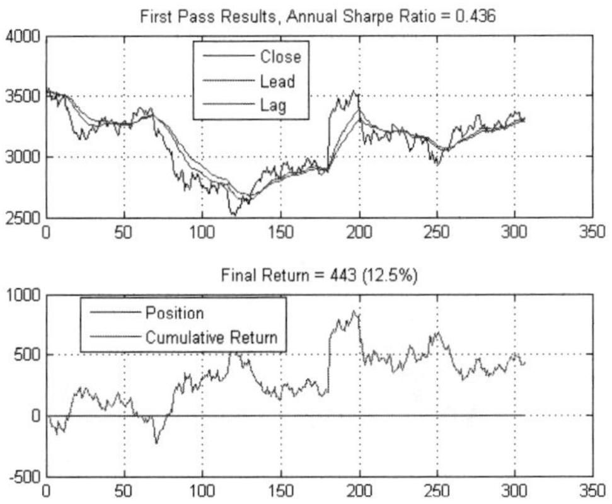

图 14-2 收益变化曲线

14.2.4 选择最佳的参数

上述策略中的一个关键指标是移动均线，而移动均线中又有 Lead 和 Lag 两个关键参数。在上述策略的探索和验证中，这两个关键参数分别取 20 和 30。那么，为什么取 20 和 30 呢？是不是有更好的取值会得到更高的收益呢？至此，不难想到可以用参数扫描的方法来优化这两个参数，以使得收益最大化。

用 MATLAB 对参数进行优化非常方便，具体实现过程如下。

```
    sh = nan(100,100);
tic
for n = 1:100
    for m = n:100
        [~,~,sh(n,m)] = leadlag(CSIClose,n,m,annualScaling);
    end
end
toc
figure
surfc(sh), shading interp, lighting phong
view([80 35]), light('pos',[0.5, -0.9, 0.05])
colorbar
% 绘制最佳的夏普率
[maxSH,row] = max(sh);          % max by column
[maxSH,col] = max(maxSH);       % max by row and column
figure
leadlag(CSIClose,row(col),col,annualScaling)
disp('最佳参数组合为：')
disp(['Lead = ', num2str(row(col))]);
disp(['Lag= ', num2str(col)]);
% 用验证数据评估当前策略
figure
leadlag(CSICloseV,row(col),col,annualScaling)
```

从上述程序可以看出，其优化过程实际上是对参数进行遍历，即所谓的参数扫描，然后从中找出一组可使收益最高的参数。图 14-3 为夏普率与参数 Lead 和 Lag 的空间分布图，不同的参数组合对夏普率有显著影响，且空间很不规则，此时用参数扫描方法对参数进行优化比较合适。

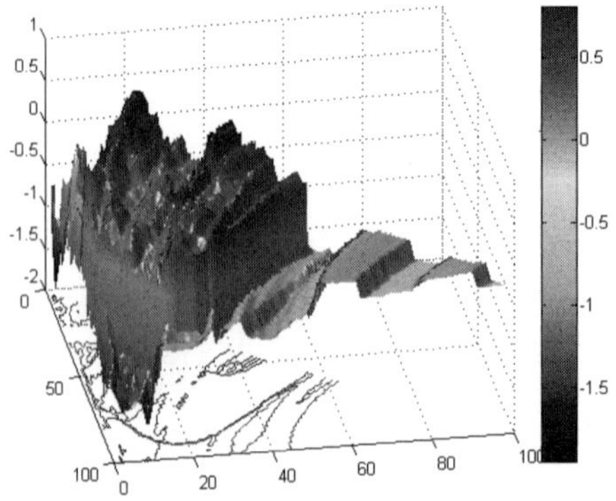

图 14-3　夏普率与参数 Lead 和 Lag 的空间分布图

优化得到的结果为 Lead = 18，Lag= 24，此时的累计收益率最大。图 14-4 为该组参数对应的投资收益图，可以看出此时的累计收益率达到 23.4%，明显较之前的参数收益高。可见，通过参数扫描方法对参数进行优化，可以提高收益率。

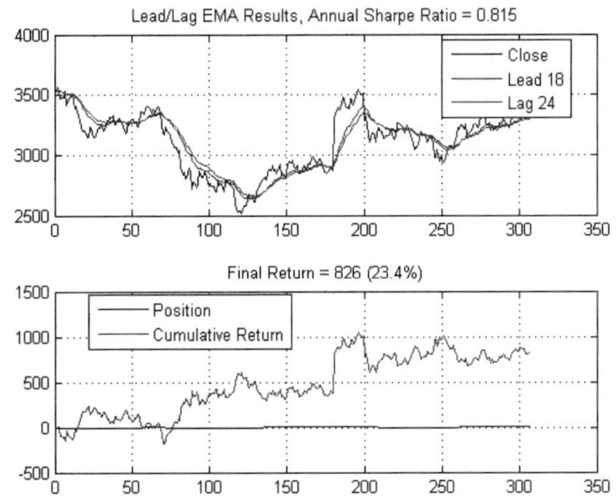

图 14-4 最佳参数对应的投资收益图

为了验证该策略的盈利潜力，常常还借鉴交叉验证的方法，用新数据对策略进行验证，本节程序最后一条命令即利用新数据对策略进行验证，验证得到的结果如图 14-5 所示。从该图中可以看出，在 80 天的验证期里，最终的收益率是 5.47%，应该说该策略对新数据的适应能力较强，具有持续的盈利潜力。

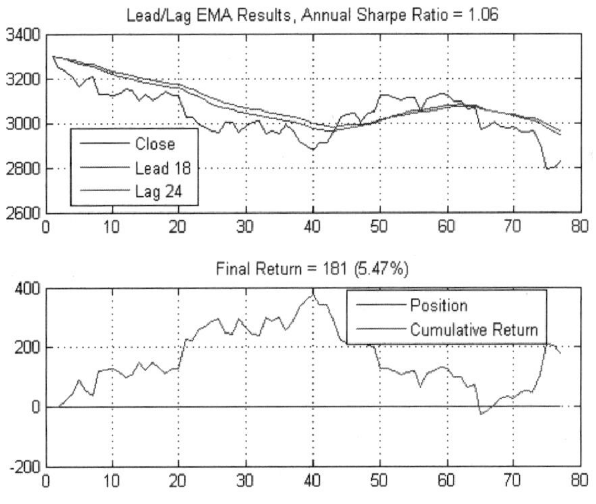

图 14-5 用新数据对策略进行验证得到的收益曲线

14.2.5 参数扫描方法

这里多处用到参数扫描方法，所以有必要看一下这个用途广泛的参数扫描函数 parameterSweep 是如何实现的，该函数接口如下。

```
[respmax,varmax,resp,var] = parameterSweep(fun,range)
```

输出 4 个变量，依次是最优结果（如最大夏普率）、最优结果对应的参数组合、所有扫描的结果及所有的参数组合。输入两个变量，一个是指向被扫描函数的函数句柄，另一个是 cell 类型，可以包含多个参数的范围。比如，下面这段在 AlgoTradingDemo2 中的代码是对基于相对强弱指数策略的 rsiFun 函数进行扫描，rsiFun 会用到三个参数，扫描的范围分别是 1～20，1～20，50～95（每次步进 5）。

```
range = {1:20,1:20,50:5:95}; % Best is 11, 3, 60
rsfun = @(x) rsiFun(x,CSIClose,annualScaling,cost);
[~,param] = parameterSweep(rsfun,range);
```

上述已经给出了 rsiFun 的接口，可以打开 rsiFun，其内容如下。

```
function sh = rsiFun(x,data,scaling,cost)
row = size(x,1);
sh = zeros(row,1);
parfor i = 1:row
    [~,~,sh(i)] = rsi(data,[x(i,1),x(i,2)],x(i,3),scaling,cost);
end
```

此处需要注意两点，一点是采用了支持并行计算的 parfor 循环语句进行循环，这样在多核计算机或者部署了 MATLAB Distributed Computing Server 的计算机集群上可以大大提高扫描的速度；另一点是输入变量 x 应该是一个矩阵，每一行代表一组参数，每一列代表一个参数。RSI 策略是当相对强弱指数低于阈值时做多，高于阈值时做空。rsi 函数会对一组参数，根据历史数据算出使用 RSI 策略的夏普率。

再看一下 parameterSweep，其内容如下。

```
    %% Generate expression for ndgrid
    N = length(range);
    if N == 1
        var = range;
    else
        in = ''; out = '';
        for i = 1:N
            in  = [in,'range{',num2str(i),'},'];
            out = [out,'var{',num2str(i),'},'];
        end
        in(end)  = []; % remove last commas
        out(end) = [];

        %% Evaluate ndgrid
        eval( ['[',out,'] = ndgrid(',in,');'] );
end
```

上述程序就是要对参数的所有组合进行穷举，其中用到了 ndgrid 函数。用 eval 这种赋值方式是为了创建 var 这个 cell 变量。var 的大小和参数个数一样，由于参数个数是可变的，所以巧妙使用了 eval 这种方式来赋值。然后即可调用具体的函数（比如前面提到的 rsiFun）来扫描，代码如下。

```
    %% Perform parameter sweep
    sz = size(var{1});
    for i = 1:N
```

```
        var{i} = var{i}(:);
    end
    resp = fun(cell2mat(var));
```

这里 cell2mat 把原来是 cell 类型的 var 变量转换成前面所述的包含所有参数组合的矩阵。这里 fun 就是前文已引用的这段代码中的 rsfun 这个函数句柄，而 cell2mat(var)产生的就是 rsfun 中定义的输入变量 x。

```
    range = {1:20,1:20,50:5:95}; % Best is 11, 3, 60
    rsfun = @(x) rsiFun(x,CSIClose,annualScaling,cost);
    [~,param] = parameterSweep(rsfun,range);
```

在运行参数扫描程序时，可以设置一些断点，看一下中间变量的值，对于理解或许有帮助。

14.2.6 考虑交易费

在模拟交易的过程中，上述没有考虑成本，也就是交易费。为了让模拟情况更贴近真实情况，现在模拟考虑交易费的情况，并设交易成本比率为 0.01，具体的参数优化过程如下。

```
    cost=0.01; % bid/ask spread
range = {1:1:120,1:1:120};
annualScaling = sqrt(250);
llfun =@(x) leadlagFun(x,CSIClose,annualScaling,cost);

[maxSharpe,param,sh,vars] = parameterSweep(llfun,range);

figure
surfc(vars{1},vars{2},sh), shading interp, lighting phong
title(['Max Sharpe Ratio ',num2str(maxSharpe,3),...
    ' for Lead ',num2str(param(1)),' and Lag ',num2str(param(2))]);
view([80 35]), light('pos',[0.5, -0.9, 0.05])
colorbar
figure
leadlag(CSICloseV,row(col),col,annualScaling,cost)
```

优化的结果依然是 Lead = 18，Lag= 24。从图 14-6 中可以看出夏普率与参数 Lead 和 Lag 的空间分布，而此时验证得到的收益曲线如图 14-7 所示。

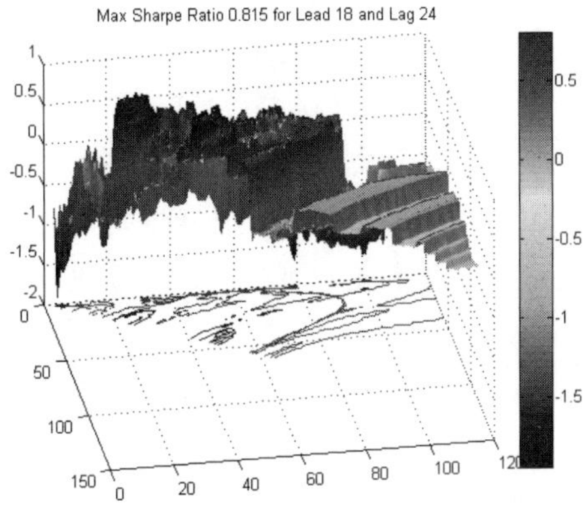

图 14-6　考虑交易费时夏普率与参数 Lead 和 Lag 的空间分布图

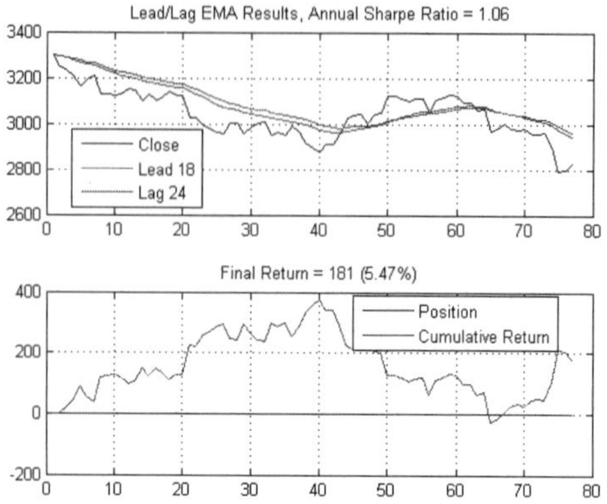

图 14-7　用新数据对策略进行验证得到的收益曲线（考虑交易费）

14.3　高频交易策略及优化

14.3.1　高频交易的基本思想

完全自动化的高频交易（High-Frequency Trading）已经成为股票市场交易的组成部分——而且是很大一部分。有人估计，投资银行、对冲基金及市场的其他参与者所进行的高频交易，已经占到了美国股票市场所有交易的 60%～70%的份额，这一比例解释了近年来交易量大幅增长的缘由。

作为市场上热门的词汇之一，“高频交易”却没有明确的定义，每个组织都对高频交易有独特的理解。

SEC & CFTC 将高频交易商定义如下：高频交易商是指使用高速系统监控市场数据并提交大量订单的自营交易公司。高频交易商利用数量化方法和算法系统来最大化其收益和策略执行的速度。有些高频交易商具有自营交易员和做市商的混合身份。此外，部分高频交易商采用市场 Delta 中性策略，即每个交易日结束后基本空仓，部分高频交易商则不采用 Delta 中性策略，持有净多头或者净空头仓位。

CESR 将高频交易定义如下：高频交易是自动化交易的一种形式，并以速度见长。利用复杂的计算机和 IT 系统，高频交易员以毫秒级的速度执行交易，并在日内短暂持有仓位，通常高频交易员在每个交易日结束后不持有新增仓位。高频交易有很多策略，但主要通过超高速交易不同交易平台之间的金融工具来攫取利润。高频交易与所谓的算法交易或黑箱交易不同，算法交易主要是指利用计算机算法，根据时间、价格等参数执行订单。

独立咨询机构 TABB 将高频交易定义如下：高频交易是指寻找市场流动性不均衡和其他短期价格无效机会而获取利润的完全自动化的交易策略。高频交易策略通常跨越了股票、固定收益、衍生品和外汇市场，具有高换手、市场中性等特征。

由此可见，对于高频交易及其内涵和外延，业界还没有统一的认识。这为研究高频交易对市场的影响和采取针对性的监管措施带来了极大的困难。

这里将高频交易定义为：利用极快的交易速度完成的交易行为，完全实现计算机自动化操作，与传统的交易相比，最顶尖的高频交易可以快到毫秒级。在这样极快的速度之下，可以诞生出许多稳定盈利的策略。

典型的高频交易流程如图 14-8 所示。

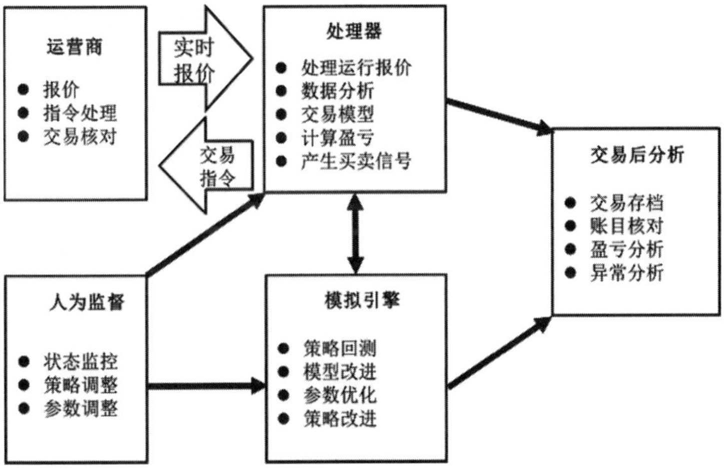

图 14-8 典型的高频交易流程

国内在这方面刚刚起步，有少数期货市场的私募机构，利用高频交易策略，实现了非常稳定的收益。根据目前可看到的数据，国内做高频交易的团队的平均年化收益率都在 50%以上，最大回撤小于 2%。其中有几个团队参加了诸如 CCTV 证券举行的实盘大赛之类的活动，感兴趣的读者可以查询他们的公开业绩表现。正是由于这么稳定的收益表现，过去几年各大券商、期货公司都在积极开展对这方面策略的研究。

结合业界已有的研究成果，目前市场上各种所谓的“高频交易”定义具有如下五大共同特征：

（1）依据市场高频数据，使用复杂的计算机程序和算法生成订单，并将订单送到指定的市场。

（2）具有超低的网络信息延迟，这通常通过“联位服务”或者“接近主机服务”将交易系统托管到交易所的数据中心来实现。

（3）在极短的时间内完成建仓、持仓、清仓的过程，通常整个过程的时间为几秒钟，最多不超过数分钟。

（4）在短时间内提交并撤销大量的订单。

（5）市场中性，不隔夜持仓，量化 Alpha 套利是高频交易的主要目的。

上述五大特征决定了所谓的高频交易实质上是超短线的套利交易，因此，以寻找流动性、优化订单执行为目的的算法交易不属于高频交易。而具有上述特征的高频交易按照其量化模型主要可以分为如下两类。

（1）自动做市商高频交易系统。自动做市商高频交易系统利用自有资金连续买卖股票，并从买卖价差中获利。做市商具有低风险、低资金、低回报的特性，因此，大量的交易是获取利润的必由之路。作为一种典型的被动策略，做市商为市场提供流动性并获取交易所的手续费折扣。使用自动做市商系统的公司可能是交易所正规注册的做市商（具有报价义务），也可能是仅仅使用做市商策略赚取利润的独立公司（不具有报价义务）。

（2）量化 Alpha 高频交易系统。量化 Alpha 高频交易系统分析个别资产和资产组合的历史时间序列，寻找价格相关性和可行的交易模式，实时分析市场数据，并从暂时的市场非理性中获取利润。配对交易、统计套利、动量模型、均值回归和新闻挖掘都是量化 Alpha 的典型策略。量化 Alpha 策略可以跨资产类别实施，如股票、期权、期货等，也可以跨市场实施。

14.3.2 高频交易的实现

对于上述移动均线的策略，即使最优的参数组合给出的收益曲线也不理想，这个收益曲线的最大回撤很大，收益波动也很大。至此还是局限于每天交易一次，如果能在分钟这个量级上做日内交易会怎样呢？首先要取得分钟数据。代码如下：

```
    % Load in 1-minute CSI300_EOD and break into test/validation CSI300_EOD sets
    testPts = floor(0.8*length(CSI300_1Mn));
    CSIClose = CSI300_1Mn(1:testPts);
    CSICloseV = CSI300_1Mn(testPts+1:end);
```

然后引入一个交易频率的参数 ts，加上移动均线策略中的两个已有的参数，一共三个参数，再进行参数扫描。代码如下：

```
    % Perform the parameter sweep
    seq = [1:19 20:5:100];
    %ts  = [1:4 5:5:55 60:10:180 240 480];
    ts = 1:20;
    range = {seq,seq,ts};
    annualScaling = sqrt(250*4*60);
    llfun =@(x) leadlagFun(x,CSIClose,annualScaling,cost);

    tic
    [~,param,sh,xyz] = parameterSweep(llfun,range);
    toc
```

为了提高速度，可以用 matlabpool 或者新版本（2013 年后）的 parpool 打开多个 MATLAB 进程让 parfor 发挥作用。

该段程序的执行结果如图 14-9 所示，这个最佳结果是按 1 分钟的频率（最高的频率）来交易的，收益曲线非常理想。同时把三个参数扫描的结果画出来，因为无法画出第四维，就用颜色来表示结果的好坏，如图 14-10 所示。可以看到结果最好的参数组合大多集中在高频的地方。由于频率越高，实现难度也会越大，在后面的例子中采用 5 分钟的交易频率。在此交易频率下，其收益曲线如图 14-11 所示。

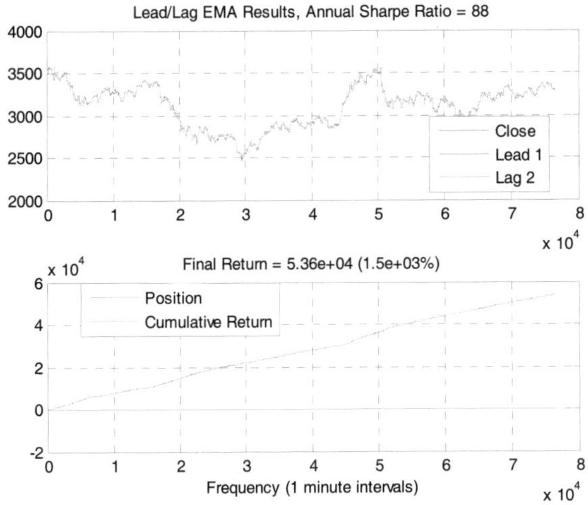

图 14-9 高频交易收益曲线（交易频率为 1 分钟）

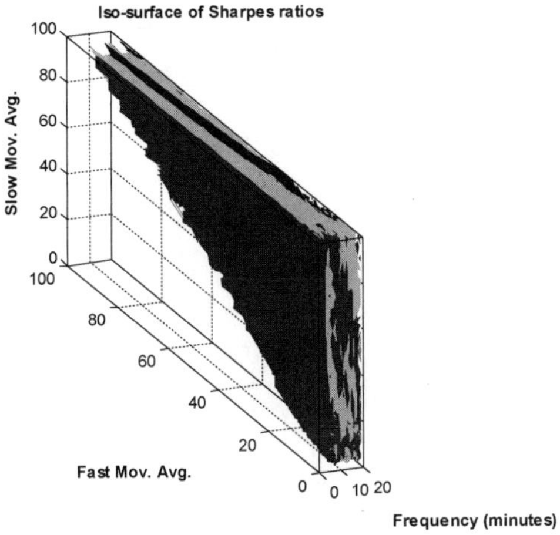

图 14-10 参数扫描区域及夏普率变化图

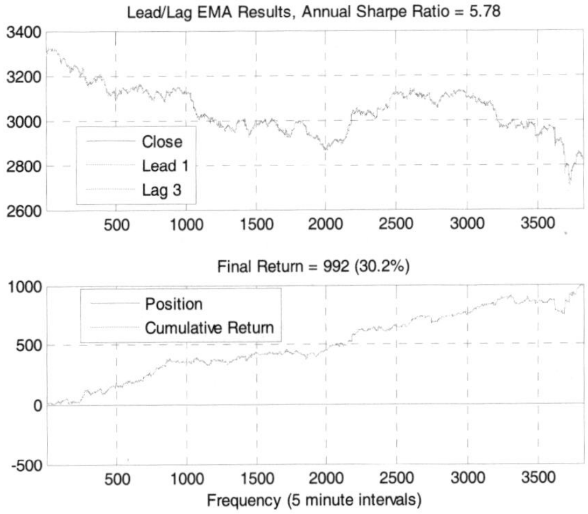

图 14-11 高频交易收益曲线（交易频率为 5 分钟）

14.4 多交易信号策略的组合及优化

14.4.1 多交易信号策略

再看一下前文提到的基于相对强弱指数的 RSI 策略。RSI 策略是当相对强弱指数低于阈值时做多，高于阈值时做空的策略。同样对策略进行参数扫描，此时交易频率已经确定为 5 分钟，之后不再重复叙述。

```
range = {1:20,1:20,50:5:95}; % Best is 11, 3, 60
rsfun = @(x) rsiFun(x,CSIClose,annualScaling,cost);
tic
[~,param] = parameterSweep(rsfun,range);
toc
rsi(CSIClose,param(1:2),param(3),annualScaling,cost)
```

结果最好的一组参数是 11、3、60，然后计算三个区间的相对强弱指数，与阈值 60 进行比较，产生交易信号。这组参数在样本外的验证数据上的 RSI 策略收益曲线如图 14-12 所示。

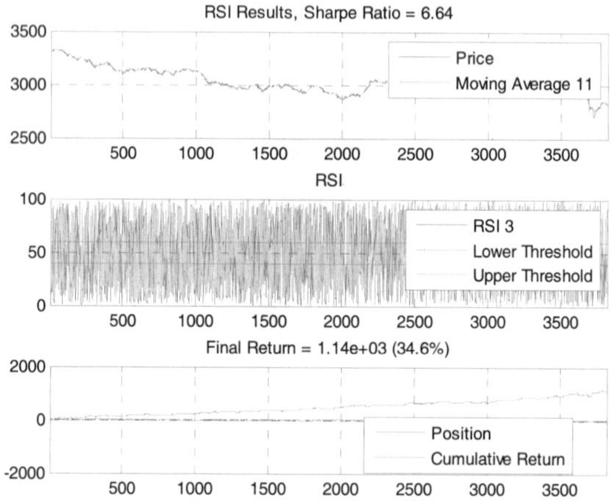

图 14-12 RSI 策略收益曲线

从夏普率看，RSI 策略似乎优于移动均线策略。也可以考虑把不同的策略结合起来使用。每个策略产生的交易信号可能一致，也可能相反，或者一个有信号，一个没有信号。在这个例子中，移动均线策略和 RSI 策略产生的交易信号不是 1 就是-1，表示不是做多就是做空。如果综合考虑这两个策略，当它们一致的时候，就做多或做空；当它们相反的时候，比如一个要做多，一个要做空，那么就平仓，不做多也不做空。当然这是简单的情况，在此只是为了说明问题。如果用数学表达式来描述这两个策略的结合，可以写成(MA+RSI)/2，也就是两个交易信号相加，然后除以 2，这样当两个信号不一致时，产生的新信号是 0，表示平仓。而当 MA 策略和 RSI 策略产生的信号同为 1 或者-1 时，则新信号和两者一致。具体代码如下。

```
N = 1; M = 3; % from previous calibration
[sr,rr,shr] = rsi(CSIClose,param(1:2),param(3),annualScaling, cost);
```

```
[sl,rl,shl,lead,lag] = leadlag(CSIClose,N,M,annualScaling,cost);

s = (sr+sl)/2;
r  = [0; s(1:end-1).*diff(CSIClose)-abs(diff(s))*cost/2];
sh = annualScaling*sharpe(r,0);
```

那么，这样交易信号的组合结果如何呢？其模拟结果如图 14-13 所示，从夏普率看，组合的结果是 7.42，比单独使用移动均线策略和 RSI 策略更好。

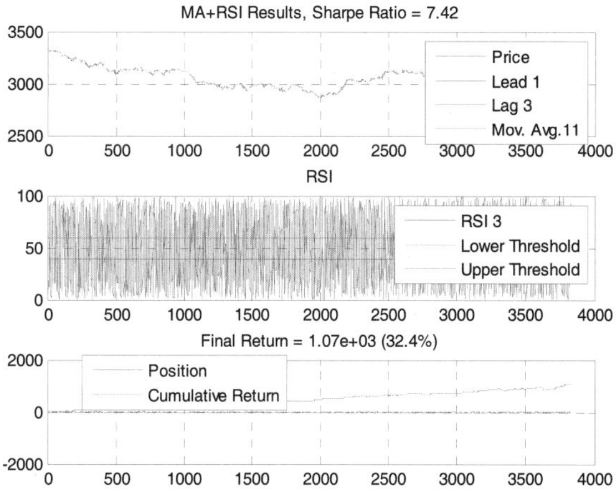

图 14-13 多交易信号策略收益曲线

14.4.2 交易信号的组合优化机理

如果有更多的交易信号，也可以尝试用优化算法把它们组合起来。AlgoTradingDemo 4 用的是遗传算法，用一代接一代的信号组合的进化来实现最大化夏普率的目的。用图 14-14 来说明三个交易信号是如何组合的。

为了使用遗传算法，用一个 0 和 1 的序列来表示信号的组合方法，每个信号之间有两位表示逻辑运算，比如 00 表示 AND，01 表示 OR，10 代表“与非”。而最后还有三位表示信号是否被采用，1 表示采用，0 表示忽略。可以利用遗传算法对这样的 0 和 1 的序列进行优化，在每一代进化时，对序列进行选择、交叉和变异，其优化机理如图 14-15 所示。

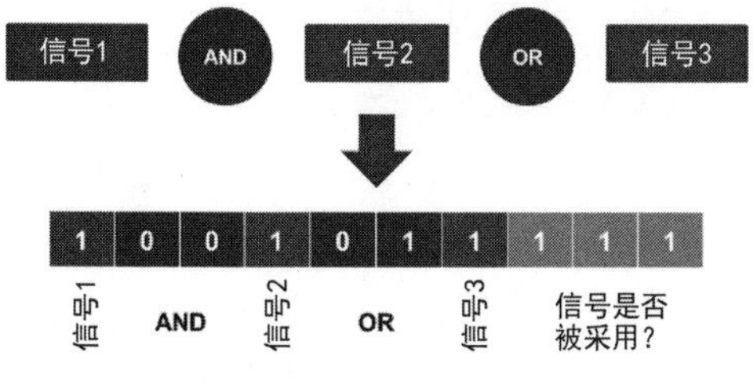

图 14-14 遗传算法优化三个交易信号策略的原理图

图 14-15 遗传算法优化机理

14.4.3 交易信号的组合优化实现

遗传算法优化组合的本质是通过交叉或变异基因序列（可行解）的方式来不断优化最终的解。若两个序列交叉，则需要选取一个交叉位（见图 14-15）。交叉位在从左面开始的第三、第四位之间，下一代 child 从左面开始前三位和 parent2 一致为 100，child 后面 7 位和 parent1 一致为 0011000，合在一起就是 1000011000。核心代码在 crossover 函数中，内容如下。

```
    % index for head/tail part
        head = 1:xoverPoints(end);
        tail = xoverPoints(end)+1:GenomeLength;

        % Split parents at connectors to create two new children
        kid(1,:) = [thisPopulation(r1,head) thisPopulation(r2, tail)];
        kid(2,:) = [thisPopulation(r2,head) thisPopulation(r1, tail)];
```

若一个序列变异，则随机产生变异的位置，在这些位置把 0 变成 1，1 变成 0。核心代码在 mutation 函数中，内容如下。

```
child(mutationPoints) = ~child(mutationPoints);
```

值得指出的是，交叉和变异的方法是可以定制的，这里只给出了一种实现的方法。下面具体看一下如何调用遗传优化算法，第一代的信号组合是随机产生的。

```
I = size(signals,2);
pop = initializePopulation(I);
imagesc(pop)
```

可以用图 14-16 表示第一代 150 个组合，绿色代表 1，红色代表 0，每一行是一个信号组合。

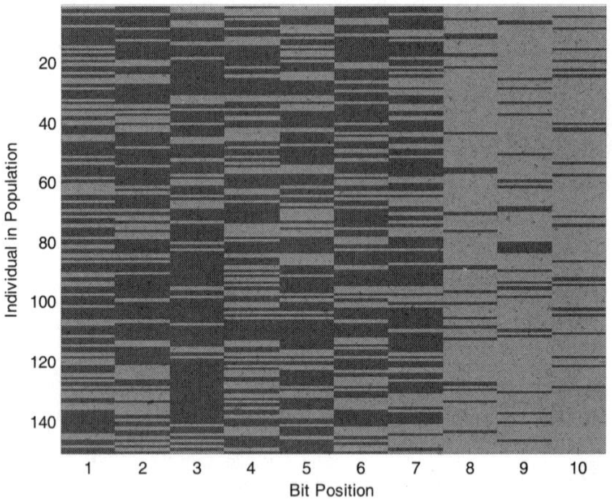

图 14-16　遗传算法中的信号表示方法

然后需要定义 fitness 函数，内容如下。

```
function f = fitness(pop,indicator,price,scaling,cost)
%% Generate Trading Signal from Population
s = tradeSignal(pop,indicator);
s = (s*2-1); % scale to +/-1 range
```

```
col = size(s,2);

%% PNL Caclulation
r  = [zeros(1,col);
     s(1:end-1,:).*repmat(diff(price),1,col)-abs(diff(s))*cost/2];
f = -scaling*sharpe(r,0);
```

fitness 函数会把交易信号从 0 和 1 转换成−1 和 1，然后计算收益和夏普率。最后取夏普率的负数，因为求解器会最小化 fitness 函数的输出，负数越多代表夏普率越大。最后可以调用 ga 函数，也就是遗传优化算法。

```
options = gaoptimset('Display','iter','PopulationType','bitstring',...
    'PopulationSize',size(pop,1),...
    'InitialPopulation',pop,...
    'CrossoverFcn', @crossover,...
    'MutationFcn', @mutation,...
    'PlotFcns', @plotRules,...
    'Vectorized','on');

[best,minSh] = ga(obj,size(pop,2),[],[],[],[],[],[],[],options)
```

ga 函数的选项可以由 gaoptimset 函数来设置。图 14-17 为多交易信号遗传算法优化收敛的结果。

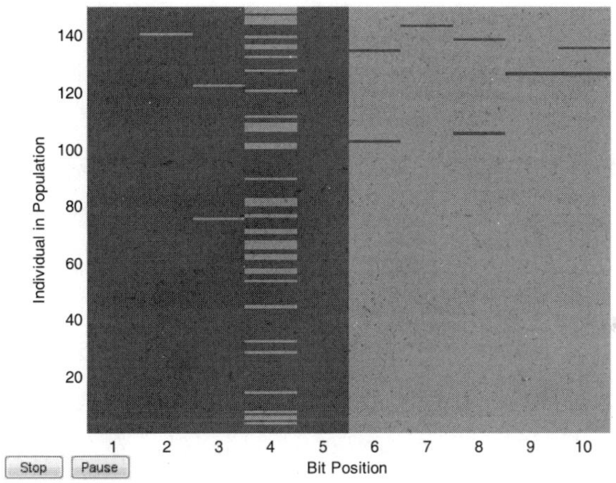

图 14-17　多交易信号遗传算法优化收敛的结果

优化后的最佳信号组合如下。

```
best =

     0     0     0     0     0     1     1     1     1     1
```

这三个策略分别基于 MA（移动平均数）、RSI（相对强弱指数）和 WPR（威廉指数），解读这个信号组合就是 (−MA) and (−RSI) or (WPR)，负号代表取非。把这个最佳组合用于样本外测试数据后，得到如图 14-18 所示的收益曲线，此时收益为 78.2%，明显高于之前的策略，可见采用优化的多交易信号策略可得到更好的收益。

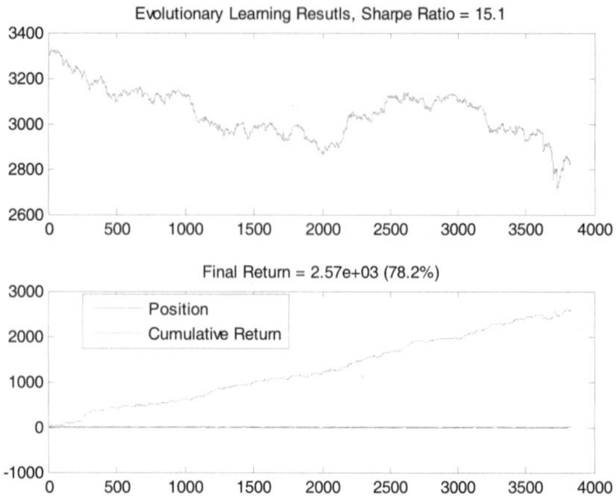

图 14-18　优化后的多交易信号策略收益曲线

14.5　本章小结

统计套利是对无风险套利条件的放松，以增加少量的风险来换取更多的套利机会，使最大损失远小于预期收益。毕竟对于财富的增长，风险只起着阻碍作用，但是没有风险，财富绝不会自动增长。如果稍微多承担一点风险能换来更多的盈利机会，那么这种交换是值得的（主要看风险收益比）。相关联品种各自的价格走势受共同外因的影响，而往往品种本身的因素决定了相对价格（价差或比价）的走势，来自外界的突发性因素对价差的影响不大，因此，对相对价格的走势的分析往往可以忽略外部的不确定因素，只需把握品种本身的供求因素即可，其价差走势相对品种走势更容易把握。这也是套利风险相对较小的原因。

统计套利完全依据对历史数据的统计分析来判断套利机会，会存在一个根本性的局限，即历史数据只能反映过去，而过去所发生的在未来并不一定会发生。历史不能代表未来，但是如果不依靠历史，则对未来一无所知。漫长的历史，是套利者可以用来分析未来的唯一依靠。所以，对待历史数据的正确态度，不是因为看到历史数据的局限性而弃之不用，而是在运用历史数据的同时能采取措施应对它的局限性。在分析历史的基础上，充分结合品种的基本面数据来估计未来相对价格的走势，从而评估套利的可行性。回归均衡关系所需要的时间跨度难以准确预知。这个跨度只能根据历史统计或季节规律性做大致估计。如果预期的目标价差提前到来，则可以提前了结套利离场，或反向进行新的套利。但如果预期的时间超过估计时间段一周、两周或者更长，则会提高套利者的资金使用成本；如果时间太长才回归，那么有可能套利者等不到预期利润的实现就平仓。这样将可能导致套利失败。

因为在未来相当长的一段时间里它们之间还会延续这种偏离又回归的关系，可以利用历史数据进行统计分析，估计出价差的均衡范围，以及偏离均衡范围的时间长度的概率分布与偏离幅度的概率分布，然后根据品种基本面信息与投资者的财务状况，做出是否执行套利的决定。事实上，只要十次套利中有八九次成功，所积累的套利收益就足以弥补一两次套利失败所遭受的亏损，况且每次止损带来的最大损失还远小于单次预期收益。所以，这种套利相对于单向投机来讲，风险很小，而且收益相对稳定，适应于资金量大，且追求稳健性投资的机构投资者。

参考文献

[1] Biais B, Woolley P. High Frequency Trading[M]. London School of Economics, 2011.

[2] David Easley, Marcos Lopez de Prado, Maureen O'Hara. The Volume Clock: Insights into the High Frequency Paradigm[J]. The Journal of Portfolio Management, Forthcoming, Fall, 2012.

[3] Matthew T. Clements, Curbing the Dangers of High-Frequency Trading[D]. St. Edward's University, 2011.

第 15 章　配对交易策略的挖掘与实现

配对交易（Pairs Trading）的理念最早来源于 20 世纪 20 年代华尔街传奇交易员 Jesse Livermore 的姐妹股票对（Sister Stocks）交易策略。他首先在同一行业内选取业务相似，股价具备一定均衡关系的上市公司股票，然后做空近期的相对强势股，同时做多相对弱势股，等两者股价又恢复均衡时，平掉所有仓位，了结交易。该策略与传统股票交易最大的不同之处在于，它的投资标的是两只股票的价差，是一种相对价值而非绝对价值。同时由于它在股票多头方和空头方同时建仓，对冲掉绝大部分市场风险，因而它又是一种市场中性（Market Neutral）策略，该策略收益和大盘走势的相关性很低。

1985 年，Morgan Stanley 公司成立了一支由 Dr. Tartaglia 领导的量化团队，专门开展配对交易的研究，并于 1987 年投入实战，当年实现盈利 5 000 万美元。不过该策略在之后两年连续亏损，研究团队被迫解散，小组成员散落到各家对冲基金，该策略的思想也随之广为市场知晓。经过多年学术机构的研究和市场机构的实战，配对交易的理论框架和配套交易系统都日臻完善。

本章将简要介绍配对交易的相关知识，并介绍配对交易中一种常用的配对选择技术——协整技术。协整技术的关键环节是利用数据回归方法对配对进行检验。协整技术也是基于数据挖掘的一种技术。通过对本章内容的介绍，一方面让读者了解协整配对交易的技术及 MATLAB 实现过程，另一方面也希望读者能够领略数据挖掘技术应用的灵活性和通用性。

15.1　配对交易概述

15.1.1　配对交易的定义

Ganapathy Vidyamurthy 在 *Pairs Trading: Quantitative Methods and Analysis* 一书中定义了配对交易的两种类型：一种是基于统计套利的配对交易；另一种是基于风险套利的配对交易。

基于统计套利的配对交易策略是一种市场中性策略，具体来讲，是指从市场上找出历史股价走势相近的股票进行配对，当配对的股票价差偏离历史均值时，则做空股价较高的股票，同时买进股价较低的股票，等待它们回到长期均衡关系，由此赚取两只股票价格收敛的收益。

基于风险套利的配对交易发生在两个公司兼并时。兼并协议通常确定了兼并所涉及两家公司股票的价值的严格平价关系。在这种情况下价差是对确立的平价关系的偏离程度。如果两个公司之间的兼并是一定的，那么两家公司的股票价格必须满足平价关系，即它们之间的价差为零。但是，通常在兼并宣布之后到兼并成功完成之前存在着一些不确定性，如反垄断监管、代理战、竞争的投标人等。这种不确定性反映为价差非零值。基于风险套利的配对交易正是将这一不确定性视为风险，捕获价差从而获利。

15.1.2 配对交易的特点

配对交易的特点可以总结为如下两点：

（1）配对交易利用两项资产的短暂价格偏离的对称性进行对冲，以获取两项资产的Alpha收益，其核心假设是配对资产的价差具有均值回复性。这种均值回复要首先假设交易者存在非理性行为，即逢高买入、逢低卖出。当市场中存在大量这类想法的交易者时，股票价格会产生上升的惯性，但这种上升惯性仅仅由这一个非理性因素驱动，并没有实际的基本面因素支撑，因而股价很快会跌落。相反，股价下跌的股票也会产生下跌的惯性，当市场的理性因素占据主导地位时，价格又回到原先的水平。而如果交易者能够采用配对交易策略，即可获得这两项资产价格偏离的收益。在实际操作中，其执行过程可以简单地描述为：投资者首先选择相互匹配的两项资产，当配对资产价差增加时，做多价格偏低的资产，同时做空价格偏高的资产，而当价差减小时，则结束头寸，完成交易；同时，为了控制风险，当价差进一步扩大时，需要在适当的止损点结束头寸。

（2）配对交易是一种市场中性的交易策略。当观察到配对的资产的价差增大到一定程度时，对价格上升的资产建立空头，对价格下跌的资产建立多头。在一价定律的作用下，配对资产的价差将很快减小。这时，再买入价格下跌的资产对冲之前建立的空头头寸，同时卖出价格上涨的资产，获取两项资产的收益。就整个过程来看，配对交易在单一资产上都有系统风险和个别风险，但由于头寸始终是相反的，因此系统风险完全对冲，配对交易整体上只承担了配对资产的个别风险。而在一价定律下，价格对于价值的回归使得配对资产的个别风险直接转换为个别收益，这种收益与市场无关。

15.1.3 配对选取步骤

配对交易策略要求配对资产的价格序列具有长期稳定的关系，其实质是捕捉长期均衡过程中两项资产的短暂价格偏离所带来的套利机会。所以，对于配对交易来说，选取配对的对象是关键。

以股票为例，选取股票对的步骤如下。

1）行业划分

为了保证选出的股票对在主营业务上相近，可以对股票按照行业进行划分，即在同一行业内筛选股票对。需要注意的是，行业划分得越细，同行业内公司的“相似度”可能会越高，但相应的行业内个股数目会减少，能筛选出的股票对数目也就越少。因此，行业划分需要把握一定的尺度。

2）收益率相关性

配对的股票在股价走势上应具备一定的正相关性，要求配对的股票的历史收益率的相关系数大于一定的阈值。

3）协整检验

如果两只股票的价差具备上文实例所示的围绕均值上下波动的平稳性，则称两只股票的股价序列是协整的。股价序列的协整性可以通过统计方法来检验。要求两只股票的历史股价序列能通过 95% 置信度的统计检验。需要说明的是，为了满足统计检验的要求，股价序列要先取对数。

4）价差形态过滤

对于满足协整关系的两只股票，进一步要求价差回到均值的速度足够快，两只股票最好交替相对走强，这样会有更多的交易机会。

上述四个步骤都是针对股票历史数据所做的分析，筛选出来的股票对具备实施配对交易的条件，但并不能保证绝对盈利，实际操作中投资者应时刻关注上市公司基本面的变化，一些促发因素会破坏两只股票原有的均衡关系。例如，泸州老窖与五粮液，在整个 2010 年两者的价差基本维持在均值附近上下波动，该股票对可以通过上述四步筛选过程。但进入 2011 年后，泸州老窖的股价相对五粮液一路走高，两者价差呈现单边走强的趋势，不再回归均值。对此，一方面要通过基本面、消息面的分析，尽量避免选取这样的股票对交易；另一方面要设计好交易策略，及时发现价差形态的剧变，以控制风险。

协整检验技术在配对选股过程中是非常关键的一步，15.2 节将重点介绍协整检验的相关技术。

15.2 协整检验的理论基础

15.2.1 协整关系的定义

协整关系是指若两个或多个非平稳的变量序列，经过某种线性组合后呈平稳性，则称这些变量序列间有协整关系存在。为了给出协整关系的精确定义，需要先给出单整的概念。如果一个时间序列$\{y_t\}$在成为稳定序列之前必须经过 d 次差分，则称该时间序列是 d 阶单整，记为$y_t \sim I(d)$。下面可以给出协整关系的精确定义。

设随机向量$\boldsymbol{X}_t$中所含分量均为d阶单整，记为$\boldsymbol{X}_t \sim I(d)$。如果存在一个非零向量$\boldsymbol{\beta}$，使得随机向量$\boldsymbol{Y}_t = \boldsymbol{\beta X}_t \sim I(d-b)$，$b>0$，则称随机向量$\boldsymbol{X}_t$具有 d、b 阶协整关系，记为$X_t \sim CI(d,b)$，向量β称为协整向量。

特别的，y_t和x_t为随机变量，并且$y_t, x_t \sim I(1)$，当$y_t = k_0 + k_1 x_t \sim I(0)$，称$y_t$和$x_t$是协整的，$(k_0, k_1)$称为协整系数。

协整关系的概念是一个强有力的概念，因为协整允许被刻画成两个或多个序列之间的平衡或平稳关系。对于每一个序列，单独来说可能是非平稳的，这些序列的矩，如均值、方差或协方差随时间而变化，而这些时间序列的线性组合序列却可能具有不随时间变化的性质。

协整检验和估计协整线性系统参数的统计理论构成了协整理论的重要组成部分。如果没有它们，那么协整在实践中便会失去其应有的重要作用。常用的协整检验有两种，即 Engle-Granger 两步协整检验法和 Johansen 协整检验法。这两种方法的主要差别在于 Engle-Granger 两步协整检验法采用的是一元方程技术，而 Johansen 协整检验法采用的是多元方程技术。因此，Johansen 协整检验法在假设和应用上所受的限制较少。下面将对这两种方法做简要的介绍。

15.2.2 EG 两步协整检验法

Engle-Granger（EG）两步协整检验法考虑了如何检验一组 $I(1)$ 变量的无协整关系问题，该方法用普通最小二乘法估计这些变量之间的平稳关系系数，然后用单位根检验法来检验残差。拒绝存在单位根的零假设是协整关系存在的证据。下面从最简单的情况开始讨论，设两个变量 y_t 和 x_t 都是 $I(1)$ 序列，考虑下列长期静态回归模型：

$$y_t = \beta_0 + \beta_1 x_t + \varepsilon_t \tag{15-1}$$

对于上述模型的参数，用最小二乘法（OLS 法）给出其参数估计。利用 MacKinnon 给出的协整 ADF 统计量，检验在上述估计下得到的回归方程的残差 e_t 是否平稳（如果 y_t 和 x_t 不是协整的，则它们的任意组合都是非平稳的，因此残差 e_t 将是非平稳的）。也就是说，检验残差 e_t 的非平稳的假设，就是检验 y_t 和 x_t 不是协整的假设。通常，具体方法有如下两种：

使用 ADF 检验长期静态模型中所有变量的单整阶数。协整回归要求所有的解释变量都是一阶单整的，因此，高阶单整变量需要进行差分，以获得 $I(1)$ 序列。

用 OLS 法估计长期静态回归方程，然后用 ADF 统计量检验残差估计值的平稳性。

15.2.3 Johansen 协整检验法

当长期静态模型中有两个以上变量时，协整关系就可能不止一种。此时若采用 EG 两步协整检验法，就无法找到两个以上的协整向量。Johansen 和 Juselius 提出了一种在 VAR（向量自回归）系统下用极大似然估计检验多变量之间协整关系的方法，通常称为 Johansen 协整检验法。具体做法如下。

设一个 VAR 模型：

$$\boldsymbol{Y}_t = \boldsymbol{B}_1 Y_{t-1} + \boldsymbol{B}_2 Y_{t-2} + 6 \ + \boldsymbol{B}_p Y_{t-p} + U_t \tag{15-2}$$

其中，$\boldsymbol{Y}_t$ 为 m 维随机向量，$\boldsymbol{B}_i (i=1,2,6\ ,p)$ 是 $m \times m$ 阶参数矩阵，U_t 是随机扰动项。

对式（15-2）进行差分，可得：

$$\Delta \boldsymbol{Y}_t = \sum \boldsymbol{\Phi}_i \Delta Y_{t-i} + \boldsymbol{\Phi} \Delta Y_{t-p} + U_t \tag{15-3}$$

式（15-3）称为向量误差修正模型（VECM），即一次差分的 VAR 模型加上误差修正项 $\boldsymbol{\Phi}\Delta Y_{t-p}$。设置误差修正项的主要目的是将系统中因差分而丧失的长期信息引导回来。在这里 $\boldsymbol{\Phi}_i = -\left(I - \boldsymbol{B}_1 - 6\ - \boldsymbol{B}_i\right)$，$\boldsymbol{\Phi} = -\left(I - \boldsymbol{B}_1 - 6\ - \boldsymbol{B}_p\right)$。参数矩阵 $\boldsymbol{\Phi}_i$ 和 $\boldsymbol{\Phi}$ 分别是对 $\boldsymbol{Y}_t$ 变化的短

期和长期调整。

$m \times m$ 阶矩阵 $\boldsymbol{\Phi}$ 的秩记为 r，则存在如下三种情况：

$r = m$，即 $\boldsymbol{\Phi}$ 是满秩的，表示 $\boldsymbol{Y}_t$ 向量中各变量皆为平稳序列。

$r = 0$，表示 $\boldsymbol{\Phi}$ 为空矩阵，$\boldsymbol{Y}_t$ 向量中各变量无协整关系。

$0 < r \leqslant m - 1$，在这种情况下，$\boldsymbol{\Phi}$ 矩阵可以分解为两个 $m \times r$ 阶（满列秩）矩阵 $\boldsymbol{\alpha}$ 和 $\boldsymbol{\beta}$ 的积，即 $\boldsymbol{\Phi} = \boldsymbol{\alpha\beta}'$。其中，$\boldsymbol{\alpha}$ 表示对非均衡调整的速度，$\boldsymbol{\beta}'$ 为长期系数矩阵（或称协整向量矩阵），即 $\boldsymbol{\beta}'$ 的每一行 $\boldsymbol{\beta}_i'$ 是一个协整向量，秩 r 是系统中协整向量的个数。尽管 $\boldsymbol{\alpha}$ 和 $\boldsymbol{\beta}$ 本身不是唯一的，但 $\boldsymbol{\beta}$ 唯一地定义一个协整空间。因此，可以对 $\boldsymbol{\alpha}$ 和 $\boldsymbol{\beta}$ 进行适当的正规化。

这样，协整向量的个数可以通过考查 $\boldsymbol{\Phi}$ 的特征根的显著性求得。若矩阵 $\boldsymbol{\Phi}$ 的秩为 r，则说明矩阵 $\boldsymbol{\Phi}$ 有 r 个非零特征根，按大小顺序排列为 $\lambda_1, \lambda_2, 6\ , \lambda_r$。特征根的个数可通过如下两个统计量来计算：

$$\lambda_{\text{trace}} = -T \sum_{i=r+1}^{m} \log(1 - \lambda_i) \tag{15-4}$$

$$\lambda_{\max} = -T \log(1 - \lambda_{r+1}) \tag{15-5}$$

其中，λ_i 是式（15-3）中 $\boldsymbol{\Phi}$ 矩阵特征根的估计值，T 为样本容量。

迹检验为：

$$H_0 : r < m \leftrightarrow H_1 : r = m$$

最大特征根检验为：

$$H_0 : r = q,\ q = 1, 2, 6\ , m \leftrightarrow H_1 : r \leqslant q + 1$$

原假设隐含着 $\lambda_{r+1} = \lambda_{r+2} = 6\ = \lambda_m = 0$，表示此系统中存在 $m - r$ 个单位根，最初先设原假设有 m 个单位根，即 $r = 0$，若拒绝原假设 H_0，则表示 $\lambda_1 > 0$，有一个协整关系；再继续检验有（$m - 1$）个单位根的情况，若拒绝原假设 H_0，则表示有两个协整关系；依次检验直至无法拒绝 H_0 为止。Johansen 与 Juselius 在蒙特卡罗模拟方法的基础上，给出了两个统计量的临界值，目前大多数计量经济软件都直接报告检验结果。关于这一节的具体计算，借助于统计分析软件包，可以很方便地得到计算结果，这里不再介绍。

15.3 配对交易的实现

15.3.1 协整检验的实现

下面介绍一个配对交易的实例来说明配对交易的实现过程。在这个例子中，将分析 Brent Crude（LCO）和 West Texas Intermediate（WTI）这两个原油期货品种之间的配对交易策略。

读取数据后，首先对日间分钟数据进行可视化，如图 15-1 所示。由图 15-1 可以看到，LCO 和 WTI 的价格非常接近，因为都是原油，差别不大，这和预期一致。但可以看到这两个价格序列也是相互交错的，也就是说，有时 LCO 的价格高于 WTI，有时 WTI 的价格高于 LCO，很可能存在配对交易的机会。如果对这两个价格序列最后 11 天的数据利用 EG 法进行协整检验，结果会怎样呢？具体检验代码如下。

```
%关注最后 11 天的数据:
series = [LCO(end-4619 : end, 4) WTI(end-4619 : end, 4)];

ans =0
```

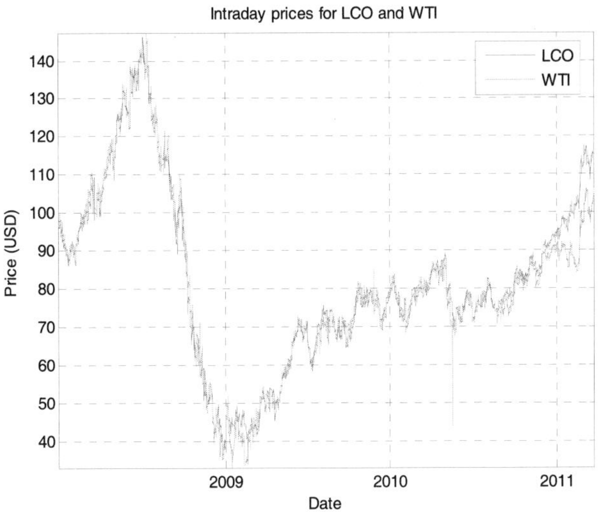

图 15-1 两期货日间数据趋势图

结果是 0，即不存在协整关系，但是如果测试一个更小的时间区域，大约 300 分钟，结果会怎样？

```
[h, ~, ~, ~, reg1] = egcitest(series(1700:2000, :));
display(h)
h =1
```

此时可以发现存在协整关系。这说明协整关系存在与否和选取的时间区域有关。一般基于协整关系的配对交易是在协整关系存在的时间区域，假设实际残差会趋于协整表达式的残差拟合值。一般会设定两个或多个阈值，如果残差绝对值高于大阈值，则认为残差绝对值会变小，两个时间序列的差别会减小。如果残差绝对值低于小阈值，则认为残差绝对值会变大，两个时间序列的差别会增大。所以，时间区域的长度、交易的频率、阈值都是需要确定的参数。

这段代码主要使用 egcitest 进行协整测试和参数（比如残差）拟合，如果前 M 分钟存在协整关系（h 为 1），则对后面 N 分钟计算出协整表达式的残差值 res，并用前 M 分钟的残差 reg1.RMSE 进行归一化，然后与阈值比较产生交易信号。同时做空和做多的比例按协整表达式的系数来决定。

15.3.2 配对交易函数

再来看一下用来实现基于协整关系的配对交易策略的函数 pairs，它的接口如下。

```
varargout = pairs(series2, M, N, spread, scaling, cost)。
```

其中，输入变量 M 是时间区域的长度，单位为分钟；输入变量 N 是交易的频率，单位也是分钟；输入变量 spread 是阈值，它代表协整表达式拟合残差的标准差的倍数，比如 1.5 代表阈值是标准差的 1.5 倍。

pairs 函数的具体代码如下。

```
function varargout = pairs(series2, M, N, spread, scaling, cost)
%该函数返回一组交易信号
%% 处理输入变量
if ~exist('scaling','var')
    scaling = 1;
end

if ~exist('cost','var')
    cost = 0;
end

if ~exist('spread', 'var')
    spread = 1;
end

if nargin == 1
    M = 420;
    N = 60;
elseif nargin == 2
    error('PAIRS:NoRebalancePeriodDefined',...
        'When defining a lookback window, the rebalancing period must
also be defined')
end

warning('off', 'econ:egcitest:LeftTailStatTooSmall')
warning('off', 'econ:egcitest:LeftTailStatTooBig')

%% 扫描整个时间序列的协整关系
s = zeros(size(series2));
indicate = zeros(length(series2),1);

for i = max(M,N) : N : length(s)-N
       try
         [h,~,~,~,reg1] = egcitest(series2(i-M+1:i, :));
    catch
        h = 0;
    end
    if h ~= 0
         res = series2(i:i+N-1, 1) ...
            - (reg1.coeff(1) + reg1.coeff(2).*series2(i:i+N-1, 2));

         indicate(i:i+N-1) = res/reg1.RMSE;

        s(i:i+N-1, 1) = -(res/reg1.RMSE > spread) ...
            + (res/reg1.RMSE < -spread);
        s(i:i+N-1, 2) = -reg1.coeff(2) .* s(i:i+N-1, 1);
    end
```

```
    end

    %% 计算性能统计量
    trades  = [0 0; 0 0; diff(s(1:end-1,:))]; % shift trading by 1 period
    cash    = cumsum(-trades.*series2-abs(trades)*cost/2);
    pandl   = [0 0; s(1:end-1,:)].*series2 + cash;
    pandl   = pandl(:,1)-pandl(:,2);
    r = [0; diff(pandl)];
    sh = scaling*sharpe(r,0);

    if nargout == 0
        %% 绘制结果
        ax(1) = subplot(3,1,1);
        plot(series2), grid on
        legend('LCO','WTI')
        title(['Pairs trading results, Sharpe Ratio = ',num2str(sh,3)])
        ylabel('Price (USD)')

        ax(2) = subplot(3,1,2);
        plot([indicate,spread*ones(size(indicate)),-spread*ones(size
(indicate))])
        grid on
        legend(['Indicator'],'LCO: Over bought','LCO: Over sold',...
            'Location','NorthWest')
        title(['Pairs indicator: rebalance every ' num2str(N)...
            ' minutes with previous ' num2str(M) ' minutes'' prices.'])
        ylabel('Indicator')

        ax(3) = subplot(3,1,3);
        plot([s,cumsum(r)]), grid on
        legend('Position for LCO','Position for WTI','Cumulative
Return',...
            'Location', 'NorthWest')
        title(['Final Return = ',num2str(sum(r),3),' (',num2str(sum(r)/
mean(series2(1,:))*100,3),'%)'])
        ylabel('Return (USD)')
        xlabel('Serial time number')
        linkaxes(ax,'x')
    else
        %% 返回变量
        for i = 1:nargout
            switch i
                case 1
                    varargout{1} = s;           % 信号
                case 2
                    varargout{2} = r;           % 收益 (pnl)
                case 3
                    varargout{3} = sh;          % 夏普率
                case 4
                    varargout{4} = indicate;    % 指标
```

```
            otherwise
               warning('PAIRS:OutputArg',...
                   'Too many output arguments requested, ignoring last
ones');
         end
      end
   end
```

15.3.3 协整配对中的参数优化

为了优化区域的长度、交易的频率、阈值等参数，下面用到第 14 章介绍过的参数扫描函数 parameterSweep。在这个例子中，只对区域的长度和交易的频率进行扫描。

```
   window = 120:60:420;
   freq   = 10:10:60;
   range = {window, freq};
   annualScaling = sqrt(250*7*60);
   cost = 0.01;

   pfun = @(x) pairsFun(x, series, annualScaling, cost);
   tic
   [~,param] = parameterSweep(pfun,range);
   toc

   pairs(series, param(1), param(2), 1, annualScaling, cost)
```

因为是示例，扫描的网格很粗，范围也不大。实际运用中，网格会更细，范围会更大。扫描得出的最优参数和结果（夏普率）如图 15-2 所示，这是对 11 天日间数据进行交易的回测结果。

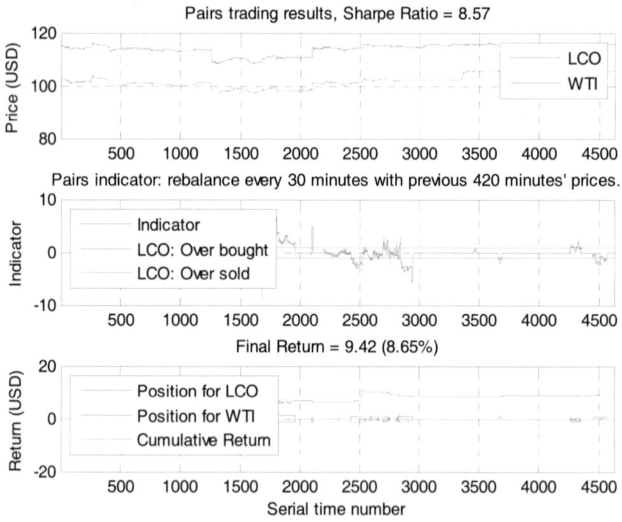

图 15-2 配对交易收益图

15.4　延伸阅读：配对交易的三要素

15.4.1　配对交易的前提

配对交易的前提是卖空机制。卖空机制是市场中性策略的一种，没有卖空机制是不可能执行配对交易的。虽然中国 A 股市场已经有了融资融券机制，但标的证券的种类太少，没有转融通机制，导致能借到证券的数量也不多，所以诸多限制使得配对交易并没有大量兴起。一些券商研究部的金融工程组撰写的报告大多是从理论上进行分析的。相信这一现象会随着市场交易机制的完善而改变。

15.4.2　配对交易的关键

配对交易的关键是构建配对组。广义的配对交易范畴很大，只要有两个风险收益特征非常相似的证券都可以配对。比如，两份交割日不同的沪深 300 股指期货合约可以配对，四川长虹股票和它的权证可以配对，招商银行的 A 股和 H 股可以配对，同一行业内基本面相似的公司（比如中国建设银行和中国工商银行）的股票可以配对。在构建配对组时，既可以按照基本面来分析，比如寻找同一行业内主营业务同质化较高的公司的股票；也可以完全按照统计原理进行筛选，寻找相关系数较高的股票。

15.4.3　配对交易的假设

配对交易的假设是价差（Spread）收敛。根据对历史数据的统计，两只股票的价差是长期稳定的，但稳定性会因投资者"追涨杀跌"的不理性交易而打破，导致价差扩大。这时应同时建立多空头寸，卖空相对高估的股票，买入相对低估的股票，等待价差收敛。价差收敛后，将多空头寸平仓，就可以获得收益。价差收敛是配对交易能否获利的关键假设，这种收敛的假设是根据过去配对股票价差的标准差来判断的，是数量分析的结果。如果某公司的基本面发生了变化，价差就可能会进一步扩大，此时只能清仓止损。一个极端的例子就是在 2008 年下半年将高盛和雷曼兄弟的股票配对。

如果价差是因为上市公司基本面发生了变化而扩大，进而导致交易损失的，则不会促使分析人员关注基本面。从收益特征归类，配对交易策略属于市场中性策略的范畴，但从交易技术归类，它属于统计套利的范畴，所以，它不是基于基本面的。每个配对交易基金都持有很多组配对股票，分布在不同的市场和行业中，所以，总有几只股票价差因基本面因素而扩大，这在投资经理的预期中。

总结：卖空机制、构建配对组和价差收敛是配对交易策略得以执行的条件。对于中国市场而言，如果能够实现日内交易，且交易成本（尤其是隐形成本）能够更低一些，同时能够实现证券的转融通机制，配对交易会更有发展空间。

15.5 本章小结

本章对具有实际应用价值的配对交易策略进行了介绍，其实现思路是，首先对历史数据进行可视化，查看是否有潜在的配对交易机会，当发现可实施配对交易的对象后，利用协整理论对配对进行检验，然后对参数进行优化，最后对整个配对交易策略进行仿真回测，从而确定配对交易策略的盈利水平。

通过本章的实例可以发现，对历史数据进行挖掘而得到的配对交易策略确实是可获利的市场中性策略，并且在合适的临界值下，能获得高于市场表现的收益率，且波动较小，从而具有极大的实际意义。

参考文献

[1] http://bbs.pinggu.org/thread-922841-1-1.html.

第 16 章　基于 Wind 数据的程序化交易

股票预测是指以准确的调查统计资料和股市信息为依据，从股票市场的历史、现状和规律性出发，运用科学的方法，对个股或大盘的未来走势做出预测。在金融系统的预测研究中，股票预测是一个非常热门的课题。这是因为股票市场具有高收益与高风险并存的特性。随着股市的发展，人们在不断地探索其内在规律，对于股市规律的认识逐步加深，进而产生各种各样的股市预测方法。但是，股票市场作为一种影响因素众多、各种不确定性共同作用的复杂的巨系统，其价格波动往往表现出较强的非线性的特征。本章将介绍以股票的日交易数据为基础，利用数据挖掘技术对股票进行预测，以及由此形成的股票程序化交易的技术框架。

16.1　程序化交易概述

16.1.1　程序化交易的定义

程序化交易，简言之就是所有通过计算机软件程序自动下单的交易。

统计显示，程序化交易在纽约证券交易所交易量中占比已经超过 30%，利用计算机程序及一些数量化指标进行短线交易在国外已经大行其道。程序化交易不仅适用于股票交易领域，在固定收益产品、外汇、期货、期权等对冲基金偏好投资的领域，程序化交易有着更广泛的用途。长期资本管理公司（LTCM）和文艺复兴基金是人们熟知的利用模型进行交易的典范，此外，还有更多的中小型对冲基金在衍生品领域进行程序化交易。

程序化交易之所以占据着重要的地位，是因为它具有如下优点：

（1）计算机能够持续稳定、精确严格地按原则工作，能够大规模地进行数据处理，而人灵活有余、原则不足且不能长时间地工作。

（2）人常会犯一些主观性的错误，而且犯了错误也不愿意纠正，而计算机会按照既定的规则去处理错误信号发出的指令和生成的持仓。

（3）市场有着无可比拟的高效率和丰富的市场机会（短线、中线、长线甚至 $T+0$）。由于对行业和品种认识的局限性，自然人不能精通每一个品种，而每个品种都有活跃期和萎靡期，只有选择在活跃期跟踪交易这个品种，才能取得良好收益，有了捕捉市场趋势的程序就能很好地解决这一问题。

当然，程序化交易也有如下缺点：

（1）大部分程序化交易系统是为了追随趋势而编写的，比较注重技术分析，但技术分析一般滞后于价格变化，这样就会导致在区间震荡行情中如果进行频繁交易，则可能会出现连续亏损的现象。

（2）难以确定头寸规模的大小。随着技术的不断提升和经验的不断积累，这些缺点也在逐渐被改进。所以，总的来说，程序化交易在现代交易中具有非常显著的优势。

16.1.2　程序化交易的实现过程

1）交易模型的建立

交易模型的建立和测评是分不开的。交易模型的建立需要通过无数次的测评来修正。一个交易模型的建立过程大概分为如下几个步骤：

（1）交易策略的量化。任何一个交易策略，如果无法量化，那么最终将无法形成交易模型。因为计算机只知道 1 和 0，无法量化的东西，如所谓的盘感，很难编写为交易模型。需要量化的内容包括交易的品种、交易的分析周期、具体的进出场策略、配套的风险和资金管理手段等。

（2）交易策略的图形化。把交易策略图形化，其实就是在自编技术指标。这里的经典技术指标，包括均线 MA、MACD、KDJ 等。所有的这些技术指标都是将一堆不直观的数字，通过图形来直观地表达。同样，可以将交易策略通过自编技术指标来表达。例如，可以把 K 线变红、变绿的标准修改为做多或做空的条件，而不是传统意义上的收盘价和开盘价的大小关系。

（3）交易策略的程序化。有了图形化的自编技术指标，虽然也可以帮助分析人员判断交易方向，但分析人员往往还是控制不住那双正在交易的手，于是本来该做多的地方做空了，造成了一连串不必要的损失。所以，图形化之后，分析人员还需要将交易策略程序化，即满足条件直接进行自动交易。除非把交易模型关掉，否则计算机将一丝不苟地严格贯彻交易策略。

2）交易模型的测评

交易模型的测评是建立在统计学基础上的。因为交易模型建立好后需要在历史行情中进行测试，测试的样本量越大，测试结果的可信度才越高。当然，历史不只是简单的重复，程序是否可行还要通过行情来检验，并且还应该根据分析人员的交易经验和实时的行情状况对交易模型不断进行修正和微调。因为市场总在变化，十年前电子化交易尚未普及，人们还在手绘 K 线图，当时的交易主体是哪些人呢？他们现在还活跃在这个市场中吗？现在电子化交易正在迅速普及，现在的交易主体又是谁呢？很显然交易主体变了，市场也变了，谁知道再过十年的交易主体又会是谁呢？想要“一招鲜，吃遍天”，那么财富梦想只会被这个不断变化的市场无情地击碎。任何一个模型只有经过充分的测试才能用于实战，仅仅经过短期行情测试的高收益交易模型是经不起时间检验的，一定要进行多品种测试，好的交易模型在 70%的品种上应该都是有效的。否则，就应该重新进行交易策略的设计。

好的交易模型都有很强的实用性，但不一定很复杂。交易模型建立初期分析人员可以从经典的技术指标开始尝试编写，针对自己的交易性格，选择合适的模型，千万不要所有指标一起上，顾此失彼，效果反而不好。

通常用如下几个指标对交易模型进行测评：

（1）胜率。这就好比你去买彩票，彩票的大奖是 1 万元，获奖率可能只有 30%。彩票卖 1 000 元一张。你会不会去买？如果你有 1 万元，那么你可能愿意参加这个游戏。可是如果你只有 1 000 元钱呢？所以，单纯地追求高胜率是没有意义的，程序化交易主要是以大的盈利来弥补若干小的亏损，从而获得盈利，要知道，每一次的亏损其实就是获取盈利的成本。所以，不要去追求过高的胜率。首先，你必须保证有足够的本金去参与这场游戏，否则胜率就算是 80%，你也不一定能参加。往往盈利的交易模型的胜率并不一定超过 40%，确保你有足够的钱和稳定的盈利才是最重要的。

（2）盈亏比。盈亏比就是平均每笔盈利和亏损之比。高胜率的模型不一定赚钱，低胜率的模型也不一定赔钱。测试报告中的胜率只是名义胜率，实际胜率=名义胜率×盈亏比。它才是衡量交易模型好坏的真正标准。

（3）连续亏损次数和最大资金回撤比例。连续的亏损会让人心碎，试想你明明知道这个交易策略一定会赚钱，可是它让你连续亏损了 10 次，资金也从峰值回落了 40%，你还能坐得住吗？所以，不要选择不合适的模型，即使它 100%能赚钱。

（4）最终收益率。并不是收益率越高，交易模型就越好，往往是极端行情造就了极端收益。暴利可能会引发暴亏，这种模型不一定有实用价值，需要综合考量它。做交易就和做人一样。有多少暴发户会有很好的收场？好的交易模型靠的并不是暴利，而是持续稳定的盈利。

3）交易模型的执行

好的心态是做好交易更高层次的要求，使用程序化交易也是为了尽可能消除心态的起伏和人性的弱点对于最终交易结果的不良影响。有好的交易模型就一定能盈利吗？很多人往往对此有误解，为什么？交易模型确实可以辅助人们克服心魔，但它只是一个供你使用的工具，一段时间内交易模型表现不好，你完全有可能把它停掉，然后开始主观地操作。究其原因，还是对自己的交易模型没有信心，总是患得患失，内心终日被贪婪和恐惧缠绕着，最终在胜利到来前做出错误的决定，从而功亏一篑。分析人员必须和自己的模型成为朋友，可以随时和它对话，信任它。当经过无数次测试和修改后最终确定的交易模型是实用并且有效的，就要严格执行它，而不要为交易模型所带来的收益的一时好坏所迷惑，相信模型，远离市场。如果有条件，最好将模型的设计及建立和最终下单交易的工作分开，由不同的人分工合作，共同完成整个交易。

模型设置好后，不要今天修改交易品种，明天修改分析周期。程序化交易是一个系统的过程，要经过一段时间才能有效果，正所谓“欲速则不达”。

16.1.3 程序化交易的分类

程序化交易包括趋势交易、套利交易、算法交易和高频交易，如图 16-1 所示。

图 16-1　程序化交易分类示意图

（1）趋势交易是交易的基础，简言之就是依据价格的变化方向而进行的交易。

（2）套利（Arbitrage）交易，主要指无风险套利或者风险极其微小的套利交易。

（3）算法交易在交易中的作用主要体现在交易的执行方面，具体包括智能路由、降低冲击成本、提高执行效率、减少人力成本和增加投资组合收益等方面。最基本的交易算法，旨在进行股票买卖时，根据历史交易量而进行交易，以尽量降低该交易对市场的冲击。

（4）高频交易（High-Frequency Trading），指通过极高速的超级计算机，在极短时间内进行大量交易，既可抢先于一般投资者下单，也可在下单后不到一秒的时间便撤销交易指令，从而试探市场反应或扰乱市场资讯。

16.2　数据的处理及探索

16.2.1　获取股票日交易数据

为了能实现对股票的预测，最基本的也是不可或缺的条件是有每一只股票的每日交易的日线数据，即包括日期、开盘价、最高价、最低价、收盘价和成交量六个基本变量。当然，获取股票日线数据的方法很多，由于所有的程序都是在 MATLAB 中实现的，所以这里依然通过 MATLAB 来获取交易数据。由于 Wind 的数据质量较好，所以在实际交易中，希望利用 Wind 的交易数据来实现。在第 4 章中，已经介绍了用 MATLAB 从 Wind 中获取数据的基本方法，此处的关键是如何批量、自动地获取交易数据。具体的实现过程如 P16-1 所示。

程序编号	P16-1	文件名称	Dms1_data.m	说明	读取股票交易数据

```
%% step1:  获取交易数据
clc, clear, close all
%% 启动 Wind 数据接口
w=windmatlab;
w.menu;
stime = '2013-01-02';
etime = '2016-04-27';
%% 获取深市数据
disp('正在获取深市数据');
n=0;
k1='00000';    k2='0000';    k3='000';    k4='00';
name_h='sz';
% Start a waitbar
hBar = waitbar(0,'正在获取深市数据');
```

```
tic
for i=1:2790 % 1:2790
   % 定义深圳主板股票代码
    d=num2str(i);
    if i<10
        kk=[k1,d];
    elseif (10<=i)&&(i<100)
        kk=[k2,d];
    elseif (100<=i)&&(i<1000)
        kk=[k3,d];
    elseif (1000<=i)&&(i<10000)
        kk=[k4,d];
    end
    tail='.sz';
    whole=[kk,tail];

  % 获得股票交易数据
  [wdata,wcodes,wfields,wtimes,werrorid,wreqid]    =    w.wsd(whole,
'open,high,low,close,volume,turn,amt,dealnum', stime,etime);
  if isa(wdata,'numeric')==1 && isequal(mat2str(wdata(2)), 'NaN')==0;
        n=n+1;
        cdata=wdata;
        % 保存数据
        name_t=kk;
        table_name=strcat(name_h, name_t);
        save(['Data\',table_name], 'cdata');
  else
        continue
  end
  clear kk whole wdata wcodes wfields wtimes werrorid wreqidd1
name_t table_name
   if mod(i , 10) == 0
        waitbar(i/2790,hBar,sprintf('Processed %d files out of %d' ,
i , 2790));
    end

end
% Close the waitbar
delete(hBar);
clear k1 k2 k3 k4;
t1=toc;
disp(['获取深市数据的时间:' num2str(t1)]);

%% 获取沪市数据
% disp('正在获取沪市数据');
n1=0;
k1='60000';   k2='6000';   k3='600';   k4='60';
name_h='sh';
% Start a waitbar
```

```
    hBar = waitbar(0,'正在获取上证数据');
    tic
    for i=0:3918 % 上市股票代码段 0--3918
       % 定义深圳主板股票代码
        d=num2str(i);
        if i<10
            kk=[k1,d];
        elseif (10<=i)&&(i<100)
            kk=[k2,d];
        elseif (100<=i)&&(i<1000)
            kk=[k3,d];
        elseif (1000<=i)&&(i<10000)
            kk=[k4,d];
        end
        tail='.SH';
        whole=[kk,tail];
         % 获得股票交易数据
      [wdata,wcodes,wfields,wtimes,werrorid,wreqid]    =    w.wsd(whole,
'open,high,low,close,volume,turn,amt,dealnum', stime,etime);
      if  isa(wdata,'numeric')==1 &&  isequal(mat2str(wdata(2)), 'NaN')==0;
            n1=n1+1;
            cdata=wdata;
            % 保存数据
            name_t=kk;
            table_name=strcat(name_h, name_t);
            save(['Data\',table_name], 'cdata');
      else
            continue
      end
       if mod(i , 10) == 0
            waitbar(i/3918,hBar,sprintf('Processed %d files out of %d' ,
i , 3918));
        end
       clear  kk  whole  wdata  wcodes  wfields  wtimes  werrorid  wreqidd1
name_t table_name
    end
    delete(hBar);
    clear k1 k2 k3 k4;
    t2=toc;
    disp(['获取上证数据的时间:' num2str(t2)]);

    %% 获取创业板的数据
    % disp('正在获取创业板数据');
    n2=0;
    k1='30000';    k2='3000';    k3='300';    k4='30';
    name_h='sz';
    % Start a waitbar
    hBar = waitbar(0,'正在获取创业板数据');
    tic
```

```
    for i=1:468  % 其他股票数据量较少 1-468
       % 定义深圳主板股票代码

        d=num2str(i);
        if i<10
            kk=[k1,d];
        elseif (10<=i)&&(i<100)
            kk=[k2,d];
        elseif (100<=i)&&(i<1000)
            kk=[k3,d];
        elseif (1000<=i)&&(i<10000)
            kk=[k4,d];
        end
        tail='.SZ';
        whole=[kk,tail];
        % 获得股票交易数据
      [wdata,wcodes,wfields,wtimes,werrorid,wreqid]    =    w.wsd(whole,
'open,high,low,close,volume,turn,amt,dealnum', stime,etime);
      if isa(wdata,'numeric')==1 && isequal(mat2str(wdata(2)), 'NaN')==0;
            n2=n2+1;
            cdata=wdata;
            % 保存数据
            name_t=kk;
            table_name=strcat(name_h, name_t);
            save(['Data\',table_name], 'cdata');
      else
            continue
      end
       if mod(i , 10) == 0
            waitbar(i/468,hBar,sprintf('Processed %d files out of %d', i,
468));
        end
      clear kk whole wdata wcodes wfields wtimes werrorid wreqidd1
name_t table_name
    end
    delete(hBar);
    clear k1 k2 k3 k4;
    t3=toc;
    disp(['获取创业板数据的时间:' num2str(t3)]);
```

执行该程序的结果是得到 A 股股票的交易数据，并将这些数据保存到 Data 文件夹下，为随后的进一步挖掘提供必要的数据支持。

16.2.2 计算指标

为了能够较准确地刻画每只股票，需要用一些指标去描述这些股票的特征。历史上很多技术分析大师已经发明或设计了无数的股票技术指标，所以，可以直接从中筛选一些典型指标。经过对股票常用技术指标的筛选，最后确定了如表 16-1 所示的指标。

表 16-1 程序中所使用的指标（衍生变量）

指标标记	指标名称	计算方法
s_x1	当日涨幅	(当日收盘价−前第 n 日收盘价)/前第 n 日收盘价×100%
s_x2	2 日涨幅	
s_x3	5 日涨幅	
s_x4	10 日涨幅	
s_x5	30 日涨幅	
s_x6	10 日涨跌比率 ADR	10 日内股价上涨天数之和/n 日内股价下跌天数之和
s_x7	10 日相对强弱指标 RSI	RSI=100×RS/(1+RS),RS=n 日的平均上涨点数/n 日的平均下跌点数
s_x8	当日 K 线值	(收盘价−开盘价)/(最高价−最低价)
s_x9	3 日 K 线值	(收盘价−3 日前开盘价)/(3 日内高价−3 日内最低价)
s_x10	6 日 K 线值	(收盘价−6 日前开盘价)/(6 日内高价−6 日内最低价)
s_x11	6 日乖离率（BIAS）	[(当日收盘价−6 日平均价)/6 日平均价]×100%
s_x12	10 日乖离率（BIAS）	[(当日收盘价−10 日平均价)/10 日平均价]×100%
s_x13	9 日 RSV	(n 日收盘价−n 日最低价)/(n 日最高价−n 日最低价)×100%
s_x14	30 日 RSV	
s_x15	90 日 RSV	
s_x16	当日 OBV 量比	n 日 OBV/5 日 OBV
s_x17	5 日 OBV 量比	
s_x18	10 日 OBV 量比	
s_x19	30 日 OBV 量比	
s_x20	60 日 OBV 量比	
s_y	分类指标	根据未来 1 日与 3 日涨幅来确定 s_y 为 1 或−1

具体计算股票指标的程序如 P16-2 所示。计算指标在数据挖掘中相当于衍生变量，这样即可由原始的数据得到不同的指标，从而更有效地对股票进行描述。

程序编号	P16-2	文件名称	Dms2_indexs.m	说明	计算股票指标

```
%% 基于数据挖掘技术的程序化选股 step2:股票指标计算
clc, clear, close all
% 参数定义
stn=0; % 股票总个数
train_num=0; % 训练样本记录条数
forecast_num=0; % 预测样本记录条数
good_s_n=0; % 好股票记录个数
bad_s_n=0; % 坏股票记录个数
common_s_n=0; % 一般股票的个数

%% 统计数据文件个数(股票个数)
dirname = 'Data';
files = dir(fullfile(dirname, '*.mat'));
SN = length(files);
disp(['股票个数:' num2str(SN)]);
tsn = 0;
tic;
```

```
% Start a waitbar
hBar = waitbar(0,'正在计算指标');

for i=1:SN
   % 读取数据文件名
   filename = fullfile(dirname, files(i).name);
 load(filename);
  P0 = cdata;
  P= sortrows(P0, -1);
   %将成交量为 0 的行删除
    [m,n]=size(P);
     ii=1;
     for iii=1:m
        if P(ii,6)==0 || isequal(mat2str(P(ii,6)), 'NaN')==1
           P(ii,:)=[];
        else ii=ii+1;
        end
     end
  % 将开盘有效天数少的股票删除
 [m_r0,n1_c0]=size(P);
 if m_r0<120
     continue;
 end
  % 记录有效股票的数量
  stn=stn+1;

  %% 指标计算
   for h=1:20
        [m_r1,n1_c1]=size(P);
        if h==2||h==3||(m_r1-h)<=100
           continue
        end

      % s_x1: 当日涨幅
      s_x1=100*(P(h,5)-P(h+1,5))/P(h+1,5);

      % s_x2: 2 日涨幅
      s_x2=100*(P(h,5)-P(h+2,5))/P(h+2,5);

      % s_x3: 5 日涨幅
      s_x3=100*(P(h,5)-P(h+5,5))/P(h+5,5);

      % s_x4: 10 日涨幅
      s_x4=100*(P(h,5)-P(h+10,5))/P(h+10,5);

      % s_x5: 30 日涨幅
      s_x5=100*(P(1,5)-P(h+30,5))/P(h+30,5);
```

```
        % s_x6: 10 日涨跌比率 ADR
        % s_x7: 10 日相对强弱指标 RSI
        rise_num=0; dec_num=0;

      for j=1:10
        rise_rate=100*(P(h+j-1,5)-P(h+j,5))/P(j+h,5);
              if rise_rate>=0
                  rise_num=rise_num+1;
              else
                  dec_num=dec_num+1;
              end
      end
          s_x6=rise_num/(dec_num+0.01);
          s_x7=rise_num/10;

          % s_x8: 当日 K 线值;
          % s_x9: 3 日 K 线均值
          % s_x10: 6 日 K 线均值
          s_kvalue=zeros(1,6);
     for j=1:6
      s_kvalue(j)=(P(h+j-1,5)-P(h+j-1,2))/...
         ((P(h+j-1,3)-P(h+j-1,4))+0.01);
     end
          s_x8=s_kvalue(1);
          s_x9=sum(s_kvalue(1,1:3))/3;
          s_x10=sum(s_kvalue(1,1:6))/6;

          % s_x11: 6 日乖离率(BIAS)
          % s_x12: 10 日乖离率(BIAS)
          s_x11=(P(h,5)-sum(P(h:h+5,5))/6)/(sum(P(1:h+5,5))/6);
          s_x12=(P(h,5)-sum(P(h:h+9,5))/10)/(sum(P(1:h+9,5))/10);

          % s_x13: 9 日 RSV
          % s_x14: 30 日 RSV
          % s_x15: 90 日 RSV
    s_x13=(P(h,5)-min(P(h:h+8,5)))/(max(P(h:h+8,5))-min(P(h:
h+8,5)));
    s_x14=(P(h,5)-min(P(h:h+29,5)))/(max(P(h:h+29,5))-min(P(h:
h+29,5)));
    s_x15=(P(h,5)-min(P(h:h+89,5)))/(max(P(h:h+89,5))-min(P(h:
h+89,5)));

          % s_x16: OBV 量比
          % s_x17: 5 日 OBV 量比
          % s_x18: 10 日 OBV 量比
          % s_x19: 30 日 OBV 量比
          % s_x20: 60 日 OBV 量比
          s_x16=sign(P(h,5)-P(h+1,5))*P(h,6)/(sum(P(h:h+4,6))/ 5);
```

```
            OBV_5=0;  OBV_10=0; OBV_30=0; OBV_60=0;

            for j-1:5
               OBV_5=sign(P(h+j-1,5)-P(h+j,5))*P(h+j-1,6)+OBV_5;
            end
            s_x17=OBV_5/(sum(P(h:h+4,6))/5);

            for j=1:10
               OBV_10=sign(P(h+j-1,5)-P(h+j,5))*P(h+j-1,6)+OBV_ 10;
            end
            s_x18=OBV_10/(sum(P(h:h+9,6))/10);

            for j=1:30
               OBV_30=sign(P(h+j-1,5)-P(h+j,5))*P(h+j-1,6)+OBV_ 30;
            end
            s_x19=OBV_30/(sum(P(h:h+29,6))/30);

            for j=1:60
               OBV_60=sign(P(h+j-1,5)-P(h+j,5))*P(h+j-1,6)+OBV_ 60;
            end
            s_x20=OBV_60/(sum(P(h:h+59,6))/60);

      %收集预测数据
      if h==1
         forecast_num=forecast_num+1;
         forecast_sample(forecast_num,:)=[str2double(files(i).
name(3:8)),s_x1,...
            s_x2, s_x3, s_x4, s_x5, s_x6, s_x7, s_x8, s_x9, s_x10,
s_x11, ...
            s_x12, s_x13, s_x14, s_x15, s_x16, s_x17, s_x18, s_x19,
s_x20];
         continue;
      end
      % 判断好坏股票
      s_y=0;
      rise_1=100*(P(h-1,5)-P(h,5))/P(h,5);
      rise_2=100*(P(h-3,5)-P(h,5))/P(h,5);

        if rise_2>=5
          s_y=1;
          good_s_n=good_s_n+1;
        elseif rise_2<=-5
          s_y=-1;
          bad_s_n=bad_s_n+1;
        else
          common_s_n=common_s_n+1;
        end

      % 收集训练样本
      train_num=train_num+1;
```

```
      train_s1(train_num,:)=[str2double(files(i).name(3:8)),s_x1,
s_x2,...
          s_x3, s_x4, s_x5, s_x6, s_x7, s_x8, s_x9, s_x10, s_x11,
s_x12,...
          s_x13, s_x14, s_x15, s_x16, s_x17, s_x18, s_x19, s_x20, s_y];

       end  % for h
       if mod(i , 10) == 0
            waitbar(i/SN,hBar,sprintf('Processed %d files out of %d' ,
i , SN));
        end

      clear  P0 cdata P

    end
    % Close the waitbar
    delete(hBar);

    s2t1=toc;
    disp(['计算指标时间:' num2str(s2t1)]);
    %% 挑选样本
    disp('开始挑选样本...')
    clc
    part_num = min([good_s_n, bad_s_n, common_s_n]);
    [m_rt1, n_rt1]=size(train_s1);
    good_p_n=0; bad_p_n=0; common_p_n=0;
    g_sample=[]; c_sample=[]; b_sample=[];
    for i=1:m_rt1
        if train_s1(i,22)==1
            if good_p_n>=part_num
                continue;
            end
            good_p_n=good_p_n+1;
            g_sample(good_p_n,:)=train_s1(i,:);

        elseif train_s1(i,22)==0
            if common_p_n>=part_num
                continue;
            end
            common_p_n=common_p_n+1;
            c_sample(common_p_n,:)=train_s1(i,:);

         elseif train_s1(i,22)==-1
            if bad_p_n>=part_num
                continue;
            end
            bad_p_n=bad_p_n+1;
            b_sample(bad_p_n,:)=train_s1(i,:);
         end
```

```
    end

    % PTSX0=[g_sample; c_sample; b_sample];
    PTSX0=[g_sample; b_sample];

    if size(PTSX0)==0
        disp('没有符合条件的数据样本')
    else
    %保存训练样本和预测样本
    xlswrite('A_train.xlsx',  PTSX0,  'sheet1',['A1:X'  num2str(3*part_
num)]);
    xlswrite('A_forecast.xlsx',  forecast_sample,  'sheet1',['A1:W'
num2str(forecast_num)]);
    end
```

该程序执行的结果是产生如下两个数据文件：

（1）历史上好、坏及一般股票的样本数据文件 A_train.xlsx，该文件中的数据主要用于训练模型。

（2）当日所有股票的指标文件 A_forecast.xlsx，该文件中的数据主要用于预测未来股票的涨跌潜力。

16.2.3 数据标准化

数据标准化的目的是消除变量间的量纲（单位）影响和变异大小因子的影响，使变量具有可比性。这里将用均值方差归一化法来对数据进行标准化，具体程序如 P16-3 所示。

程序编号	P16-3	文件名称	Dms3_norm.m	说明	数据标准化

```
    %% 基于数据挖掘技术的程序化选股 step3:数据标准化
    %% 读取数据
    clc, clear, close all
    PTSX0=xlsread('A_train.xlsx', 'Sheet1');
    forecast_sample=xlsread('A_forecast.xlsx', 'Sheet1');
    tic;
    %%  训练样本归一化
    [sxn1,sxm1]=size(PTSX0);
     SS_X=PTSX0;
     S_X_T(:,1)=PTSX0(:,1);
     S_X_T(:,22)=PTSX0(:,22);
      for k=2:sxm1-1
          %基于均值方差的处理离群点数据最大、最小归一化
          for j=1:sxn1
          xm2=mean(SS_X(:,k));
          std2=std(SS_X(:,k));
          if SS_X(j,k)>xm2+2*std2
                S_X_T(j,k)=1;
          elseif SS_X(j,k)<xm2-2*std2
                S_X_T(j,k)=0;
```

```
        else
                S_X_T(j,k)=(SS_X(j,k)-(xm2-2*std2))/(4*std2);
        end
        end
    end
  xlswrite('B_train.xlsx', S_X_T, 'sheet1','A1');

  %% 预测样本归一化
  [sxn2,sxm2]=size(forecast_sample);
   SS_X=forecast_sample;
   S_X_F(:,1)=forecast_sample(:,1);
     for k=2:sxm2
        for j=1:sxn2
        xm2=mean(SS_X(:,k));
        std2=std(SS_X(:,k));
        if SS_X(j,k)>xm2+2*std2
              S_X_F(j,k)=1;
        elseif SS_X(j,k)<xm2-2*std2
              S_X_F(j,k)=0;
        else
              S_X_F(j,k)=(SS_X(j,k)-(xm2-2*std2))/(4*std2);
        end
        end
     end
  %保存归一化之后的数据
  xlswrite('B_forecast.xlsx', S_X_F, 'sheet1','A1');
  s3t1=toc;
  disp(['数据归一化时间:' num2str(s3t1)]);
  %% 说明：程序中所用的归一化方法为均值方差法
```

执行此段程序后，训练样本和预测样本都被标准化，且分别被保存在 B_train.xlsx 和 B_forecast.xlsx 两个文件中。

16.2.4 变量筛选

标准化后的数据可以直接用于训练模型，但并不确定这些变量是否都有效，如果变量有效性差，则需要处理的数据量很大，还会影响模型的准确度，因为相关性差或数据质量差的变量有稀释模型的作用，所以，一般会对变量进行进一步的筛选。

此处将用数据相关性分析方法来确定变量之间的相关性，并定义一个相关系数阈值，来最终筛选出效果显著的变量，具体程序如 P16-4 所示。

程序编号	P16-4	文件名称	Dms4_select.m	说明	变量筛选

```
  %% 基于数据挖掘技术的程序化选股 step4：变量筛选
  %% 读取变量信息
  clc, clear, close all
  tdata=xlsread('B_train.xlsx');
  fdata=xlsread('B_forecast.xlsx');
```

```
    [rn, cn]=size(tdata);
    A=tdata(:, 2:cn);

    %% 计算并显示相关系数矩阵
    covmat = corrcoef(A);
    varargin = {'x1','x2','x3','x4','x5','x6','x7','x8','x9','x10',...
        'x11','x12','x13','x14','x15','x16','x17','x18','x19','x20',
'y'};
    figure;
    x = size(covmat, 2);
    imagesc(covmat);
    set(gca,'XTick',1:x);
    set(gca,'YTick',1:x);
    % if nargin > 1
        set(gca,'XTickLabel',varargin);
        set(gca,'YTickLabel',varargin);
    % end
    axis([0 x+1 0 x+1]);
    grid;
    colorbar;
    %% 选择相关性较强的变量
    covth = 0.2;
    c1 = covmat(cn-1, 1:(cn-2));
    vid = abs(c1)>covth;
    idc=1:cn;
    A1=A(:,1:(cn-2));
    A2=A1(:,vid);
    stdata = [ tdata(:,1),A2, tdata(:,cn)];
    B = fdata(:,2:(cn-1));
    B1= B(:,vid);
    sfdata = [fdata(:,1), B1];
    xlswrite('C_train.xlsx', stdata);
    xlswrite('C_forecast.xlsx', sfdata);
    %% 说明：变量筛选的依据为变量相关性
```

执行该段程序，会得到变量间的相关系数矩阵及相关系数图（见图 16-2）。从该图中可以看出，$x1$～$x20$ 与 y 的相关性有显著差异，分析人员需要通过相关性分析来找到与 y 相关性比较强的变量。

设定一个相关系数阈值，可由这个阈值来确定选取哪些变量。这里阈值取 0.2，这样相关系数的绝对值大于 0.2 的变量都被选中。程序执行完成后，可以从数据文件 C_train.xlsx 和 C_forecast.xlsx 中看出，有 7 个变量被选中，如表 16-2 所示。在表 16-2 中，第一列是股票编号，后面 7 列是被选中的变量值，最后一列是分类变量，用于描述是否是好股票。

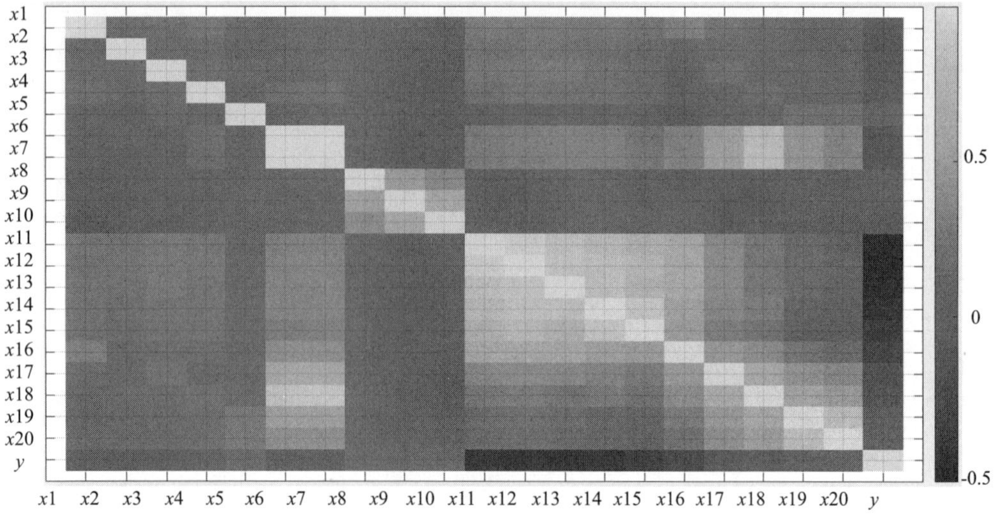

图 16-2　变量相关系数图

表 16-2　经变量筛选后的训练模型数据样本（从 C_train.xlsx 中截取）

股票编号	变　量　值							分类变量
600000	0.057 729	0	0.176 912	0.182 036	0.172 138	0.327 316	0.577 22	1
600000	0.099 809	0	0.183 633	0.194 076	0.185 32	0.312 723	0.566 702	1
600000	0	0	0.180 816	0.191 26	0.182 237	0.387 74	0.413 558	1
600000	0	0	0.176 912	0.187 356	0.177 963	0.391 866	0.276 753	1
600000	0.264 677	0.405 854	0.314 821	0.313 004	0.319 356	0.323 699	0.784 062	1
600000	0.848 646	0.980 947	0.582 796	0.628 693	0.684 834	0.741 097	0.930 416	1
600000	0.242 911	0.205 304	0.216 653	0.197 356	0.185 469	0.370 497	0.822 996	1
600000	0.325 599	0.187 478	0.251 07	0.237 901	0.232 408	0.339 079	0.911 664	1

16.3　模型的建立及评估

16.3.1　股票预测的基本思想

股票预测方法有多种，这里将利用分类的思想对股票进行预测。分类是在已有数据的基础上，根据各个对象的共同特性，构造或通过学习生成一个分类函数或分类模型，利用这个分类模型把其他数据映射到给定的类别中的过程。数据挖掘中相关的分类方法有很多，较常用的有决策树、支持向量机、神经网络等。这里将使用神经网络来训练分类器，使其对样本的区分度达到最大，此时得到的模型就可以用来预测。比如计算某股票当日所有指标变量后将变量值代入该模型中，即可预测该股票未来的走势分别属于这两类的可能性。

16.3.2　模型的训练及评价

到目前为止，所有的数据准备工作都完成了，接下来，利用分类算法对训练样本训练并实现预测的效果。这里运用 MATLAB 自带的神经网络工具箱中的函数进行训练，具体程序如 P16-5 所示。

程序编号	P16-5	文件名称	Dms5_forecast.m	说明	训练神经网络并进行模型评估

```
%% 基于数据挖掘技术的程序化选股 step5: 训练神经网络并进行模型评估
%% 读入数据
clc, clear, close all
stdata=xlsread('C_train.xlsx');
sfdata=xlsread('C_forecast.xlsx');
[rn, cn]=size(stdata);
P_X=stdata(:,2:(cn-1));
P_Y=stdata(:,cn);
P1_X=sfdata(:,2:(cn-1));
% 数据转置
p_net=P_X';
t_net=P_Y';
p1_net=P1_X';

%% 神经网络预测
%BP 网络训练
net = feedforwardnet(50);
%开始训练，其中 p_net、t_net 分别为输入、输出样本
net=train(net,p_net,t_net);

%股票增长概率预测
r_net = sim(net,p1_net);
r_net=r_net';
% [row_n1, column_m1]=size(r_net);
% 将数据保存到 Excel
% 将数据保存到 Excel
fr_data=[sfdata, r_net];
fr_cn = size(fr_data,2);
frs_data = sortrows(fr_data, -fr_cn);
xlswrite('forecast_result.xlsx', frs_data);
xlswrite('ForecastSummary.xlsx', frs_data(:,[1,end-1,end]));

%% 模型正确率的评估
r_nn = sim(net,p_net);
Y_nn = zeros(size(r_nn,2),1);
for i = 1:size(r_nn,2)
    if r_nn(i)>0
        Y_nn(i,1)=1;
    elseif  r_nn(i)<=0
        Y_nn(i,1)=-1;
    end
end
c_id=Y_nn==P_Y;
stn=size(t_net,2);
ctn=sum(c_id);
co_rate=ctn/stn;
disp(['全部训练的正确率为:' num2str(co_rate)]);
```

```
er_rate=1-co_rate;
mrate=[co_rate, er_rate];
figure
pie(mrate)
title('模型的正确率和错误率')
%% 保存模型
save('NNet', 'net');

%% 说明：模型评估采用全集验证
```

以上程序的执行结果是得到所有股票的一个排序表格（forecast_result.xlsx），如表 16-3 所示，排序的依据是最后一列模型预测出的数据，这个数据可以理解为股票未来增长的概率，当然也可以对这个概率按四舍五入取整，得到的则是分类数据。这个结果的作用是，在实际股票买卖过程中，可以选择排名靠前的股票买入，反之卖出，这就提供了程序化交易中买入和卖出的条件。

表 16-3　模型预测结果

股票编号	变 量 值							模型预测结果
565	0.259 31	0.313 77	0.072 342	0.551 928	0.616 835	0.267 46	0.260 398	1.330 127
600010	0.251 311	0.280 767	0.072 342	0.283 195	0.503 285	0.270 893	0.363 906	1.249 361
2242	0.395 483	0.430 025	0.625 986	0.213 648	0.377 648	0.225 601	0.213 823	1.246 694
31	0.115 197	0.186 137	0.072 342	0.189 909	0.354 488	0.318 919	0.322 964	1.241 893
2214	0.186 527	0.181 02	0.072 342	0.185 713	0.366 192	0.293 11	0.370 755	1.213 194
2360	0.176 004	0.214 975	0.072 342	0.215 8	0.403 474	0.291 686	0.273 86	1.209 365
600161	0.202 839	0.248 745	0.072 342	0.173 066	0.333 363	0.289 343	0.276 566	1.205 263
969	0.310 673	0.279 296	0.088 945	0.166 015	0.343 899	0.619 925	0.188 635	1.199 778
600366	0.262 924	0.349 904	0.516 305	0.227 238	0.256 72	0.256 786	0.298 713	1.184 102
600822	0.361 619	0.378 618	0.123 716	0.195 969	0.267 041	0.625 929	0.215 359	1.171 165

该段程序还对模型进行了评估，评估使用的是历史数据，且所用的验证方法为全集验证，当然也可以采用交叉验证。图 16-3 为模型分类的正确率和错误率示意图，从该图中可以看出，正确率明显高于错误率。在量化投资中，模型能达到 60%以上的正确率就很不容易了，如果能保证 60%的盈利率，那么通过模型赚钱就会比较容易，只要交易次数较多，从概率的角度来讲盈利的能力已经非常可观。

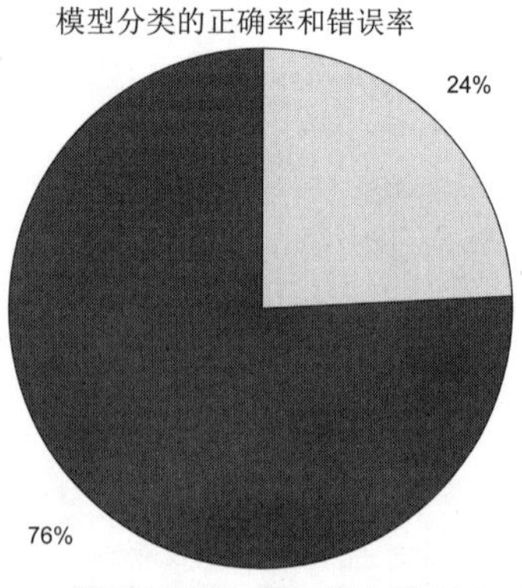

图 16-3　模型分类的正确率和错误率示意图

16.4 组合投资的优化

16.4.1 组合投资的理论基础

1952 年，Markowitz 最早以收益率和方差进行了资产组合研究，揭示了在不确定条件下投资者如何通过对风险资产进行组合建立有效边界，如何从自身的偏好出发在有效边界上选择最佳投资决策，以及通过分散投资来降低风险的内在机理，从而开创了现代投资组合理论的先河。

为了分散投资风险并取得适当的投资收益，投资者往往采用证券组合投资方式，即把一笔资金同时投资于若干种不同的证券。投资者最关心的问题有两个：一个是预期收益率的高低；另一个是预期风险的大小。在 Markowitz 建立的这一模型中，预期收益率是指证券组合收益率的期望值，预期风险是指证券组合收益率的方差。Markowitz 假定投资者厌恶风险，理性的投资者总是希望在抑制风险的条件下获得最大的期望收益；而在抑制期望收益的条件下使投资风险达到最小。具有这种性质的证券组合称为有效证券组合。

标准的均值方差分析假设条件如下：

（1）证券市场是有效的，证券的价格反映了证券的内在经济价值。每个投资者都掌握了充分的信息，了解每种证券的期望收益率及方差。不存在交易费用和税收。投资者是价格接受者。证券是无限可分的，必要时可以购买部分股权。

（2）投资者在投资决策中只关注投资收益概率分布的期望收益率和方差，期望收益率反映了投资者对未来收益水平的衡量，而收益率的方差则反映了投资者对风险的估计。

（3）投资者的投资目标是：希望在一定的风险条件下，获得尽可能大的收益，或者在收益一定的条件下，尽可能地降低风险，也就是说投资者是回避风险的。

（4）投资者拥有完全流动性的资产，即资产具有供给的无限弹性，资产组合的购买和销售不影响市场的价格和期望收益率，并且每种资产的收益率服从正态分布。

（5）各种证券的收益率之间有一定的相关性，它们之间的相关程度可以用相关系数或者收益率之间的协方差来表示。

（6）投资者追求每期财富效应的极大化，投资者具有单周期视野，所有 x_i 是非负的，即不允许买空和卖空。

根据上述假设，Markowitz 的均值方差模型可以表示如下：

$$\min \boldsymbol{X}^{\mathrm{T}}\boldsymbol{C}\boldsymbol{X}$$

$$\text{s.t.}\begin{cases}\sum_{i=1}^{n} x_i r_i \geqslant c \\ \sum_{i=1}^{n} x_i = 1, i = 1,2,3,6\ \ ,n\end{cases}$$

这个问题是一个二次规划问题，通过调节下界参数 c 来进行求解，能够得到最优或最有效的投资组合，即有效边界。

或者

$$\max \sum_{i=1}^{n} x_i r_i$$

$$\text{s.t.}\begin{cases} \boldsymbol{X}^{\mathrm{T}}\boldsymbol{C}\boldsymbol{X} \leqslant b \\ \sum_{i=1}^{n} x_i = 1, i = 1,2,3,6\ \ ,n \end{cases}$$

其中，矩阵 $\boldsymbol{C}$ 表示随机向量 $\boldsymbol{r}$ 的协方差矩阵，通常表示投资的风险矩阵；$\boldsymbol{X} = (x_1, x_2, 6\ \ , x_n)^{\mathrm{T}}$ 是投资者的投资权重矩阵，x_i 表示投资者对第 i 种资产的投资比例；$\boldsymbol{r} = (r_1, r_2, 6\ \ , r_n)^{\mathrm{T}}$ 是投资者的期望收益矩阵；c 表示组合投资的预期收益总值，表示投资者愿意承担的最大风险。

Markowitz 模型是一个易于理解的模型，在资产配置的实际领域中，该模型得到了广泛的应用，而且成功率很高。这是因为，分析中包括的资产类型的数目是有限的。当确定了一种资产配置时，许多机构仅考虑 3 种资产类型：普通型股、长期债券和货币市场工具。对于此类情形，只需估计 9 个变量，这是较容易做到的。一些机构为了投资更加分散化，扩展投资的资产类型，将国际产权及房地产列为其投资选择的项目。但是一般在分析中考虑到的资产类型不超过 8 种。对于 8 种资产类型的资产配置，用该模型也是可行的。另外，普通股票、长期债券和短期市场工具等资产类型，存在关于回报率、方差和协方差的相对较好的历史数据。这些数据已经提供了这些资产类型的风险回报率的较全面的信息。资产配置的目标是混合资产类型，以便为投资者在其能够接受的风险水平上提供最高的回报。

另外，Markowitz 模型还为扩充资产类型和国际投资提供某些分析原理和理论依据。根据 Markowitz 的投资组合理论，要在一定的收益水平上，达到投资组合的最优化，必须使证券的方差和协方差尽可能小。而降低协方差的有效方法就是选择收益相关性较小的证券组合。不同资产类型的证券间的收益相关性较小。另外，本国证券与外国证券间的收益相关性较小。所以，扩充资产类型或进行国际投资可以降低风险。

假设投资者选择 n 种证券投资，各种证券在证券总投资中所占的比例分别为 $x_1, x_2, 6\ \ , x_n$，用矩阵表示为 $\boldsymbol{X} = (x_1, x_2, 6\ \ , x_n)^{\mathrm{T}}$，收益率分别为 $r_1, r_2, 6\ \ , r_n$，用矩阵表示为 $\boldsymbol{R} = (r_1, r_2, 6\ \ , r_n)^{\mathrm{T}}$；预期收益率为 $u_1, u_2, 6\ \ , u_n$，用矩阵表示为 $\boldsymbol{U} = (u_1, u_2, 6\ \ , u_n)^{\mathrm{T}}$，则该证券投资组合的收益率 r 为各种证券收益率的加权平均数，即

$$r = \sum_{i=1}^{n} r_i x_i = \boldsymbol{R}^{\mathrm{T}}\boldsymbol{X}$$

预期收益率 u_{p} 为多种证券预期收益率的加权平均数，即

$$u_{\mathrm{p}} = \sum_{i=1}^{n} u_i x_i = \boldsymbol{U}^{\mathrm{T}}\boldsymbol{X}$$

在含有 n 种证券的投资组合中，其风险并不是单个证券投资风险的简单加权平均，它不仅与单个证券的投资风险有关，还与多种证券之间的相关程度有关。用协方差 $\sigma_{ij} = \sigma_{ji} = Cov(r_i, r_j)$ 表示第 i 种证券与第 j 种证券投资收益率的关联程度，$i, j = (1, 2, 6\ \ , n)$。特别的，$\sigma_{ii} = {\sigma_i}^2 = D(r_i)$，令 $\boldsymbol{E} = \left(\sigma_{ij}\right)_{n\times n}$ 为 r 的协方差矩阵，即

$$\boldsymbol{E}=\begin{bmatrix}\sigma_{11} & 6 & \sigma_{1n}\\ 7 & & 7\\ \sigma_{n1} & 6 & \sigma_{nn}\end{bmatrix}$$

则投资组合的风险 σ_{p}^2 为

$$\sigma_{\mathrm{p}}^2=D(r)=\sum_{i=1}^{n}\sum_{j=1}^{n}(x_i x_j \sigma_{ij})=\boldsymbol{X}^{\mathrm{T}}\boldsymbol{E}\boldsymbol{X}$$

另外，并不是随便选择一个组合都能分散风险，为了尽可能地将投资风险降到最小，Markowitz 于 1952 年建立如下模型。

$$\begin{cases}\min\sigma_{\mathrm{p}}^2=\boldsymbol{X}^{\mathrm{T}}\boldsymbol{E}\boldsymbol{X}\\ u_{\mathrm{p}}=\boldsymbol{U}^{\mathrm{T}}\boldsymbol{X}\\ \sum_{i=1}^{n}x_1=1\end{cases}$$

这是 Markowitz 模型的另一形式。假设协方差矩阵是定矩阵，令 $A=\begin{bmatrix}u_1 & u_2 & 6 & u_n\\ 1 & 1 & 6 & 1\end{bmatrix}$，$\boldsymbol{B}=\begin{bmatrix}u_{\mathrm{p}}\\ 1\end{bmatrix}$，Markowitz 模型可变形为$\begin{cases}\min\sigma_{\mathrm{p}}^2=\boldsymbol{X}^{\mathrm{T}}\boldsymbol{E}\boldsymbol{X}\\ \mathrm{s.t.}\boldsymbol{A}\boldsymbol{X}=\boldsymbol{B}\end{cases}$

构造拉格朗日乘子函数 $L=\boldsymbol{X}^{\mathrm{T}}\boldsymbol{E}\boldsymbol{X}+\boldsymbol{\lambda}^{\mathrm{T}}(\boldsymbol{A}x-\boldsymbol{B})$

其中，$\boldsymbol{\lambda}=[\lambda_1,\lambda_2]^{\mathrm{T}}$，由极值原理 $\dfrac{\partial L}{\partial\lambda}=0,\dfrac{\partial L}{\partial X}=0$，即

$$\begin{cases}\boldsymbol{A}\boldsymbol{X}=\boldsymbol{B}\\ 2\boldsymbol{E}\boldsymbol{X}+\boldsymbol{A}\boldsymbol{\lambda}=0\end{cases}$$

如果 $\boldsymbol{A}\boldsymbol{E}^{-1}\boldsymbol{A}^{\mathrm{T}}$ 是可逆矩阵，有 $\boldsymbol{X}=\boldsymbol{E}^{-1}\boldsymbol{A}^{\mathrm{T}}(\boldsymbol{A}\boldsymbol{E}^{-1}\boldsymbol{A}^{\mathrm{T}})^{-1}\boldsymbol{B}$，这就是给定预期收益率下的最优投资组合权重。在此权重下，投资组合的风险降为最小。

$$\sigma=\left[\boldsymbol{B}^{\mathrm{T}}(\boldsymbol{A}\boldsymbol{E}^{-1}\boldsymbol{A}^{\mathrm{T}})^{-1}\boldsymbol{B}\right]^{1/2}$$

从应用的角度，并不需要非常清楚该理论的来龙去脉，只要明确组合投资是有一定的科学依据的即可。在具体的使用中，直接用一个相关函数去实现即可。

16.4.2 组合投资的实现

用 MATLAB 来实现 Markowitz 的组合投资优化相对比较简单，只要用 plotFrontier 这个函数即可。假设要投资 8 只股票，则只需要从前面给出的股票排序中选择前 8 只股票进行投资即可。现在借助 Markowitz 理论来优化这个投资组合，也就是要确定各只股票投资的最佳权重（投资比例），具体的实现程序如 P16-6 所示。

程序编号	P16-6	文件名称	Dms6_portfolio.m	说明	组合投资优化

```
%% 基于数据挖掘技术的程序化选股 step6：组合投资优化
%% 读取数据
```

```
clc, clear, close all
sdata = xlsread('forecast_result.xlsx');
isn = 8; %投资的股票数
dn=200;  %天数
isid= sdata(1:isn, 1);
dirname = 'Data\';
tail='.mat';
for i =1:isn
       d=isid(i);
       if d<300000
        % 定义深市主板股票代码
        k1='00000';    k2='0000';     k3='000';     k4='00';
        name_h='sz';

             if d<10
                 kk=[k1,num2str(d)];
             elseif (10<=d)&&(d<100)
                 kk=[k2,num2str(d)];
             elseif (100<=d)&&(d<1000)
                 kk=[k3,num2str(d)];
             elseif (1000<=d)&&(d<10000)
                 kk=[k4,num2str(d)];
             end

        whole=[name_h,kk];
     % 定义上证股票代码
     elseif (d>=600000)
             name_h='sh';
             kk = num2str(d);
             whole=[name_h,kk];
     elseif (300000<=d) && (d<600000)
       % 定义创业板股票代码
             name_h='sz';
             kk = num2str(d);
             whole=[name_h,kk];
    end
   % 获得股票交易数据
    fname=[whole, tail];
    filename = fullfile(dirname, fname);
    load(filename);
    CP(:,i)=cdata(1:dn, 4);
     clear cdata
end

%% 计算回报
Returns = tick2ret(CP);
figure;
plot(Returns);  title('股票回报趋势图');
set(get(gcf,'Children'),'YLim',[-0.5 0.5]); % 确保 Y 轴坐标尺度相同

%% 股票编号
```

```
assetTickers = {'p1', 'p2', 'p3','p4', 'p5', 'p6', 'p7','p8'};
%% 设置投资组合风险限制
pmc = PortfolioCVaR;
pmc = pmc.setAssetList(assetTickers);
pmc = pmc.setScenarios(Returns);
pmc = pmc.setDefaultConstraints;
pmc = pmc.setProbabilityLevel(0.95);

% 绘制有效前沿曲线
figure; [pmcRisk, pmcReturns] = pmc.plotFrontier(10);
%% 设置投资组合收益限制
pmv = Portfolio;
pmv = pmv.setAssetList(assetTickers);
pmv = pmv.estimateAssetMoments(Returns);
pmv = pmv.setDefaultConstraints;
% 绘制收益有限前沿曲线
figure; pmv.plotFrontier(10);

%% 计算并显示权重与风险
pmcwgts = pmc.estimateFrontier(10);
pmcRiskStd = pmc.estimatePortStd(pmcwgts);
figure;
pmv.plotFrontier(10);
hold on
plot(pmcRiskStd,pmcReturns,'-r','LineWidth',2);
legend('Mean-Variance Efficient Frontier',...
       'CVaR Efficient Frontier',...
       'Location','SouthEast')

%% 比较投资权重
pmvwgts = pmv.estimateFrontier(10);
figure;
subplot(1,2,1);
area(pmcwgts');
title('CVaR 投资组合权重');
subplot(1,2,2);
area(pmvwgts');
title('Mean-Variance 投资组合权重');
set(get(gcf,'Children'),'YLim',[0 1]);
legend(pmv.AssetList);

%% 根据投资偏好选择投资组合方案
mrisk = 0.02; % 定义风险阈值
% 寻找在不超过风险阈值情况下预期收益最大的一组投资组合
sid = pmcRiskStd <= mrisk;
nid = find(pmcRiskStd == max(pmcRiskStd(sid)))
disp(['最佳投资比例:' num2str(pmcwgts(:,nid)')]);
%% 说明: 可以根据风险偏好选择投资组合
```

执行该程序，可以得到要投资对象的收益曲线（见图 16-4）、组合投资的有效前沿曲线

（见图 16-5）和投资权重分配图。

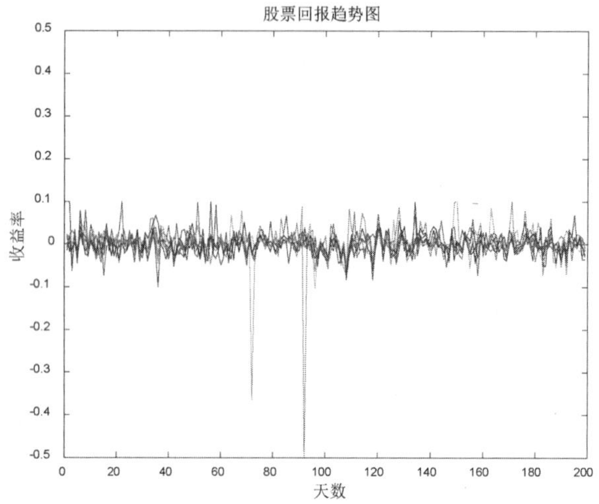

图 16-4　要投资对象的收益曲线

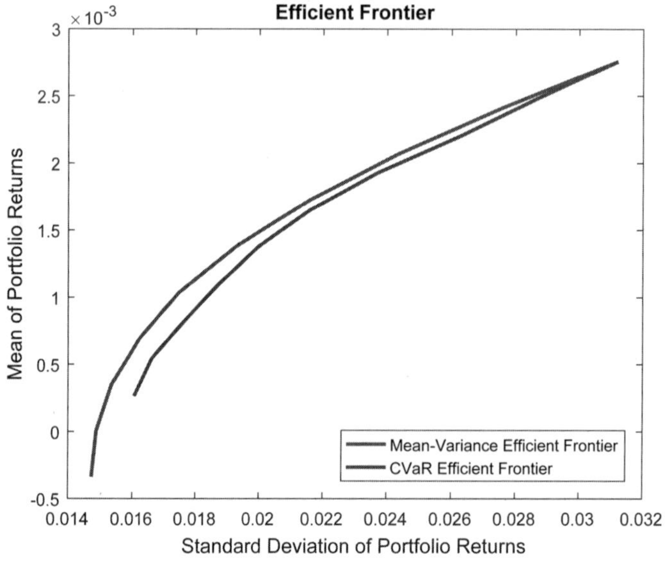

图 16-5　组合投资的有效前沿曲线

这里需要关注图 16-5，通过该图，很容易看出风险和收益的分布情况，这样即可为决定选择哪组投资组合提供依据。当选择曲线上一点后，就能得到一组投资权重，对追求高收益、不惧高风险的投资者来说，即可选择曲线顶端的一组投资组合。一般会选择相对折中的方案，也就是说收益比较大，但风险也能承受。

图 16-6 为不同风险偏好情况下的投资权重分配图，当选择一个横坐标后，这个横坐标就会对应一个投资组合。当然可以从程序中直接得到具体的权重分配数据，但以图的形式表现出来更直观。不同风险偏好情况下，投资组合的方案是不一样的，具体体现在各只股票的投资比例不一样。当选择一个风险偏好后，即可直接得到具体的投资分配方案。

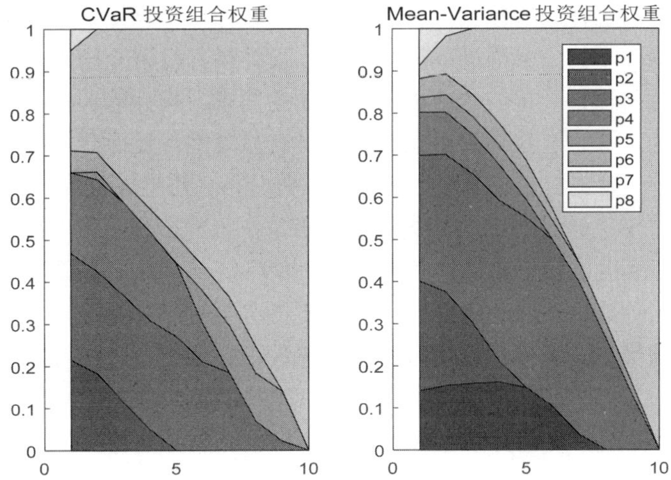

图 16-6　投资权重分配图

16.5　程序化交易的实施

上文分步介绍了如何利用数据挖掘技术进行股票的量化投资，不难发现，这些步骤构成了基本的程序化投资的要素。上述分别实现了数据处理、量化选股和投资组合优化，将它们有机地串联在一起，就形成了程序化交易的基本流程。

如果考虑程序化交易，好像还少了一步，就是择时卖出。对于这个问题，可以将择时和选股融合在一起，这里选股的条件是排在前 8 位的股票。那么，卖出的条件就可以是，排名不在前 8 或前 50 位的股票就卖出。总之定义一个参数，对已买的股票，只要后续的排名不在这个范围之内就卖出，这样就自动构成了卖出的条件。

至此，即可得到一个基于数据挖掘技术的股票程序化交易流程，如图 16-7 所示。

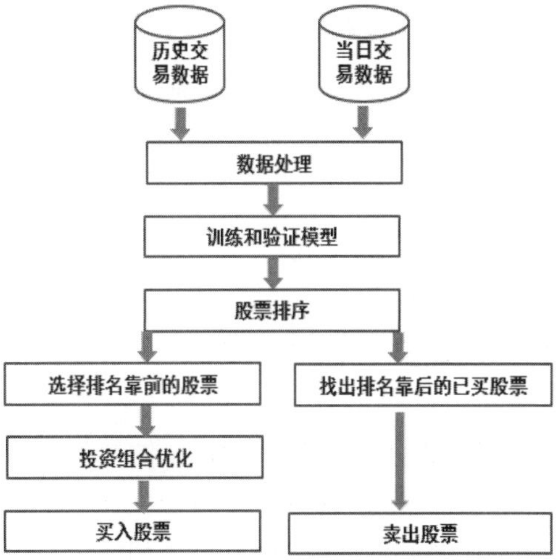

图 16-7　基于数据挖掘技术的股票程序化交易流程

16.6　本章小结

本章利用股票日交易数据设计指标，并使用神经网络训练模型，建立了股票预测模型。这是一个简单的利用神经网络进行分类的数据挖掘示例，但基本的过程都包含在内。读者如果想利用这类方法进行股票预测，还需要从数据、指标、算法这三个角度进行更加详细的研究，以使训练样本的分类准确率提高。比如设计指标时将一些常用的指标直接作为变量并不合适，应对其进行一定的修改以适应算法的需求。指标的选择在本章并没有提到，这就涉及变量筛选，因为有些指标对预测并不具有显著性，反而会影响训练的准确度。对此类指标应该通过一定的方法去除，比如使用回归分析、信息增益等方法。算法也很重要，本章仅用了简单的 BP 神经网络对其进行了训练，在股票预测中似乎神经网络的适应性还是比较好的，准确率也比较不错。作者曾试验了 SVM、决策树、逻辑斯蒂等多种算法，并分别测试了不同的参数，在合适的参数下 SVM 的分类准确率是最高的，但与神经网络相比，并没有显著的优势。读者可以使用不同的算法进行测试，这样可加深对各种算法性能的了解。

笔者认为用数据挖掘技术训练的模型在程序化交易过程中只占 30%的份额，甚至更少，不能以偏概全地将交易模型等同于程序化交易。举个例子来说，人们不想用手洗衣服了，首先需要把洗衣机设计出来，接着要把洗衣机制造出来，之后经过若干次的测试后，确定洗衣机可以正常完成洗衣服的工作，并且在洗衣服的过程中不会伤害到使用者，才能将洗衣机投入使用，从而解放自己的双手。从设计到制造再到测试，需要对洗衣机进行了无数次的改良和修正，最终才能诞生一台真正意义上的洗衣机。同理，在程序化交易这条路上，也需要经历类似的流程。如果你没有决心和毅力，很容易中途放弃。所以，如果想选择程序化交易，那么不要幻想那些一劳永逸的神话，从现在开始你将有很长的路要走，而且路途中可能充满了各种各样的艰险，只有踏踏实实地一步一个脚印，并且有坚持到底、决不放弃的精神，才能到达胜利的彼岸。

无论如何，基于数据挖掘技术的股票程序化交易，还是具有非常明显的优势的，它完全依靠于数据，只要数据真实可靠，交易程序的盈利水平就有保证。对宽客来说，要做的事情就是设计指标以提高模型的准确度，不断提升模型的盈利能力，这样才能充分发挥数据和模型的潜力。

参考文献

[1] 高岭. 投资组合理论中的数学方法分析[D]. 西安交通大学，2003.
[2] 万丽英. 证券投资组合优化模型及其算法研究[D]. 大连理工大学，2005.
[3] 唐小我. 现代组合预测和组合投资决策方法及运用[M]. 北京：科学出版社，2003.
[4] 徐华清，肖武侠，卢晓生. 投资组合管理[M]. 上海：复旦大学出版社，2004.
[5] 姜启源，谢金星，叶俊. 数学模型[M]. 北京：高等教育出版社，2003.
[6] 中国证券业协会. 证券投资分析[M]. 北京：中国财政经济出版社，2011.
[7] 王键，屠新曙. 证券组合的临界线决策[J]. 预测，1998，2:47-48.
[8] 王一鸣. 数理金融经济学[M]. 北京：北京大学出版社，2000.
[9] 杨尚. 证券投资组合模型比较研究[D]. 南开大学，2006.
[10] 李涤尘. 证券投资组合理论及方法研究[D]. 中国人民大学，2006.

第 17 章 基于 Quantrader 平台的量化投资

量化投资的复杂性，决定了量化投资必须借助可靠的平台，来提高投资策略的开发效率、质量和实用性。

目前市场上有非常多的量化投资策略研究及交易平台，但是由于国内市场的特殊性，绝大多数量化投资平台只针对期货进行研究和交易，仅有极少数平台可以同时支持股票、期货、期权、基金等多个品种的量化研究与交易。

本章主要介绍一个用 MATLAB 编写的量化研究及交易平台——Quantrader（简称 QT），并将介绍使用 QT 构建神经网络选股策略的全过程。

17.1 量化平台概述

17.1.1 量化平台现状

量化平台是指能分别满足自动化交易（Automatic Trading）、量化投资（Quantitative Investment）、程序化交易（Program Trading）、算法交易（Algorithm Trading）及高频交易五种交易方式的平台，要求其在交易系统的行情和基础数据、交易和执行、策略研发和运营三个主要方面既要做到大而全，也要做到深而精。这对目前大中型金融机构的 IT 及实际运营部门是很大的挑战，也为其提供了发展机遇。

目前的量化交易平台可以从开发语言、技术架构、系统架构、策略方向、交易方式等几个方面，分为中低端量化交易平台和高端量化交易平台。中低端量化交易平台只支持复杂度不高的脚本语言实现策略逻辑，多数的实现只能在图表中加载技术指标进行自动化交易、程序化交易等。高端量化交易平台除支持复杂脚本语言实现策略逻辑外，还支持直接使用 C++、Java 等开发语言实现复杂的策略逻辑；一般为了追求执行效率，不采用界面显示图表，而采用多进程、多线程方式进行自动化交易、程序化交易、算法交易，甚至为了追求极致，使用硬件技术进行高频交易等。

高端量化交易平台定位于资产管理，在系统架构上严格区分策略研发和策略运营执行两个阶段。对于策略研发阶段，需要多品种、多周期、多账户、多交易市场、多策略、复杂金融工程包的支持，以实现复杂的策略逻辑；对于策略运营执行阶段，系统架构要保证各种风险控制、应急处理、交易方式和策略的平稳有效执行。系统的实现流程除满足交易本身的要求外，还要满足机构本身的业务流程和规范，以及监管层的要求。高端量化交易平台适合机构投资者采用趋势交易、套利交易、对冲交易、高频交易等对行情和交易要求高、逻辑复杂度高的策略。随着国内金融市场创新的提速，机构投资者对高端量化交易平台的需求和潜在需求呈快速上升趋势。

国内应用的高端量化交易平台主要有 Progress Apama、龙软 DTS、国泰安 Quantrader 平台、天软量化平台、飞创 STP、易盛程序化交易、盛立 SPT 平台等。由于 Quantrader 平台由 MATLAB 开发，而本书的所有代码也都是由 MATLAB 开发的，考虑知识的对接与转化更容易，接下来将介绍如何基于 Quantrader 平台来实现数据挖掘量化选股。

17.1.2 Quantrader 平台的构成

Quantrader（简称 QT）是由国泰安公司出品的一款商业量化平台，可以同时支持股票、期货、期权、基金等多个品种的研究与交易，其操作界面如图 17-1 所示。

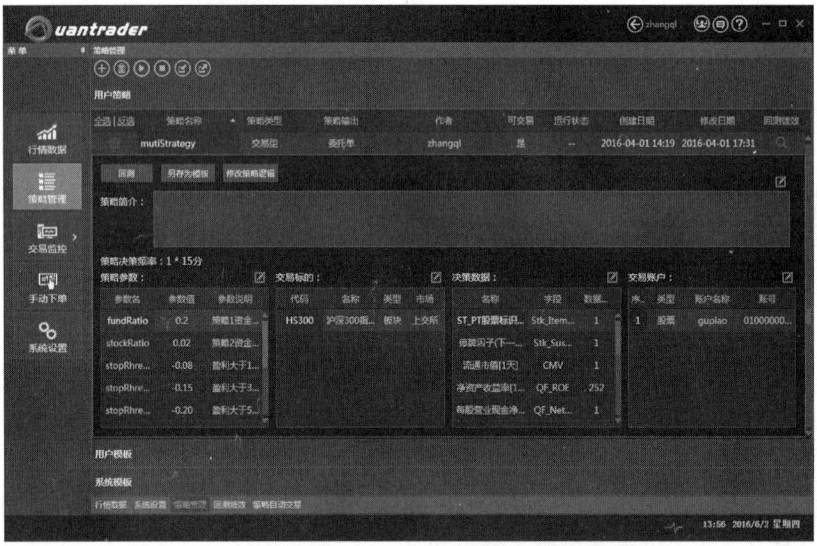

图 17-1　QT 的操作界面

QT 的策略模块是完全基于 MATLAB 开发的，其充分利用了 MATLAB 的优点，所有的数据都事先进行了矩阵化的处理，便于策略运算。这使得我们可以不必花费大量的时间处理数据，而是直接投入到策略的编写中。结合 MATLAB 大量的工具箱，量化策略实现起来更加方便。

QT 主要包含如下三个模块。

（1）行情数据模块：提供了矩阵式存储的海量数据，可以通过 MATLAB 接口快速获取高质量的数据。

（2）策略研究模块：基于 MATLAB 开发，支持跨品种、跨周期策略，提供了数据调用、策略构建、策略回测、参数优化和绩效报告等功能。

（3）模拟/实盘交易模块：包含篮子交易、半自动交易、策略自动交易等功能，与策略研究模块无缝对接。

17.1.3 Quantrader 的工作流程

QT 的工作流程如图 17-2 所示。

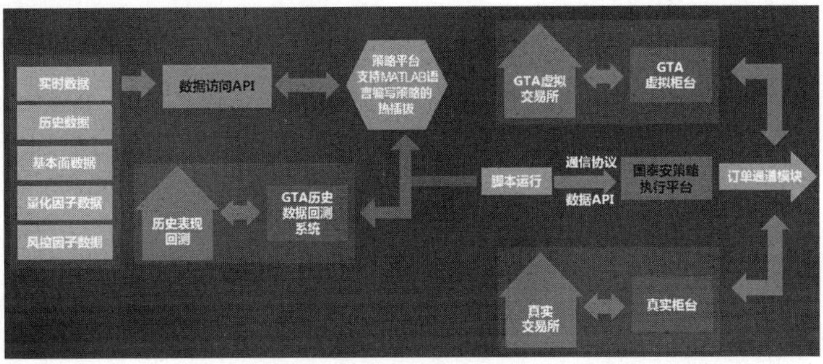

图 17-2　QT 的工作流程

17.2 基于 Quantrader 平台的量化实现过程

这里以一个“神经网络选股”模型为例，详细说明在 QT 中量化策略的实现过程。神经网络选股模型的主要逻辑是：选中一批衍生指标作为判断股票好坏的依据原因向量，通过历史数据计算出一批指标和收益对应的训练集，通过神经网络训练得到的权向量来进行收益预测，将高预测收益的股票转化为持仓。

17.2.1 获取交易数据

构建策略的第一步为获取交易数据。在 QT 中，获取交易数据是极为简便的。

在 QT 的策略管理模块中，直接单击“新建”按钮，就会弹出 QT 策略创建向导，如图 17-3 所示。

图 17-3　QT 策略创建向导

通过该向导，可以快速地获取策略所需的交易数据，如图 17-4 和图 17-5 所示。

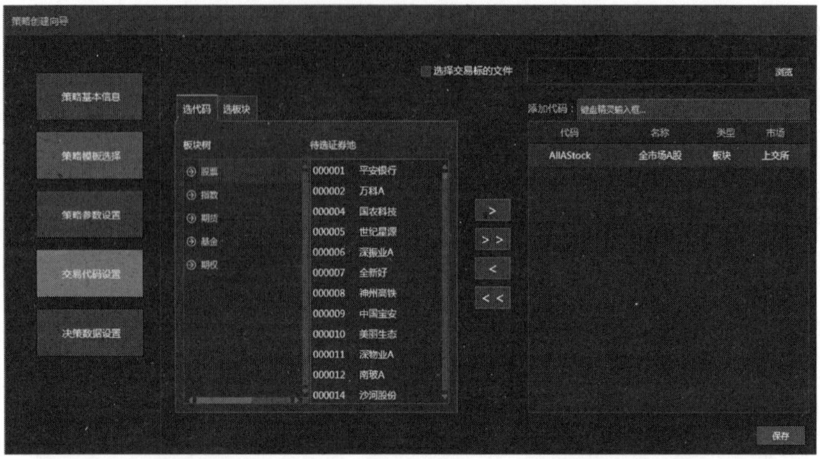

图 17-4　通过 QT 策略创建向导选择策略标的文件

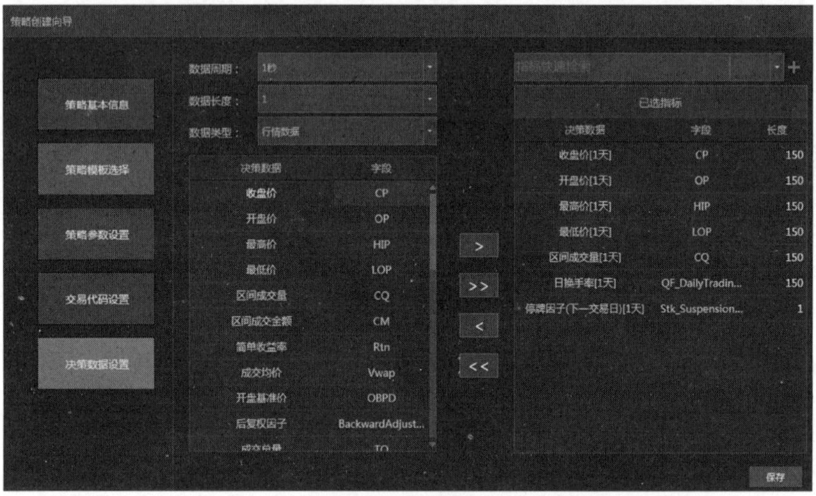

图 17-5　通过 QT 策略创建向导选择交易字段

完成上述操作后，数据获取连接已经建立，策略框架也已经搭建完成。当然，除通过向导界面创建策略并获取数据外，也可以通过与向导界面相对应的函数/文件来实现，常用函数/文件如表 17-1 所示。

表 17-1　QT 与 MATLAB 混合使用时常用的策略创建与数据获取函数/文件

向导界面功能	对应函数/文件	函数/文件功能
新建	createStrategy	创建策略函数文件夹
回测	StrategyBackTest	启动策略回测
策略参数和决策数据设置	StrategyCfg.xml	配置策略所需的各种参数
交易代码设置	Stkcd.xml	配置策略所需的交易代码
回测参数设置	BackTestCfg.xml	配置策略所需回测参数

比如，可以用如下代码创建一个名为 TEST 的策略。

```
[ y ] = createStrategy('TEST','position' )
```

策略创建完成后，可以在策略编写的过程中，直接通过如下代码调用之前选取的数据。

```
%% 提取股票数据
OP=decisionData.OP_DAY01.data;          %开盘价
HIP=decisionData.HIP_DAY01.data;        %最高价
LOP=decisionData.LOP_DAY01.data;        %最低价
CP=decisionData.CP_DAY01.data;          %收盘价
VOLUME=decisionData.CQ_DAY01.data;      %成交量
TURN=decisionData.QF_DailyTradingTurnover_DAY01.data; %换手率
```

上述代码中使用的关键字段是 decisionData。在向导界面选取的所有数据都存储在 decisionData 中，具体用法可以参考 QT 提供的使用说明，这里不再赘述。

17.2.2 计算衍生变量

在准备好策略需要用到的数据之后，可以开始计算这个策略所需要用到的衍生变量（指标）。在本策略中，需要用到的指标包括多日涨幅、涨跌比、多日均值、多日乖离率、多日未成熟随机值和 OBV 量比等短期匹配度高的指标。这些指标可以通过 MATLAB 直接计算，也可以使用 QT 提供的技术指标 API 直接调用。

如下是使用 MATLAB 直接计算部分衍生变量的代码（与第 16 章的计算指标一致）。

```
% s_x11: 6日乖离率(BIAS), s_x12: 10日乖离率(BIAS)
s_x11=(CPE(i,end-h+1)-sum(CPE(i,end-h-4:end-h+1))/6)/(sum(CPE(i,end-
h-4:end-h+1))/6);            s_x12=(CPE(i,end-h+1)-sum(CPE(i,end-h-8:end-
h+1))/10)/(sum(CPE(i,end-h-8:end-h+1))/10);
% s_x13: 9 日 RSV,未成熟随机值, s_x14: 30 日 RSV, s_x15: 90 日 RSV
s_x13=(CPE(i,end-h+1)-min(CPE(i,end-h-7:end-h+1)))/(max(CPE(i,end-h-
7:end-h+1))-min(CPE(i,end-h-7:end-h+1)));            s_x14=(CPE(i,end-h+1)-
min(CPE(i,end-h-28:end-h+1)))/(max(CPE(i,end-h-28:end-h+1))-
min(CPE(i,end-h-28:end-h+1)));                        s_x15=(CPE(i,end-h+1)-
min(CPE(i,end-h-88:end-h+1)))/(max(CPE(i,end-h-88:end-h+1))-
min(CPE(i,end-h-88:end-h+1)));
```

17.2.3 数据标准化

计算得到的衍生指标会由于离散程度较大、极值特殊性等因素，不利于训练，因此，采用两倍标准差做极值，对训练样本和预测样本进行标准化处理（代码同第 16 章的数据标准化代码）。

17.2.4 变量优选

将衍生指标和实际收益做对比，通过收益水平来区分输出值：好股、差股和普通股。对输出值进行计数，取最少的种类作为样本数，样本总数为最小值的三倍（代码同第 16 章的变量筛选代码）。

17.2.5 训练模型

样本准备完成后，可以开始进行 BP 网络训练，并且得出最终的下单标的，实现代码如下。

```
%% 人工神经网络预测
%BP 网络训练
net = feedforwardnet(50);
%开始训练，其中，p_net、t_net 分别为输入、输出样本
net=train(net,p_net,t_net);
%股票增长概率预测
r_net = sim(net,p1_net);
r_net=r_net'; %转成列向量
Score=[r_net,EffiStock];
%剔除当日停牌的股票
Score(SuspensionE~=0,:)=[];
%按照预测值降序排列
ScoreNew=sortrows(Score,-1);
portfolio(ScoreNew(1:20,2))=1/20;
```

这里最终下单输出的 portfolio 是一个以等权重资金下单的比例值。QT 提供了三种下单方式（策略输出方式），如表 17-2 所示。

表 17-2 QT 提供的三种策略输出方式

策略输出	策略主函数语法（举例）
资金权重 Weight	[portfolio, newStateMatrix]= threeInRow (decisionData,stateMatrix)
	策略函数输出目标市值占总资金的权重，后台依据现有市值权重与目标权重的差异自动下单，可自由使用账户和持仓查询 API，不推荐在策略函数中使用交易 API
目标持仓 Position	[portfolio, newStateMatrix]= threeInRow (decisionData,stateMatrix)
	策略函数输出目标持仓，股票单位为股，期货单位为手，后台依据现有持仓与目标持仓的差异自动下单，可自由使用账户和持仓查询 API，不推荐在策略函数中使用交易 API
委托单 Order	[newStateMatrix]= threeInRow (decisionData,stateMatrix)
	可以在策略内部使用下单、订单查询、账户查询、持仓查询等交易 API

17.2.6 策略回测

当策略编写完毕后，需要利用历史数据对策略进行回测，模拟整个策略的交易过程。使用 QT，可以在策略编写完毕后，直接通过回测参数设置界面进行回测，如图 17-6 所示，也可以在 MATLAB 中调用回测函数进行回测。

回测完成后，QT 会自动生成 3 份绩效报告，包括 QT 终端界面、Excel 和 Web 三种，内容包含权益曲线、持仓列表、交易列表和各个统计指标。QT 终端界面展示的绩效报告如图 17-7 所示。

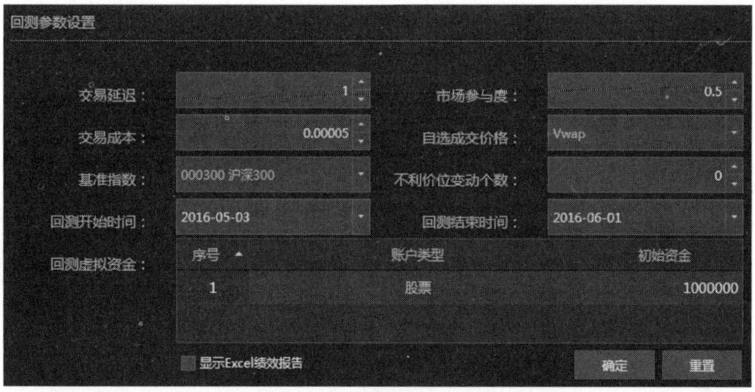

图 17-6　QT 回测参数设置界面

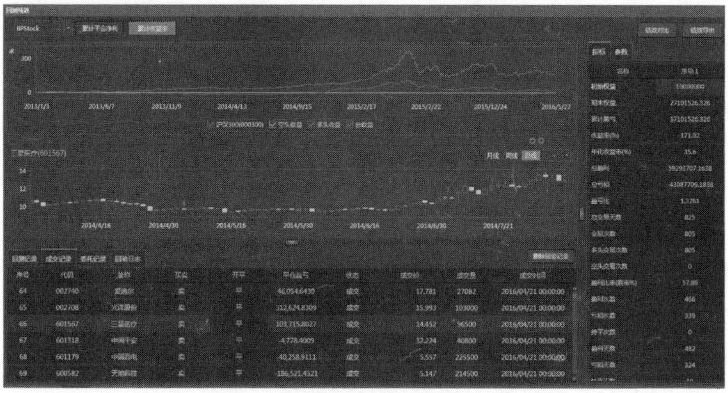

图 17-7　QT 终端界面展示的绩效报告

17.3　延伸阅读：Quantrader 平台的拓展

QT 作为一个面向金融机构和高端个人投资者的量化平台，其明显的优点是全面性。一方面，QT 覆盖了量化投资链条的整个流程，从最前端的行情数据到策略研究平台，再到后端的模拟和实盘交易，每一个环节都是打通的，一套代码可以在量化投资的各个环节无障碍运行；另一方面，QT 可以同时支持股票、期货、期权、基金等多个交易品种，因此，跨市场、跨品种、跨周期的策略可以轻松实现。

QT 三大功能模块的特点如下。

（1）行情数据模块：QT 提供了统一的数据提取函数，用于获取数据，如表 17-3 所示。

表 17-3　QT 与 MATLAB 混合使用时常用的数据提取函数

函 数 名	功　　能
getDataByTime	根据起止时间点提取数据
getDataByLength	根据某一时间点之前的数据长度提取数据

QT 的数据提取函数所涉及的数据种类广，一致性强，封装完善。简单来说，它将量化投资程序中需要用到的诸如财务信息、宏观数据、行业数据、技术面指标、行为指标、风

控指标等统一整理为格式相同的矩阵式因子，在平台上通过一致的操作即可调用所有数据。这种方式在实际应用中减少了对数据分类、整理和衍生的工作量，提高了数据处理效率。比如，可以从 QT 中提取上证 A 股板块数据。QT 中矩阵式数据提取结果如图 17-8 所示。

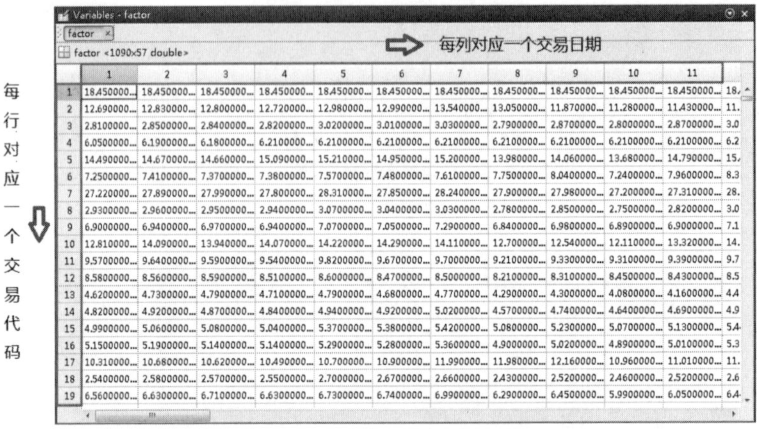

	1	2	3	4	5	6	7	8	9	10	11	
1	18.450000...	18.450000...	18.450000...	18.450000...	18.450000...	18.450000...	18.450000...	18.450000...	18.450000...	18.450000...	18.450000...	18.
2	12.690000...	12.830000...	12.800000...	12.720000...	12.980000...	12.990000...	13.540000...	13.050000...	11.870000...	11.280000...	11.430000...	11.
3	2.8100000...	2.8500000...	2.8400000...	2.8200000...	3.0200000...	3.0100000...	3.0300000...	2.7900000...	2.8700000...	2.8000000...	2.8700000...	3.0
4	6.0500000...	6.1900000...	6.1800000...	6.2100000...	6.2100000...	6.2100000...	6.2100000...	6.2100000...	6.2100000...	6.2100000...	6.2100000...	6.2
5	14.490000...	14.670000...	14.660000...	15.090000...	15.210000...	14.950000...	15.200000...	13.980000...	14.060000...	13.680000...	14.790000...	15.
6	7.2500000...	7.4100000...	7.3700000...	7.3800000...	7.5700000...	7.4800000...	7.6100000...	7.7500000...	8.0400000...	7.2400000...	7.9600000...	8.3
7	27.220000...	27.890000...	27.990000...	27.800000...	28.310000...	27.850000...	28.240000...	27.900000...	27.980000...	27.200000...	27.310000...	28.
8	2.9300000...	2.9600000...	2.9500000...	2.9400000...	3.0700000...	3.0400000...	3.0300000...	2.7800000...	2.8500000...	2.7500000...	2.8200000...	3.0
9	6.9000000...	6.9400000...	6.9700000...	6.9400000...	7.0700000...	7.0500000...	7.2900000...	6.8400000...	6.9800000...	6.8900000...	6.9000000...	7.1
10	12.810000...	14.090000...	13.940000...	14.070000...	14.220000...	14.290000...	14.110000...	12.700000...	12.540000...	12.110000...	13.320000...	14.
11	9.5700000...	9.6400000...	9.5900000...	9.5400000...	9.8200000...	9.6700000...	9.7000000...	9.2100000...	9.3300000...	9.3100000...	9.3900000...	9.7
12	8.5800000...	8.5600000...	8.5900000...	8.5100000...	8.6000000...	8.4700000...	8.5000000...	8.2100000...	8.3100000...	8.4500000...	8.4300000...	8.5
13	4.6200000...	4.7300000...	4.7900000...	4.7100000...	4.7900000...	4.6800000...	4.7700000...	4.2900000...	4.3000000...	4.0800000...	4.1600000...	4.4
14	4.8200000...	4.9200000...	4.8700000...	4.8400000...	4.9400000...	4.9200000...	5.0200000...	4.5700000...	4.7400000...	4.6400000...	4.6900000...	4.9
15	4.9900000...	5.0600000...	5.0800000...	5.0400000...	5.3700000...	5.3800000...	5.4200000...	5.0800000...	5.2300000...	5.0700000...	5.1300000...	5.4
16	5.1500000...	5.1900000...	5.1400000...	5.1400000...	5.2900000...	5.2800000...	5.3600000...	4.9000000...	5.0200000...	4.8900000...	5.0100000...	5.3
17	10.310000...	10.680000...	10.620000...	10.490000...	10.700000...	10.900000...	11.990000...	11.980000...	12.160000...	10.960000...	11.010000...	11.
18	2.5400000...	2.5800000...	2.5700000...	2.5500000...	2.7000000...	2.6700000...	2.6600000...	2.4300000...	2.5200000...	2.4600000...	2.5200000...	2.6
19	6.5600000...	6.6300000...	6.7100000...	6.6300000...	6.7300000...	6.7400000...	6.9900000...	6.2900000...	6.4500000...	5.9900000...	6.0500000...	6.4

图 17-8　QT 中矩阵式数据提取结果

（2）策略研究模块：QT 提供了完整的策略编写环境，周边功能齐全，包括数据准备、策略回测、绩效报告、参数优化等。策略师只需在 MATLAB 中按照 QT 提供的策略框架，编写策略核心逻辑代码即可。

策略研究模块作为 QT 中最核心的模块，有如下三个特点。

- 便捷性：QT 提供了完整的策略编写环境和矩阵式对齐的数据，这使得策略师可以把精力都放在策略核心逻辑代码的编写上，而不是把时间花费在数据预处理和策略的回测等工作上。
- 精准性：相较于大多数的量化平台回测时使用的现价成交的回测方式，QT 采用策略精细撮合回验。对于每一个数据，QT 都采用量价结合的方式，这使得通过 QT 回测出来的结果更加准确。
- 安全性：QT 既没有采用云端编写策略的方式，也不需要将策略上传到服务器，一切操作都在安装了 QT 的机器上进行，QT 的后端服务器仅用于提取数据。此外，在策略交易的时候，QT 终端发出的下单信号也是直接发往柜台而非 QT 后端的服务器的，这不仅保障了策略的安全性、保密性，还提高了策略下单的速度。

（3）模拟和实盘交易模块：在 QT 中编写好的策略，可以直接在 QT 进行模拟或者实盘交易。这个模块包含了篮子交易、半自动交易及策略自动交易三个部分。在这个模块中，策略从 QT 后端服务器获取数据后进行决策，策略决策所发出的每一个信号都直接发往柜台。

在 QT 的官网和微信公众号上，会不定期更新一些经典的策略报告和源代码，供读者学习和参考。QT 提供的部分策略如表 17-4 所示。

表 17-4 QT 提供的部分策略

策略名称	策略简介
四线开花策略	四条均线黏合在一起后向上发散，像开喇叭花一样形成极态分离、多头排列的特殊形态，称为四线开花，属于均线策略的衍生
基于风格特征归因的动态因子策略	多因子策略的核心在于因子的选择，简单来说就是寻找有效的因子
惠特尼·乔治小型价值投资	利用 8 个重要指标，寻找价格相对便宜但价值高的小盘股票
经典价值投资法	价值投资的“十条准则”的量化实现
海龟交易法则	经典期货交易策略
行业多因子打分法策略	行业分类的多因子策略
动量反转策略	基于风险控制模型和残差分析考察股票的动量和反转效应

更多策略内容可关注量化之星微信公众号或者登录宽量网（www.gtaquant.com）获取，或者扫描如图 17-9 所示的二维码。

图 17-9 量化之星微信公众号

第 18 章　趋势跟踪策略及实现过程

在所有的交易策略之中，趋势跟踪策略是最适合用“大道至简”来形容的。因为它属于追踪策略，所以并不需要交易者有大量的知识储备，也并不需要有多好的硬件设备，可以说是最容易被接受的交易策略。另外，趋势跟踪策略也有非常大的盈亏比，因为一旦出现某种趋势，其价格运动可以向同一方向运行很远，这也是大众交易者可以获得巨大利润的时候。好的趋势跟踪策略几乎不会放过任何一种这样的趋势，因为该策略就是为了这种行情所设计的。

18.1　趋势跟踪策略简介

趋势跟踪的基本思想是追随大的走势，而趋势是指市场局势当前发展、运动的整体方向。例如，当一种商品（或股票）向上突破了压力线后可能会持续上涨，如图 18-1 所示，而向下突破了支撑线后可能会持续下跌。趋势跟踪策略就是找到识别趋势的策略，如均线-收盘价跟踪策略、双均线（长均线与短均线交叉）策略、支撑线和压力线突破策略等。

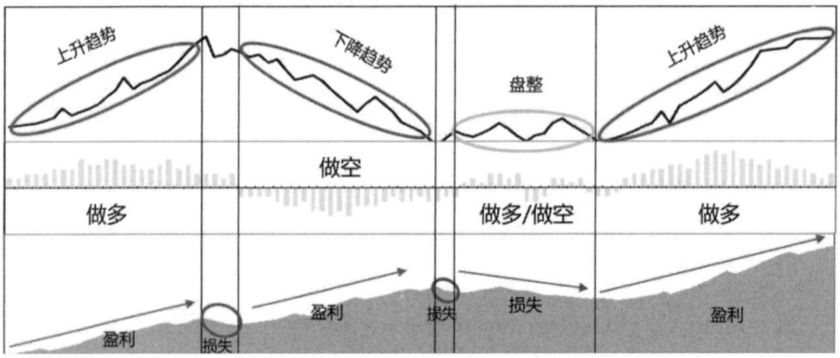

图 18-1　趋势跟踪策略原理示意图

格雷厄姆资本管理公司的总裁迈克尔·鲁勒（一位趋势跟踪交易者）说：“趋势跟踪策略的获利能力取决于两条明显并且重要的市场假设。第一条假设是价格趋势在市场中经常发生，第二条是可以建立一个能从这些趋势中获利的交易系统。所有趋势跟踪交易者最基本的交易策略就是‘截断亏损，让利润奔跑’。”

18.2 趋势跟踪策略的基本设定

18.2.1 策略准则的设定

在量化投资中，趋势跟踪的要点就是识别趋势突破的信号，更确切地说就是辨识趋势及趋势突破的信号。根据不同的辨识信号，趋势跟踪策略又可以分为不同的子策略。这里介绍几种经典的趋势跟踪策略：均线-收盘价策略、双均线策略、上升支撑线策略及下跌压力线策略。

1）均线-收盘价策略

在均线-收盘价策略中，当当日收盘价向上突破均线后，平空仓，执行做多操作；当日收盘价向下跌破均线后平多仓，反手做空。两种操作都是在第二天开盘时进行（方便起见，记买入时的价格为第二天的开盘价，实际操作时买入的价格会由于其他交易者的操作而和开盘价有偏差）。交易的金额控制在一定金额以下，具体计算方法为：

$$m = money \cdot limit / \left(t \cdot close \cdot stoploss\right)$$

式中，m 为计划买入的数量；$money$ 为目前交易者持有的保证金数量，$limit$ 为投入资金占总资金的百分比；t 表示买入一手时共有几吨材料（如 18.3 节中使用的螺纹钢数据，一手螺纹钢期货为 10 吨螺纹钢，t 为 10）；$close$ 为当日收盘价；$stoploss$ 为设置的止损百分比，即当损失达到 $t \cdot close \cdot stoploss$ 时平仓，使得损失不超过一定数值。

2）双均线策略

双均线策略中，当短期均线向上突破长期均线时平空仓，执行做多操作，向下跌破长均线时平多仓，执行做空操作，具体交易准则同均线-收盘价策略。

3）上升支撑线策略及下跌压力线策略

上升支撑线策略中，当当日收盘价与支撑线的差大于支撑线的一定百分比时，执行做多操作，直到收盘价回调至再次低于支撑线的一定百分比时，平仓并反手做空。下跌压力线策略中是在当日压力线与收盘价的差大于压力线的一定百分比时执行做空操作，收盘价回调并向上穿越压力线时平仓并反手做多。

股市受利空信息的影响，股价跌至某一价位时，做空头的认为有利可图，大量买进股票，使股价不再下跌，甚至出现回升趋势。股价下跌时的关卡称为支撑线。当股价上涨到某价位附近时，股价会停止上涨，甚至回落，这是因为空方在此抛出造成的。压力线起阻止股价继续上升的作用。压力线又称为阻力线。

压力线指压制价格向上的趋势线，连接一定周期内 K 线的高点向右下画一条直线。支撑线指支撑价格向上的趋势线，连接一定周期内 K 线的低点向右上画一条直线。支撑线就是某个重要的均线，股票价格运行在其上，它代表了一定时间中成交的平均值，如果股票下跌，往往跌到该线会出现反弹。当然，这是从技术角度才有的，在客观上这些东西是不存在的。

支撑线和压力线会阻止或暂时阻止股价向一个方向继续运动。股价的变动是有趋势的，要改变这种趋势，就必须冲破阻止其继续向前的障碍。比如说，要维持下跌行情，就必须突破支撑线的阻力和干扰，创造出新的低点；要维持上升行情，就必须突破压力线的阻力和干扰，创造出新的高点。由此可见，支撑线和压力线迟早会被突破，它们不足以长久地阻止股价保持原来的变动方向。同时，支撑线和压力线又有彻底阻止股价按原方向变动的可能。当一个趋势终结，它就不可能创造出新的低价和新的高价，这样支撑线和压力线就显得异常重要，是取得巨大利益的地方。

上升趋势中，如果未创造出新的高点，即未突破压力线，这个上升趋势就已经处在很关键的位置了，如果再往后股价又向下跌破上升趋势的支撑线，就产生了一个趋势改变的强烈警告信号，通常这意味着，这一轮上升趋势已经结束，下一步的走向是向下跌。上升支撑线策略及下跌压力线策略的关键是设计判断上升支撑线和下跌压力线的准则。

18.2.2　策略主要参数的设定

本节所设计的程序中设置了几个参数，以确定在不同策略下参数取何值为最优。趋势跟踪策略主要参数及含义如表 18-1 所示。

表 18-1　趋势跟踪策略主要参数及含义

参　数	含　义
n	*n* 日均线
stoploss	止损百分比
limit	投入资金百分比
efficientbreak	有效突破百分比

n 日均线（MA_n）的计算方法为：

$$\mathrm{MA}_n = \frac{1}{n}\sum_{i=1}^{n} C_i \text{ 或 } \mathrm{MA}_n = \frac{\left[\mathrm{MA}_{n-1} \times (n-1) + C_n\right]}{n}$$

式中，C_i 为第 *i* 天的收盘价。

18.2.3　有效突破的设定

考虑到很多情况下价格波动比较频繁，会导致突破点过多，从而使交易次数增多，但趋势跟踪策略获得利润通常是在一波大的趋势中，小的波动往往会造成亏损，因此考虑将突破替换为有效突破。为方便起见，若一个参数突破另一个参数的有效突破百分比，则称该突破为有效突破。例如在均线-收盘价策略中，若设置有效突破百分比为 1%，则代表当收盘价突破均线的 1%时做多，跌破 1%时反手做空。

18.3　均线-收盘价策略的实现过程

假设起始时拥有 *money* = 1 000 000（单位：元）作为起始保证金，交易数据从 Wind 中获取。首先计算 *n* 日均线，采用 2009 年 3 月 27 日至 2019 年 8 月 19 日的螺纹钢期货数据。

均线当日所在的价位为包含当日在内的前 n 日收盘价的简单算术平均值。将有效突破百分比取为 1%，投入资金百分比同样设为 1%，分别计算出以 2 日均线至 16 日均线共 15 条日均线作为趋势线的结果。

18.3.1 均线-收盘价策略的 MATLAB 实现

1）参数设置

```
limit = 0.01;                  % 投入资金百分比
losslimit = 0.05;              % 资金最大使用量
lostpercent = losslimit;       % 最大损失率
efficientbreak = 0.01;         % 有效突破百分比
```

2）交易策略仿真

```
 [Fund,operate,lengthdata,data,line,sign] = Lineclose(limit,losslimit,
lostpercent,efficientbreak);
% 获取移动均线价格、收盘价和交易评价数据
lengthFund = length(Fund(1,:));
s = max(max(Fund(:,lengthFund)));
short = find(Fund(:,lengthFund) == s);
short = short(1)+1;
start = short + 2;
pdata = data(1,(start:lengthdata));
pline = line(1,(start:lengthdata));
F = Fund(:,lengthFund);
operate = operate(:,(short-1)*4+1:short*4);
location = find(sign~=0);
lengthsign = length(location);
interest = zeros(1,lengthsign);
% 统计全天的操作
day = zeros(1,lengthsign);
for i = 1:lengthsign-1
    interest(i) = sum(operate((location(i)+1):(location(i+1)+1),3));
    day(i) = location(i+1)-location(i);
end
i = lengthsign;
interest(i) = sum(operate((sign(i)+1):lengthdata,3));
day(i) = lengthdata - location(i);
signon = find(interest>=0);
on = zeros(1,length(signon));
dayon = zeros(1,length(signon));
for i = 1:length(signon)
    on(i) = interest(signon(i));
    dayon(i) = day(signon(i));
end
signunder = find(interest<=0);
under = zeros(1,length(signunder));
dayunder = zeros(1,length(signunder));
for i = 1:length(signunder)
    under(i) = interest(signunder(i));
    dayunder(i) = day(signunder(i));
end
```

3）统计平均收益

```
onaverage = mean(on)                 % 盈利操作的平均收益（单位：元/次）
underaverage = mean(under)           % 亏损操作的平均收益（单位：元/次）
inaverage = mean(interest)           % 平均收益（单位：元/次）
ondayave = mean(dayon)               % 盈利操作平均持仓/空仓时长（单位：交易日）
underdayave = mean(dayunder)         % 亏损操作平均持仓/空仓时长（单位：交易日）
dayave = mean(day)                   % 所有操作平均持仓/空仓时长（单位：交易日）
```

运行结果如下：

```
onaverage = 5.2483e+04
underaverage = -2.4688e+04
inaverage = 1.3304e+04
ondayave = 28.9531
underdayave = 9.8939
dayave = 19.2769
```

4）绘制移动均线和收益曲线

```
[M,I] = max(Fund(:,end));
subplot(2,1,1)
plot(start:lengthdata,pdata)
hold on
plot(start:lengthdata,pline)
legend('收盘价','均线')
xlabel('日期'), ylabel('价格');
subplot(2,1,2)
for i = 1:15
plot(1:lengthFund , Fund(i,:))
hold on
end
plot(1:lengthFund , Fund(I,:), "LineWidth",2)
xlabel('日期'), ylabel('资产');
hold off
```

运行本节程序，得到的移动均线与收益曲线如图 18-2 所示。

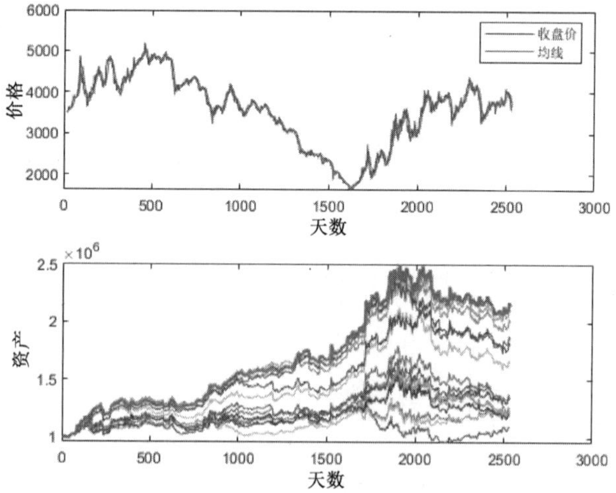

图 18-2　移动均线与收益曲线

18.3.2 参数讨论

为了确定能获得最高收益的参数组合，*efficientbreak* 取 1%，*limit*（投入资金百分比）取 1%～5%时，*stoploss*（止损百分比）分别取 1%～5%，然后利用程序分别对各组参数进行回测，得到的收益率如表 18-2 所示。通过程序回测，发现在 *efficientbreak*、*stoploss* 不变的情况下，收益随着 *limit* 的升高而升高，即当拿出更多的资金用于投资时，可以获得更多的收益。另外，还发现跟踪 15 日均线的收益率能获得最高的收益。

表 18-2 跟踪 15 日均线的收益率

止损百分比 / 投入资金百分比	1%	2%	3%	4%	5%
1%	0.166	0.083	0.056	0.044	0.036
2%	0.359	0.172	0.119	0.093	0.076
3%	0.583	0.27	0.185	0.143	0.116
4%	0.843	0.375	0.254	0.196	0.157
5%	1.143	0.488	0.329	0.25	0.205

18.4 双均线策略

双均线策略需要首先设置长期均线和短期均线的天数，这里短期均线分别取 2 日均线至 16 日均线，长期均线取 20 日均线。

18.4.1 双均线策略的 MATLAB 实现

1）参数设置

```
clc, clear
limit = 0.05;                  % 投入资金百分比
losslimit = 0.02;              % 资金的最大使用率
lostpercent = losslimit;       % 止损点
efficientbreak = 0.02;         % 有效突破百分比
Longtime = 20;                 % 长均线的天数
```

2）策略仿真

```
[Fund,operate,lengthdata,data,line,line20,sign] = movingaverage (Longtime,
limit,losslimit,lostpercent,efficientbreak);
lengthFund = length(Fund(1,:));
s = max(max(Fund(:,lengthFund)));
short = find(Fund(:,lengthFund) == s);
short = short(1)+1;
start = max(short,Longtime)+2;
pdata = data(1,(start:lengthdata));
pline = line(1,(start:lengthdata));
pline20 = line20(1,(start:lengthdata));
F = Fund(:,lengthFund);
```

```
operate = operate(:,(short-2)*4+1:(short-1)*4);
location = find(sign~=0);
lengthsign = length(location);
interest = zeros(1,lengthsign);
day = zeros(1,lengthsign);
for i = 1:lengthsign-1
    interest(i) = sum(operate((location(i)+1):(location(i+1)+1),3));
    day(i) = location(i+1)-location(i);
end
i = lengthsign;
interest(i) = sum(operate((sign(i)+1):lengthdata,3));
day(i) = lengthdata - location(i);
signon = find(interest>=0);
on = zeros(1,length(signon));
dayon = zeros(1,length(signon));
for i = 1:length(signon)
    on(i) = interest(signon(i));
    dayon(i) = day(signon(i));
end
signunder = find(interest<=0);
under = zeros(1,length(signunder));
dayunder = zeros(1,length(signunder));
for i = 1:length(signunder)
    under(i) = interest(signunder(i));
    dayunder(i) = day(signunder(i));
end
```

3）统计收益

```
onaverage = mean(on)              % 盈利操作的平均收益（单位：元/次）
underaverage = mean(under)        % 亏损操作的平均收益（单位：元/次）
inaverage = mean(interest)        % 平均收益（单位：元/次）
ondayave = mean(dayon)            % 盈利操作平均持仓/空仓时长（单位：交易日）
underdayave = mean(dayunder)      % 亏损操作平均持仓/空仓时长（单位：交易日）
dayave = mean(day)                % 所有操作平均持仓/空仓时长（单位：交易日）
```

运行结果如下：

```
onaverage = 4.9587e+03
underaverage = -2.3364e+03
inaverage = 2.7141e+03
ondayave = 43
underdayave = 98.9167
dayave = 60.2051
```

4）绘制移动均线和收益曲线

```
[M,I] = max(Fund(:,end));
subplot(2,1,1)
plot(start:lengthdata,pdata)
hold on
plot(start:lengthdata,pline)
hold on
plot(start:lengthdata,pline20)
legend('收盘价','短期均线','长期均线')
```

```
xlabel('日期'),ylabel('价格');

subplot(2,1,2)
for i = 1:15
plot(1:lengthFund , Fund(i,:))
hold on
end
plot(1:lengthFund , Fund(I,:), 'k-', "LineWidth",2)
xlabel('日期'), ylabel('资产');
hold off
```

运行本节程序，得到的双均线移动曲线与收益曲线如图 18-3 所示。

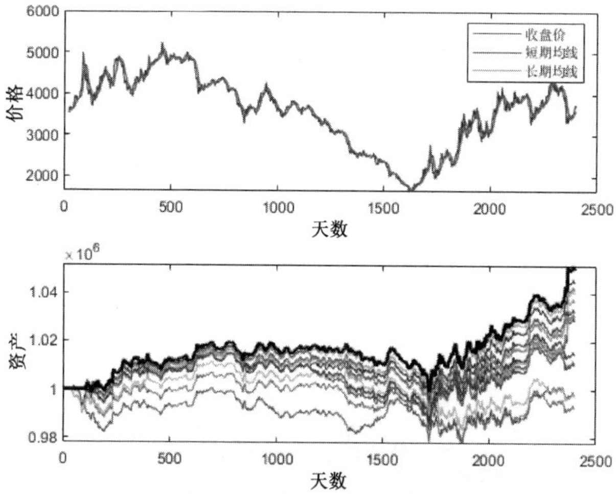

图 18-3 双均线策略得到的双均线移动曲线与收益曲线

```
disp(['获得最大收益的短均线天数为:', num2str(I)])
```

运行结果如下：

```
获得最大收益的短均线天数为:8
```

18.4.2 参数讨论

通过设置不同参数值对策略进行仿真回测，发现双均线策略和均线-收盘价策略的表现不同。在双均线策略下，有效突破百分比设为 2%，投入资金百分比设为 5%是最好的，但收益并不随着止损百分比升高而降低。将止损百分比分别设置为 1%～5%，对策略进行回测，得到的收益率如表 18-3 所示。

为了更直观地看出收益率与短期均线天数和止损百分比的关系，绘制了它们的三维关系图，如图 18-4 所示。从该图中可以看出，当止损百分比设为 2%时，跟踪 11 日均线的收益率最高，为 14%左右。而当止损百分比增大至 2%以上时，最大收益率逐渐下降。但是，止损百分比设置为 3%时，跟踪这 15 种均线的平均收益率更高些，即跟踪 2 日均线、3 日均线造成的损失较止损百分比设置为 2%时更小些。这说明在双均线策略中，会追踪到很多不明显的趋势，若止损过于频繁则会造成更多损失，若减少止损的次数则能够迎来反弹。

表 18-3　不同短期均线天数和止损百分比时的收益率

短期均线天数 \ 止损百分比	1%	2%	3%	4%	5%
2	−0.316	−0.141	−0.077	−0.058	−0.052
3	−0.413	−0.202	−0.119	−0.093	−0.079
4	−0.374	−0.164	−0.086	−0.061	−0.053
5	−0.194	−0.042	−0.034	−0.034	−0.034
6	−0.166	−0.054	−0.048	−0.047	−0.046
7	−0.093	0.02	0.006	−0.005	−0.012
8	−0.015	0.078	0.048	0.03	0.019
9	−0.009	0.091	0.064	0.049	0.04
10	0.069	0.14	0.096	0.07	0.058
11	0.093	0.142	0.089	0.064	0.049
12	−0.097	0.035	0.021	0.011	0.007
13	−0.088	0.043	0.032	0.03	0.019
14	−0.084	−0.016	−0.02	−0.024	−0.025
15	−0.061	0.011	0.032	0.025	0.018
16	−0.045	0.024	0.04	0.032	0.025
平均收益	−0.12	−0.002	0.002	−0.001	−0.004

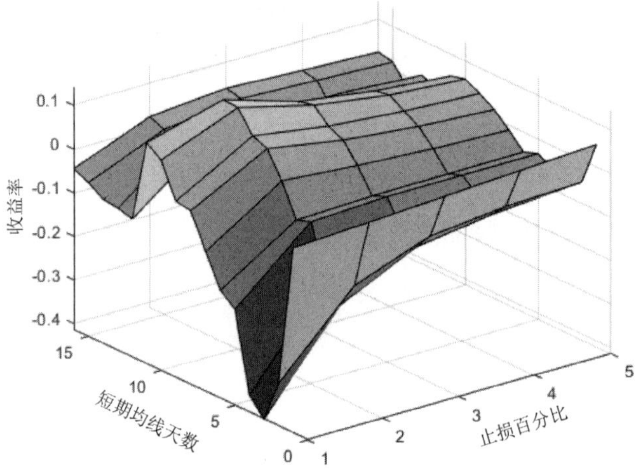

图 18-4　收益率与短期均线天数和止损百分比的关系

18.5　上升支撑线策略

对于上升支撑线策略，首先需要找出所有上升支撑线。具体方法为，首先找出所有收盘价中的极小值，记为 $pks(1), pks(2),\cdots, pks(n)$。对于满足 $pks(i+1) > pks(i)\cdot efficientbreak$ 且 $pks(i+2) > pks(i)$的 i，认为从该点开始形成了一波上升趋势。连接 $pks(i+1)$和 $pks(i)$作出支撑线。当某日收盘价跌破支撑线的有效突破百分比时，认为该上升趋势停止。

18.5.1 上升支撑线策略的 MATLAB 实现

1）参数设置

```
limit = 0.01;                % 投入资金百分比
losslimit = 0.05;            % 资金的最大使用率
efficientbreak = 0.011;      % 有效突破百分比
```

2）策略仿真

```
[Fund,operate,lengthdata,data,sign] = support_line_modify(limit, losslimit,
efficientbreak);
lengthFund = length(Fund);
F = Fund(:,lengthFund);
location = find(sign~=0);
lengthsign = length(location);
interest = zeros(1,lengthsign);
day = zeros(1,lengthsign);
if location(lengthsign) ~= lengthdata
    for i = 1:lengthsign-1
        interest(i) = sum(operate((location(i)+1):(location(i+1)+1),3));
        day(i) = location(i+1)-location(i);
    end
    i = lengthsign;
    interest(i) = sum(operate((sign(i)+1):lengthdata,3));
else
    for i = 1:lengthsign-2
        interest(i) = sum(operate((location(i)+1):(location(i+1)+1),3));
        day(i) = location(i+1)-location(i);
    end
    i = lengthsign-1;
    interest(i) = sum(operate((location(i)+1):(location(i+1)),3));
    day(i) = location(i+1)-location(i);
    interest = interest(:,1:(lengthsign-1));
end
day(i) = lengthdata - location(i);
signon = find(interest>=0);
on = zeros(1,length(signon));
dayon = zeros(1,length(signon));
for i = 1:length(signon)
    on(i) = interest(signon(i));
    dayon(i) = day(signon(i));
end
signunder = find(interest<=0);
under = zeros(1,length(signunder));
dayunder = zeros(1,length(signunder));
for i = 1:length(signunder)
    under(i) = interest(signunder(i));
    dayunder(i) = day(signunder(i));
end
```

运行该程序，可以得到价格趋势及标记的支撑线，如图 18-5 所示。

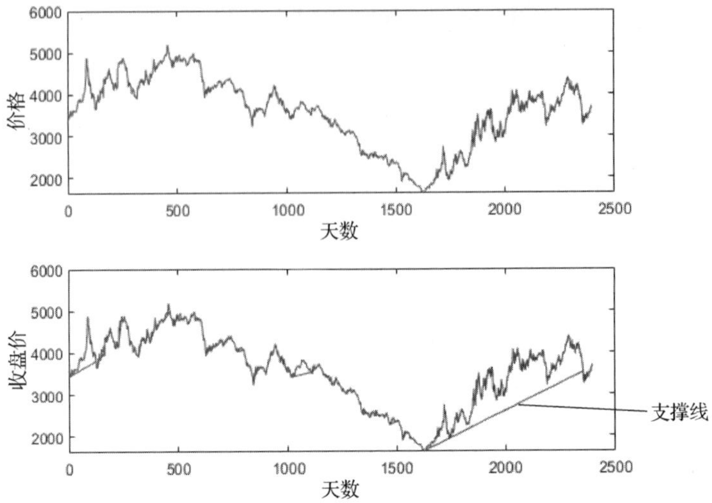

图 18-5　价格趋势及标记的支撑线

3）统计收益

```
onaverage = mean(on)             %盈利操作的平均收益（单位：元/次）
underaverage = mean(under)       %亏损操作的平均收益（单位：元/次）
inaverage = mean(interest)       %平均收益（单位：元/次）
ondayave = mean(dayon)           %盈利操作平均持仓/空仓时长（单位：交易日）
underdayave = mean(dayunder)     %亏损操作平均持仓/空仓时长（单位：交易日）
dayave = mean(day)               % 所有操作平均持仓/空仓时长（单位：交易日）
```

运行结果如下：

```
onaverage = 4.9618e+04
underaverage = -1.4672e+04
inaverage = 1.6789e+04
ondayave = 40
underdayave = 11.1667
dayave = 25.2766
```

4）绘制价格趋势图和收益曲线

```
closeprice = xlsread('lwg.xlsx', 1, 'E5:E2402');
lengthdata = length(closeprice);

subplot(2,1,1)
plot(1:lengthdata,closeprice)
xlabel('天数'),ylabel('价格');

subplot(2,1,2)
plot(1:lengthFund , Fund(:), 'k-')
xlabel('天数'), ylabel('资产');
```

运行本节程序，可以得到价格趋势图及收益曲线，如图 18-6 所示。

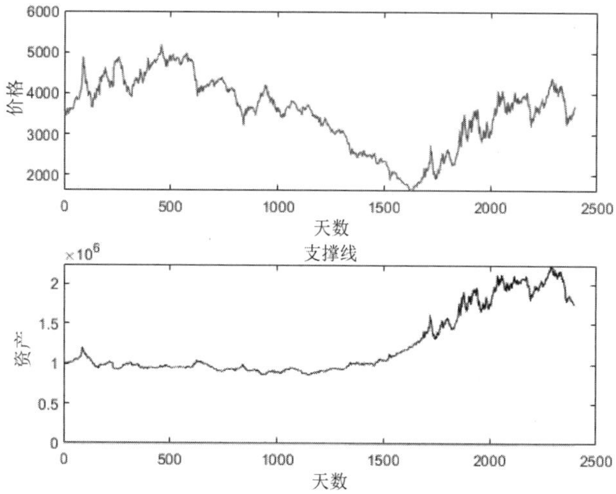

图 18-6 价格趋势图及收益曲线

18.5.2 参数讨论

通过测试发现，当有效突破百分比设为 1.1%，止损百分比设为 1%时，正好能抓住一波大的趋势，当有效突破百分比设为其他值时均未抓住大的趋势，此参数下的收益率为 75%，其他参数下收益率均小于 20%。

18.6 下跌压力线策略

该策略和上升支撑线策略类似，首先找出所有下跌压力线。具体方法与上升支撑线策略相反，先找出所有收盘价中的极大值 $pks(1), pks(2),\cdots, pks(n)$。对于满足 $pks(i) > pks(i+1)\cdot efficientbreak$ 且 $pks(i) > pks(i+2)$的 i，认为从该点开始形成了一波下降趋势。连接 $pks(i)$和 $pks(i+1)$作出压力线。设有效突破百分比为 1%。当某日收盘价向上突破了压力线的 1%时，认为该下降趋势停止。

18.6.1 下跌压力线策略的 MATLAB 实现

1）参数设置

```
    limit = 0.003;                  % 投入资金百分比
    losslimit = 0.05;               % 资金的最大使用率
    efficientbreak = 0.005;         % 有效突破百分比
```

2）策略仿真

```
    [Fund,operate,lengthdata,data,sign] = stress_line_modify(limit, losslimit,
efficientbreak);
    lengthFund = length(Fund);
    F = Fund(:,lengthFund);
    location = find(sign~=0);
    lengthsign = length(location);
```

```
interest = zeros(1,lengthsign);
day = zeros(1,lengthsign);
if location(lengthsign) ~= lengthdata
    for i = 1:lengthsign-1
        interest(i) = sum(operate((location(i)+1):(location(i+1)+1),3));
        day(i) = location(i+1)-location(i);
    end
    i = lengthsign;
    interest(i) = sum(operate((sign(i)+1):lengthdata,3));
else
    for i = 1:lengthsign-2
        interest(i) = sum(operate((location(i)+1):(location(i+1)+1),3));
        day(i) = location(i+1)-location(i);
    end
    i = lengthsign-1;
    interest(i) = sum(operate((location(i)+1):(location(i+1)),3));
    day(i) = location(i+1)-location(i);
    interest = interest(:,1:(lengthsign-1));
end
day(i) = lengthdata - location(i);
signon = find(interest>=0);
on = zeros(1,length(signon));
dayon = zeros(1,length(signon));
for i = 1:length(signon)
    on(i) = interest(signon(i));
    dayon(i) = day(signon(i));
end
signunder = find(interest<=0);
under = zeros(1,length(signunder));
dayunder = zeros(1,length(signunder));
for i = 1:length(signunder)
    under(i) = interest(signunder(i));
    dayunder(i) = day(signunder(i));
end
```

运行该程序，可以得到价格趋势及标记的压力线，如图 18-7 所示。

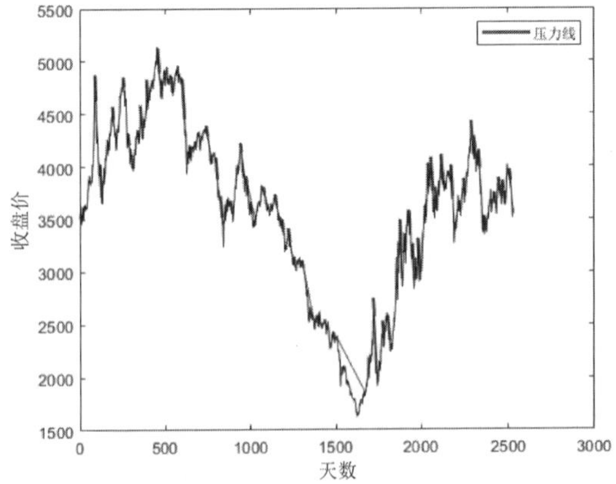

图 18-7　价格趋势及标记的压力线

3）统计收益

```
onaverage = mean(on)              %盈利操作的平均收益（单位：元/次）
underaverage = mean(under)        %亏损操作的平均收益（单位：元/次）
inaverage = mean(interest)        %平均收益（单位：元/次）
ondayave = mean(dayon)            %盈利操作平均持仓/空仓时长（单位：交易日）
underdayave = mean(dayunder)      %亏损操作平均持仓/空仓时长（单位：交易日）
dayave = mean(day)                % 所有操作平均持仓/空仓时长（单位：交易日）
```

运行结果如下：

```
onaverage = 2.7603e+05
underaverage = -1.6865e+05
inaverage = 5.5980e+04
ondayave = 33.2653
underdayave = 18.5417
dayave = 25.7143
```

4）绘制价格趋势图与收益曲线

```
closeprice = xlsread('lwg1.xlsx', 1, 'E5:E2535');
lengthdata = length(closeprice);

figure
subplot(2,1,1)
plot(1:lengthdata,closeprice)
xlabel('天数'),ylabel('价格');

subplot(2,1,2)
plot(1:lengthFund , Fund(:), 'k-')
xlabel('天数'), ylabel('资产');
```

运行本节程序，可以得到价格趋势图及收益曲线，如图 18-8 所示。

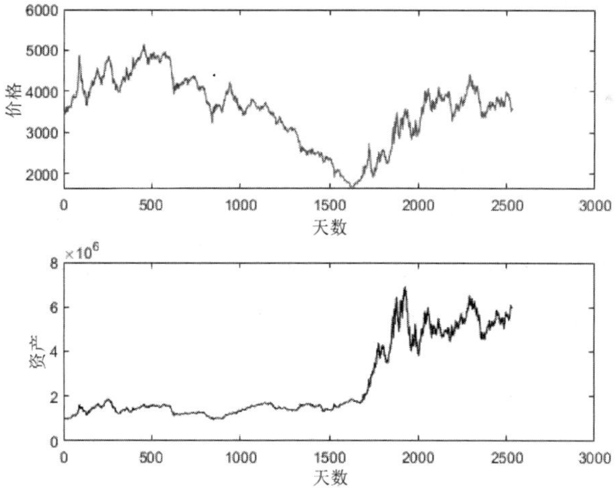

图 18-8　价格趋势图及收益曲线

18.6.2　参数讨论

通过测试发现在一定范围内，收益随有效突破百分比和止损百分比的下降而升高。当止损百分比为 0.3%，有效突破百分比为 0.5%时，收益最高，收益率为 221%左右。但最终的收益率以及参数的最优取值和期货品种也有关。例如，焦炭主力在该策略下较优的参数如下：有效突破百分比为 0.6%，止损百分比为 0.9%，收益率为 20%左右。而当参数在最优值附近一定范围内变化时，收益率的变化并无规律。有效突破百分比取 0.8%和 1%时，收益率均为 18%左右；当有效突破百分比为 0.7%和 0.9%时，收益率降为 10%左右。而铜主力在有效突破百分比为 1%，止损百分比为 0.7%时表现最好，收益率为 30%左右。

综上，不同品种的期货在该策略下表现不同，较优的参数取值也不同，且没有最优的参数值。而有些品种受参数变化的影响并不大。例如对于铜主力，当有效突破百分比和止损百分比为 0.5%～1%时，收益率均为 20%左右。说明这一品种的趋势出现的信号比较明显，且波动不大。对于螺纹钢，若将止损百分比从 0.3%改为 0.1%，收益率直接从 221%降至-1.29%，此品种的波动较大。

18.7 本章小结

本章主要对四种主流趋势跟踪策略进行了介绍，通过策略回测证明四种趋势跟踪策略均能获得较好的收益率。在均线策略中，15 日均线整体上可以获得超过其他天数均线的收益率，但考虑到有效突破百分比参数后，均线的最优参数 n 随着有效突破百分比的变化而变化，有效突破百分比为 2%时，最优参数 n 为 8；有效突破百分比为 4%时，最优参数 n 为 2；有效突破百分比为 5%时，最优参数 n 为 14。有效突破百分比为 4%，最优参数 n 为 2 时，收益率为 135%，为最高值。

双均线策略在螺纹钢数据的回测中收益较低，短期均线选取 7 日、8 日、9 日，盈利概率最大；长期均线选取 20 日、21 日，盈利概率最大，最优组合为 8 日和 23 日组合，收益率为 3.57%。

上升支撑线策略中，有效突破百分比为 1.1%，止损百分比为 1%时，抓住大趋势的概率最大，收益率为 75%。

下跌压力线策略中，收益随有效突破百分比和止损百分比的下降而升高。当止损百分比为 0.3%，有效突破百分比为 0.5%时，收益最高，收益率为 221%左右。

通过回测发现，每个策略都有一定的适用范围。在以上策略中，下跌压力线策略可以获得较高的收益，可以重点关注该策略。

第 19 章　基于数据挖掘技术的量化交易系统

几乎所有的投资者在刚开始投资时都相信有一个通向市场的万能钥匙，他们认为这个钥匙可能是一个指标、一种形态，或者一个选股条件。那么，到底有没有能够长期稳定获利的方法呢？答案是肯定的，而且答案就在我们自己身上。再进一步说，成功交易的秘诀就是找到一套合适的交易方法或交易系统。这个交易系统是非机械的，符合投资者的脾气秉性，有完善的交易思想、细致的市场分析和整体操作方案。交易系统或者系统的交易方法，才是投资者长期稳定获利的正确方法。其实，无论是长线、中线、短线，只要能够持续稳定获利的投资者必有一套相应的交易系统，一些股市老手甚至会有长线、中线、短线结合的无形交易系统。

市场上也有一些口碑较好的完整交易系统，但是“无论是金交易系统还是银交易系统都不如自己的土交易系统”。因为如果用既有的系统，则只能依照别人指定的游戏规则去交易，而不能够自如地按照自己的想法去交易，也就是只能模仿、跟随，永远无法超越。反之，如果有一套自己的交易方法、交易系统，那么就可以按照自己的意愿，去主动寻找市场中的交易机会，这样在市场角逐的过程中，就更容易获胜。

本章主要介绍一个以 MATLAB 为开发工具，以前面介绍的数据挖掘技术为主要方法的量化交易系统（简称 DM 交易系统）。希望本章的内容能够对读者构筑自己的交易系统有所启发和帮助。

19.1　交易系统概述

19.1.1　交易系统的定义

所谓交易系统是指操盘手（个人）用于实盘交易的、较为完整的，且具有实盘操作性的交易规则体系。简单地说，交易系统指导交易者在什么情况下买入、卖出、买卖多少，如果市场向相反方向发展，则应该如何处理；如果市场向相同方向发展，又该如何处理，等等。一套设计良好的交易系统，必须对投资决策的各个相关环节做出明确的规定。这种规定必须是客观的、唯一的，不允许有任何不同的解释。一套设计良好的交易系统，必须符合使用者的心理特征、投资对象的统计特征及投资资金的风险特征。

交易系统的特点在于它的完整性和客观性。它保证了交易系统结果的可重复性。从理论上来说，对任何使用者而言，如果使用条件完全相同，则操作结果完全相同。系统的可重复性即方法的科学性。

19.1.2 交易系统的作用

大部分投资者往往把决策的重点放在对市场的分析和判断上，其实这是非常偏颇的。成功的投资不但需要正确的市场分析，而且需要正确的风险管理和正确的心理控制。三者之间心理控制是最重要的，其次是风险管理，再次才是分析技能，即所谓的 3M（Mind、Money、Market）系统。市场分析是管理的前提，只有从正确的市场分析出发，才能建立起具有正期望值的交易系统，风险管理只有在正期望值的交易系统下才能发挥其最大效用，而心理控制正是两者的联系桥梁和纽带。一个人如果心理素质不好，其采用的分析方法往往会偏离正确的市场分析方法，以主观愿望代替客观分析，导致决策时常常会背离风险管理的基本原则。投资者若想在效率市场持续稳定地盈利，必须成功地解决如下两大问题：

（1）在高度随机的价格波动中寻找到非随机的部分。

（2）有效地控制自身的心理弱点，避免它影响自己的理性决策。

很多投资家的实践都证明，交易系统在上述两方面都是投资者的有力助手。大多数投资者在进入市场的时候，对市场的认识没有系统的观点。很多投资者根据对市场的某种认识，就片面地承认或否认一种交易思路的可行性，其实他们不知道，要想客观地评价一种交易方法，就要确认该方法在统计概率意义上的有效性。无论是随机还是非随机的价格波动中不具备统计意义有效性的部分，只能给投资者以局部获胜的机会而没有长期稳定获胜的可能。而交易系统的设计和评价方式可以帮助投资者有效地克服对方法认识的盲目性和片面性。

交易系统还可以帮助投资者有效地控制风险。实践证明，不使用交易系统的投资者，难以准确而系统地控制风险。没有交易系统做指导时，投资者很难定量评估每次进场交易的风险，并且很难评估单次交易的风险在总体风险中的意义。而交易系统可以明确地告诉投资者每次交易的预期利润率、预期损失金额、预期最大亏损、预期连续赢利次数、预期连续亏损次数等，这些都是投资风险管理的重要参数。

帮助投资者有效地克服心理弱点，可能是交易系统的最大功用。交易系统使交易决策的过程更加程序化、公开化、理性化。投资者可以从由情绪支配的选择过程转变为定量的选择过程。

总之，一个交易系统除具有市场普遍性的特点外，还应具有作为个体的性格特点。对于即日交易（秒与小时）、短线（小时与天）、中线（周与月）、长线（月与年）不同交易方式的人（其中已含有个人的操作特点），交易系统也应有所不同。对于不同的市场（股票、期货、期权、价差交易、权证、基金、债券、外汇等），交易系统中各子项的偏重点也应有所不同，即对使用的技术分析系统参数也应做充分的调整。交易策略也应有主次之分，从而使整个交易系统更明确。不谈交易之前的分析策略，从交易一开始，交易系统要牢牢把握的就是三点：一个买点与两个卖点（止益目标点与风险控制点），从而在不明确的市场中以概率的方式获胜（截短扬长），从而获取总的利润。

19.2 DM 交易系统总体设计

19.2.1 系统目标

从功能的角度来讲，系统需要满足如下几个基本目标。

（1）能够读取股票行情数据，并对数据进行预处理。

（2）能够自动推荐股票，且不受外界政策、消息、传言的干扰。

（3）能够自动控制仓位，并能够优化股池配比。

（4）能够根据不同的投资周期偏好，灵活地进行投资操作。

（5）能够灵活选择投资策略，并对不同的策略进行回测。

从性能的角度来讲，系统需要满足如下几个方面的要求。

（1）可靠性：能够稳定运行，并能实现设计的功能。

（2）可扩展性：系统应该具有很强的扩展能力，以便于更新、增加新的投资策略或投资模型。

（3）实用性：操作方便，对投资行为能有所帮助。

19.2.2 相关约定

（1）本系统中的投资周期约定为：短线，持股 1 个月以内；中线，持股 1～3 个月；长线，持股 3 个月以上。

（2）本系统原则上适用于主流的金融投资产品，包括股票、期货、证券及其他金融衍生品，但这里是以股票为例的。

19.2.3 系统结构

根据系统设计目标，DM 交易系统的功能结构如图 19-1 所示，而本系统的初始化界面如图 19-2 所示。

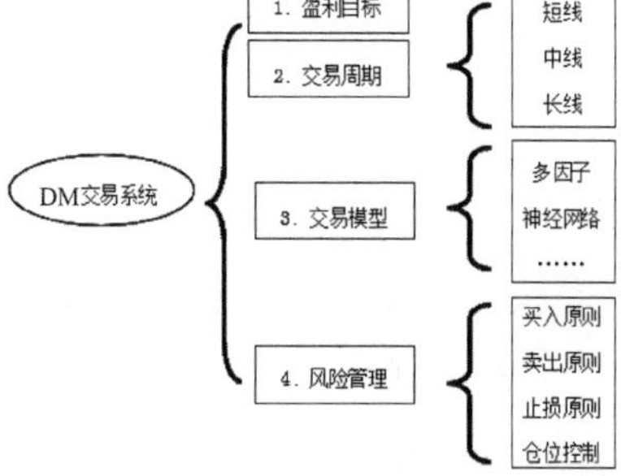

图 19-1 DM 交易系统的功能结构

图 19-2　DM 交易系统的初始化界面

19.3　短期交易子系统

19.3.1　子系统功能描述

短期交易子系统的主要作用是为短期投资提供交易决策支持，其操作界面如图 19-3 所示。由该图可以看出，在短期交易子系统的操作界面，可以指定数据来源，设置交易参数，选择交易模型，预处理数据，以及执行选股操作和进行策略的回测。

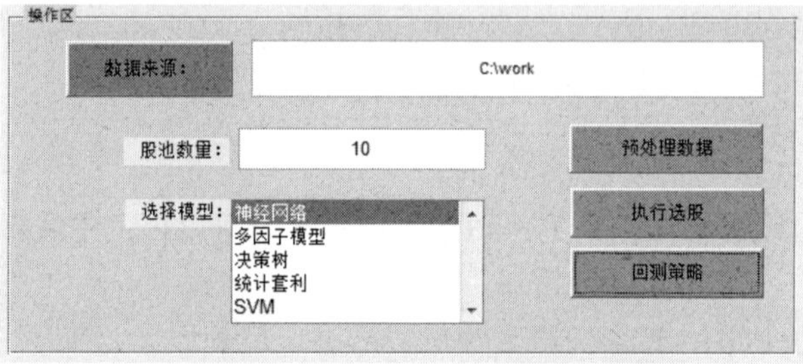

图 19-3　短期交易子系统的操作界面

19.3.2　数据预处理模块

数据预处理模块的主要功能是对指定的数据进行预处理，包括生成衍生变量、变量筛选、缺失数据处理、样本选择等操作。该模块的输出为描述各股票的各属性的参数值，这些预处理的数据是执行模型训练操作和选股操作的基础。该模块的后台程序，可以参考本书第 3 章和第 4 章。

19.3.3　量化选股模块

量化选股模块的主要功能是执行选股操作。当选择模型后，比如选择神经网络模型，单击“执行选股”按钮，即可在显示区显示如图 19-4 所示的选股结果。选股结果中，包含排名靠前的股票代码、当前日期、股票的主要行情参数，以及建议投资配比。

由于是短期投资，配比的计算并不适合于前面介绍的配比模型，但可以认为每只股票的收益和风险都一致，所以每只股票的投资配比就是仓位的均值（这里假设仓位为 1）。

	股票代码	日期	开盘价	最高价	最低价	收盘价	配比
1	sz000058	20131231	4.7500	4.9100	4.7200	4.8600	0.100
2	sz000096	20131231	5.2800	5.3500	5.2000	5.3000	0.100
3	sz000501	20131231	12.8100	12.8500	12.6800	12.7600	0.100
4	sz000507	20131231	5.4200	5.4500	5.3600	5.3900	0.100
5	sz000516	20131231	5.7600	5.9600	5.7300	5.9100	0.100
6	sz000532	20131231	13.1200	14.1500	13.0700	14.0800	0.100
7	sz000552	20131231	9.8000	10.3300	9.6300	10.0200	0.100
8	sz000554	20131231	4.8600	4.9400	4.8100	4.9400	0.100
9	sz000598	20131231	5.6600	5.7800	5.6100	5.7600	0.100
10	sz000617	20131231	7.1400	7.1800	7.0600	7.1400	0.100

图 19-4 短期交易子系统选股结果示意图

19.3.4 策略回测模块

策略回测模块的主要功能是评估模型的市场表现。当选择模型后，单击“回测策略”按钮，即可显示投资策略回测收益曲线（见图 19-5），以及投资策略盈利和亏损天数占比（见图 19-6）。

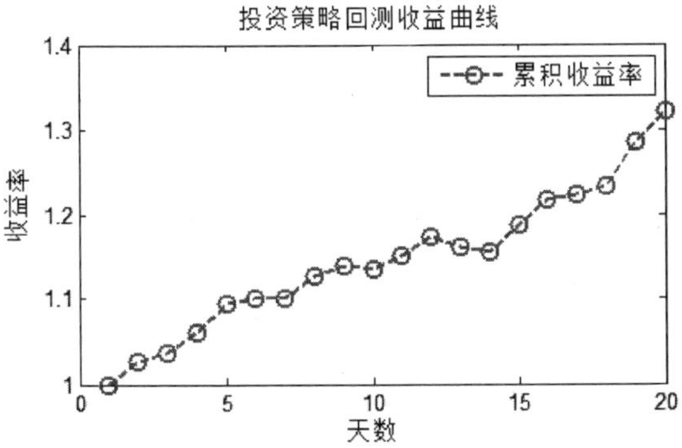

图 19-5 投资策略回测收益曲线

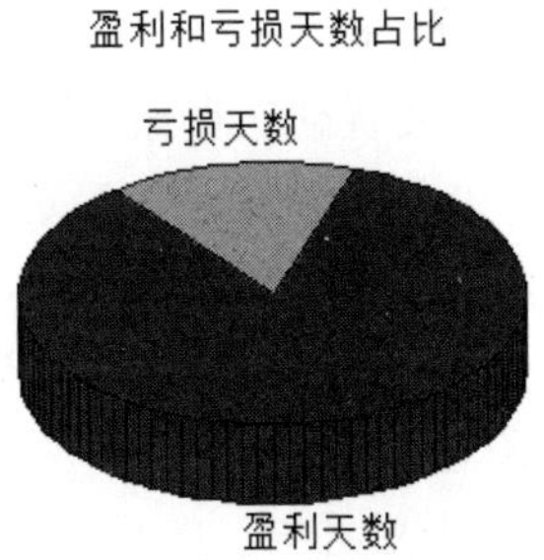

图 19-6 投资策略盈利和亏损天数占比

19.4 中长期交易子系统

19.4.1 子系统功能描述

中长期交易子系统的主要作用是为中长期投资提供交易决策支持，其主要功能包括导入数据、投资组合优化和风险评估等。

19.4.2 导入数据模块

导入数据模块的主要功能是导入将要投资的目标的历史交易数据。指定数据来源之后，单击“导入数据”按钮，即可将 Excel 中的金融数据导入到系统中，为进一步的分析及操作提供原始的数据支撑。具体导入数据的界面如图 19-7 所示。

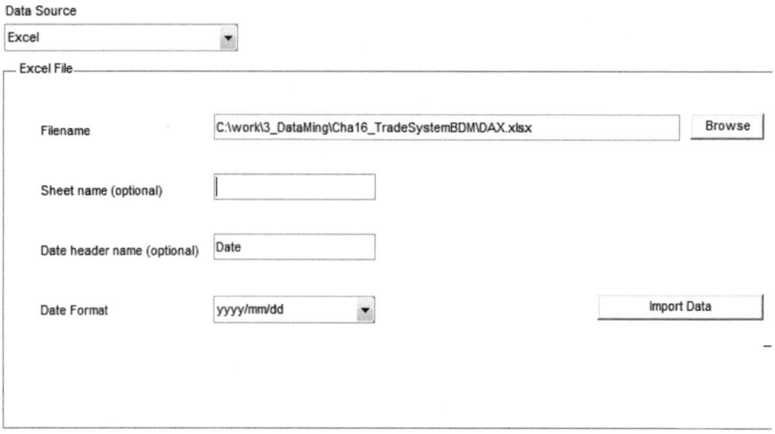

图 19-7　中长期交易子系统导入数据的界面

19.4.3　投资组合优化模块

投资组合优化模块的主要功能是对将要投资的目标进行组合优化，一是要确定投资哪些目标，二是要确定每个目标的投资配比是多少。

当在资产选择界面（见图 19-8）选择好目标资产后，单击“投资优化”按钮，即可显示该组合的有效前沿曲线，如图 19-9 所示。当选择一个点后，即可出现该点所对应的具体的投资方案，如图 19-9 右侧所示，以及该投资方案的收益曲线模拟图和风险评估图（见图 19-10）。

Select Assets for Optimization:

Asset Name	Select	ANL Ret	ANL Vol
DAX	☑	38.65%	23.43%
ADIDAS	☑	51.53%	34.35%
ALLIANZ N	☑	31.91%	32.58%
BASF	☑	65.71%	34.70%
BAYER N	☑	31.66%	27.46%
BEIERSDORF	☑	35.08%	22.76%
BMW	☑	43.50%	38.41%
COMMERZBANK	☑	92.67%	62.00%
DAIMLER N	☑	55.06%	42.44%
DEUTSCHE BOERSE N	☑	35.22%	39.50%
DEUTSCHE BANK N	☑	67.78%	48.29%
DEUTSCHE POST N	☑	54.26%	33.15%
DEUTSCHE TELEKOM N	☑	8.46%	23.30%
E.ON N	☑	26.13%	29.56%

图 19-8　资产选择界面

用户可以根据自己的投资偏好选择自己的投资方式，如果追求高收益，则会选择收益较高的投资组合，如图 19-11 和图 19-12 所示。

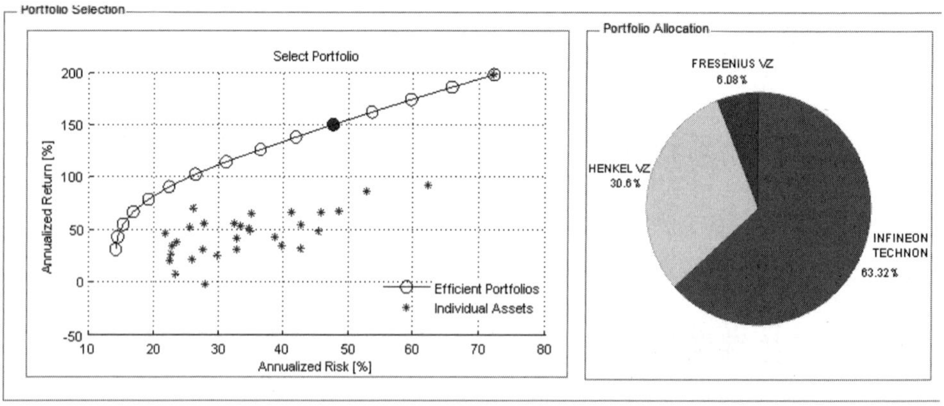

图 19-9　有效前沿曲线及选定风险偏好后的投资方案

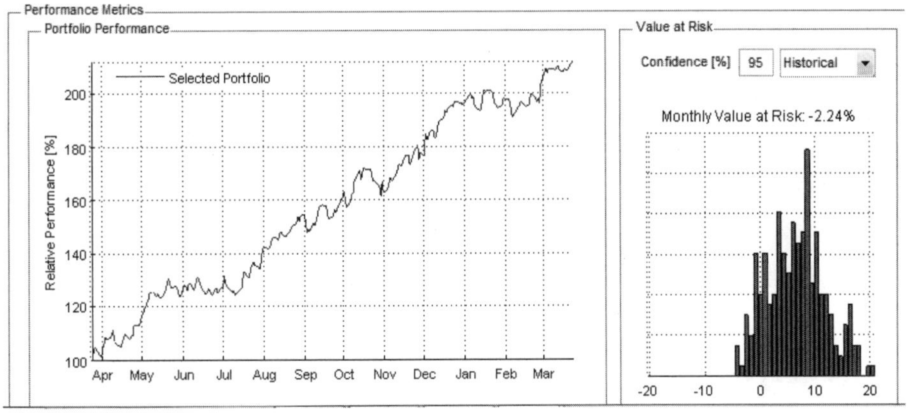

图 19-10　收益曲线模拟图及风险评估图

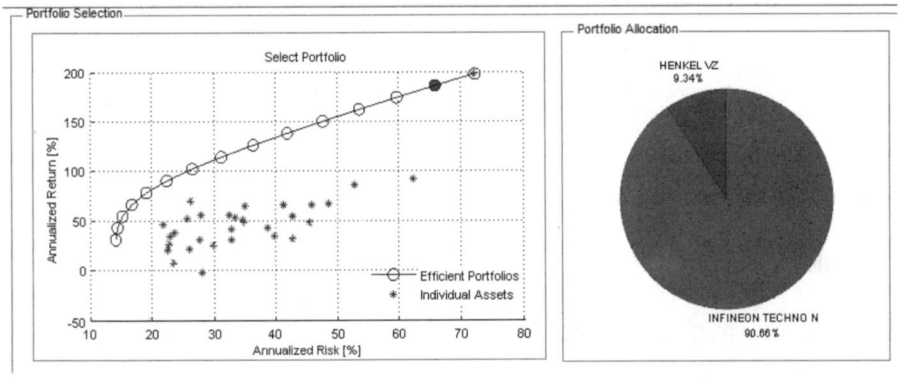

图 19-11　高收益、高风险偏好下的有效前沿曲线及投资方案

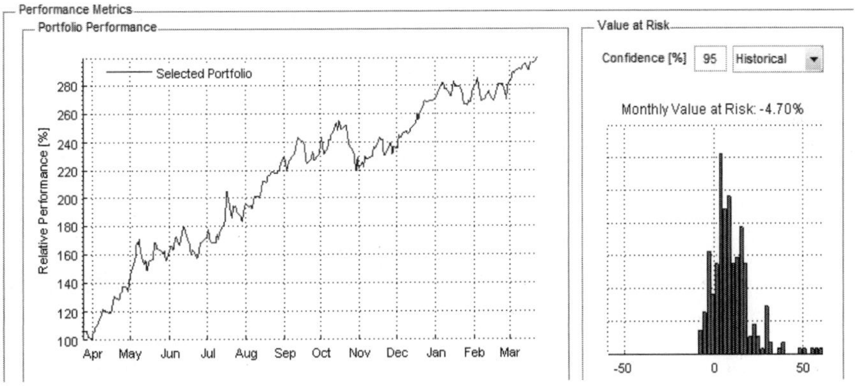

图 19-12　高收益、高风险偏好下的收益曲线模拟图及风险评估图

19.5　系统的拓展与展望

该系统的一个明显的优点是开放性很好，投资人员可以很容易地按照自己的投资理念和想法对系统进行拓展。当然，从另一个角度来看，这里介绍的系统比较简单，主要起到抛砖引玉的作用，即告诉读者可以利用数据挖掘技术，通过 MALTAB 很容易地开发一个实

用的量化交易系统。

本系统可以从如下几个方面进行拓展：

（1）增加股票技术指标，使用户可以更容易地选择指标。

（2）增加投资策略和投资模型，这样当行情变化时，可以更容易地切换自己的投资策略和投资模型。

（3）增加突发事件的响应机制，以便于控制由突发事件导致的风险。

（4）可以与交易平台进行对接，从而实现完全的自动化交易。

19.6　本章小结

本章介绍一个简易的基于数据挖掘技术的 DM 交易系统，通过该系统可以实现数据预处理；能够给出明确的针对不同投资周期的投资策略，显然这对投资者正确进行投资行为决策很有帮助。同时，系统具有很好的开放性，可以在实践中不断完善系统，从而增强投资者在投资实践中的竞争力和优势。

交易系统的建立过程就像学游泳，有人擅长蛙泳，有人擅长蝶泳，但在其没有下水尝试之前，根本无法确定哪种泳姿最合适。因此，交易系统必须是在交易者的性格、兴趣、市场敏锐度、风险承受力、综合判断力等因素的共同作用下，通过大量的交易实践才能够逐步形成的。交易系统没有 100%的准确率，但是可以提高获胜的概率。

所以，针对自己的偏好、性格等因素开发一套属于自己的交易系统很有必要。因此，希望本章介绍的交易系统对读者建立自己的交易系统能够有所启发。

世界著名投资大师彼得·林奇曾说过，股票投资是一门艺术，而不是一门科学。简单地说，科学是对客观世界的认识，是反映客观事实和规律的、系统的知识体系；而艺术可以概括为对各种美与丑的感悟和表达，当然，人们更愿意表达对美的感受和领悟。直观上看，艺术更多地强调个人的主观感受，而科学强调客观的规则。然而，科学和艺术都追求普遍性、永恒性，求真、求美。大道至简是普遍性与永恒性的基石，是美与真的极致，好的投资策略也不例外。

投资最突出的特点是，投资者与投资对象之间存在着一种相互反馈、相互牵制、互为因果的互动关系，这与著名投资大师索罗斯关于投资的反身性理论相一致。投资者对市场驱动因素变化的反映都表现在市场价格本身的波动中；市场价格的波动又反过来影响投资者的预期和风险偏好，市场的不均衡和非理性成为常态，市场有效性假说被打破。量化投资的精髓在于通过构建完整、客观的交易规则体系，利用市场的非理性，或捕捉套利机会，或顺势而为，严格管控，积跬步以致千里，从而获取稳定的投资收益。这也正是著名的量化投资大师西蒙斯经过 10 年的宏观基本面分析后，转向量化投资而获得巨大成功的根本原因。